DIREITO MUNICIPAL EM DEBATE

TAISA CINTRA DOSSO
GUSTAVO MACHADO TAVARES
THIAGO VIOLA PEREIRA DA SILVA
Coordenadores

Prefácio

Gustavo Justino de Oliveira

DIREITO MUNICIPAL EM DEBATE

Volume 7

Belo Horizonte
FÓRUM
CONHECIMENTO JURÍDICO
2023

FÓRUM
CONHECIMENTO JURÍDICO

Luís Cláudio Rodrigues Ferreira
Presidente e Editor

Coordenação editorial: Leonardo Eustáquio Siqueira Araújo
Aline Sobreira de Oliveira

Rua Paulo Ribeiro Bastos, 211 – Jardim Atlântico – CEP 31710-430
Belo Horizonte – Minas Gerais – Tel.: (31) 99412.0131
www.editoraforum.com.br – editoraforum@editoraforum.com.br

Técnica. Empenho. Zelo. Esses foram alguns dos cuidados aplicados na edição desta obra. No entanto, podem ocorrer erros de impressão, digitação ou mesmo restar alguma dúvida conceitual. Caso se constate algo assim, solicitamos a gentileza de nos comunicar através do *e-mail* editorial@editoraforum.com.br para que possamos esclarecer, no que couber. A sua contribuição é muito importante para mantermos a excelência editorial. A Editora Fórum agradece a sua contribuição.

D598 Direito Municipal em debate / Taisa Cintra Dosso, Gustavo Machado Tavares, Thiago Viola Pereira da Silva. Belo Horizonte: Fórum, 2023. v. 7.

357 p. 14,5x21,5cm
v. 7
ISBN 978-65-5518-604-8

1. Município. 2. Procurador Municipal. 3. Interesse público. I. Dosso, Taisa Cintra. II. Tavares, Gustavo Machado. III. Silva, Thiago Viola Pereira da. IV. Título.

CDD: 342
CDU: 342

Ficha catalográfica elaborada por Lissandra Ruas Lima – CRB/6 – 2851

Informação bibliográfica deste livro, conforme a NBR 6023:2018 da Associação Brasileira de Normas Técnicas (ABNT):

DOSSO, Taisa Cintra; TAVARES, Gustavo Machado; SILVA, Thiago Viola Pereira da (Coord.). *Direito Municipal em debate*. Belo Horizonte: Fórum, 2023. v. 7. 357 p. ISBN 978-65-5518-604-8.

SUMÁRIO

PARTE III

PEÇAS

PARTE IV

ARTIGOS DE CONVIDADOS

Uma imensa satisfação ser convidado pela Associação Nacional dos Procuradores Municipais – ANPM para prefaciar "Direito Municipal em Debate – Vol. 7", abrangendo rico e diversificado material dogmático e prático relacionado à amplíssima e complexa atividade técnico-jurídica do Advogado Público, que atua nas frentes municipais em nosso país de dimensões continentais.

Na minha carreira de jurista de mais de 30 anos, costumo apontar como um dos grandes *highlights* o honroso exercício – por aproximadamente 15 anos – do cargo de Procurador do Estado do Paraná, carreira na qual ingressei por concurso público tão logo me formei em Direito na UFPR, nos idos de 1992, tendo sido aprovado em 1º lugar.

Foi na lida diária da Advocacia Pública Paranaense que fui apresentado para os temas e problemáticas mais corriqueiros e intrincados do Direito Público, tendo me apaixonado perdidamente pelo campo do Direito Administrativo, fato que me levou a cursar Mestrado e Doutorado em Direito do Estado, no Largo São Francisco, na gloriosa Faculdade de Direito da Universidade de São Paulo, instituição na qual inclusive me tornei Professor Doutor em Direito Administrativo em 2008.

Confesso que foi dos dias mais tristes da minha vida profissional aquele em que me exonerei da PGE-PR, e, se o fiz, fi-lo exclusivamente porque tinha de transferir meu domicílio para São Paulo, com o intuito de dar início ao exercício de minhas atividades enquanto Professor Doutor do Departamento de Direito do Estado do Largo São Francisco.

Embora eu tenha finalizado minha relação funcional direta com a Advocacia Pública, notório é que essa instituição me forjou completamente, e até hoje mantenho com ela relações afetivas e de (mútua) admiração e respeito. A Advocacia Pública prossegue fazendo parte intrínseca do meu DNA profissional, o que muito me orgulha e me faz ter um olhar compreensivo, empático e protetivo em relação a todos os Advogados e Advogadas Públicos do nosso país, porque sabemos da beleza cotidiana de integrarmos esta essencial carreira de Estado, porém também conhecemos os desafios e agruras que todos os dias nos fazem refletir acerca de como superá-los para bem cumprir nossas tarefas constitucionais.

O composto dogmático e prático que integra este 7º volume do "Direito Municipal em Debate", coordenado pelos Procuradores Municipais Taisa Cintra Dosso, Gustavo Machado Tavares e Thiago Viola Pereira da Silva, retrata de modo marcante e fidedigno a pluralidade de temas e problemáticas que o Procurador Municipal é chamado a enfrentar no seu dia a dia.

Mais do que isso, coletâneas ricas e diversas como esta não somente elevam e dignificam as atividades do Advogado Público que atua nas frentes municipais – representam um registro da vida real da advocacia pública – como igualmente as tornam mais conhecidas da comunidade jurídica nacional, razão pela qual este especial esforço da ANPM – que ora atinge seu 7º volume – há de ser permanentemente louvado e reconhecido nacionalmente.

Recentemente tivemos a edição da Medida Provisória nº 1.167/2023, a qual prorrogou até 30 de dezembro de 2023 a validade da legislação nacional sobre licitações e contratações públicas, conferindo a todos os entes federados – aqui incluso boa parte dos Municípios brasileiros – mais tempo para que pudessem regularmente se adequar à nova sistemática licitatória e contratual inaugurada pela Lei federal nº 14.133/21. É que, de acordo com levantamento da Confederação Nacional dos Municípios – CNM, cerca de 60% das cidades brasileiras não haviam conseguido ainda cumprir os prazos de alinhamento ao novel texto legislativo, tendo este pleito constituído um dos inúmeros outros capitaneados pela 24ª Marcha a Brasília em Defesa dos Municípios, em março de 2023.

Indubitavelmente, os Procuradores Municipais são protagonistas desta tarefa hercúlea e de muitas outras, que sempre desafiam os Municípios e as Advocacias Municipais para bem desempenharem as competências constitucionais que estão entre as mais essenciais para o cidadão brasileiro, fato que enaltece sobremaneira o trabalho exercido pelos Procuradores Municipais em nosso país.

Esta obra faz transparecer, portanto, o altíssimo nível de comprometimento dos Procuradores Municipais com suas tarefas cotidianas, motivo pelo qual nossos heróis e heroínas da Advocacia Pública Municipal merecem sempre ser enaltecidos, protegidos e estimulados.

Boa leitura a todos e todas!

Gustavo Justino de Oliveira

Professor Doutor de Direito Administrativo na Faculdade de Direito da USP e do IDP (Brasília). Árbitro, mediador, consultor e advogado especialista em Direito Público. www.justinodeoliveira.com.br

PARTE I

ARTIGOS

EFICIÊNCIA E BOA GOVERNANÇA NA ADVOCACIA PÚBLICA MUNICIPAL: A GRATIFICAÇÃO DE INCENTIVO À PRODUTIVIDADE JURÍDICA, OS HONORÁRIOS ADVOCATÍCIOS E O ADICIONAL DE QUALIFICAÇÃO JURÍDICA COMO INCENTIVO AO CUMPRIMENTO DE METAS

LEONARDO SALES DE AGUIAR

1 Introdução

Prevista na Constituição Federal, a Advocacia Pública fora dividida pelo constituinte originário em Advocacia-Geral da União e Procuradoria-Geral dos Estados e do Distrito Federal, apenas. Não obstante o silêncio eloquente quanto à Procuradoria-Geral dos Municípios, não pairam dúvidas quanto à participação dos seus membros dentro da Advocacia Pública Nacional, algo que se encontra reiteradamente decidido pelo Supremo Tribunal Federal e pelos demais Tribunais do país em diversos precedentes.

Por outro lado, embora a Administração Pública brasileira tenha avançado por vários estágios de evolução nos últimos cem anos, é certo que ainda identificamos a presença preponderante do modelo burocrático, especialmente quando tratamos das prefeituras municipais e, sobretudo, das Procuradorias Municipais dos entes federados de médio e pequeno porte, com algumas poucas exceções.

A Administração Pública burocrática não é essencialmente obsoleta e defasada, como muitos pensam. A princípio, o modelo burocrático partiu do princípio da impessoalidade e da necessidade de um maior controle dos atos administrativos. Todavia, com o passar do tempo, a Administração Pública brasileira passou a focar apenas nos meios utilizados pelo modelo burocrático, deixando à margem o que deveria de sido objeto a ser alcançado: o serviço público a ser prestado ao cidadão.

Nesse trilhar, questionamos: estaria a Advocacia Pública Municipal brasileira, de modo em geral, imbuída de mecanismos eminentemente burocráticos ou gerenciais?

Abordaremos neste trabalho um pouco dos conceitos de eficiência e a boa governança na Administração Pública e faremos uma correlação deles com a Advocacia Pública Municipal, para que em seguida possamos apresentar a Gratificação de Incentivo à Produtividade Jurídica como controle de eficiência e boa governança na Advocacia Pública Municipal.

2 Advocacia Pública Municipal: origem e atribuições

O que durante o período do Brasil Colônia era chamado de vila, hoje é conhecido no federalismo republicano como município. Diversamente de outrora, esse ente federativo agora é detentor de autonomia política, administrativa e financeira, além da consequente liberdade jurídica para editar suas próprias normas (art. 23, da CF/88). Antes, o poder central das vilas era exercido pela Câmara ou Conselho local, enquanto atualmente a administração do ente federado é exercida pelo Poder Executivo (Prefeitura Municipal) e fiscalizado pelo Poder Legislativo (Câmara dos Vereadores).[1]

Tamanha a relevância dos municípios para o sistema federativo, que eles assumiram no país "todas as responsabilidades na ordenação da cidade, na organização dos serviços públicos locais e na proteção ambiental de sua área, agravadas a cada dia pelo fenômeno avassalador da urbanização, que invade os bairros e degrada seus arredores com habitações clandestinas e carentes dos serviços públicos essenciais ao bem-estar dessas populações...".[2] Portanto, atualmente, é entidade estatal de terceiro grau na ordem federativa, detendo personalidade

---

1 CORRALO, Giovani da Silva. *Curso de direito municipal*. São Paulo: Atlas, 2011, p. 29.

2 MEIRELLES, Hely Lopes. *Direito municipal brasileiro*. 17. ed. São Paulo: Malheiros, 2013, p. 35.

jurídica própria de direito público interno e possuindo a prerrogativa de adquirir bens, editar suas normas e nomear diretamente agentes e servidores públicos, de acordo com a lei.

Ocorre que onde houver a convivência humana em sociedade, haverá litígio, o que enseja a evidente necessidade de profissionais do Direito para realizar a consultoria jurídica e a postulação judicial. Por isso mesmo que, desde os primórdios da vida em sociedade, na Grécia antiga, há a presença do advogado, sendo na época chamado de *advocatus* (prefixo *ad*, significando aproximação, acrescido do termo *voco*, significando chamar), que nada mais era do que aquela pessoa que tinha o conhecimento da lei e, por isso, era chamada para atuar em nome de alguém junto a um terceiro.

Nesse sentido, podemos subdividir a advocacia em duas áreas de atuação, a depender de quem seja o constituinte: se pessoa física ou jurídica de direito privado, será advogado privado; se pessoa jurídica de direito público, será advogado público. O advogado público, portanto, é aquele que exerce com exclusividade a representação judicial e a consultoria jurídica dos órgãos e entidades da Administração Pública direta ou indireta, conforme define o Provimento nº 114, de 10 de outubro de 2006, do Conselho Federal da OAB. Em suma, é o advogado cujo cliente é o ente federado, a pessoa jurídica de direito público, e não os agentes que o integram. Trata-se, portanto, de advocacia pública de Estado, e não de governo.

No âmbito da Administração Pública, há registros históricos de representantes da Advocacia Pública desde o período das capitanias hereditárias (1537), através do Procurador do Conselho da então Vila de Olinda, Dr. Simão Paes, como narramos em artigo de nossa autoria publicado em 2014 com o seguinte título: "Procurador Municipal: meio milênio de fortalecimento da Advocacia Pública nacional".[3]

Dada a sua relevância, a Constituição Cidadã de 1988 cuidou de alocar a Advocacia Pública em seção própria das "Funções Essenciais à Justiça", quando tratou dos Advogados da União e dos Procuradores Federais no artigo 131, bem como dos Procuradores dos Estados e do Distrito Federal no artigo 132. Contudo, foi omissa quanto aos Procuradores Municipais, integrantes da Advocacia Pública Municipal, o que ensejou a necessidade da tramitação da PEC nº 153/2003, já aprovada na

---

[3] AGUIAR, Leonardo Sales de. Procurador municipal: meio milênio de fortalecimento da advocacia pública nacional. *L&C – Revista de Administração Pública e Política*, Brasília, DF, n. 187, jan. 2014.

Câmara dos Deputados, transformada atualmente na PEC nº 17/2012,[4] que se encontra em fase avançada no Senado Federal.

Enquanto o Poder Constituinte Reformador não supre a omissão do texto constitucional, passando a constar expressamente no art. 132 os Procuradores Municipais, o ativismo judicial do Supremo Tribunal Federal vem corrigindo com maestria essa ausência através de alguns precedentes ao reafirmar que os Procuradores Municipais fazem parte da Advocacia Pública nacional, embora o texto constitucional tenha sido omisso. Observe como exemplo:

> Ementa: DIREITO ADMINISTRATIVO. REPERCUSSÃO GERAL. CONTROVÉRSIA DE ÍNDOLE CONSTITUCIONAL ACERCA DO TETO APLICÁVEL AOS PROCURADORES DO MUNICÍPIO. SUBSÍDIO DO DESEMBARGADOR DE TRIBUNAL DE JUSTIÇA, E NÃO DO PREFEITO. FUNÇÕES ESSENCIAIS À JUSTIÇA. RECURSO EXTRAORDINÁRIO PROVIDO.
>
> 1. ***Os procuradores municipais integram a categoria da Advocacia Pública inserida pela Constituição da República dentre as cognominadas funções essenciais à Justiça, na medida em que também atuam para a preservação dos direitos fundamentais e do Estado de Direito.***
>
> 2. O teto de remuneração fixado no texto constitucional teve como escopo, no que se refere ao *thema decidendum*, preservar as funções essenciais à Justiça de qualquer contingência política a que o Chefe do Poder Executivo está sujeito, razão que orientou a aproximação dessas carreiras do teto de remuneração previsto para o Poder Judiciário.
>
> 3. Os Procuradores do Município, consectariamente, devem se submeter, no que concerne ao teto remuneratório, ao subsídio dos desembargadores dos Tribunais de Justiça estaduais, como impõe a parte final do art. 37, XI, da Constituição da República. 4. A hermenêutica que exclua da categoria "Procuradores" - prevista no art. 37, XI, parte final, da CRFB/88 – os defensores dos Municípios é inconstitucional, haja vista que *ubi lex non distinguit, nec interpres distinguere debet*.
>
> 5. O termo "Procuradores", na axiologia desta Corte, compreende os procuradores autárquicos, além dos procuradores da Administração Direta, o que conduz que a mesma *ratio* legitima, por seu turno, a compreensão de que os procuradores municipais, também, estão abrangidos pela referida locução. Precedentes de ambas as Turmas desta

---

[4] A Proposta de Emenda Constitucional nº 17/2012 do Senado Federal visa a alterar a "redação do art. 132 da Constituição Federal para estender aos Municípios a obrigatoriedade de organizar carreira de procurador (para fins de representação judicial e assessoria jurídica), com ingresso por concurso público com a participação da OAB em todas as suas fases, garantida a estabilidade dos procuradores após 3 anos de efetivo exercício, mediante avaliação de desempenho".

> Corte: RE 562.238 AgR, Rel. Min. Teori Zavascki, Segunda Turma, DJe 17.04.2013; RE 558.258, Rel. Min. Ricardo Lewandowski, Primeira Turma, DJe 18.03.2011. (...)
>
> 11. Recurso extraordinário PROVIDO.
>
> Tese da Repercussão Geral: A expressão 'Procuradores', contida na parte final do inciso XI do art. 37 da Constituição da República, compreende os Procuradores Municipais, uma vez que estes se inserem nas funções essenciais à Justiça, estando, portanto, submetidos ao teto de noventa inteiros e vinte e cinco centésimos por cento do subsídio mensal, em espécie, dos Ministros do Supremo Tribunal Federal. (RE 663696, Relator(a): LUIZ FUX, Tribunal Pleno, julgado em 28.02.2019, PROCESSO ELETRÔNICO REPERCUSSÃO GERAL – MÉRITO DJe-183 DIVULG 21-08-2019 PUBLIC 22.08.2019) (Grifos nossos)[5]

Além disso, tramita no Supremo Tribunal Federal a Proposta de Súmula Vinculante (PSV) nº 18/2009, assim redigida: "O exercício das funções da Advocacia Pública, na União, nos Estados e nos Municípios, nestes onde houver, constitui atividade exclusiva dos advogados públicos efetivos a teor dos artigos 131 e 132 da Constituição Federal de 1988".

Para arrematar, Cláudio Madureira, em sua obra "Advocacia Pública", disserta:

> Assim, como o exercício da consultoria jurídica e do contencioso judicial são meios necessários ao desenvolvimento dessa atividade de controle, é recomendável que essas funções sejam atribuídas exclusivamente a servidores efetivos, pela sua condição de estabilidade no serviço público, que lhes permite opor-se, quando tal se fizer necessário, à vontade dos gestores públicos.
>
> Exatamente por esse motivo o constituinte originário, quando discorreu, na Carta da República, sobre a estruturação da Advocacia-Geral da União e das Procuradorias dos Estados e do Distrito Federal, previu, taxativamente, que seus membros devem ser investidos mediante aprovação em concurso público, e que por isso ocupam cargos efetivos na estrutura administrativa. Essas disposições constitucionais são também aplicáveis à Advocacia Pública Municipal, ainda que o constituinte não a tenha disciplinado no texto da Carta de 1988.[6]

---

5 BRASIL. Supremo Tribunal Federal (Tribunal Pleno). *Recurso Extraordinário 663.696/MG.*

6 MADUREIRA, Cláudio. *Advocacia pública.* 2. ed. Belo Horizonte: Editora Fórum, 2016, p. 204.

Os Procuradores Municipais, enquanto membros da Advocacia Pública Municipal, são responsáveis pela postulação judicial e pela consultoria jurídica em favor dos órgãos da Administração direta e indireta dos Municípios e, principalmente, pelo controle interno da legalidade dos respectivos atos administrativos.

Na prática, a atividade funcional dos Procuradores Municipais é preponderantemente distribuída em consultoria jurídica, representação judicial e, dada a sua relevância para a Administração Pública, cobrança de créditos tributários e não tributários.

A depender da magnitude do ente municipal, todas as três atividades podem ser concentradas em um único ou em poucos Advogados Públicos, ou distribuídas em Procuradorias Especializadas devidamente organizadas, que por vezes são denominadas de Procuradoria Consultiva, Procuradoria do Contencioso e Procuradoria da Fazenda Municipal.[7]

A Procuradoria Consultiva, quando da promoção da consultoria jurídica municipal, é responsável: (i) pela emissão de pareceres em processos sobre matéria jurídica de interesse da Administração Municipal; (ii) por opinar nos processos administrativos disciplinares, quando solicitada; (iii) por minutar atos, termos, contratos e convênios administrativos; (iv) por elaborar e analisar mensagens e projetos de lei a serem encaminhados pelo Chefe do Poder Executivo ao Poder Legislativo; (v) por redigir e opinar sobre decretos, atos e outros documentos jurídicos que dependam de assinatura do Chefe do Poder Executivo; e (vi) por executar outras tarefas jurídicas correlatas que sejam atribuídas pelo Chefe do Poder Executivo e pelo Procurador-Geral do Município.

À Procuradoria do Contencioso compete representar o município, ativa ou passivamente, em demandas jurídicas que tramitam perante o Poder Judiciário e até mesmo em órgãos administrativos contenciosos, tal como Tribunal de Contas e Receita Federal do Brasil.

Por fim, dada a sua especificidade e relevância para o ente municipal, a Procuradoria da Fazenda Municipal é responsável por: (i) apurar a liquidez e a certeza da dívida ativa do município, de natureza tributária, inscrevendo-a para fins de cobrança judicial ou extrajudicial; (ii) realizar a cobrança judicial da dívida ativa do município; (iii) representar o município em todas as ações judiciais que versem sobre matéria tributária; e (iv) exercer a consultoria jurídica em matéria tributária no âmbito da Administração Pública Municipal.

---

[7] CUNHA, Bruno Santos; NERY, Cristiane da Costa; CAMPELLO, Geórgia Teixeira Jezler (coord.). *Direito municipal em debate*. Belo Horizonte: Editora Fórum, 2017, v. 3.

Por serem órgãos da atividade-fim da Advocacia Pública municipal, a execução das atividades das Procuradorias Especializadas deve ser desempenhada pelos Procuradores Municipais, como ocorre no âmbito da União e dos Estados-membros.

3 Da eficiência e da boa governança na Administração Pública

3.1 Da evolução da Administração Pública no Estado brasileiro

A Administração Pública brasileira veio, ao longo de sua evolução desde o período imperial, assumindo vários modelos de gestão.

O primeiro foi adotado na fase pré-republicana, chamado de gestão patrimonial, ou Administração Pública patrimonialista, através do qual o patrimônio do detentor do poder político se confundia com o patrimônio estatal.[8] Na época, o gestor patrimonialista não era submetido a qualquer tipo de controle e por isso mesmo não se constrangia em amalgamar o erário com seus cofres particulares.

Ana Carla Bliacheriene, Renato Jorge Brown Ribeiro e Marcos Hime Funari, no artigo intitulado "Governança pública, eficiência e transparência na administração pública", descrevem bem as características desse obsoleto modelo de gestão pública:

> O gestor tinha ampla autonomia para atuar e não se preocupava com a legitimidade, nem com a transparência de seus atos. Como consequência, os mecanismos de tomada de decisão foram influenciados por fatores relativos à própria intencionalidade do gestor, que agia também em defesa de interesses pessoais. O que resta evidente nesse modelo é a tênue distinção entre as esferas privada e pública nas relações estatais.[9]

Posteriormente, e na iminência do Estado Novo da década de 1930, passou-se a carecer de um novo modelo de gestão pública no país, através do qual se buscou romper "os ranços dos excessos perpetrados

---

[8] BLIACHERIENE, Ana Carla; RIBEIRO, Renato Jorge Brown; FUNARI, Marcos Hime. Governança pública, eficiência e transparência na administração pública. *Fórum de Contratação e Gestão Pública – FCGP*, Belo Horizonte, ano 12, n. 133, p. 915, jan. 2013.

[9] BLIACHERIENE, Ana Carla; RIBEIRO, Renato Jorge Brown; FUNARI, Marcos Hime. Governança pública, eficiência e transparência na administração pública. *Fórum de Contratação e Gestão Pública – FCGP*, Belo Horizonte, ano 12, n. 133, p. 915, jan. 2013.

pelos Poderes Executivo e Judiciário, no Regime Monárquico, abrindo espaço à segurança jurídica, legalidade e ao Poder Legislativo, como casa de representação da vontade popular".[10] A esse novo modelo se atribuiu o adjetivo "burocrático", com o propósito de se destinar mais rigor à gestão da *res publica*, segregando-se em definitivo o patrimônio público do particular.

Esse (então) novel modelo de gestão pública, promovido na época por Maurício Nabuco e Luiz Simões Lopes, tinha a função preponderante de eliminar o paternalismo, a corrupção e o nepotismo, inerentes ao período patrimonialista, através da profissionalização, da ideia de servidores públicos divididos em carreiras, da hierarquia funcional e, sobretudo, do respeito à impessoalidade na Administração Pública, como sustenta o professor Marcos Nóbrega.[11] O modelo burocrático pretendido na época partia da ideia de que o servidor ou agente público somente deveria agir de forma predeterminada e que estivesse minuciosamente detalhada em normativo, fazendo com que se reduzisse ao máximo sua margem de decisão e, pois, sem permitir que suas emoções e seus interesses pessoais interferissem no serviço público prestado.[12]

Tecnicamente falando, a burocracia, portanto, é uma "estrutura organizativa caracterizada por regras e procedimentos explícitos e regularizados, com divisão de responsabilidades e especialização do trabalho, hierarquia e relações impessoais".[13] Dessa forma, todo ato administrativo a ser praticado deveria ser vinculado a uma forma específica e expressamente prevista em lei, para que o servidor público estivesse devidamente autorizado a fazê-lo. O sistema hierárquico do

---

10 *Ibidem*.

11 NÓBREGA, Marcos. *Direito da infraestrutura*. São Paulo: Editora Quartier Latin do Brasil, 2011, p. 33.

12 MEDEIROS, Maria Inês Gonçalves *et al*. Estrutura organizacional e modelo de gestão: uma análise no Instituto Federal Sul-Rio-Grandense – IFSUL. *In*: *Colóquio Internacional sobre Gestão Universitária na América do Sul*, 11, Florianópolis, 07-09 dez. 2011.

13 *Vide*: https://pt.wikipedia.org/wiki/Burocracia. Acesso em: 30 set. 2022. "O termo grego antigo *πυρρός*, *translit. purrós* ('cor de fogo') deu origem à palavra latina *burrus* ('marrom avermelhado'), da qual se originou, em latim vulgar, o termo *bura(m)*, que designa um pano grosseiro de lã de cor marrom avermelhado, que, em francês, era chamado burel. Esse tecido (geralmente pardo, marrom ou preto), usado para confeccionar a vestimenta dos monges e penitentes, era também empregado para forrar a superfície sobre a qual se faziam contas e passou a designar a própria mesa de trabalho. O termo acabou por se estender às escrivaninhas das repartições públicas. Daí deriva a palavra *bureau*, que inicialmente se referia às mesas de trabalho cobertas com esse tecido e, posteriormente, por sinédoque, passou a designar todo o escritório."

órgão exigia que todos os atos mais relevantes a serem efetivados (o que, na prática, representava quase todos) tinham que ser ratificados pelo chefe imediato e pelo mediato, gerando uma morosidade excessiva no *bureau* da repartição pública, o que deu nome a esse modelo de gestão.

Todavia, o modelo de gestão pública burocrática do século passado, reforçado ainda mais pela ideia do Estado Social, fez com que a Administração Pública se agigantasse de servidores públicos imbuídos de procedimentos ineficientes e demasiadamente formais, tornando a prestação do ato extremamente morosa. Na prática, buscava-se apenas a "burocracia pela burocracia", isto é, a execução de atos extremamente formais e morosos, ainda que não se atingisse o seu resultado final ou se alongasse injustificadamente a efetivação de seu termo final. A instituição de procedimentos burocráticos desnecessários e que apenas tinham o condão de tornar moroso o serviço público foi tamanha, que atualmente o senso comum associa o termo "burocrático" a um adjetivo depreciativo, pejorativo ou desfavorável à eficiência, o que não deveria ser.

Na década de 1980, em razão da equivocada imagem que o modelo (deturpado) de gestão burocrática ocasionou, começou-se a vislumbrar a necessidade de uma reforma do Estado, através da prevalência da eficiência administrativa, da agilidade na prestação dos serviços e do foco no usuário como destinatário final do produto da *res publica*. Ilustrando bem a realidade da época, narra Marcos Nóbrega em sua obra:

> Nos anos 80, uma onda reformista se estabelece em diversos países, como Reino Unido, Nova Zelândia, Austrália, Chile. A experiência da Inglaterra, adotada no período da primeira-ministra Margareth Thatcher, merece um destaque especial, pelo caráter pioneiro e pelos resultados alcançados. Lá, como aqui, o diagnóstico era de que o Estado apresentava-se inoperante, despreparado para atender às necessidades da sociedade. 14

Nesse cenário, surgiu o modelo gerencial ou a ideia de Administração Pública gerencial, que foi alçado no Brasil pelo "Plano Diretor da Reforma do Aparelho do Estado", capitaneado por Luiz Carlos

---

[14] NÓBREGA, Marcos. *Direito da infraestrutura*. São Paulo: Editora Quartier Latin do Brasil, 2011, p. 33.

Bresser Pereira,[15] então Ministro da Administração Federal e Reforma do Estado, do Governo Fernando Henrique Cardoso (1995).

Esse modelo visava exatamente combater os pilares do Estado burocrático que outrora fora implementado de forma equivocada: o elevado número de integrantes da máquina pública e o formalismo exacerbado como um fim (e não como meio de se prestar o serviço público com segurança jurídica). Vejamos como Maria Inês Gonçalves Medeiros *et al* definem esse perfil de Administração Pública:

> O modelo gerencial é usado no setor privado, com ênfase na eficiência econômica, orientado para a redução de custos. Esse modelo surge como resposta às ineficiências burocráticas, porém conserva alguns princípios fundamentais da burocracia, como admissão segundo rígidos critérios de mérito, existência formal de controle, estruturas formais de definição da remuneração, carreira e avaliação de desempenho. A principal diferença do modelo burocrático é que desloca a ênfase dos procedimentos para o resultado. Consideram-se, ainda, características burocráticas como o profissionalismo e impessoalidade. Relaciona o interesse público com o interesse da coletividade.[16]

A Administração Pública gerencial, pois, pressupõe a adoção de mecanismos de aferição de produtividade, foco na eficiência administrativa e agilidade na prestação do serviço público, sem se descurar do respeito ao cidadão e da observância estrita à lei. Em razão disso, afirma o professor Marcos Nóbrega que "uma administração a serviço dos cidadãos é fundamental em uma sociedade moderna e democrática, de maneira que não esteja a serviço de privilégios, de interesses e não seja um braço executivo do poder político de plantão".[17]

Nesse contexto é que, em 1998, quando do advento da Emenda Constitucional nº 19, o Estado brasileiro consolidou sua (tímida, mas extremamente relevante) primeira reforma administrativa do período atual, através da qual concedeu ao gestor público a possibilidade de utilização de mecanismos mais modernos e eficientes no *bureau*

---

[15] KANAANE, Roberto; FIEL FILHO, Alécio; FERREIRA, Maria das Graças (org.). *Gestão pública*: planejamento, processos, sistemas de informação e pessoas. São Paulo: Atlas, 2010, p. 61.

[16] MEDEIROS, Maria Inês Gonçalves *et al*. Estrutura organizacional e modelo de gestão: uma análise no Instituto Federal Sul-Rio-Grandense – IFSUL. *In*: Colóquio Internacional sobre Gestão Universitária na América do Sul, 11, Florianópolis, 07-09 dez. 2011.

[17] NÓBREGA, Marcos. *Direito da infraestrutura*. São Paulo: Editora Quartier Latin do Brasil, 2011, p. 35.

administrativo, consolidando o princípio da eficiência na Administração Pública.

3.2 Princípio da eficiência e da boa governança

Conquanto já existisse implicitamente no ordenamento jurídico pátrio,[18] o princípio da eficiência ganhou *status* constitucional por intermédio da EC nº 19/98, quando passou a figurar expressamente como a quinta premissa fundamental da Administração Pública, no *caput* do artigo 37 da CF/88.

A professora Fernanda Marinela sustenta que "eficiência exige que a atividade administrativa seja exercida com presteza, perfeição e rendimento funcional",[19] haja vista que pressupõe a "busca de resultados práticos de produtividade, de economicidade, com a consequente redução de desperdícios do dinheiro público e rendimentos típicos da iniciativa privada (...)".[20] Noutras palavras e de forma sucinta, é fazer o melhor com o menor custo para o erário.

Celso Antônio Bandeira de Mello acrescenta que o princípio da eficiência não pode ser concebido senão em total consonância com o princípio da legalidade, "pois jamais uma suposta busca pela eficiência justificaria postergação daquele que é o dever administrativo por excelência [cumprir a lei]".[21] Prossegue ainda o renomado autor afirmando que a eficiência nada mais seria que uma "faceta de um princípio mais amplo já superiormente tratado, de há muito, no Direito italiano: o princípio da 'boa governança'",[22] princípio este que, dada a sua relevância, figura como um dos novos a serem incluídos no *caput* do artigo 37, da CF, por força da PEC nº 32/2020, chamada de reforma administrativa do atual governo federal.

No âmbito da Advocacia Pública Municipal, poderíamos definir que determinado órgão jurídico é eficiente se atender às demandas jurídicas que lhe chegam com presteza, perfeição e rendimento funcional.[23]

---

[18] CABRAL, Flávio Garcia. *Conteúdo jurídico da eficiência administrativa*. Belo Horizonte: Editora Fórum, 2019, p. 66.

[19] MARINELA, Fernanda. *Direito administrativo*. 12. Ed. São Paulo: Saraiva Educação, 2018, p. 90.

[20] *Ibidem*.

[21] MELLO, Celso Antônio Bandeira de. *Curso de direito administrativo*. 35. ed. São Paulo: Malheiros, 2021, p. 107.

[22] *Ibidem*.

[23] NOBRE JÚNIOR, Edilson Pereira. Administração pública e o princípio constitucional da eficiência. *Revista de Direito Administrativo*, Rio de Janeiro, n. 241, p. 223, jul./set. 2005.

Intimamente ligado ao princípio da eficiência, caminha o princípio da boa governança, que, para alguns autores,[24] com aquele se confunde. No entanto, a boa governança significa desenvolver a atividade administrativa de forma mais congruente possível, mais oportuna e adequada aos fins a serem alcançados, utilizando-se dos meios idôneos para isso.[25]

A respeito do conceito de governança, Brainard Guy Peters, professor da Universidade de Pittsburgh, entende:

> A raiz da palavra governança vem de um vocábulo grego que significa direção. Assim, logicamente, o significado fundamental da governança é dirigir a economia e a sociedade visando objetivos coletivos. O processo de governança envolve descobrir meios de identificar metas e depois identificar os meios para alcançar essas metas.[26]

Alex Fabiane Teixeira e Ricardo Corrêa Gomes sustentam que:

> (...) como a governança objetiva auxiliar na solução de problemas públicos, ela deve procurar estabelecer critérios avaliativos ou indicativos que auxiliem os órgãos a alcançarem as demandas sociais. Portanto, mensurar o desempenho da administração com o intuito de verificar se ela está atendendo ao seu fim básico está diretamente associado ao mecanismo de controle e governança.[27]

Poderíamos, assim, distinguir um e outro princípio da seguinte forma: enquanto a eficiência pressupõe fazer "o melhor" para a Administração Pública, a boa governança sugere que o façamos "da melhor forma". Portanto, a todos os servidores e agentes públicos é dado o dever de respeitar, quando do exercício de suas atribuições funcionais, a ambos os princípios. Contudo, no âmbito da Advocacia Pública Municipal brasileira, será que isso é realmente cumprido?

---

[24] CAVALCANTI, Francisco de Queiroz Bezerra. *A PEC 32/2020*: projeto de reforma do regime dos servidores e da excessiva ampliação de poderes da Presidência da República. Recife: Forma Certa, 2020, p. 33.

[25] MELLO, Celso Antônio Bandeira de. *Curso de direito administrativo*. 35. ed. São Paulo: Malheiros, 2021, p. 107.

[26] PETERS, Brainard Guy. O que é governança? *Revista do TCU*, Brasília, DF, n. 127, p. 29, maio/ago. 2013.

[27] TEIXEIRA, Alex Fabiane; GOMES, Ricardo Corrêa. Governança pública: uma revisão conceitual. *Revista do Serviço Público*, Brasília, DF, v. 70, n. 4, p. 526, out/dez 2019.

3.3 Controle de eficiência e boa governança na Advocacia Pública Municipal: um obstáculo a ser ultrapassado

O país possui milhares de municípios totalmente heterogêneos e díspares entre si. O Município de São Paulo, por exemplo, possui o terceiro maior Produto Interno Bruto – PIB do país, ficando atrás somente da União e do próprio Estado de São Paulo.[28] Concomitantemente, há municípios brasileiros cujo PIB não chega a cem mil reais e sua população é composta por menos de mil pessoas, enquanto que a cidade paulistana se aproxima dos quinze milhões de habitantes. Diretamente proporcional a esses indicadores, estão o porte e as estruturas físicas, humanas e tecnológicas das respectivas Procuradorias Municipais. Enquanto a capital paulista possui um dos maiores órgãos de representação jurídica do país, com centenas de Procuradores Municipais de São Paulo (o que supera, inclusive, em tamanho, algumas Procuradorias-Gerais dos Estados), 64,6% dos municípios brasileiros[29] não possuem sequer um Procurador Municipal.

Ocorre que para aferirmos a eficiência administrativa e a boa governança de um determinado órgão, mister ter em mente qual (objetivamente) é o serviço público prestado pelos servidores que o integram.

A Procuradoria-Geral do Município, como órgão da Advocacia Pública que é, tem como missão universal a promoção da defesa jurídica do respectivo ente federado, através da sua representação judicial (seja figurando no polo ativo ou passivo de demandas jurídicas, sejam elas judiciais ou extrajudiciais), bem como através da consultoria jurídica (emitindo pareceres jurídicos, orientando os gestores a respeito de qual seria a postura ótima a ser desempenhada em determinada ocasião da Administração, promovendo o controle da legalidade dos atos administrativos e redigindo projetos de normas).

Portanto, exceto os órgãos da Advocacia Pública Municipal das capitais brasileiras (e, mesmo assim, com algumas ressalvas) e alguns outros poucos de médio porte, a verdade é que a grande maioria dos municípios que já possuem órgão de representação jurídica (formal ou informalmente) constituído, encontra-se ainda no estágio que

---

28 Disponível em: https://pt.wikipedia.org/wiki/Lista_de_munic%C3%ADpios_do_Brasil_por_PIB – Acesso em: 02 mar. 2022.

29 MENDONÇA, Clarisse Correa de; VIEIRA, Raphael Diógenes Serafim; PORTO, Nathália França Figuerêdo. *Primeiro diagnóstico da Advocacia Pública Municipal no Brasil*. Belo Horizonte: Editora Fórum, 2018, p. 34.

poderíamos comparar com um escritório de advocacia incipiente da década de 1990 do século passado. Fazendo-se um paralelo com os modelos de gestão pública, não há dúvidas de que quase a totalidade das Procuradorias-Gerais dos Municípios brasileiros encontra-se ainda imbuída da deturpada Administração Pública (puramente) burocrática, algo que não ocorre mais com a Advocacia-Geral da União e certamente com as Procuradorias-Gerais dos Estados.

Por outro lado, a implementação de uma política de metas e de controle de produtividade no âmbito da Advocacia Pública Municipal sempre se mostrou como um terreno muito árduo a se percorrer.

Partindo da premissa de que a aferição de produtividade decorre de parâmetros e indicadores existentes no órgão, como se pode aferir se determinado Procurador Municipal é eficiente se as atividades que ele desempenha são bastante diversas do colega que se encontra na estação de trabalho ao lado? Como identificar se um Procurador Municipal que confecciona e protocola no mês trezentas apelações cíveis em processos de execução fiscal é mais ou menos produtivo que outro que emitiu cinquenta pareceres jurídicos em processos de licitação? E mais, as matérias postas nessas execuções fiscais são complexas ou rotineiras? Trata-se de peças tributárias idênticas ou completamente díspares? É uma demanda de grande impacto, ou não, para o município? Os pareceres jurídicos são de licitações rotineiras, ou decorrentes de dezenas de obras de infraestrutura a serem executadas de forma complexa na cidade?

Esses são exemplos de variáveis que certamente graduarão a produtividade de um servidor público em detrimento de outro, pois, como visto, não se trata de mero cálculo aritmético do quantitativo das peças produzidas mensalmente por cada Advogado Público Municipal, a fim de se aferir a produtividade dele.

Por isso mesmo, sempre se mostrou de difícil (para não dizer "impossível") implementação o controle de metas e produtividade no âmbito da Procuradoria Municipal, salvo se esta for dotada de um eficaz sistema de acompanhamento processual, o que no país somente ocorre em algumas dezenas de Procuradorias Municipais, embora tenhamos cerca de 5.570 municípios.

4 Instrumento de implementação do controle de metas e resultados na Advocacia Pública Municipal

4.1 Visão geral das Procuradorias Municipais brasileiras

É certo que a Advocacia-Geral da União e as Procuradorias-Gerais dos Estados há décadas se encontram devidamente constituídas e instituídas dentro do âmbito de seus respectivos entes federados. Por outro lado, no que refere aos municípios, há Procuradorias compostas de complexas estruturas organizacionais, outras mais singelas e até mesmo municípios que ainda não dispõem de um único Procurador Municipal.

A Associação Nacional dos Procuradores Municipais – ANPM publicou em 2018 o Primeiro Diagnóstico da Advocacia Pública Municipal,[30] através do qual dá conta de que 65,6% dos 5.570 municípios brasileiros não possuem Advogados Públicos. No Estado de Pernambuco, a Federação Pernambucana dos Procuradores Municipais – FPPM, durante o período em que nos encontrávamos na sua presidência (2014-2018), contabilizou cerca de apenas quarenta municípios (do total de 184) dotados de Advogados Públicos providos por concurso público. Tudo isso serve apenas para ratificar a assimetria de estágios em que se encontram as três esferas da Advocacia Pública brasileira, especialmente ao compararmos a Federal e a Estadual com a Municipal.

Contudo, na medida em que os entes federados vão obtendo crescimento econômico, atrelado ainda a inúmeros fatores como sua extensão territorial, importância política e densidade demográfica, as demandas jurídicas aumentam sobremaneira, favorecendo a majoração no quantitativo de Procuradores Municipais em exercício que, por sua vez, contribui para a necessidade premente da existência de uma Procuradoria Municipal constituída juridicamente, organizada e dotada de sede própria e composta por vários Advogados Públicos Municipais.[31] Assim, cerca de metade dos municípios brasileiros que possuem Advogados Públicos é composta por um órgão jurídico legalmente constituído[32] e, como exemplos, temos a Procuradoria-Geral

[30] MENDONÇA, Clarisse Correa de; VIEIRA, Raphael Diógenes Serafim; PORTO, Nathália França Figuerêdo. *Primeiro diagnóstico da Advocacia Pública Municipal no Brasil*. Belo Horizonte: Editora Fórum, 2018, p. 34.

[31] CUNHA, Bruno Santos; NERY, Cristiane da Costa; CAMPELLO, Geórgia Teixeira Jezler (coord.). *Direito municipal em debate*. Belo Horizonte: Editora Fórum, 2017. v. 3, p. 120.

[32] MENDONÇA, Clarisse Correa de; VIEIRA, Raphael Diógenes Serafim; PORTO, Nathália França Figuerêdo. *Primeiro diagnóstico da Advocacia Pública Municipal no Brasil*. Belo Horizonte: Editora Fórum, 2018, p. 40.

dos Municípios das capitais brasileiras, bem como a de Olinda/PE[33] e várias outras.

Tudo isso serve para reafirmar que, conquanto existam bem menos da metade dos municípios brasileiros dotados de uma Advocacia Pública devidamente constituída, esses órgãos jurídicos que, em sua maioria, encontram-se bastante incipientes administrativamente, de modo geral, carecem de planejamento estratégico, de ferramentas de controle interno e de estímulo ao aumento da produtividade. Em termos gerais, necessitam de técnicas inovadoras e condizentes com uma Advocacia 4.0,34 de sistemas eficientes de automação processual e inteligência artificial e de uma organização jurídica mais pujante e capaz de aprimorar cada vez mais os serviços prestados pelos Advogados Públicos Municipais ao seu cliente, que é o ente federativo municipal.

4.2 Implementação e/ou fortalecimento da gestão de pessoas: honorários advocatícios e Adicional de Qualificação Jurídica com vistas a fomentar a eficiência administrativa

Nunca é demais lembrar que "gestão de pessoas é o conjunto de atividades de mobilização de pessoal para o atingimento das finalidades de um órgão, programa de governo ou política pública".[35] Assim, prossegue Wagner Brignol Menke, "envolve o gerenciamento de folha de pagamentos, métodos de seleção de pessoal, capacitação dos agentes, gestão dos deslocamentos e concessão de diárias, gerenciamento da força de trabalho".

Com a implementação ou o fortalecimento dos atos de gestão de pessoas, haverá um evidente e natural estímulo ao aumento da produtividade e da eficiência no serviço público, o que cada vez mais fortalece a implementação de uma política de Administração Pública gerencial.

---

[33] Legalmente instituída através da Lei Complementar Municipal nº 48, de 05 de abril de 2016.

[34] "(...) o advogado 4.0 vê na tecnologia e na inteligência artificial uma forte aliada, para superar as adversidades do mercado e os tempos de crise. Através da inteligência artificial, as tarefas repetitivas são automatizadas, tornando a dinâmica da advocacia menos burocrática". Estúdio Conjur. Advogado 4.0 em tempos de crise. Consultor Jurídico, São Paulo, 07 ago. 2020. Disponível em: https://www.conjur.com.br/2020-ago-07/advogado-40-tempos-crise. Acesso em: 01 mar. 2022.

[35] MENKE, Wagner Brignol. Dos resultados aos controles: a importância das estruturas de controle interno para a excelência da gestão. *Revista Brasileira de Direito Municipal – RBDM*, Belo Horizonte, ano 17, n. 60, p. 181, abr./jun. 2016.

O conceito desse modelo gerencial visa "fazer frente à ineficiência do Estado inovando alguns segmentos da Administração Pública, incorporando conceitos comuns da esfera privada, tais como: a descentralização, diluição dos níveis hierárquicos e controle por resultados".[36] Portanto, não há nada mais eficaz ao aumento da produtividade, seja no âmbito público ou privado, do que promovê-la através de incentivos financeiros vinculados aos resultados obtidos pela instituição.

Nesse sentido, o primeiro ato de gestão de pessoas seria a implementação dos *honorários advocatícios* que sabidamente já se encontram vigorando nas Procuradorias Municipais de capitais brasileiras e em algumas de médio porte e até pequeno porte. No entanto, possuímos um universo de quase seis mil municípios brasileiros e, conquanto haja em vigor desde 2016 o §19,[37] do art. 85, do Código de Processo Civil, bem como desde 2002 o art. 389,[38] do Código Civil, a verdade é que 46,6% ainda não implementaram esse instrumento de meritocracia no âmbito das Procuradorias Municipais[39] através da edição de legislação própria.

Como sabido, em razão do princípio da sucumbência, a parte derrotada (isto é, sucumbente) em um processo judicial deverá arcar com o pagamento de honorários advocatícios em favor da parte vencedora, o que naturalmente estimula ainda mais o Procurador Municipal a agir com mais eficiência em defesa de seu cliente, que é o ente federado. Igualmente, o Código Civil Brasileiro, como mencionado acima, possibilita a cobrança de honorários advocatícios ao devedor quando os causídicos atuarem em favor de seus clientes na cobrança de débitos vencidos. Trata-se, pois, de uma das técnicas de efetivação do princípio da eficiência administrativa mais valorizadas na gestão de pessoas e, portanto, na própria Administração Pública gerencial: a meritocracia.

Não raro, há na Administração Pública municipal um costumeiro desincentivo à qualificação dos Procuradores Municipais, isso porque o benefício financeiro para aqueles que desejam se qualificar através

---

[36] VELOSO, Jade Thomaz; JESUS FILHO, José de. Participação nos resultados da Administração Pública Municipal – análise no município de Santos/SP. *Revista Brasileira de Direito Municipal – RBDM*, Belo Horizonte, v. 18, n. 66, p. 56-57, out./dez. 2017.

[37] Art. 85, §19, do CPC: "Os advogados públicos perceberão honorários de sucumbência, nos termos da lei".

[38] Art. 389, do CC: "Não cumprida a obrigação, responde o devedor por perdas e danos, mais juros e atualização monetária segundo índices oficiais regularmente estabelecidos, e honorários de advogado".

[39] MENDONÇA, Clarisse Correa de; VIEIRA, Raphael Diógenes Serafim; PORTO, Nathália França Figuerêdo. *Primeiro diagnóstico da Advocacia Pública Municipal no Brasil.* Belo Horizonte: Editora Fórum, 2018, p. 70.

da aquisição de outros certificados de aperfeiçoamento, atualização ou pós-graduação (*lato* ou *stricto sensu*), quando há, é irrisório. Mais que isso, muitas vezes se gratifica o servidor público pela aquisição de um novo título cuja teoria e experiência prática em nada se acrescentará ao serviço público jurídico, enquanto aquilo que realmente agregaria à eficiência administrativa, trazendo mais teoria e prática jurídica ao órgão através de seus membros, é igualmente gratificado como aquele. Na prática, a ideia pretendida na essência dos adicionais de qualificação diverge (e muito) da realidade administrativa, especialmente nos municípios: servidores públicos percebendo alguns adicionais de qualificação que nada agregam ao serviço por eles prestados e, paralelamente a isso, evidente falta de estímulo para a aquisição de novos títulos que efetivamente contribuiriam para a melhoria do serviço a ser prestado pelo respectivo servidor.

Portanto, entendemos que para adotarmos um adicional de qualificação que realmente atinja sua proposta (estimular os servidores públicos a se qualificarem em prol da eficiência administrativa), deve existir uma vantagem pessoal específica para cada grupo de carreiras que exerçam semelhantes atribuições. Assim, no âmbito da Advocacia Pública Municipal, tem-se que partir para um específico *Adicional de Qualificação Jurídica – AQJ* que valorize preponderantemente cursos jurídicos de pós-graduação *lato* e *stricto sensu*. Afinal, para a área jurídica, da qual são integrantes os Procuradores Municipais, de (quase) nada acrescenta ao serviço público por eles prestados, por mais relevante que seja, um curso de graduação ou pós-graduação em Engenharia, em Nutrição, em Arquitetura, em História, em Ciências Contábeis ou Econômicas ou em qualquer outra área que não a do Direito, exceto Gestão Pública, cujo conhecimento teórico deveria fazer parte da maioria dos servidores públicos, dada a sua evidente interferência na Administração Pública.

Mais que isso, diante da disseminação dos cursos de graduação e até mesmo pós-graduação *lato sensu* no país, 86,6% dos municípios brasileiros que possuem Advogado Público são dotados de profissionais com ao menos uma especialização (curso de pós-graduação *lato sensu*) na área,[40] enquanto poucos são aqueles que detêm ao menos um Procurador Municipal com o título de mestre (28,2%) ou doutor (4,8%)

---

[40] MENDONÇA, Clarisse Correa de; VIEIRA, Raphael Diógenes Serafim; PORTO, Nathália França Figuerêdo. *Primeiro diagnóstico da Advocacia Pública Municipal no Brasil.* Belo Horizonte: Editora Fórum, 2018, p. 82.

em Direito[41] (curso de pós-graduação *stricto sensu*). Por essa razão, ao tempo em que se deve valorizar a aquisição de títulos de pós-graduação *lato sensu* em Direito ou em Gestão Pública, deve-se proporcionalmente valorizar ainda mais a aquisição dos títulos de mestre e doutor em Direito ou em Gestão Pública, tudo isso como forma de efetivamente "reverter" aquele incentivo financeiro que o erário dispõe ao Procurador Municipal em favor da melhoria do próprio serviço jurídico prestado através do incremento de conhecimento acadêmico.

Não obstante isso, diante da insistente mutabilidade da jurisprudência e legislação pátria, é imprescindível que haja uma participação periódica constante dos Advogados Públicos municipais em cursos obrigatórios de atualização, sob pena de impedir a concessão da estabilidade no serviço público e a promoção deles à classe superior na carreira. E mais, não basta apenas estimular financeiramente a participação de servidores públicos em geral em cursos de atualização e de pós-graduação, mas igualmente fomentar, mediante seleção criteriosa de interessados, a atuação deles como discentes nas melhores academias que se encontrem disponíveis, ainda que mediante licença remunerada para capacitação, conforme bem detalhou a Procuradora Aposentada do Município de São Paulo, Dinorá Adelaide Musetti Grotti, em artigo publicado, *in verbis*:

> É indubitável que, para assegurar o bom atendimento dos interesses públicos e a efetiva profissionalização da função pública, exercida por pessoas preparadas para o desempenho de sua missão, o Estado necessita aprimorar instrumentos que incentivem o constante aperfeiçoamento do mérito potencial dos seus servidores.[42]

No mesmo sentido, Romeu Felipe Bacellar Filho, em artigo publicado, quando assim sustentou:

> A implementação de um sistema de mérito no funcionalismo público é emergencial. A profissionalização da função pública exige não somente o fortalecimento do concurso público (e a necessidade de se privilegiar interpretações restritivas quanto aos cargos em comissão que constituem exceção à regra do concurso), como também um adequado plano

---

41 *Ibidem.*

42 GROTTI, Dinorá Adelaide Musetti. Instrumentos de profissionalização da função pública: licenças para capacitação e vantagens pecuniárias. *Revista Brasileira de Direito Municipal – RBDM*, Belo Horizonte, v. 18, n. 63, p. 30, jan./mar. 2017.

legislativo de carreira, em todos os níveis da Federação (União, Estados, Distrito Federal e Municípios).[43]

Tudo isso, como se percebe, apenas busca efetivar os atos de gestão de pessoas e o princípio da eficiência nas Procuradorias Municipais através de mecanismos de incentivo meritocrático, algo tão indispensável em uma Administração Pública moderna, mas que ainda se encontra bem distante da maioria desses órgãos jurídicos municipais.

Em anexo a este trabalho, segue minuta de projeto de lei ordinária municipal que propõe a implementação do pagamento dos honorários advocatícios e do Adicional de Qualificação Jurídica – AQJ para os municípios que ainda não disponham.

4.3 Da gratificação de incentivo à produtividade jurídica no âmbito das procuradorias municipais

Nesta subseção passaremos a apresentar algo que, conquanto detentora de nomenclatura relativamente comum, seria uma das maiores inovações funcionais no âmbito da Advocacia Pública Municipal, que chamamos de Gratificação de Incentivo à Produtividade Jurídica – GPROJUR. Trata-se, pois, de um modelo de gestão de resultados que se baseia na eficiência, haja vista que os resultados são medidos com base na aplicação da eficiência e na contextualização deles com os anseios da população.[44]

Como dito anteriormente, raríssimas são ainda as Procuradorias Municipais que dispõem de um sistema informatizado de acompanhamento, gerenciamento e distribuição de demandas jurídicas entre seus Advogados Públicos. Como exemplo, até o momento,[45] em Pernambuco, dos quase duzentos municípios, somente a Procuradoria-Geral do Município do Recife, a do Cabo de Santo Agostinho, a de Ipojuca e a de Olinda o possuem. Destas, somente o sistema de acompanhamento processual atual da capital pernambucana (SAJ/Softplan), do Cabo de Santo Agostinho (Attornatus) e o de Ipojuca (Attornatus) dispõem de

---

[43] BACELLAR FILHO, Romeu Felipe. Profissionalização da função pública: a experiência brasileira. *Revista Brasileira de Direito Municipal – RBDM*, Belo Horizonte, ano 5, n. 11, p. 9-32, jan./mar. 2004.

[44] VELOSO, Jade Thomaz; JESUS FILHO, José de. Participação nos resultados da Administração Pública Municipal – análise no município de Santos/SP. *Revista Brasileira de Direito Municipal – RBDM*, Belo Horizonte, v. 18, n. 66, p. 58, out./dez. 2017.

[45] Momento da revisão e finalização deste artigo: 05 de fevereiro de 2023.

tecnologia que seria capaz de gerir de alguma forma a produtividade de seus membros.

Por isso mesmo, somente 10,5% das Procuradorias Municipais instituídas (e, neste caso, apenas aquelas que possuem um sistema de tecnologia da informação) possuem um adicional/gratificação de produtividade jurídica, consoante registrado no 1º Diagnóstico da Advocacia Pública Municipal do Brasil.[46] Em outras palavras, a grande maioria dos órgãos da Advocacia Pública Municipal brasileira não implementou – e não dispõe de um mecanismo capaz de implementar – um controle efetivo de produtividade.

Os honorários advocatícios são um instrumento de identificação da produtividade da advocacia que, na Advocacia Pública, encontra-se mais presente apenas quando da avaliação do incremento da receita própria, na medida em que são diretamente proporcionais ao aumento da arrecadação dos créditos municipais. No entanto, as atividades dos Advogados Públicos vão bem mais além do serviço prestado pelas Procuradorias da Fazenda Municipal,[47] como destinados à arrecadação da receita própria.

Essa dificuldade de efetivo gerenciamento da eficiência nas Procuradorias Municipais (algo que, de regra, não ocorre no âmbito da União e dos Estados) se dá por duas razões: (i) drástica heterogeneidade das atribuições funcionais de cada Procurador Municipal, se comparadas com as de outros integrantes do mesmo órgão jurídico; e (ii) ausência de um sistema informatizado de gerenciamento processual moderno e com capilaridade em todos os órgãos da Procuradoria.

As atividades funcionais dos Advogados Públicos se dividem, basicamente, em consultoria jurídica, representação judicial e cobrança de créditos, como já mencionado. Por sua vez, elas são materializadas através da elaboração de pareceres e cotas jurídicas (complexos e simples, repetidos ou inovadores), de projetos de lei (complexos e simples, repetidos ou inovadores), de participação em audiências judiciais e administrativas (complexas e simples), de petições iniciais de processos judiciais (complexos e simples, repetidos ou inovadores), de contestações (complexas e simples, repetidas ou inovadoras), de

---

[46] MENDONÇA, Clarisse Correa de; VIEIRA, Raphael Diógenes Serafim; PORTO, Nathália França Figuerêdo. *Primeiro diagnóstico da Advocacia Pública Municipal no Brasil.* Belo Horizonte: Editora Fórum, 2018, p. 65.

[47] A Procuradoria da Fazenda Municipal é o órgão da Procuradoria-Geral do Município que possui, como sua atribuição, a representação judicial e consultoria jurídica em matéria tributária.

apelações cíveis, agravos de instrumento, agravo interno, recurso especial e recursos extraordinários (complexos e simples, repetidos ou inovadores), de peças jurídicas de processos extrajudiciais (complexas e simples, repetidas ou inovadoras), bem como de contrarrazões a recursos (complexos e simples, repetidos ou inovadores), além da realização de outras atividades rotineiras. Noutras palavras, há um rol bastante extenso e não taxativo de atividades desempenhadas pelos Procuradores Municipais que, como visto, podem ser qualificadas das mais variadas formas, o que dificulta sobremaneira a aferição da real eficiência de um determinando Procurador Municipal, se comparado com outro. Mais que isso, o que torna ainda mais árdua a identificação exata da produtividade dos membros da Procuradoria Municipal é que: nem todos os Advogados Públicos Municipais exercem todas essas atribuições – ao contrário, geralmente para cada Procurador Municipal há um rol específico e heterogêneo dessas funções, o que naturalmente impede a mera contagem aritmética. Porquanto, são duas, costumeiramente, as metodologias para cálculo da produtividade funcional: (i) através do comparativo da quantidade de demandas que um Procurador Municipal recebeu em um determinado período de tempo é igual, menor ou superior que aquela que ele próprio despachou/efetivou; (ii) através de um sistema de somatório de pontos que é atribuído para cada ato jurídico realizado ou demanda jurídica por ele cumprida ao longo de um determinado período de tempo.

A primeira metodologia é evidentemente falha, já que diante da heterogeneidade das funções da Advocacia Pública, como mencionado, passa-se a ter uma produtividade irreal, pois a quantidade de demandas que um Advogado Público recebe em uma Procuradoria Especializada sequer se aproximará do quantitativo de outra, Especializada. Mais que isso, parte de outro óbice inerente à grande maioria das Procuradorias Municipais do país, que é a ausência de um sistema de gerenciamento processual moderno.

A segunda metodologia também esbarra no mesmo óbice descrito antes, pois somente através de um sistema tecnológico de gerenciamento processual, inexistente na grande parte dos órgãos de representação jurídica municipal, poder-se-ia atribuir a cada ato praticado uma pontuação específica, que variaria de acordo com suas peculiaridades. Se grande parte das Procuradorias Municipais de médio e pequeno porte possuíssem um sistema de informática moderno, com a possibilidade de se pontuar cada ato jurídico praticado por Procurador Municipal, o que seria somado ao final do mês para se atingir o índice de produtividade de cada um, certamente estaríamos diante de um modelo que se aproximaria do ideal. Contudo, essa não é a realidade de grande parte das Procuradorias Municipais. Aliás, muitas delas sequer possuem essa ferramenta tecnológica, ainda que precária, de controle e distribuição de demandas jurídicas.

Em razão disso, e após a análise de várias Procuradorias Municipais durante o período em que nos encontramos na presidência da Federação Pernambucana dos Procuradores Municipais – FPPM (2014-2018), bem como de um processo de *benchmarking* com a Procuradoria-Geral do Estado de Pernambuco e a própria Advocacia-Geral da União, visualizamos uma terceira metodologia a ser utilizada quando da aferição da produtividade da Procuradoria-Geral do Município, movida através de indicadores específicos de *performance*, para a qual estamos atribuindo a simples nomenclatura de *Gratificação de Incentivo à Produtividade Jurídica – GPROJUR*, que passamos a detalhar.

De início, necessário reiterar o que dito acima: sem um sistema jurídico avançado, não temos como identificar exatamente a produtividade de cada Procurador Municipal, o que não impede de calcularmos mais fidedignamente a produtividade de toda a Procuradoria-Geral do Município, além da metodologia já realizada através dos honorários advocatícios.

Por isso, por meio desta novel metodologia que agora propomos, alicerçamos a produtividade da Procuradoria Municipal através de cinco pilares relacionados às principais atividades funcionais de seus membros. São eles:

a) *Índice de Êxito Jurídico (IEJ)*, que poderá atingir, no máximo, 20% (vinte por cento) da GPROJUR e que é destinado aos Procuradores Municipais da Procuradoria do Contencioso;
b) *Índice Anual de Produtividade Acumulada (IPA)*, que poderá atingir, no máximo, 20% (vinte por cento) da GPROJUR e que é destinado aos Procuradores Municipais da Procuradoria Consultiva;
c) *Índice de Incremento da Receita Própria (IRP)*, que poderá atingir, no máximo, 20% (vinte por cento) da GPROJUR e que é destinado aos Procuradores Municipais da Procuradoria da Fazenda Municipal;
d) *Índice Geral de Qualificação Jurídica (IQJ)*, que poderá atingir, no máximo, 30% (trinta por cento) da GPROJUR e que é destinado

a todos os Procuradores Municipais da Procuradoria-Geral do Município;

e) *Índice Geral de Atributos Pessoais (IAP)*, que poderá atingir, no máximo, 10% (dez por cento) da GPROJUR e que é destinado a todos os Procuradores Municipais da Procuradoria-Geral do Município.

Portanto, a GPROJUR seria composta dos seguintes indicadores, conforme Quadro 1:

QUADRO 1 – Composição da Gratificação de Incentivo à Produtividade Jurídica – GPROJUR

<table>
<tr><th>DESTINATÁRIO DA ANÁLISE</th><th>INDICATIVO</th><th>PERCENTUAL</th></tr>
<tr><td>Procuradoria do Contencioso</td><td>Índice de Êxito Jurídico (IEJ)</td><td>20%</td></tr>
<tr><td>Procuradoria Consultiva</td><td>Índice Anual de Produtividade Acumulada (IPA)</td><td>20%</td></tr>
<tr><td>Procuradoria da Fazenda Municipal</td><td>Índice de Incremento da Receita Própria (IRP)</td><td>20%</td></tr>
<tr><td rowspan="2">Todos os membros da PGM</td><td>Índice Geral de Qualificação Jurídica (IQJ)</td><td>30%</td></tr>
<tr><td>Índice Geral de Atributos Pessoais (IAP)</td><td>10%</td></tr>
<tr><td colspan="2">TOTAL</td><td>100%</td></tr>
</table>

Fonte: Elaboração própria.

Assim, a GPROJUR seria obtida através da seguinte fórmula:

GPROJUR = {[(IEJ x 2) + (IPA x 2) + (IRP x 2) + (IQJ x 3) + (IAP x 1)]:100} x VB

Donde "VB" é o vencimento-base ou outro parâmetro financeiro que servirá de base para o pagamento da GPROJUR

Os três primeiros índices são destinados a aferir a produtividade das funções específicas de cada Procuradoria Especializada, enquanto o quarto índice aferirá um predicado relacionado à Procuradoria-Geral do Município como um todo e, por fim, o quinto índice aferirá as qualidades individuais de cada membro. O resultado de cada um desses índices comporá a GPROJUR a ser percebida, igualmente, por cada Advogado Público Municipal do respectivo ente federado, durante um período determinado de tempo, quando deverá haver uma nova avaliação a vigorar nos meses subsequentes e assim sucessivamente. No caso, partimos do pressuposto da necessidade de um trabalho em equipe, de modo que a dedicação acentuada de um membro provocará a majoração no valor monetário que todos perceberão, enquanto que a desídia e o desinteresse de um prejudicarão igualmente a todos. Trata-se, pois, de gratificação de produtividade da Procuradoria como órgão, e não de cada Advogado Público aferido individualmente.

Nesse contexto, o *Índice de Êxito Jurídico* (IEJ) seria apurado a partir dos valores monetários que a Procuradoria do Contencioso, no exercício da representação judicial, conseguir proteger o município do pagamento à parte contrária em razão de demandas judiciais. Em outras palavras, ao sair-se definitivamente vencedor (ainda que parcialmente) em demandas jurídicas, o município consequentemente deixará de arcar com parte ou com o total da pretensão econômica adversa, gerando evidente proveito financeiro para a edilidade, o que deve ser levado em consideração quando da aferição da produtividade jurídica do respectivo órgão da Advocacia Pública Municipal.

A forma de cálculo seria através de um comparativo com o cumprimento da meta atribuída à Procuradoria do Contencioso, de modo que o percentual que se conseguisse atingir daquela meta seria o mesmo que se perceberia a título de GPROJUR. Exemplo: se a meta imposta pela edilidade é deixar de arcar com R$10.000.000,00 decorrentes de condenações em demandas judiciais ao longo deste ano, e a Procuradoria do Contencioso consegue fazê-lo em R$8.300.000,00 (correspondente a 83%), obterá a título de IEJ a nota 8.3 (oito ponto três), enquanto se conseguir ultrapassar a meta imposta, atingindo o importe de R$11.300.000,00 (correspondendo a 113%), obterá a nota máxima deste índice, qual seja 10.0 (dez). Em seguida, como este índice tem peso 2 para o cálculo da GPROJUR, ele deverá ser multiplicado por este mesmo número. Assim, no exemplo, o *IEJ* seria igual a *16.6* (no caso de não ter ultrapassado a meta, isto é, atingindo apenas 83% dela, o que equivale a 8,3 de índice, multiplicado pelo peso 2).

Um outro pilar seria o *Índice Anual de Produtividade Acumulada* (IPA), a ser apurado a partir do quantitativo anual de pareceres jurídicos emitidos pela Procuradoria Consultiva. Esse índice visa aferir se a referida Procuradoria Especializada está sendo mais ou menos produtiva no que tange à atividade de consultoria jurídica. O cálculo desse índice seria através de um comparativo com o cumprimento da meta atribuída à Procuradoria Consultiva, de modo que o percentual que se conseguisse atingir daquela meta seria o mesmo que se perceberia a título de GPROJUR. Exemplo: se a meta imposta pela edilidade é emitir, no prazo legal, 10.000 (dez mil) pareceres jurídicos ao longo deste ano, e a Procuradoria Consultiva emite 8.730 (oito mil, setecentos e trinta) pronunciamentos, obterá a título de IPA a nota 8.73 (oito ponto sete três), o que corresponderia a 87,3%, enquanto que se conseguir ultrapassar a meta imposta, atingindo 10.050 (dez mil e cinquenta) pareceres, correspondendo a 105%, obterá a nota máxima deste índice, qual seja 10.0 (dez). Em seguida, como este índice tem peso 2 para o cálculo da GPROJUR, ele deverá ser multiplicado por este mesmo número. Assim, no exemplo posto, o *IPA* seria igual a *17.46* (no caso de não ter ultrapassado a meta, isto é, atingindo apenas 87,3% dela, o que equivale a 8,73 de índice, multiplicado pelo peso 2).

Ainda, há o *Índice de Incremento da Receita Própria* (IRP), que seria apurado a partir do montante que a Procuradoria da Fazenda Municipal conseguisse arrecadar a título de arrecadação da receita própria oriunda da dívida ativa. Esse índice visa aferir a produtividade da Procuradoria Especializada quanto à atração de verbas para o erário. O cálculo desse índice seria através de um comparativo com o cumprimento da meta atribuída à respectiva Procuradoria Especializada, de modo que o percentual que se conseguisse atingir daquela meta seria o mesmo que se perceberia a título de GPROJUR. Exemplo: se a meta imposta pela edilidade é atingir R$100.000.000,00 (cem milhões de reais) de receita oriunda da dívida ativa ao longo deste ano, e a Procuradoria da Fazenda Municipal consegue apenas R$94.000.000,00 (noventa e quatro milhões de reais), correspondendo a 94% dela, obterá a título de IRP a nota 9.4 (nove ponto quatro), enquanto que se conseguir ultrapassar a meta imposta, atingindo R$112.00.000,00 (cento e doze milhões de reais), correspondendo a 112%, obterá a nota máxima deste índice, qual seja 10.0 (dez). Em seguida, como este índice tem peso 2 para o cálculo da GPROJUR, ele deverá ser multiplicado por este mesmo número. Assim, no exemplo, o *IRP* seria igual a *18.8* (no caso de não ter ultrapassado a meta, isto é, atingindo apenas 94% dela, o que equivale a 9,4 de índice, multiplicado pelo peso 2).

Portanto, os três índices acima (IEJ, IPA e IRP), como se percebe, partem da necessidade prévia da definição de metas anuais da

Procuradoria-Geral do Município, as quais serão comparadas com o resultado atingido.

Prosseguindo, teria ainda o *Índice Geral de Qualificação Jurídica* (IQJ), que seria apurado a partir do quantitativo de Procuradores Municipais que possuíssem especialização na área de sua respectiva atuação, bem como mestrado ou doutorado. Assim, quanto mais Advogados Públicos Municipais especialistas na área de atuação para a qual estão lotados, bem como mestres ou doutores, mais pontos conquistaria a Procuradoria-Geral do Município. Esse índice visa identificar a qualificação da Advocacia Pública daquele município. O cálculo desse índice seria através de um comparativo com o total dos pontos desejados que tivesse a Procuradoria-Geral do Município, de modo que o percentual que se conseguisse atingir a título de pontuação seria o mesmo que se perceberia a título de GPROJUR. Exemplo: para cada Procurador Municipal com título de especialista, seria atribuída a nota 5.0; de mestre, seria a nota 3.0, e de doutor, seria a nota 2.0, de modo que cada Advogado Público Municipal somente atingiria a nota máxima (10.0) se tivesse especialização na sua respectiva área de atuação, bem como se fosse detentor de título de mestrado e também de doutorado. A nota individual de cada Procurador Municipal faria parte de uma média aritmética da qual se extrairia o IQJ da Procuradoria-Geral do Município. Em seguida, como esse índice tem peso 3 para o cálculo da GPROJUR, ele deveria ser multiplicado por este mesmo número. Para melhor compreensão, observe o exemplo hipotético a seguir (Quadro 2):

QUADRO 2 – Exemplo hipotético de cálculo da GPROJUR, com relação ao IQJ

PROCURADOR MUNICIPAL	ESPECIALIZ. NA ÁREA LOTAÇÃO	MESTRADO	DOUTORADO	NOTA INDIVIDUAL	OBJETIVO A SER ATINGIDO
Maria José da Silva	5.0	3.0	0.0	8.0	10.0
José Maria da Silva	5.0	0.0	0.0	5.0	10.0
Fulano da Silva	5.0	3.0	2.0	10.0	10.0
Beltrano da Silva	5.0	3.0	2.0	10.0	10.0
Sicrano da Silva	5.0	3.0	0.0	8.0	10.0
SOMATÓRIO DAS NOTAS INDIVIDUAIS:				41.0	50.0
MÉDIA ARITMÉTICA DA PGM (somatório das notas individuais/5):				***8.2***	10.0
IQJ (MÉDIA ARITMÉTICA x 3):				***24.6***	30.0

Fonte: Elaboração própria.

Para o exemplo hipotético acima, o *IQJ* seria igual a *24.6*.

Por fim, o *Índice Geral de Atributos Pessoais* (IAP) seria apurado a partir da avaliação do gestor mediato e imediato de cada um dos Procuradores Municipais, bem como pelos pares integrantes do respectivo setor, quanto aos seguintes atributos: Técnica, Proatividade, Responsabilidade, Relacionamento interpessoal e Boa Apresentação. Na prática, essa avaliação se daria da mesma forma que uma avaliação de desempenho individual, de caráter estritamente subjetivo dos gestores e dos demais colegas e, por isso mesmo, teria a menor influência na definição do GPROJUR, se comparado com os demais índices, fazendo com que ela possua apenas peso 1. A forma de cálculo seria através do somatório de todas as notas destinadas a cada um dos atributos dos Procuradores Municipais, e quanto mais esse somatório se aproximar da nota máxima (10.0), proporcionalmente mais próximo do total do percentual destinado a esse índice estará. Em seguida, como esse índice tem peso 1 para o cálculo da GPROJUR, o que se justifica diante da subjetividade dada a ele, deverá ser multiplicado igualmente por 1.

É fundamental que, no âmbito da Procuradoria Municipal, os seus agentes sejam cobrados não somente para (i) aumentar a arrecadação tributária, mas para aumentar ao máximo que for possível a arrecadação tributária; (ii) a emitir pareceres jurídicos com qualidade, mas a emitir pronunciamentos jurídicos com a melhor qualidade possível e no menor tempo; (iii) a saírem vitoriosos em demandas judiciais ou extrajudiciais, mas assim saírem no menor tempo possível e com a eficiência necessária ao interesse público. Trata-se, pois, apenas da aplicação do princípio da eficiência administrativa (*caput*, do art. 37, da CF), que desde o final da década de 1990 do século passado existe expressamente no ordenamento jurídico pátrio, mas que até o momento não se identifica a sua presença, com clareza, no serviço público em geral e sobretudo no âmbito das prefeituras brasileiras.

Assim, recomenda-se que a avaliação de cada Procurador Municipal acerca do IAP seja sigilosa. Isso mesmo: avaliação sigilosa ao menos quanto ao autor da nota e mediante previsão em lei! A realidade política dos órgãos públicos municipais é bastante diversa da dos estaduais e, principalmente, da dos federais, o que se torna mais difícil ainda em se tratando das Procuradorias Municipais. Afinal, diferentemente de uma Secretaria Municipal de Saúde ou de Educação, que são compostas de centenas ou milhares de servidores públicos, naquelas até mesmo o Advogado Público recém-nomeado mediante aprovação em concurso público certamente passará a ter uma relação profissional estreita, constante e direta com todos os integrantes do órgão, inclusive com o Procurador-Geral do Município e com o seu gestor, que o avaliarão.

Nesse contexto, exigir uma avaliação imparcial e isenta de qualquer receio pessoal ou profissional, neste caso, é verdadeiramente um contrassenso. Não raro, nos órgãos municipais de médio ou pequeno porte do país, ou todos os servidores públicos costumam ser indevidamente avaliados com boas ou excelentes notas, ou, ao serem alvo de alguma perseguição política, são avaliados negativamente, mas igualmente de forma parcial e incorreta. Noutras palavras, de uma forma ou de outra é difícil ocorrer uma avaliação realmente técnica, imparcial e verossímil do servidor público que diuturnamente possui um relacionamento estreito com o seu gestor, ora avaliador, quando aquele se encontra na iminência de ser efetivado no serviço público, de ser promovido e, até mesmo, quando se busca aferir se ele cumpriu ou não as suas metas.

Somente através de uma plataforma remota (ex.: *Google Forms*), na qual cada Procurador Municipal fosse avaliado sigilosamente pelo seu gestor imediato, pelo Procurador-Geral do Município e pelos pares integrantes da mesma Procuradoria Especializada (os quais comporiam, todos eles, uma terceira nota), das quais se extrairia uma média aritmética, é que se poderia aproximar de um perfil profissional mais fidedigno com a realidade.

Para tanto, cada um dos avaliadores, que não poderiam ser identificados pelo avaliado, promoveria sua avalição de forma remota, mediante *login* e senha. Em seguida, e respeitando-se o contraditório e a ampla defesa, o Procurador avaliado poderia recorrer da avaliação que lhe fora atribuída, mas jamais identificaria o avaliador, como forma de preservar a lisura e a imparcialidade desta e das futuras avaliações.

Ao término das três avaliações (gestor mediato e imediato, bem como dos respectivos pares) extrair-se-ia a média de cada indicador a ser utilizado no cálculo aritmético do IAP. Para melhor compreensão, observe o exemplo hipotético a seguir (Quadro 3):

QUADRO 3 – Exemplo hipotético de cálculo da GPROJUR com relação ao IAP

PROCURADOR MUNICIPAL	Técnica	Proativ.	Respons.	Relacion. Interpes.	Boa Apresent.	Média Indiv.
Maria José da Silva	10.0	8.0	10.0	9.0	8.0	9.0
José Maria da Silva	6.5	7.0	8.0	9.0	8.0	7.7
Fulano da Silva	9.5	7.0	10.0	8.0	9.0	8.7
Beltrano da Silva	8.5	10.0	10.0	10.0	10.0	9.7
Sicrano da Silva	7.5	10.0	8.0	7.0	7.0	7.9
SOMATÓRIO DAS NOTAS INDIVIDUAIS:						43.0
MÉDIA ARITMÉTICA DA PGM (somatório das notas individuais/5):						8.6
IAP (MÉDIA ARITMÉTICA x 1):						***8.6***

Fonte: Elaboração própria.

Para o exemplo hipotético acima, o *IAP* seria igual a *8.6*.

Assim, a GPROJUR, que poderia ser apurada em dezembro de um ano para ser aplicada a partir de janeiro do ano subsequente e durante todos os meses desse ano, no caso hipotético acima corresponderia a:

GPROJUR = [(16,6 + 17,46 + 18,8 + 24,6 + 8,6) : 100] x VB
GPROJUR = [86,06 : 100] x VB
GPROJUR = 0,86 x VB

Assim, imaginemos que o vencimento-base da primeira classe da carreira seja igual a R$3.500,00. Então:

GPROJUR = 0,86 x R$ 3.500,00

GPROJUR = R$ 3.010,00

Dessa forma, e durante os meses de janeiro a dezembro do ano vindouro, cada um dos Procuradores Municipais daquele mesmo órgão jurídico municipal perceberia, de acordo com o exemplo acima, a título de GPROJUR, a importância de R$3.010,00 (três mil e dez reais) mensalmente.

Com isso, acreditamos que a metodologia acima cumprirá a lacuna existente na experiência administrativa municipal quanto à identificação da produtividade da Advocacia Pública, de forma a se identificar, através dos pilares acima descritos, quais deles carecem de melhorias e quais estão sendo satisfatoriamente cumpridos em prol do interesse público.

Por fim, como se trata de pagamento de vantagem a servidor público – ainda que com vistas ao aprimoramento da produtividade e melhoria do serviço público – necessário será a observância ao princípio da legalidade, razão pela qual apresentamos no Anexo Único deste trabalho a minuta de projeto de lei ordinária que "implanta no regime jurídico dos Procuradores Municipais uma política de fomento à boa governança e eficiência administrativa".

5 Conclusão

A Administração Pública brasileira veio, especialmente ao longo dos últimos dois séculos, passando por várias transformações no que tange aos seus princípios, à prática de seus atos e, principalmente, à forma de prestar o serviço público ao seu destinatário final, que é o cidadão. Inicialmente, através da adoção do modelo patrimonialista, depois, burocrático e agora gerencial, que pressupõe a adoção de mecanismos de aferição de produtividade, foco na eficiência administrativa, na boa governança e na agilidade da prestação do serviço público, sem se descurar do respeito ao cidadão e, principalmente, da observância estrita à lei.

Por intermédio de um processo de *benchmarking* ao longo da última década, conseguimos observar que a Advocacia-Geral da União, a maioria das Procuradorias-Gerais dos Estados e algumas escassas Procuradorias-Gerais dos Municípios se encontram vivenciando essa nova modelagem da Administração Pública. Assim, nesses casos, o modelo de Administração Pública gerencial vem se materializando através da implementação de um planejamento estratégico, de um controle de metas e produtividade, do fomento a uma qualificação acadêmica acentuada de seus membros, da adoção de estruturas físicas, tecnológicas e humanas equivalentes ao porte do serviço público que se quer fornecer e, por que não dizer, de uma valorização remuneratória condizente com o mercado. E tudo isso, observe, são apenas mecanismos que possuem como foco a real finalidade da própria Administração

Pública, que é a prestação de um serviço de qualidade e no momento adequado ao seu destinatário final.

Longe dessa realidade encontra-se a maioria das Procuradorias Municipais do país, muitas vezes compostas de apenas um Advogado Público Municipal, com desestimulante remuneração e sem condições mínimas de trabalho. Outras, no entanto, são dotadas de uma estrutura organizacional mais complexa, mas igualmente se encontram bem aquém do modelo gerencial vivenciado pelos órgãos jurídicos estaduais e, sobretudo, federal.

Como forma de estimular a eficiência administrativa e a boa governança, propomos neste trabalho a implementação de instrumentos de meritocracia, bem como de controle de metas e resultados. Como propostas, trazemos os honorários advocatícios da Advocacia Pública Municipal, o Adicional de Qualificação Jurídica – AQJ e, principalmente, a Gratificação de Produtividade Jurídica – GPROJUR, o que somente deve ser efetivado mediante lei, cuja sugestão de minuta encaminhamos em anexo.

Referências

AGUIAR, Leonardo Sales de. Procurador municipal: meio milênio de fortalecimento da advocacia pública nacional. *L&C – Revista de Administração Pública e Política*, Brasília, DF, n. 187, jan. 2014.

BACELLAR FILHO, Romeu Felipe. Profissionalização da função pública: a experiência brasileira. *Revista Brasileira de Direito Municipal – RBDM*, Belo Horizonte, ano 5, n. 11, p. 9-32, jan./mar. 2004.

BLIACHERIENE, Ana Carla; RIBEIRO, Renato Jorge Brown; FUNARI, Marcos Hime. Governança pública, eficiência e transparência na administração pública. *Fórum de Contratação e Gestão Pública – FCGP*, Belo Horizonte, ano 12, n. 133, p. 915, jan. 2013.

BRASIL. Supremo Tribunal Federal. *Recurso Extraordinário (RE) 663.696/MG*. Relator: Min. Luiz Fux. Tribunal Pleno, 28 de fevereiro de 2019. Disponível em: https://redir.stf.jus.br/paginadorpub/paginador.jsp?docTP=TP&docID=750595051. Acesso em: 01 mar. 2022.

CABRAL, Flávio Garcia. *Conteúdo jurídico da eficiência administrativa*. Belo Horizonte: Editora Fórum, 2019.

CAVALCANTI, Francisco de Queiroz Bezerra. *A PEC 32/2020*: Projeto de Reforma do Regime dos Servidores e da excessiva ampliação de poderes da Presidência da República. Recife: Forma Certa, 2020.

CORRALO, Giovani da Silva. *Curso de direito municipal*. São Paulo: Atlas, 2011.

CUNHA, Bruno Santos; NERY, Cristiane da Costa; CAMPELLO, Geórgia Teixeira Jezler (coord.). *Direito municipal em debate*. Belo Horizonte: Editora Fórum, 2017. v. 3.

ESTÚDIO CONJUR. Advogado 4.0 em tempos de crise. *Consultor Jurídico*, São Paulo, 07 ago. 2020. Disponível em: https://www.conjur.com.br/2020-ago-07/advogado-40-tempos-crise. Acesso em: 01 mar. 2022.

GROTTI, Dinorá Adelaide Musetti. Instrumentos de profissionalização da função pública: licenças para capacitação e vantagens pecuniárias. *Revista Brasileira de Direito Municipal – RBDM*, Belo Horizonte, ano 18, n. 63, p. 9-32, jan./mar. 2017.

KANAANE, Roberto; FIEL FILHO, Alécio; FERREIRA, Maria das Graças (org.). *Gestão pública*: planejamento, processos, sistemas de informação e pessoas. São Paulo: Atlas, 2010.

MADUREIRA, Cláudio. *Advocacia pública*. 2. ed. Belo Horizonte: Editora Fórum, 2016.

MARINELA, Fernanda. *Direito administrativo*. 12. ed. São Paulo: Saraiva Educação, 2018.

MEDEIROS, Maria Inês Gonçalves *et al*. Estrutura organizacional e modelo de gestão: uma análise no Instituto Federal Sul-Rio-Grandense – IFSUL. *In*: Colóquio Internacional sobre gestão universitária na América do Sul, 11, Florianópolis, 07-09 dez. 2011.

MEIRELLES, Hely Lopes. *Direito municipal brasileiro*. 17. Ed. São Paulo: Malheiros Editores, 2013.

MELLO, Celso Antônio Bandeira de. *Curso de direito administrativo*. 35. ed. São Paulo: Malheiros, 2021.

MENDONÇA, Clarisse Correa de; VIEIRA, Raphael Diógenes Serafim; PORTO, Nathália França Figuerêdo. *Primeiro diagnóstico da advocacia pública municipal no Brasil*. Belo Horizonte: Editora Fórum, 2018.

MENKE, Wagner Brignol. Dos resultados aos controles: a importância das estruturas de controle interno para a excelência da gestão. *Revista Brasileira de Direito Municipal – RBDM*, Belo Horizonte, ano 17, n. 60, p. 179-196, abr./jun. 2016.

NOBRE JÚNIOR, Edilson Pereira. Administração Pública e o princípio constitucional da eficiência. *Revista de Direito Administrativo*, Rio de Janeiro, n. 241, p. 209-240, jul./set. 2005.

NÓBREGA, Marcos. *Direito da infraestrutura*. São Paulo: Editora Quartier Latin do Brasil, 2011.

PETERS, Brainard Guy. O que é governança? *Revista do TCU*, Brasília, DF, n. 127, p. 28-33, maio/ago. 2013.

TEIXEIRA, Alex Fabiane; GOMES, Ricardo Corrêa. Governança pública: uma revisão conceitual. *Revista do Serviço Público*, Brasília, DF, v. 70, n. 4, p. 519-550, out./dez. 2019.

VELOSO, Jade Thomaz; JESUS FILHO, José de. Participação nos resultados da Administração Pública Municipal – Análise no município de Santos/SP. *Revista Brasileira de Direito Municipal – RBDM*, Belo Horizonte, ano 18, n. 66, p. 55-66, out./dez. 2017.

Informação bibliográfica deste texto, conforme a NBR 6023:2018 da Associação Brasileira de Normas Técnicas (ABNT):

AGUIAR, Leonardo Sales de. Eficiência e boa governança na advocacia pública municipal: a gratificação de incentivo à produtividade jurídica, os honorários advocatícios e o adicional de qualificação jurídica como incentivo ao cumprimento de metas. *In*: DOSSO, Taisa Cintra; TAVARES, Gustavo Machado; SILVA, Thiago Viola Pereira da (Coord.). *Direito Municipal em debate*. Belo Horizonte: Fórum, 2023. v. 7. p. 19-52. ISBN 978-65-5518-604-8.

ANEXO ÚNICO

MINUTA DE PROJETO DE LEI ORDINÁRIA Nº _____/2023

Implanta no regime jurídico dos Procuradores Municipais uma política de fomento à boa governança e eficiência administrativa.

Art. 1º Visando o aumento da eficiência administrativa e o fomento da boa governança, fica implantada a política de controle e incentivos no âmbito da Procuradoria-Geral do Município prevista nesta Lei.

§1º A Procuradoria do Contencioso, Consultiva e da Fazenda Municipal deverão publicar no Diário Oficial, anualmente em dezembro, as metas que desejam atingir no ano subsequente.

§2º A definição das metas da Procuradoria-Geral do Município será regulamentada em Decreto.

Art. 2º Os Procuradores Municipais, além de outras vantagens previstas em lei, terão direito a:

I. Honorários advocatícios decorrentes de condenação judicial favorável ao município e de transações judiciais ou extrajudiciais;

II. Adicional de Qualificação Jurídica (AQJ), os que possuírem os seguintes títulos:

a) Especialista ou MBA em Direito ou em Gestão Pública (curso de pós-graduação *lato sensu*), correspondente a 2,5% (dois virgula cinco por cento) da sua remuneração, para cada título obtido;

b) Mestre em Direito ou em Gestão Pública (curso de pós-graduação *stricto sensu*), correspondente a 15% (quinze por cento) da sua remuneração;

c) Doutor em Direito ou em Gestão Pública (curso de pós-graduação *stricto sensu*), correspondente a 25% (vinte e cinco por cento) da sua remuneração.

III. Gratificação de Incentivo à Produtividade Jurídica (GPROJUR).

Art. 3º Os honorários advocatícios possuem natureza alimentar e são privativos dos Procuradores Municipais.

§1º Os honorários advocatícios decorrentes de transações judiciais ou extrajudiciais relativos ao pagamento de débitos inscritos em dívida ativa serão cobrados à base mínima de 10% (dez por cento) do montante total acordado, podendo ser majorada por decreto.

§2º Para fins de transação ou cobrança, judicial ou extrajudicial, os honorários advocatícios constarão na certidão de dívida ativa.

§3º É vedada à Administração Municipal, e a qualquer servidor municipal efetivo ou temporário, comissionado ou contratado, a renúncia dolosa ou culposa dos honorários advocatícios, independentemente do valor da obrigação principal, ou outro ato semelhante ou a cobrança dos honorários em valor aquém ou diverso do devido.

§4º Os honorários advocatícios serão regulamentados em Decreto do Chefe do Poder Executivo.

Art. 4º Para fins do AQJ, os títulos deverão ser conferidos ou reconhecidos por instituição de ensino superior oficial ou reconhecida e afetos às seguintes áreas, apenas: Direito Administrativo, Direito Ambiental, Direito Civil, Direito Constitucional, Direito Previdenciário, Direito Trabalhista, Direito Tributário, Direito Urbanístico e Gestão Pública.

§1º Somente poderão ser contabilizados até quatro (04) títulos de pós-graduação *lato sensu*, totalizando dez por cento (10%) da respectiva remuneração.

§2º A concessão do AQJ ficará limitada a cinquenta por cento (50%) da respectiva remuneração.

Art. 5º A GPROJUR será composta pelos seguintes índices:

I. Índice de Êxito Jurídico (IEJ), que poderá atingir, no máximo, 20% (vinte por cento) da GPROJUR;

II. Índice Anual de Produtividade Acumulada (IPA), que poderá atingir, no máximo, 20% (vinte por cento) da GPROJUR;

III. Índice de Incremento da Receita Própria (IRP), que poderá atingir, no máximo, 20% (vinte por cento) da GPROJUR;

IV. Índice Geral de Qualificação Jurídica (IQJ), que poderá atingir, no máximo, 30% (trinta por cento) da GPROJUR;

V. Índice Geral de Atributos Pessoais (IAP), que poderá atingir, no máximo, 10% (dez por cento) da GPROJUR.

§1º A GPROJUR terá como limite máximo o valor pago a título do respectivo vencimento-base aos integrantes da primeira classe da carreira de Procurador Municipal do mês de dezembro em que será calculada a GPROJUR.

§2º O Índice de Êxito Jurídico (IEJ) será apurado a partir dos valores monetários que a Procuradoria do Contencioso conseguir evitar que a edilidade despenda em razão de demandas judiciais.

§3º O Índice Anual de Produtividade Acumulada (IPA) será apurado a partir do quantitativo anual de pareceres jurídicos emitidos pela Procuradoria Consultiva.

§4º O Índice de Incremento da Receita Própria (IRP) será apurado a partir do aumento da receita própria oriunda da dívida ativa, se comparado com o ano anterior.

§5º O Índice Geral de Qualificação Jurídica (IQJ) será apurado a partir do quantitativo de Procuradores Municipais que possuírem especialização na área de sua respectiva atuação, mestrado ou doutorado.

§6º O Índice Geral de Atributos Pessoais (IAP) será apurado a partir da avaliação do gestor mediato e imediato de cada um dos Procuradores Municipais quanto aos seguintes atributos: Técnica, Proatividade, Responsabilidade, Relacionamento Interpessoal e Boa Apresentação.

§7º A apuração da GPROJUR levará em conta o período compreendido entre 1º de dezembro do ano anterior a 30 de novembro do ano em que será apurada a gratificação.

§8º A GPROJUR será apurada em dezembro de um ano para ser aplicada a partir de janeiro do ano subsequente.

§9º GPROJUR será regulamentada em Portaria do Procurador-Geral do Município.

Art. 6º O Procurador Municipal poderá, no interesse e a critério da Administração e desde que a participação não possa ocorrer simultaneamente, afastar-se do exercício do cargo efetivo para participar de programa de pós-graduação *stricto sensu* em instituição de ensino superior no país ou no exterior.

§1º É de 02 (dois) anos, prorrogável por iguais períodos, a critério da Administração, a duração do afastamento previsto neste artigo.

§2º O afastamento previsto neste artigo será concedido com remuneração integral.

§3º Os Procuradores Municipais beneficiados pelo afastamento previsto neste artigo terão que permanecer no exercício de suas funções após o seu retorno por um período igual ao do afastamento concedido.

§4º Caso o Procurador Municipal venha a solicitar exoneração do cargo ou aposentadoria antes de cumprido o período de permanência previsto no parágrafo anterior, deverá ressarcir o Município com os gastos de seu aperfeiçoamento.

§5º Caso o Procurador Municipal não obtenha o título ou grau que justificou seu afastamento no período previsto, aplicar-se-á o disposto no parágrafo anterior, salvo na hipótese comprovada de força maior ou de caso fortuito, a ser apreciada pelo Procurador-Geral do Município.

§6º Alternativamente, a Administração Pública poderá custear a mensalidade do curso de pós-graduação, desde que o Procurador Municipal opte por se manter no exercício de suas plenas atividades funcionais e assuma o compromisso previsto no §3º.

Art. 7º Esta Lei entra em vigor na data de sua publicação.

Local e data.

Prefeito Municipal

DIÁLOGO COMPETITIVO EM PPPS E CONCESSÕES: UMA ANÁLISE CRÍTICA SOBRE A EFETIVIDADE DO INSTITUTO ANTE AS MODALIDADES EXISTENTES DE INTERAÇÃO COM O MERCADO

CARLOS EDUARDO DA SILVEIRA

JHONNY PRADO

1 Introdução

A Lei nº 14.133, de 1º de abril de 2021, promoveu importantes inovações nas contratações públicas e substituirá a Lei nº 8.666/93, definitivamente, após decorridos dois anos de sua publicação.[1] Dentre as alterações nas normas gerais de licitações e contratos, destaca-se a introdução de uma nova modalidade de licitação: o diálogo competitivo.

Apesar de inédita no Brasil, a modalidade advém de experiência internacional consolidada, que envolve a colaboração da iniciativa privada na definição do objeto pretendido pela Administração Pública, em situações de maior complexidade em que o Estado não dispõe de condições de definir por conta própria a melhor forma de satisfazer a sua necessidade.

---

[1] Art. 193. Revogam-se:
(...) II – a Lei nº 8.666, de 21 de junho de 1993, a Lei nº 10.520, de 17 de julho de 2002, e os arts. 1º a 47 – A da Lei nº 12.462, de 4 de agosto de 2011, após decorridos 2 (dois) anos da publicação oficial desta Lei.

O diálogo competitivo[2] já era presente no direito Europeu desde 2004, constando na Diretiva 2004/18/CE do Parlamento Europeu e do Conselho, de 31 de março de 2004, posteriormente revogada pela Diretiva 2014/24/EU do Parlamento Europeu e do Conselho, de 26 de fevereiro de 2014, mas mantido o instituto em seu art. 30.[3]

Incorporado ao ordenamento jurídico brasileiro, a nova modalidade de licitação, de acordo com os arts. 32 e seguintes da Lei nº 14.133/21, de modo sumário, é restrita a contratações de objetos de maior complexidade para os quais a Administração não dispõe da capacidade suficiente para definir a solução que melhor atenda às suas necessidades.[4]

Por expressa previsão legal (arts. 179 e 180 da Lei nº 14.133/21), tornou-se passível de utilização igualmente nas licitações para concessões de serviço público (regidas pela Lei nº 8.987/95) e parcerias público-privadas (PPPs) (Lei nº 11.079/2004).

Assim, especialmente em projetos inovadores, para os quais a Administração Pública não detenha experiência pretérita ou que envolvam práticas recentes do mercado, como as PPPs nas áreas sociais, poderá o ente público se valer da modalidade de licitação em questão, notadamente por contemplar as condições estabelecidas no art. 32 da Lei nº 14.133/21.

Por tais razões, o presente artigo pretende avaliar a efetividade do diálogo competitivo em projetos de longo prazo, especialmente em razão da difundida utilização de outros procedimentos (com as correspondentes distinções) que, apesar de não envolverem a fase externa de uma licitação, permitem a interação entre a Administração Pública e os potenciais interessados no certame para o delineamento do objeto

---

[2] Chamado de diálogo concorrencial.

[3] Disponível em: http://www.contratacaopublica.com.pt/xms/files/Legislacao/Comunitaria/Diretiva_Classica_2014_24.pdf. Acesso em: 12 dez. 2021.

[4] Art. 32. A modalidade diálogo competitivo é restrita a contratações em que a Administração:
I – vise a contratar objeto que envolva as seguintes condições:
a) inovação tecnológica ou técnica;
b) impossibilidade de o órgão ou entidade ter sua necessidade satisfeita sem a adaptação de soluções disponíveis no mercado; e
c) impossibilidade de as especificações técnicas serem definidas com precisão suficiente pela Administração;
II – verifique a necessidade de definir e identificar os meios e as alternativas que possam satisfazer suas necessidades, com destaque para os seguintes aspectos:
a) a solução técnica mais adequada;
b) os requisitos técnicos aptos a concretizar a solução já definida;
c) a estrutura jurídica ou financeira do contrato; (...)

e dos documentos editalícios, tais como o procedimento de manifestação de interesse (PMI), a sondagem de mercado e o *roadshow*.

2 Do diálogo competitivo

Inspirada no direito europeu,[5] a nova lei de licitações consagrou o diálogo competitivo como uma nova modalidade de licitação, utilizável tanto em licitações tradicionais que envolvem contratação de obras, serviços e compras, quanto para concessões de serviços públicos e concessões administrativas e patrocinadas.

As soluções cooperativas entre Estado e particulares são uma tendência na Administração Pública Gerencial, sendo paulatinamente incorporadas ao nosso sistema, chegando, cada vez mais, à própria concepção das contratações públicas.[6] A novel modalidade de licitação, no entanto, foi reservada para projetos revestidos de maior complexidade, para os quais a Administração não possua conhecimento ou tenha dificuldades para definir o objeto e as especificações contratuais, seja por envolverem inovações tecnológicas ou técnicas, seja pela insuficiência de informações do ente público para adaptar as soluções disponíveis no mercado e especificá-las no edital do certame, sem a interação com o mercado.

Para tanto, a modalidade contempla a realização de duas fases: fase do diálogo, na qual há uma interação com cada particular interessado pré-selecionado, para que este apresente soluções de interesse do ente público; e fase da competição, na qual é publicado um novo edital contendo a especificação da solução desejada.

O procedimento deve ser conduzido por uma comissão técnica composta por pelo menos três servidores efetivos ou empregados públicos, sendo admitida a contratação de profissionais técnicos especializados para assessorar a comissão, os quais formalizarão termo de confidencialidade e não poderão participar de atividades que possam configurar conflito de interesses.

A partir da instauração da comissão, o procedimento se inicia com a publicação do edital em sítio eletrônico oficial, no qual serão

---

5 Como já referido, o instituto já havia sido incorporado à legislação de diversos países europeus, como: Portugal (art. 30 e 204-218 do Código de Contratos Públicos); França (*Dialogue compétitif*: art. 26, I, 3º, 36 e 67, do *Code des marches publics*); Espanha (Diálogo Competitivo: art. 163 a 167 da Lei 30/2007 – *Contratos del Sector Público*) etc.

6 No mesmo sentido, JUSTEN FILHO, Marçal. *Comentários à Lei de Licitações e Contratações Administrativas*: Lei 14.133/2021. São Paulo: Thomson Reuters Brasil, 2021, p. 454.

descritas as necessidades, exigências da Administração Pública, bem como os requisitos objetivos para a pré-seleção dos licitantes, conferindo-se um prazo de 25 dias úteis para manifestação de interesse na participação do certame.

Na fase do diálogo, que integra a fase externa da licitação, inicia-se a interação com cada um dos pré-selecionados, sendo vedada a divulgação de informações que atentem ao caráter isonômico do procedimento e, outrossim, não é permitido que a Administração revele aos demais licitantes as soluções propostas ou informações confidenciadas por cada participante sem o seu consentimento.

A etapa do diálogo persistirá até que a Administração, em decisão fundamentada, identifique a solução ou as soluções que atendam às suas necessidades, ocasião em que deverão ser colacionados aos autos do processo licitatório os registros e as gravações da fase.

Na sequência, incumbe à Administração dar início à fase competitiva com a publicação de um novo edital contendo a especificação da solução que atenda as suas necessidades e os critérios objetivos para a seleção da proposta mais vantajosa. Convém salientar que a etapa competitiva é restrita aos licitantes pré-selecionados na primeira fase.

Tratando-se de uma etapa da fase externa da licitação, a eventual revogação do certame por motivo de conveniência e oportunidade ficará adstrita às hipóteses em que o motivo determinante seja resultante de fato superveniente devidamente comprovado, conforme estabelece o §2º do art. 71 da Lei nº 14.133/21. Ademais disso, deverá ser assegurada a prévia manifestação dos interessados (§3º do art. 71).

Muito embora a revogação do procedimento possa ocorrer a qualquer momento, cabe registrar que mesmo antes da edição da Lei nº 14.133/2021, sob a égide da Lei nº 8.666/93, a jurisprudência do TCU era no sentido de que a revogação do certame é condicionada à observância dos seguintes requisitos: "a) fato superveniente que tenha transfigurado o procedimento em inconveniente ou inoportuno; b) motivação; e c) contraditório e ampla defesa prévios".[7]

---

[7] BRASIL. TCU, Acórdão 455/2017, Plenário. Rel.: Min. Marcos Bemquerer. J. 15/03/2017. RELATÓRIO DE AUDITORIA. MODELO PREDITIVO. FISCALIZAÇÃO DE TRANSFERÊNCIAS VOLUNTÁRIAS NO ESTADO DO MATO GROSSO DO SUL. REVOGAÇÃO DE CERTAME SEM OBSERVÂNCIA AS LIMITAÇÕES LEGAIS. REPASSE INDEVIDO DA CONTA CORRENTE ESPECÍFICA DE CONVÊNIO PARA CONTA DE OUTRO ÓRGÃO. CIÊNCIA. 1. A revogação de certame licitatório, seja nas modalidades previstas na Lei 8.666/1993 seja na modalidade pregão, deve observar os seguintes requisitos: a) fato superveniente que tenha transfigurado o procedimento em inconveniente ou inoportuno; b) motivação; e c) contraditório e ampla defesa prévios, conforme dispõem o art. 49,

A toda evidência, o legislador incorporou os critérios já estabelecidos pela jurisprudência da Corte de Contas ao editar a Lei nº 14.133/2021. Tal questão, especificamente na modalidade do diálogo competitivo, ganha relevo ao considerar que os licitantes participam de uma etapa custosa e complexa de estruturação do objeto a ser contratado, atuando como uma espécie de consultores contratados pelo Poder Público.

Não haveria como se cogitar que após o transcurso de diversas rodadas de intenso diálogo e desenvolvimento de documentos editalícios, que instruirão a etapa de competição, a Administração simplesmente revogasse o certame sem que a motivação estivesse atrelada a um fato superveniente que torne o procedimento inconveniente ou inoportuno. Se, por ocasião da publicação do edital de diálogo competitivo, a Administração julgava oportuna e conveniente a contratação, certamente as razões para eventual revogação deverão estar atreladas a fato superveniente que promova uma modificação efetiva do juízo de conveniência e oportunidade outrora explicitado.

Observa-se que parte da doutrina entende que a revogação gera o direito à indenização pelas despesas realizadas pelo licitante ou, ainda, que "o Poder Público deve indenizar o licitante em caso de desfazimento da licitação após a homologação, tanto na hipótese de anulação quanto no caso de revogação",[8] como forma de prestígio aos princípios da boa-fé e da confiança.

Certamente com o advento dessa nova modalidade licitatória, o entendimento quanto ao dever de indenizar sofrerá adequações,

---

caput, e §3º, da Lei 8.666/1993 c/c art. 9º da Lei 10.520/2002. 2. Constatada a ocorrência de fato superveniente capaz de suportar o desfazimento do processo licitatório por inconveniência e/ou inoportunidade, a Administração deve comunicar aos licitantes a intenção de revogação, oferecendo-lhes direito ao contraditório e à ampla defesa prévios, em prazo razoável, para que defendam a licitação deflagrada e/ou demonstrem que não cabe o pretendido desfazimento, antes de a Administração tomar a decisão de forma motivada. 3. O ordenamento jurídico impõe à Administração o dever-poder de julgar e responder as impugnações direcionadas a instrumento convocatório de certame. 4. Os recursos de convênios deverão ser mantidos na conta bancária específica da avença e somente poderão ser utilizados para pagamento de despesas constantes do plano de trabalho ou para aplicação no mercado financeiro, nas hipóteses previstas em lei ou na Portaria Interministerial 507/2011; BRASIL. TCU, Acórdão 3066/2020-Plenário, Rel. Min. Benjamin Zymler. 07.12.2020. A revogação de certame licitatório, nos termos do art. 49 da Lei 8.666/1993, aplicável ao Regime Diferenciado de Contratações Públicas (RDC) por força do art. 44 da Lei 12.462/2011, só pode ocorrer diante de fatos supervenientes que demonstrem que a contratação pretendida tenha se tornado inconveniente e inoportuna ao interesse público.

[8] OLIVEIRA, Rafael Carvalho Rezende. *Curso de direito administrativo*. 6. ed. Rio de Janeiro; São Paulo: Método, 2018, p. 491.

notadamente em contratos de longo prazo como as PPPs e Concessões, cuja complexidade e longa maturação da estruturação do projeto é inerente aos trabalhos desenvolvidos.

Isso porque diferentemente das outras modalidades licitatórias, cujos documentos editalícios são concebidos e estruturados pela Administração Pública, no diálogo competitivo é o próprio licitante que incorre com custos para a apresentação de uma solução que atenda às necessidades do ente público, os quais são despendidos antes da homologação do certame, por ocasião da conclusão da fase de diálogo.

Não bastasse isso, mesmo que o licitante apresente propostas tecnológicas ou técnicas mais adequadas às necessidades da Administração, na estruturação de PPPs e Concessões, por vezes, a controvérsia e os fatos que podem retirar o apetite dos potenciais interessados na adjudicação do objeto contratual estão relacionados à ausência ou insuficiência de garantias públicas (em especial nas concessões administrativas) ou mesmo com a indevida alocação de riscos do projeto.

A alocação de riscos é elemento base nos contratos de concessão e tem estreita relação com a viabilidade do projeto. A distribuição equivocada do risco tende a onerar principalmente os usuários da infraestrutura concedida ou o Poder Concedente, já que o Concessionário é levado a incorporar em sua proposta o custo total de lidar com o evento indesejado, independentemente de ele vir a se concretizar (onerando, por conseguinte, o utente, em razão da elevação da tarifa) ou a repassar a despesa com o prêmio dos riscos cobertos por seguro ao preço ofertado à Administração, reduzindo, portanto, o valor de outorga ofertado ao Poder Concedente.[9]

Sendo assim, considerando que as negociações podem envolver não apenas a definição do objeto a ser contratado, mas também a estrutura e as condições contratuais, como prazos, fases de desenvolvimento e fornecimento do objeto e formas de remuneração do privado, a utilização do diálogo competitivo na estruturação de concessões de serviços públicos e concessões administrativas poderá enfrentar inúmeros obstáculos na articulação e definição da solução a ser apresentada, especialmente pelo fato de a interação com a iniciativa privada se restringir aos licitantes pré-selecionados.

Diante de tais dificuldades que possivelmente advirão na utilização desta modalidade de licitação para concessões regidas pelas Leis

[9] RIBEIRO, Maurício Portugal. *Concessões e PPPs*: melhores práticas em licitações e contratos. São Paulo: Atlas, 2011, p. 80-82.

nº 8.987/95 e 11.079/2004, e tendo em vista que esse seria o campo mais profícuo para a sua utilização, imprescindível que se avalie a efetividade da adoção do diálogo competitivo, principalmente ao se cotejar outras formas de interação com a iniciativa privada, já utilizadas em larga escala para a adequação dos projetos à realidade de mercado.

3 Das outras modalidades de interação com o mercado

Os projetos de PPPs e Concessões, em razão de sua complexidade, envolvem um longo período de maturação, que passa pelo desenvolvimento de três etapas: i) planejamento de longo prazo e identificação do projeto; ii) estruturação, a qual compreende a fase de realização de estudos para o início da licitação (estudos de viabilidade técnicos, econômicos, ambientais e jurídicos) e a fase de licitação propriamente dita; iii) execução do projeto.

Muito embora haja a capacidade dos entes públicos de se planejarem a longo prazo e identificarem projetos de infraestrutura passíveis de serem concedidos à iniciativa privada, por vezes, esse planejamento esbarra na incapacidade técnica para a fase de estruturação dos projetos (especialmente para a etapa de realização dos estudos), o que os induz a buscarem a *expertise* da iniciativa privada para o seu assessoramento. A assimetria de informações existente entre o Poder Público e Privado, em determinados setores, obriga essa aproximação, desaconselhando, cada vez mais, a atuação autônoma e isolada por parte do Estado.

Como observado anteriormente, o diálogo competitivo abarca no bojo da própria licitação (fase externa) uma interação ativa (diálogo e colaboração) entre a Administração Pública e a iniciativa privada (licitantes pré-cadastrados) para a definição do objeto da competição mais eficiente (fase da competição).

O diálogo competitivo pode colaborar para o alinhamento de interesses e expectativas entre as partes contratantes, viabilizando a compreensão de alternativas e riscos envolvidos na contratação pretendida, bem como a construção de soluções de maior aderência às necessidades públicas.[10]

---

[10] ZAGO, Marina; RODRIGUES, Fernanda. O que o diálogo competitivo agrega às contratações públicas? *Consultor Jurídico*, São Paulo, 11 nov. de 2019. Disponível em: https://www.conjur.com.br/2019-nov-11/opiniao-dialogo-competitivo-agrega-contratacoes-publicas #author. Acesso em: 11 dez. 2021.

Ainda que a novel lei de licitações incorpore o diálogo competitivo justamente para que o ente público se valha da experiência privada para, no bojo da própria licitação, estruturar um projeto de infraestrutura,[11] fatalmente a dificuldade da Administração Pública persistirá na adequada identificação da solução apresentada na etapa de diálogo que melhor atende às necessidades públicas, ou seja, na ausência ou insuficiência de quadros técnicos para procederem no julgamento. Tanto é assim, que a lei admite a contratação de profissionais para o assessoramento técnico da comissão de contratação.[12]

Por tal razão, a efetiva utilização do diálogo competitivo nos projetos de PPP e Concessões para suprir a carência técnica ou para promover a interação com a iniciativa privada, na busca de soluções disponíveis no mercado, suscita uma série de dúvidas. O ente público pode se valer de outros instrumentos para buscar o assessoramento técnico para a estruturação do projeto (contratação de consultores ou realização de procedimento de manifestação de interesse). Além disso, há outras modalidades de interação com o mercado, presentes na fase interna da licitação (previamente à publicação do edital), que podem alcançar resultados similares ou quiçá mais eficientes à Administração Pública do que o diálogo competitivo, principalmente no que se refere aos prazos de maturação do projeto e à simetria informacional.

3.1 Procedimento de Manifestação de Interesse (PMI)

Seguindo a tendência de admitir a participação da iniciativa privada na elaboração das licitações públicas para diminuir a assimetria de informações existente, o Procedimento de Manifestação de Interesse (PMI) surgiu como um instrumento auxiliar aos agentes públicos, para que, na fase de elaboração do certame, colham informações acerca das melhores práticas existentes no mercado para determinada demanda.[13]

Por meio desse procedimento auxiliar, a Administração Pública estabelece uma relação colaborativa com a iniciativa privada,

---

[11] Conforme alterações promovidas nas Leis nº 8.987/95 e 11.079/04 (arts. 179 e 180 da Lei nº 14.133/21).

[12] Art. 32, §1º, XI, da Lei nº 14.133/21.

[13] OLIVEIRA, Rafael Sergio de. *Os 10 tópicos mais relevantes do projeto da nova Lei de Licitação e Contrato.* Disponível em: https://repositorio.ufsc.br/bitstream/handle/123456789/222982/os%2010%20t%C3%B3picos%20mais%20relevantes%20do%20projeto%20da%20nova%20lei%20de%20licitacao%20e%20contrato%20-%20portal%20lc.pdf?sequence=1. Acesso em: 16 dez. 2021.

possibilitando ao Poder Público a obtenção de contribuições da *expertise* privada tanto no que diz respeito à apresentação de estudos de viabilidade e projetos técnicos, quanto à descoberta de novas ideias ou soluções para a resolução de problemas ou situações de relevância pública.

O estreitamento do diálogo com o setor privado possibilita a obtenção de várias visões e alternativas para um mesmo projeto, conferindo maior eficiência para a contratação pública, além de permitir ao setor privado ajudar na modulação da contratação de modo que esta esteja de acordo com os padrões de produtividade e eficiência já experimentados no mercado.[14]

Contudo, até a edição da Lei nº 14.133/2021, o PMI tinha aplicação restrita no ordenamento jurídico brasileiro. Em verdade, embora de ampla utilização para a elaboração de projetos de concessões e PPPs, o PMI sequer tinha uma existência formal expressa em nossa legislação nacional, encontrando previsão em diversos atos infralegais,[15] que, por sua vez, retiravam seu fundamento de validade nos textos dos artigos 21 e 31 das Leis nº 8.987/95 e 9.074/95, respectivamente (bem como no art. 3, §1º, da Lei nº 11.079/2004).

A Nova Lei de Licitações formalizou expressamente o PMI, prevendo-o nos artigos 78, III e 81, como um dos procedimentos auxiliares das licitações e das contratações públicas regidas pela lei geral, possibilitando a ampliação da utilização do instituto nas Administrações Públicas das três esferas federativas.

O PMI é uma espécie de procedimento prévio à publicação do certame, cujo objeto é a coleta de informações acerca das soluções oferecidas pelo mercado para as necessidades públicas e faz parte da fase interna ou planejamento de uma licitação. Podemos sintetizar como características marcantes desse procedimento: é uma solicitação à iniciativa privada de realização de estudos e projetos para soluções da Administração Pública; tem o objetivo de suprir a assimetria de

---

[14] THAMAY, Rennan Faria Krüger; PRADO, Jhonny; MACIEL, Igor Moura; GARCIA JUNIOR, Vanderlei. *Nova Lei de Licitações e Contratos Administrativos comentada*. São Paulo: Saraiva Educação, 2021, p. 262.

[15] Podemos citar como exemplo o Decreto nº 8.428, de 2 de abril de 2015, que regulamenta o tema na União; o Decreto nº 61.371, de 21 de julho de 2015, do Estado de São Paulo; o Decreto nº 57.678, de 4 de maio de 2017, que estabelece o PMI no Município de São Paulo; Resolução nº 013/2019, de 25 de março de 2019, do Conselho Gestor do Programa de Concessões e Parcerias Público-Privadas do Estado do Rio Grande do Sul; por fim, no município de Porto Alegre, quem estabelece o PMI é o Decreto nº 19.792, de 20 de julho de 2017.

informação entre a Administração e o mercado; é uma etapa que antecede a licitação.

> Tal qual os demais procedimentos auxiliares, não há garantia de licitação. Sequer será atribuído qualquer direito de preferência no processo licitatório ao interessado que elaborou os estudos, investigações, levantamentos e projetos. A elaboração, aliás, não implica, por si só, direito a ressarcimento, a menos que seja efetivamente utilizada na licitação, casos em que será remunerada pelo vencedor, vedada, em qualquer hipótese, a cobrança de valores do poder público.[16]

Por fim, não podemos esquecer do MIP (Manifestação de Interesse Privado), figura geralmente apontada como a outra face da mesma moeda do PMI, que corresponde a uma atividade proativa da sociedade organizada e privada, distinguindo-se deste último apenas em relação à iniciativa. No caso do MIP, é o ente privado que oferta uma solução (um projeto) ao poder público.

3.2 *Roadshow*

Voltado à fase posterior à disponibilização dos documentos editalícios em consulta pública ou à publicação da versão final do edital de licitação, trata-se de uma forma de interação com os potenciais participantes da licitação que guarda similitude com um dos objetivos do diálogo competitivo, já que é comum nessa etapa o recebimento de colaborações do mercado quanto à existência de soluções técnicas ou tecnológicas mais adequadas disponíveis no mercado, bem como contribuições para o aprimoramento dos documentos disponibilizados.

O *roadshow* envolve a realização de reuniões individuais com os agentes do mercado para a apresentação do projeto objetivando atraí-los a participar do certame, esclarecer dúvidas e colher contribuições, aperfeiçoando a modelagem para torná-la viável ou mais atrativa.

Nesse sentido, de acordo com Ribeiro:

> Consiste o *road show* na realização de reuniões isoladas com cada um dos principais potenciais participantes da licitação para: (a) atraí-los para participar da licitação; (b) solucionar suas dúvidas e questionamentos,

[16] THAMAY, Rennan Faria Krüger; PRADO, Jhonny; MACIEL, Igor Moura; GARCIA JUNIOR, Vanderlei. *Nova Lei de Licitações e Contratos Administrativos comentada.* São Paulo: Saraiva Educação, 2021, p. 262.

em ambiente em que, sem a interferência de outros participantes, cada um se sinta à vontade para perguntar, sem medo, por exemplo que a realização das suas perguntas e manifestações de preocupação revelem dados ou informações estratégicas, sigilosas, ou de alguma forma relevantes para a elaboração da sua proposta que poderiam eventualmente vir a ser utilizadas pelos outros participantes, lhes tirando eventuais vantagens; (c) entender o posicionamento do mercado, os diversos aspectos do projeto com os quais alguns ou todos os parceiros não estão confortáveis, e que se constituem barreiras de entrada, ou que impactam de forma relevante o preço para a prestação do serviço objeto da PPP ou concessão, de maneira que o Poder Público possa, com essa informação, decidir se altera ou não as características do projeto antes da publicação final do edital.[17]

Naturalmente, para chegar à fase de realização do *roadshow*, a Administração já deverá ter promovido a estruturação do projeto, mesmo que com auxílio externo (consultores contratados ou estudos apresentados em PMI), ou seja, o projeto já está em uma fase avançada de amadurecimento. De qualquer forma, a importância de tal instrumento na análise comparativa com o diálogo competitivo é o fato de que o ente público pode dialogar diretamente com os potenciais interessados na busca de aprimorar os documentos disponibilizados, compatibilizando-os com as soluções disponíveis no mercado e promovendo as inovações tecnológicas ou técnicas correspondentes.

3.3 Sondagem de mercado (*market sounding*)

Outra forma de interação com a iniciativa privada para o aprimoramento dos projetos é a sondagem de mercado. Tal procedimento envolve discussões com a iniciativa privada na fase embrionária dos projetos, quando se pretende "identificar riscos, medir a atratividade do projeto, definir a modelagem, formas de remuneração, cronograma, dentre outros"[18] em projetos de maior complexidade e que necessitam

[17] RIBEIRO, Maurício Portugal. *Concessões e PPPs*: melhores práticas em licitações e contratos. São Paulo: Atlas, 2011, p. 50-52.

[18] PICON, Bruna Diniz; DIANA, Gisele Novack. *Sondagem de mercado*: instrumento de diálogo entre o setor público e o privado na modelagem e projetos de concessão e de parcerias público-privadas no âmbito do estado de São Paulo. Orientador: Gesner Oliveira. 2021. 116 f. Dissertação (Mestrado Profissional) – Fundação Getúlio Vargas, Escola de Administração de Empresas de São Paulo. São Paulo, 2021. Disponível em: https://bibliotecadigital.fgv.br/dspace/bitstream/handle/10438/30270/Mestrado%20MPGPP%20-%20TCC-%20Bruna%20e%20Gisele%20-%2017-03-2021.pdf?sequence=1. Acesso em: 11 dez. 2021, p. 32-34.

identificar a aceitação e a atratividade do projeto da forma como se pretende desenvolvê-lo.

Em que pese pouco difundido pela doutrina, trata-se de uma prática comum na estruturação de projetos de PPP e concessões, presente em diversos projetos promovidos em nível federal, estadual e municipal.[19]

A realização da sondagem de mercado está alicerçada no princípio constitucional da eficiência (art. 37 da CRFB/88), haja vista que nada adiantaria a Administração Pública passar por um longo período de estruturação e maturação de um projeto de infraestrutura se esse não fosse aderente às expectativas do mercado e não fomentasse a participação de interessados.

Ademais disso, uma importante inovação da Lei nº 14.133/21 não apenas reafirma a possibilidade de realização de sondagem de mercado, como estabelece que a abordagem mercadológica integre a fase preparatória do processo licitatório, sendo importante insumo de planejamento, conforme se depreende do seu art. 18:

> Art. 18. *A fase preparatória do processo licitatório é caracterizada pelo planejamento* e deve compatibilizar-se com o plano de contratações anual de que trata o inciso VII do *caput* do art. 12 desta Lei, sempre que elaborado, e com as leis orçamentárias, bem como *abordar todas as considerações* técnicas, *mercadológicas* e de gestão que podem interferir na contratação, compreendidos:
>
> (...)
>
> §1º O estudo técnico preliminar a que se refere o inciso I do *caput* deste artigo deverá evidenciar o problema a ser resolvido e a sua melhor solução, de modo a permitir a avaliação da viabilidade técnica e econômica da contratação, e conterá os seguintes elementos:
>
> (...)
>
> V – *levantamento de mercado, que consiste na análise das alternativas possíveis, e justificativa técnica e econômica da escolha do tipo de solução a contratar*; (grifo nosso).

---

[19] Podemos citar, como exemplo de *market sounding*, as reuniões realizadas pelo Governo Federal para os leilões do sistema rodoviário da BR-116; dos terminais no Porto de Santos; dos aeroportos, entre outros. Em âmbito estadual, a sondagem realizada pelo Estado de Minas Gerais no projeto do Rodoanel da Região Metropolitana de Belo Horizonte. Disponível em: http://www.ppp.mg.gov.br/images/2020/Rodoanel/20201104_Evolu%C3%A7%C3%A3o_do_Projeto_Rodoanel_v1.pdf. Acesso em: 11 dez. 2021; e o realizado pelo Estado de SP para a concessão das linhas 8 e 9 da CPTM, disponível em: http://www.parcerias.sp.gov.br/parcerias/docs/Instru%C3%A7%C3%B5es%20Agendamento_Market%20Sounding_Linha%208%20e%209%20CPTM.pdf. Acesso em: 11 dez. 2021.

Referida previsão veio em boa hora, tendo em vista que cria a obrigação, para a Administração Pública, de conhecer o mercado para identificar as melhores soluções disponíveis, as dificuldades mais importantes, os preços praticados etc. Quanto mais informação for coletada, melhor será o projeto, menores serão os riscos, menos custosa à sociedade será aquela obra ou contrato.

Vale ressaltar que o dever de levantamento do mercado a ser explorado, mesmo que não seja por meio do *market sounding*, já era uma determinação presente na jurisprudência do Tribunal de Contas da União, mesmo antes da Lei nº 14.133/21.[20]

Importante mencionar que essa sondagem de mercado não serve apenas para que a administração reduza a assimetria de informações, visando reduzir os custos de uma futura contratação, mas também é importante instrumento para a definição da pertinência da realização ou não do certame, diante de uma análise global da solução pretendida. Muitas vezes, a licitação é apenas parte de uma solução global pensada pela Gestão Estatal, sendo ato antecedente de diversos outros atos e políticas públicas. Nesses casos, a sondagem de mercado pode demonstrar que aquela solução inicialmente pretendida não seria a mais adequada ou que encontraria barreiras graves nas fases subsequentes, ou que simplesmente não despertaria interesse no mercado. É nesse cenário que a sondagem de mercado se torna um importante instrumento para evitar o dispêndio de enorme quantia de tempo e recursos públicos na fase preparatória de futuras licitações desertas ou que resultarão em contratos inexequíveis.[21]

3.4 Consulta e audiência públicas

Revestidos de maior formalidade que o *roadshow,* mas que também se prestam a colher contribuições dos usuários do serviço a ser concedido, dos principais interessados, dos potenciais licitantes, do segmento político e da sociedade, tanto a consulta quanto a audiência pública são instrumentos de grande relevância para o desenvolvimento dos projetos de PPPs e concessões.

---

20 BRASIL. Tribunal de Contas da União. Acórdão nº 214/2020. Relator: Ministro Aroldo Cedraz. Plenário, 02 de março de 2020.

21 A falta de planejamento é a principal responsável pelo fato de que 1 em cada 3 obras públicas, financiadas com recursos federais, estar paralisada. Disponível em: https://portal.tcu.gov.br/imprensa/noticias/obras-paralisadas-no-pais-causas-e-solucoes.htm.

Muito mais do que atenderem a um comando legal,[22] são instrumentos que permitem uma gestão participativa, concretizando o ideal da Administração Pública dialógica, promovendo-se a efetiva interação com todos aqueles que terão suas esferas de direitos atingidas pela atuação Estatal.

> a noção de "administração pública dialógica", do qual se colocam em posição proeminente primados jurídicos de relevância ímpar, tais como o devido processo legal, o contraditório, a ampla defesa, a noção de participação, entre outros aspectos dotados de *status* constitucional, pode ser igualmente considerado uma decorrência lógica da noção de "proteção da confiança". (...). Os destinatários da função administrativa não podem ser surpreendidos com a imposição de atos que lhe são prejudiciais ou com a extinção de condutas que lhes são benéficas, de modo abrupto, sem que se lhes assegurem tanto a ciência quanto à iminência de ocorrência de tais eventos danosos, quanto a efetiva participação tendente a evitar que eventuais prejuízos lhes sejam ocasionados.[23]

Trata-se de etapas importantes no aprimoramento de estudos já realizados pelo ente público, mas que podem receber contribuições formais para a adequação de minutas de edital e contrato disponibilizadas à população.

Muito embora possam ser realizadas previamente à publicação de um edital de licitação na modalidade de diálogo competitivo, certamente as contribuições advindas não abordarão os aspectos mais sensíveis aos interessados, restando prejudicada a participação social, haja vista que a Administração Pública ainda não disporá das informações necessárias e utilizará o diálogo competitivo justamente para buscá-las na iniciativa privada.

Outrossim, considerando que não há qualquer exigência de realização de consulta e audiência públicas posteriormente ao encerramento da fase do diálogo, notadamente por se tratar de uma etapa que integra

---

22 Consulta pública obrigatória para PPPs (art. 10, VI, da Lei nº 11.079/04) e audiência pública obrigatória tanto para concessões comuns regidas pela Lei nº 8.987/95 quanto para PPPs, de acordo com o valor estimado para a licitação (art. 39 da Lei nº 8.666/93). Destaca-se que o artigo 21 da Lei nº 14.133/21 tornou facultativa a realização de audiência e consulta pública, exceto na PPP, para a qual o art. 10, VI, da Lei nº 11.079/04 exige a submissão da minuta do edital e de contrato à consulta pública.

23 MAFFINI, Rafael. Administração pública dialógica (proteção procedimental da confiança). Em torno da Vinculante n. 3, do Supremo Tribunal Federal. Revista de Direito Administrativo, Rio de Janeiro, n. 253, p. 161, jan./abr. 2010.

a fase externa do certame, o procedimento alijará a participação social e eventual contribuição dos usuários dos serviços a serem concedidos.

4 Efetividade do diálogo competitivo diante das demais interações com a prática de mercado

O diálogo com a iniciativa privada, sobretudo para a estruturação de projetos de PPP e Concessões, é crucial no processo de planejamento para o sucesso de uma licitação de grande complexidade. Para tanto, é imprescindível que a administração pública se valha de todos os meios disponíveis para o aprimoramento de seus projetos, de modo a torná-los mais atrativos ao mercado e mais aderentes às melhores práticas e inovações tecnológicas, sem perder de vista, claro, o maior grau de satisfação ao interesse público.

Apesar da introdução de uma modalidade de licitação que possui a meta de oportunizar maior interação entre o setor público e a iniciativa privada, observa-se que o diálogo competitivo não elidirá a maior dificuldade existente para o setor público, que já era presente com a utilização do PMI e no MIP: a assimetria de informações entre a Administração Pública e a iniciativa privada.

A doutrina já vinha alertando para a dificuldade encontrada, pelos entes públicos, em otimizar os resultados obtidos com a utilização dos institutos. Nas palavras de Vera Monteiro:

> Como alternativa, entes públicos, especialmente nas esferas estaduais e municipais, têm se valido do que se convencionou chamar de Procedimento de Manifestação de Interesse (PMI) e de Manifestação de Interesse Privado (MIP). Por meio deles, empresas privadas (geralmente potenciais licitantes) elaboram os estudos prévios à licitação. Contudo, os resultados não têm sido satisfatórios. A avaliação inicial é de que (a) muitos procedimentos são iniciados, mas poucos chegam a resultados satisfatórios, com licitações concluídas e contratos assinados; (b) a competição na licitação resta prejudicada quando potencial licitante é um dos estruturadores do projeto; (c) a precariedade do vínculo entre o privado e o público é um desestímulo à dedicação e à elaboração de projetos com qualidade, pois não há obrigações formalizadas entre as partes; e (d) quando há mais de um privado autorizado a elaborar estudos, o órgão público condutor do procedimento tem dificuldade para consolidar as informações e transformá-las em um projeto final satisfatório.[24]

[24] MONTEIRO, Vera. Aspectos legais da experiência brasileira na modelagem de concessão e propostas para melhorar as normas vigentes. *In*: PINHEIRO, Armando Castelar *et al.*

Com efeito, no Brasil, uma parcela ínfima dos PMIs é bem-sucedida, resultando em estudos com baixo ou nenhum aproveitamento para a posterior licitação. Tal fato tem estreita relação com a ausência de qualificação técnica ou desconhecimento dos entes públicos que os realizam, oportunizando uma elevada assimetria informacional e a impossibilidade de adequação dos estudos trazidos pela iniciativa privada.

O fracasso na utilização desse procedimento, notadamente em projetos menos maduros, e a imprestabilidade dos estudos deles decorrentes, têm potencial de comprometer a própria realização do projeto de infraestrutura, desmobilizando o interesse público e social no projeto (prazo longo de estruturação, desistência do mercado e desistência do governo).

Tal experiência é relevante ao se examinar que a utilização do diálogo competitivo é direcionada, justamente, aos projetos para os quais o ente público não conhece a solução técnica mais adequada, tampouco os requisitos técnicos aptos a concretizar a solução já definida. Por essa razão, a assimetria informacional tende a se potencializar, já que a interação com os *stakeholders* integrará uma etapa do certame (fase de diálogo), de modo que o despreparo técnico dos profissionais que julgarão as propostas tende a ser majorado, notadamente ao considerar que a etapa subsequente (competição) ficará restrita aos licitantes pré-cadastrados.

Há o risco, também, de os projetos apresentados no âmbito do diálogo competitivo conterem algumas características que maximizem o retorno privado esperado e minimizem o seu risco, além de incrementarem as chances de vencer a etapa subsequente (fase de competição), comprometendo a isonomia do leilão.

Tal fator, aliado ao fato de existirem diversos outros instrumentos disponíveis para viabilizar a interação com o mercado e o aprimoramento dos projetos de PPP e concessões, com propósito similar ao descrito nos incisos I e II do art. 32 da Lei nº 14.133/21, mas que não criam obrigações pecuniárias ao ente público (indenização por eventual revogação da licitação, por exemplo) e com menores riscos de comprometerem a competitividade da licitação, induz à compreensão de que o diálogo competitivo tende a ser pouco utilizado para PPPs e Concessões.

Estruturação de projetos de PPP e concessão no Brasil: diagnóstico do modelo brasileiro e propostas de aperfeiçoamento. São Paulo: IFC, 2015, p. 203.

Conforme examinado alhures, há a possibilidade de a Administração Pública se valer da experiência da iniciativa privada para o aprimoramento dos projetos e aproximação da realidade de mercado tanto na fase interna da licitação (na sua estruturação), com a realização de *market sounding*, procedimento de manifestação de interesse e consulta pública, quanto na fase externa, com a realização de audiência pública e *roadshow*.

Apesar disso, vale destacar que os estudos quanto à nova modalidade de licitação oscilam entre o pessimismo, como apontado por Celso de Almeida Afonso Neto,[25] para quem o diálogo competitivo poderá se configurar como "letra morta", e o otimismo com ressalvas, com expectativas altas quanto à sua utilização.[26]

Independentemente disso, não há dúvidas de que a estruturação de projetos de PPPs e Concessões exige um longo período de maturação e estruturação, fator que pode influenciar negativamente na utilização do diálogo competitivo, já que abarcaria prazos mais exíguos para a realização dos estudos.

Ainda, a utilização do diálogo competitivo pode retardar a concessão do serviço, já que o ente público necessita se mobilizar para interagir com os interessados, analisar os estudos entregues, definir critérios e justificativas para selecionar os estudos e consolidá-los, de modo que o eventual baixo aproveitamento desses importará em um longo período para promover novas adequações e, somente após, dar prosseguimento ao certame.

5 Considerações finais

A introdução do diálogo competitivo como modalidade licitatória no Brasil possibilita que soluções para um problema público sejam trazidas pelos licitantes para se chegar à melhor opção de objeto contratual.

Muito embora fomente a cultura do diálogo com *stakeholders*, há inúmeros desafios para a efetiva utilização da nova modalidade

---

[25] AFONSO NETO, Celso de Almeida. Diálogo competitivo: um natimorto no direito brasileiro. *In*: MOTTA, Fabrício; GABARDO, Emerson (coord.). *Limites do controle da administração pública no Estado de Direito*. Curitiba: Íthala, 2019, p. 364.

[26] ZAGO, Marina; RODRIGUES, Fernanda. O que o diálogo competitivo agrega às contratações públicas? *Consultor Jurídico*, São Paulo, 11 nov. 2019. Disponível em: https://www.conjur.com.br/2019-nov-11/opiniao-dialogo-competitivo-agrega-contratacoes-publicas #author. Acesso em: 21 mar. 2021.

licitatória em projetos de PPP e concessões, que passam tanto pela assimetria informacional entre a Administração Pública e a iniciativa privada, majorada com a restrição do pleito aos licitantes pré-selecionados, quanto pelo eventual retardamento na conclusão dos projetos de infraestrutura, que são complexos por natureza e já envolvem um longo período de maturação.

Não bastasse isso, há inúmeras ferramentas disponíveis para que a Administração Pública possa levar a cabo a interação com a iniciativa privada para o aprimoramento dos documentos editalícios, tais como o *market sounding*, o procedimento de manifestação de interesse, a consulta pública, a audiência pública e o *roadshow*. Ainda que tais procedimentos tenham finalidades distintas, contribuem para o processo de estruturação dos projetos e almejam objetivos similares aos propostos pelo diálogo competitivo.

Outro desafio será a objetividade e pertinência dos critérios a serem estabelecidos para a pré-seleção dos licitantes para o diálogo propriamente dito. Isso é importante para mitigar os riscos de direcionamento do certame já nesta fase inicial e para fomentar uma ampla participação.

De qualquer modo, havendo maturidade suficiente do Poder Público, com equipes qualificadas e preparadas para elidir a assimetria informacional, o diálogo competitivo pode se traduzir em um excelente instrumento para se beneficiar de conhecimentos e ideias do setor privado, que detém maior capacitação para identificar gargalos na infraestrutura e propor soluções inovadoras.

Por fim, caso superados os obstáculos supramencionados, o sucesso e a efetividade da nova modalidade de licitação dependerão de uma mudança de comportamento tanto da Administração Pública quanto dos órgãos de controle e da iniciativa privada, com um desapego às práticas até então adotadas, situação essa que impacta diretamente na celeridade e no transcurso regular do procedimento.

Referências

AFONSO NETO, Celso de Almeida. Diálogo competitivo: um natimorto no direito brasileiro. *In*: MOTTA, Fabrício; GABARDO, Emerson (coord.). *Limites do controle da administração pública no Estado de Direito*. Curitiba: Íthala, 2019, p. 349-366.

BRASIL. Tribunal de Contas da União. *Acórdão nº 455/2017*. Relator: Ministro-Substituto Marcos Bemquerer Costa. Plenário, 15 de março de 2017.

BRASIL. Tribunal de Contas da União. *Acórdão nº 214/2020.* Relator: Ministro Aroldo Cedraz. Plenário, 02 de março de 2020.

BRASIL. Tribunal de Contas da União. *Acórdão nº 3066/2020.* Relator: Ministro Benjamin Zymler. Plenário, 07 de dezembro de 2020.

JUSTEN FILHO, Marçal. *Comentários à Lei de Licitações e Contratações Administrativas*: Lei 14.133/2021. São Paulo: Thomson Reuters Brasil, 2021.

MAFFINI, Rafael. Administração pública dialógica (proteção procedimental da confiança). Em torno da Vinculante n. 3, do Supremo Tribunal Federal. *Revista de Direito Administrativo*, Rio de Janeiro, n. 253, p. 159-172, jan./abr. 2010.

MONTEIRO, Vera. Aspectos legais da experiência brasileira na modelagem de concessão e propostas para melhorar as normas vigentes. *In*: PINHEIRO, Armando Castelar *et al*. *Estruturação de projetos de PPP e concessão no Brasil*: diagnóstico do modelo brasileiro e propostas de aperfeiçoamento. São Paulo: IFC, 2015.

OLIVEIRA, Rafael Carvalho Rezende. *Curso de direito administrativo*. 6. ed. Rio de Janeiro; São Paulo: Método, 2018.

OLIVEIRA, Rafael Sergio de. *Os 10 tópicos mais relevantes do projeto da nova Lei de Licitação e Contrato*. Disponível em: https://repositorio.ufsc.br/bitstream/handle/123456789/222982/os%2010%20t%C3%B3picos%20mais%20relevantes%20do%20projeto%20da%20nova%20lei%20de%20licitacao%20e%20contrato%20-%20portal%20lc.pdf?sequence=1. Acesso em: 16 dez. 2021.

PICON, Bruna Diniz; DIANA, Gisele Novack. *Sondagem de mercado*: instrumento de diálogo entre o setor público e o privado na modelagem e projetos de concessão e de parcerias público-privadas no âmbito do estado de São Paulo. Orientador: Gesner Oliveira. 2021. 116 f. Dissertação (Mestrado Profissional) – Fundação Getúlio Vargas, Escola de Administração de Empresas de São Paulo. São Paulo, 2021. Disponível em: https://bibliotecadigital.fgv.br/dspace/bitstream/handle/10438/30270/Mestrado%20MPGPP%20-%20TCC-%20Bruna%20e%20Gisele%20-%2017-03-2021.pdf?sequence=1. Acesso em: 11 dez. 2021.

RIBEIRO, Maurício Portugal. *Concessões e PPPs*: melhores práticas em licitações e contratos. São Paulo: Atlas, 2011.

THAMAY, Rennan Faria Krüger; PRADO, Jhonny; MACIEL, Igor Moura; GARCIA JUNIOR, Vanderlei. *Nova Lei de Licitações e Contratos Administrativos comentada*. São Paulo: Saraiva Educação, 2021.

ZAGO, Marina; RODRIGUES, Fernanda. O que o diálogo competitivo agrega às contratações públicas? *Consultor Jurídico*, São Paulo, 11 nov. 2019. Disponível em: https://www.conjur.com.br/2019-nov-11/opiniao-dialogo-competitivo-agrega-contratacoes-publicas#author. Acesso em: 11 dez. 2021.

Informação bibliográfica deste texto, conforme a NBR 6023:2018 da Associação Brasileira de Normas Técnicas (ABNT):

SILVEIRA, Carlos Eduardo da; PRADO, Jhonny. Diálogo competitivo em PPPs e concessões: uma análise crítica sobre a efetividade do instituto ante as modalidades existentes de interação com o mercado. *In*: DOSSO, Taisa Cintra; TAVARES, Gustavo Machado; SILVA, Thiago Viola Pereira da (Coord.). *Direito Municipal em debate*. Belo Horizonte: Fórum, 2023. v. 7. p. 57-76. ISBN 978-65-5518-604-8.

A LEGITIMIDADE DO PODER EXERCIDO PELO GOVERNANTE A PARTIR DA TRAGÉDIA GREGA: ENTRE ANTÍGONA DE SÓFOCLES E RECENTES CASOS DE ABUSO DO PODER ESTATAL NO BRASIL

ANDRÉ VIEIRA FREIRE

1 Considerações iniciais

A crítica ao governante é exercício cotidiano na democracia moderna pelos governados; seja nas páginas jornalísticas, nos conteúdos de humor ou nas conversas prosaicas de corredores e botecos, o sentimento é que algo sempre está ruim a ponto de merecer reclamações. No humor brasileiro, aliás, os políticos representam alvo favorito, desde os tempos do chargista Alfredo Storni, na República Velha, desde a época áurea do periódico "O Pasquim", berço de geniais cartunistas, até a fase atual dos "*memes*" da *internet*. Essa insatisfação rotineira, contudo, não se confunde com a desconexão de propósitos entre o povo e o titular do poder, que pode ensejar uma verdadeira crise institucional.

Ainda na alvorada da democracia, na Grécia Antiga, 442 anos antes de Cristo, o dramaturgo Sófocles enxergou o latente conflito entre aquele que exerce o poder, mas com pretensões egoísticas, e o povo, que lhe confiou suas legítimas expectativas. Com esse pano de fundo, a saga de Antígona é contada com riqueza de reflexões e debates, possibilitando incontáveis abordagens jurídicas. No presente trabalho, importará essa dicotomia que orienta os limites do exercício do poder estatal.

Antígona, em essência, representa a voz que se levanta contra o arbítrio do poder soberano, pioneira em mobilizar a opinião pública, ainda que sofra as duras sanções da opressão estatal. Sabia, desde o início, que se insurgir lhe conduziria a fim trágico, mas manteve sua irresignação contra a injustiça imposta por Creonte, com determinação inflexível e irrevogável. As consequências do embate são lapidares, a ponto de servir ao estudo comparado com recentes exemplos da política brasileira, o que evidencia certa atemporalidade das peculiaridades do sistema democrático.

Dois eventos políticos serão apresentados: o indulto presidencial concedido ao deputado federal Daniel Silveira, por Jair Bolsonaro, e a nomeação do ex-presidente Lula ao Ministério da Casa Civil, por Dilma Rousseff. Não por coincidência, optou-se, neste trabalho, pela indicação de condutas similares oriundas de grupos políticos opostos, tanto para evitar a polêmica de posicionamento político, no contexto da polarização que assola o país, como, precipuamente, para demonstrar que nenhum governante está isento da tendência de abusar do próprio poder.

Ao final, caberá reflexão sobre como a sociedade pode reagir ao abuso de poder, sobre as consequências institucionais dessa crise de legitimidade e sobre o cenário ideal de prevenção desse tipo de conflito.

2 O conflito entre Antígona e Creonte como dicotomia entre o direito exercido pelo governante e o direito esperado pelos governados: simetria com a realidade política brasileira

Em Antígona, Sófocles enceta sua trama com a morte dos filhos de Édipo, Etéocles e Polinices, na sequência da Trilogia Tebana, os quais se mataram em fratricídio na luta pelo trono de Tebas. Favoreceu-se Creonte, que assume o poder pela linha sucessória. Em seu primeiro ato como governante, deliberou Creonte sobre o sepultamento dos irmãos Labdácidas: Etéocles, por ter se posicionado junto aos concidadãos tebanos, receberia todas as homenagens devidas aos mortos e aos deuses; Polinices, por ter se associado a estrangeiros contra o bem-estar cívico de Tebas, seria largado longe das fronteiras da cidade, sem sepultamento, para ser dilacerado pelos animais selvagens. Creonte, com isso, pretendia prestigiar a lealdade dos que morreram por Tebas, enquanto transmitia o prenúncio de castigo aos que se aventurassem em traição cidadã.

Antígona, por seu lado, rejeita o édito e enfrenta Creonte para assegurar os ritos sagrados a seu irmão Polinices, por sustentar que as leis humanas não poderiam submeter as leis divinas. Para ela, a obrigação familiar de homenagens póstumas seria maior que qualquer obrigação cívica imposta por mera determinação legal. Enquanto Creonte não enxergava qualquer dilema, vez que nada poderia prevalecer em oposição ao bem-estar da cidade, Antígona tampouco enxergava dilema, vez que nada prevaleceria em face do dever familiar. Em boa síntese, a professora Martha Nussbaum, na obra "A Fragilidade da Bondade", assim apresenta o conflito entre as duas posições:

> Para um espectador que tenha mais ou menos essa concepção das coisas, a situação de Creonte nessa peça suscitaria vividamente uma tal questão de conflito entre valores maiores. Pois Polinice é um membro da família de Creonte com um grau de parentesco próximo. Creonte tem, pois, a obrigação religiosa mais profunda possível de enterrar o cadáver. Contudo, Policine era um inimigo da cidade; não simplesmente um inimigo, mas um traidor. Cadáveres de inimigos devem ser devolvidos a seus parentes para um funeral honroso; aos traidores, não se tem toda essa consideração. Muito embora a lei aparentemente não impeça que os parentes de traidores organizem seu funeral fora da Ática, o enterro dentro do território ático era estritamente proibido; e a própria cidade se encarregava simplesmente de depositar além desses limites o cadáver não enterrado. Fazer mais do que isso, presumivelmente, subverteria valores cívicos por honrar a traição. Assim, como representante da cidade, Creonte deve cuidar para que não se honre o cadáver de Polinice – embora não se esperasse que ele chegasse ao extremo de proibir ou impedir um funeral a considerável distância da cidade. No entanto, como membro da família, essa mesma pessoa estaria sob uma obrigação irrevogável de promover ou organizar o enterro. (NUSSBAUM, 2009, p. 47)

Como se percebe, as convicções das personagens revelam simetria em sua oposição, o que não elide o conflito que daí defluiu, culminando-se na condenação de Antígona à morte, por Creonte. Ocorre que, embora Creonte fundamente a sua conduta no resguardo dos valores tebanos, a própria cidade rejeita tal posição, solidarizando-se a Antígona e aos valores representados por suas ações. O próprio Hêmon, filho de Creonte, alerta-o de que o povo nas ruas contesta as suas determinações, ao que é respondido, com a arrogância de um déspota, que dispensa qualquer satisfação do exercício do poder a seus próprios destinatários. A professora Martha Nussbaum destaca esse antagonismo entre a posição do governante e os anseios de seu povo:

> O cuidado com que Creonte afirma sua política indica que ele sabe que está dizendo algo novo, algo que nem todos aceitariam de pronto. Posteriormente, aprendemos que a maioria dos cidadãos acredita que a honra é devida mesmo aos que desonram a cidade, se for na busca por algum outro fim honroso (730-3). O respeito de Creonte pelo bem cívico e seus instrumentos é visto por eles como algo que entra em conflito com outros deveres de respeito. (NUSSBAUM, 2009, p. 48)

Sob outro viés, o professor François Ost, na obra "Contar a Lei", parte do conflito da trama – a dicotomia entre o dever cívico e o dever familiar – para refletir sobre a postura de resistência ao poder ilegítimo, a exemplo das diversas formas de desobediência civil, indicando que qualquer valor, se tomado por absoluto e aplicado irrefletidamente, pode ensejar flagrante injustiça:

> Na cultura universal, a *Antígona* de Sófocles permanece o modelo inigualado, incessantemente reproduzido, jamais esgotado, da resistência ao poder. Essa resistência, no entanto, só aparece como um remédio último quando todas as outras saídas, jurídicas e políticas, fecham-se. Embora a peça de Sófocles se inicie no momento em que o irreparável já foi cometido, as outras saídas são explicitamente tratadas na sequência: com efeito, Creonte poderia ainda voltar atrás em sua decisão e consentir enfim as honras fúnebres a Polinices. Mas todas as portas se fecharão sucessivamente: Antígona e Creonte não conseguirão se entender sobre a hierarquia dos direitos aplicáveis; instruindo o processo de Antígona, Creonte não lhe reconhecerá causa de escusa ou de justificação, nem circunstâncias atenuantes; o indulto lhe será assim recusado; interpelado por Hêmon, que o convida a rediscutir a orientação de sua política, Creonte recusa todo questionamento de suas opções. Esses bloqueios sucessivos só poderão conduzir à destruição recíproca dos protagonistas. No caminho, porém, Sófocles deixa entrever um certo número de linhas de fuga (uma cidade aberta, reflexiva, composta de homens e de mulheres livres) e sobretudo sugere os limites (que são também garantias, esse é o paradoxo) da autonomia política: é que tanto o justo legal como o bem político podem eles próprios se revelar injustos e maus se acabam por se absolutizar, esquecidos do espaço terceiro, instituinte (e, nesse sentido, indisponível), no seio do qual operam. (OST, 2004, p. 183)

Segundo Ost (2004, p. 189), "a grande cena de confronto de Creonte e de Antígona ilustraria, de maneira nunca igualada, a tensão que opõe a razão de Estado, de um lado, e a objeção de consciência, de outro". Desse confronto, o espectador aufere percepção de injustiça e tende a filiar-se à luta de Antígona, mesmo em desacato à ordem legal estabelecida no contexto da peça: "já foi dito que toda ciência começa por uma recusa; com Antígona, compreende-se que toda justiça origina-se por uma denegação – a recusa da injustiça. O grito do rebelde, antes da partilha dos direitos" (OST, 2004, p. 184). Ainda assim, prevaleceu a força estatal, e Antígona fracassou em seus anseios. Haveria consequências para Creonte enquanto governante? Ost (2004, p. 214) também pergunta: "se Creonte tinha certamente o poder de adotar seu édito, possui ele autoridade para mantê-lo contra a opinião de todos?", e conclui:

> A verdade, dirá Hêmon, "não é o apanágio de uma pessoa" (v. 706) e "instrui-se permanentemente nada tem de vergonhoso" (v. 710). Sendo assim, o único verdadeiro erro político, numa cidade boa, consiste em recusar o diálogo e obstinar-se em levar adiante uma decisão cada vez mais contestada. "Por não prestar atenção nas escotas, o marinheiro acaba fazendo virar o navio" (v. 715); do mesmo modo, ao obstinar-se em *monos phronein* (v. 707) e *monos archein* (v. 739), em pensar e comandar sozinho, Creonte acabará por reinar sobre um deserto. (OST, 2004, p. 220)

A trama termina como verdadeira tragédia grega: com diversas mortes. Antígona é exilada em uma caverna para lá morrer lentamente, mas logo comete suicídio; Hêmon, que lhe devotava amor, ao saber de sua morte, comete também suicídio; Eurídice, mãe de Hêmon e esposa de Creonte, suicida-se em sequência, diante da morte de seu filho. Toda essa culpa pesa, então, sobre Creonte, que termina com suas convicções sobre o papel do governante abaladas e sua reputação perante o próprio povo destruída. Em relação ao comportamento do povo tebano, assim destaca Martha Nussbaum:

> Posteriormente, Hemon nos diz explicitamente que a cidade compreendida como um *povo* (*homóptolis léos*, 733) apoia Antígona – mesmo que ainda pareça plausível para Creonte julgar que as ações dela ameaçam a segurança pública. Uma cidade é todo um complexo, composto de indivíduos e famílias, com todas as preocupações discrepantes, confusas e às vezes conflitantes que os indivíduos e as famílias têm, incluindo suas práticas religiosas, sua preocupação com o funeral de um parente. Um plano que faz da cidade o supremo bem não pode negar tão facilmente o valor intrínseco dos bens religiosos a que o povo que a compõe atribui valor. Somente uma concepção empobrecida da cidade pode ter a simplicidade que Creonte exige. (NUSSBAUM, 2009, p. 52)

Embora escrita há quase dois mil e quinhentos anos, a obra de Sófocles oferece diversas leituras muito atuais, sendo considerada a peça teatral mais reproduzida no mundo. Entre tantos vieses, interessa-nos a reflexão sobre os limites de validade do poder estatal, conflito bem representado entre a posição de Creonte, que exerce sua autoridade de forma lícita, e a oposição de Antígona, que conquista a adesão do povo tebano, com isso desafiando a própria legitimidade de um ato estatal formalmente perfeito. Dois recentes exemplos no cenário político brasileiro refletem esse mesmo conflito: o indulto presidencial concedido por Jair Bolsonaro ao deputado federal Daniel Silveira, imediatamente após a sua condenação por decisão do Supremo Tribunal Federal; a nomeação do ex-presidente Luiz Inácio Lula da Silva para o Ministério da Casa Civil, pela então presidente Dilma Rousseff, na iminência da decretação de sua prisão pelo juízo da 13ª Vara Federal da Seção Judiciária de Curitiba/PR. Em ambos os casos, verifica-se a conduta de governante movida apenas por interesses ou convicções pessoais, cujos atos, embora formalmente perfeitos, revelaram ilegitimidade em substância, a ponto de serem amplamente rechaçados pela população brasileira.

3 O indulto presidencial concedido ao deputado federal Daniel Silveira por Jair Bolsonaro

Apenas um dia após o Supremo Tribunal Federal ter condenado o deputado federal Daniel Silveira (PTB-RJ) a oito anos e nove meses de prisão em regime fechado, por ataques a ministros da Corte, o presidente Jair Bolsonaro (PL) subscreveu decreto para conceder-lhe indulto individual ou graça, abalizado no inciso XII do art. 84 da Constituição Federal. Com vênias para não tratar dos aspectos jurídicos envolvidos, vez que não é este o cerne do presente trabalho, fixa-se a premissa de que o indulto resulta de prerrogativa do Presidente da República, conferida pela Magna Carta sob boa margem de discricionariedade. Nas palavras do professor Cleber Masson, "a graça é ato privativo e discricionário do Presidente da República (CF, art. 84, XII), desde que respeitadas as vedações impostas pelo sistema constitucional" (MASSON, 2016, p. 993).

Embora diversas vozes relevantes no meio jurídico tenham se levantado pela inconstitucionalidade do referido decreto, prevaleceu, até o presente momento, a sua regularidade no ordenamento jurídico, como defendida pela Advocacia Geral da União em parecer jurídico:

> Além de ser um ato privativo do Presidente da República, o indulto é

> um ato de ampla discricionariedade, podendo ser concedido segundo critérios de conveniência e oportunidade aferidas pelo Chefe do Executivo. (...) Essa benevolência conferida ao Presidente da República tem raízes históricas na civilização humana e consta no ordenamento jurídico brasileiro desde a primeira Constituição Imperial de 1824. Por opção do Constituinte Originário de 1988 foi mantida essa ampla discricionariedade de concessão da clemência, restringindo unicamente aos crimes hediondos, de tráfico de entorpecentes, terrorismo e tortura. (BRASIL, 2022)

Assim, tem-se o ato presidencial – expressão exemplar da manifestação direta da vontade do governante – exarado em conformidade com os parâmetros constitucionais, portanto formalmente idôneo. Tal como Creonte, em nossa ficção paralela, o presidente Jair Bolsonaro procurou justificar sua conduta em valores de maior hierarquia, como expôs no texto do decreto de graça:

> Considerando que a prerrogativa presidencial para a concessão de indulto individual é medida fundamental à manutenção do Estado Democrático de Direito, inspirado em valores compartilhados por uma sociedade fraterna, justa e responsável;
>
> Considerando que a liberdade de expressão é pilar essencial da sociedade em todas as suas manifestações;
>
> Considerando que a concessão de indulto individual é medida constitucional discricionária excepcional destinada à manutenção do mecanismo tradicional de freios e contrapesos na tripartição de poderes;
>
> Considerando que a concessão de indulto individual decorre de juízo íntegro baseado necessariamente nas hipóteses legais, políticas e moralmente cabíveis;
>
> Considerando que ao Presidente da República foi confiada democraticamente a missão de zelar pelo interesse público; e Considerando que a sociedade encontra-se em legítima comoção, em vista da condenação de parlamentar resguardado pela inviolabilidade de opinião deferida pela Constituição, que somente fez uso de sua liberdade de expressão. (SILVA, 2022)

Seguindo o paralelo, também aqui tal motivação revelou-se mero exercício de retórica, destinada a dissimular a própria arbitrariedade perniciosa do governante, que se vale das lacunas hermenêuticas do ordenamento jurídico para impor caprichos pessoais, em movimento antidemocrático. A reação social não poderia ser diferente, com diversos segmentos da imprensa, da intelectualidade e mesmo do povo em geral manifestando expresso descontentamento com o desvio de finalidade do instituto. Em nota divulgada pela Faculdade de Direito da Universidade de São Paulo, sua equipe docente analisou o caso e repercutiu as suas consequências jurídicas, em tom de severa admoestação:

> As repercussões do decreto do presidente da República concedendo o indulto da graça ao deputado federal Daniel Silveira ganham amplitude à medida que juristas e os mais diversos especialistas tomam conta do ato. Ao "O Estado de S. Paulo", o diretor da Faculdade de Direito da USP (2018/2022), Floriano de Azevedo Marques Neto, afirmou que, apesar de considerar que o indulto é uma prerrogativa do presidente e como ato político não deveria ser submetido a controle judicial, o decreto de Bolsonaro é contrário à Constituição Federal e à lei. (...)
>
> Para o professor Maurício Zanoide, Direito Processual Penal da FDUSP, o movimento feito pelo presidente irá criar atrito em várias partes da área jurídica e entre as instituições, especialmente entre a Presidência da República e Supremo Tribunal Federal.
>
> 'A edição de um decreto no dia seguinte à condenação de uma pessoa, um decreto presidencial de graça, que é um indulto pessoal, é evidentemente um ato político, não têm nada de jurídico', afirmou à Band News. (...)
>
> Para Rafael Mafei (DFD-FDUSP), a estratégia do Bolsonaro é o desejo deliberado de provocar conflito entre os poderes, inclusive como método de campanha. 'Isso virou um mote, uma bandeira dele, e o Supremo tem de ter muita sabedoria para não cair na provocação', ressaltou à Globo News.
>
> O docente acrescentou que o instituto existe em vários países do mundo e está previsto na Constituição Brasileira. Como exemplo citou o perdão concedido ao norte-americano Richard Nixon pelo sucessor Gerald Ford. 'O que ele fez à época foi apaziguar a crise que estava instaurada no país. O que Bolsonaro fez aqui foi o oposto: não para pacificar e fazer o país andar, ele usou o instituto para botar mais fogo ainda', asseverou. (UNIVERSIDADE DE SÃO PAULO, 2022)

Com a recepção negativa do caso na imprensa brasileira, o presidente Jair Bolsonaro procurou melhor justificar a sua posição, o que acabou por representar verdadeira confissão do emprego indevido do indulto presidencial como ato político de objetivos pessoais. Confira-se nesta transcrição da declaração pública do Presidente:

> O presidente Jair Bolsonaro afirmou nesta sexta, 27, que o indulto presidencial que concedeu ao deputado Daniel Silveira (PTB-RJ) para "dar exemplo", após o parlamentar ser condenado pelo Supremo Tribunal

> Federal (STF) por fazer ameaças aos ministros da corte, insuflar apoiadores a agredi-los e estimular atos antidemocráticos. "Exerci meu poder para dar exemplo ao Supremo Tribunal Federal, assinando a graça [como o indulto é chamado]. Devemos respeitar os outros Poderes, mas nunca temer. É com a força de Deus que governamos para mostrar onde podemos ir", disse Bolsonaro em evento da igreja evangélica Assembleia de Deus em Goiânia. (JOVEM PAN, 2022)

Embora seja cediço que o perfil autocrático do então presidente Jair Bolsonaro favoreça esse tipo de conduta abusiva – o que certamente traz indignação, mas nem tanta surpresa – nenhuma corrente política ou mesmo nenhum governante está livre do risco de se exceder no exercício do poder. Em exemplo politicamente antagônico ao acima citado, é possível verificar o mesmo fenômeno na conduta da ex-presidente Dilma Rousseff, que não se fez de rogada para nomear, de inopino, o ex-presidente Lula como ministro e favorecê-lo com foro privilegiado.

4 A nomeação do ex-presidente Lula ao Ministério da Casa Civil por Dilma Rousseff

Em março de 2016, com o avançar do processo criminal de primeira instância da Operação Lava Jato, conduzido pelo ex-juiz Sérgio Moro, na Justiça Federal do Paraná, pairava, no país, a iminência do decreto de prisão do ex-presidente Luiz Inácio Lula da Silva. Nesse contexto, a ex-presidente Dilma Rousseff, em rápido e repentino movimento, nomeou Lula para o cargo de ministro da Casa Civil, no lugar de Jaques Wagner, que foi deslocado para a chefia de gabinete, sob o pretexto de melhorar a articulação política de seu governo.

Do ponto de vista formal, não se questiona que o ato de nomeação foi regular e, também nesse caso, a ex-presidente Dilma procurou fundamentá-lo em objetivos legítimos, impessoais, como se tratasse de deliberação cotidiana, senão vejamos na entrevista abaixo, veiculada no jornal Folha de São Paulo:

> (...) em entrevista à imprensa, a presidente disse que não se sente desconfortável com a presença de seu antecessor no Palácio do Planalto. Segundo ela, o antecessor terá "os poderes necessários" para ajudar o governo federal e sua relação com ele é "sólida" e não é de "poder ou superpoder". "A minha relação com ele é sólida, uma relação de quem constrói um projeto. Ele, no meu governo, terá os poderes necessários para ajudar o Brasil", disse. 'Nem um pouco (de desconforto). Pelo contrário, ele me deixa muito confortável. Nós temos seis anos de trabalho

> cotidiano. Eu estou muito feliz com a vinda dele", acrescentou. Segundo ela, a demora do petista em ter aceitado o convite deveu-se a dúvidas dele sobre críticas que poderiam ser feitas pela oposição ao governo federal. Ela negou que seu antecessor tenha imposto condições para assumir a pasta. "Não é do perfil dele. Ele não age dessa forma", disse. Em resposta às críticas de que o petista teria aceitado o convite para ter foro privilegiado, a petista ressaltou que um ministro também é investigado e pode ser punido. Segundo ela, fazer essa crítica é uma maneira de colocar suspeitas sobre a capacidade da Suprema Corte. (URIBE, 2016)

Tal ato de nomeação, ao final, foi sustado pelo Poder Judiciário, mas até lá teve a sua pretensa legitimidade aguerridamente defendida pelo Governo Federal e por seus órgãos de assessoria jurídica. De novo, a Advocacia Geral da União abraçou a causa da governante e envidou seus esforços na sustentação da legitimidade do ato, como consta da reportagem abaixo, veiculada pela Agência Brasil da Empresa Brasil de Comunicação – EBC:

> O ministro-chefe da Advocacia-Geral da União (AGU), José Eduardo Cardozo, disse há pouco que recorreu ao Tribunal Regional Federal da 1ª Região contra a decisão que suspendeu, em caráter liminar, a posse do ex-presidente Luiz Inácio Lula da Silva no cargo de ministro-chefe da Casa Civil. (...) Para o ministro, não houve ilegalidade no ato da presidenta Dilma em nomear Lula ministro. "O nosso entendimento é de que a nomeação se deu em estrita conformidade com a lei e não há nenhum obstáculo a que efetivamente a nomeação fosse feita. Esse posicionamento estará servindo na defesa que faremos do ato", disse Cardozo. De acordo com o ministro, 'não existe' na ação popular a demonstração de uma lesividade e também 'em hipótese nenhuma' o desvio de poder ou finalidade. "Esse é um vício que atinge atos administrativos sempre que a finalidade do ato não foi cumprida pela autoridade que pratica o ato. É importante deixar claro que essa situação [da preocupação com o foro privilegiado] jamais ocorreu. Não é a razão da nomeação do ex-presidente para que ele se furtasse de uma investigação", argumentou. O ministro da AGU acrescentou que há muito tempo a presidenta Dilma propunha que Lula participasse do governo, o que derrubaria a tese de que a nomeação, agora, se deu por conta das investigações da Lava Jato. (RICHARD, 2016)

Embora todo esse aparato edificado para conferir a aparência de normalidade à nomeação do ex-presidente Lula como ministro, às vésperas de sua prisão, com reforço na aparente regularidade formal do ato, a reação da sociedade brasileira foi de execração, com protestos e notas de repúdio manifestados pelo país. Em pouco tempo, diante do vazamento de interceptações telefônicas realizadas pela Polícia Federal, restou escancarado, então, o objetivo político/pessoal veiculado por ato de Estado, em abuso da discricionariedade da governante. Confira-se na reportagem abaixo, divulgada pela Revista Veja:

> Grampos da Polícia Federal, feitos com autorização do juiz federal Sergio Moro, indicam que a presidente Dilma Rousseff agiu para evitar a prisão do ex-presidente Lula pela Lava Jato, nomeando-o Ministro da Casa Civil. O juiz Moro incluiu hoje no inquérito que investiga o ex-presidente um áudio em que Dilma telefona para Lula – o número discado é de um assessor do ex-presidente, usado frequentemente por ele e o único grampeado, segundo os autos – e explica que encaminhará a ele um "termo de posse", a ser usado "em caso de necessidade". O cargo de ministro concede ao seu ocupante foro privilegiado, no Supremo Tribunal Federal (STF). O diálogo foi gravado hoje às 13h32. (DA REDAÇÃO, 2016)

5 Do abuso do poder estatal pelo exercício das lícitas discricionariedades que competem ao governante em dissonância com as legítimas expectativas do povo governado

A Constituição Federal contempla dispositivo de sublime síntese de relevantes valores democráticos e jurídicos, qual seja, o parágrafo único de seu artigo primeiro, que diz: "Todo o poder emana do povo, que o exerce por meio de representantes eleitos ou diretamente, nos termos desta Constituição" (BRASIL, 1988). É a positivação do preceito democrático, segundo o qual o povo é a verdadeira fonte do poder estatal, que deve, pois, honrá-lo. No dizer de Misael Orihuela (2015):

> Formado por indivíduos-cidadãos com dignidade de pessoas humanas, isto é, no dizer de Kant, por pessoas consideradas sempre como fins e nunca apenas como meios (Cf. KANT, 2001, pp. 69 e 70), e chamado também de cidadania, o povo é a dimensão humana e humanizadora do Estado. No Estado social e democrático de direito, ou, simplesmente, Estado democrático de direito, o povo é o titular do seu poder soberano (princípio da soberania popular), como o proclamou Rousseau, e o titular do seu governo democrático (princípio do governo popular): o governo democrático (a democracia) é governo do povo, pelo povo e para o povo, como o afirmou Abraham Lincoln.

Mais de dois milênios atrás, esse preceito nascia e amadurecia na sociedade grega, assim como delineava-se o conflito de interesses entre cidadãos e governantes – representados e representantes no jogo político do poder. Em Antígona, tal conflito aflora ante a postura despótica de Creonte, que passa a exercer o poder como um privilégio pessoal, afastando-se da voz do povo tebano, o que culmina – como esperado – em um fim trágico, provocando alerta e reflexão dentro do propósito dramatúrgico de Sófocles.

Quão curioso não é formular comparação simétrica a atos emitidos por governantes atuais, em democracias muito mais amadurecidas, aliás, após tantas revoluções sociais e tecnológicas da humanidade? Ainda assim, as similitudes são evidentes, assim como as possíveis conclusões. Em dois exemplos de correntes políticas antagônicas no cenário político brasileiro, restou evidente a postura autocrática tanto em Jair Bolsonaro como em Dilma Rousseff, ambos editando atos estatais com esforço de aparência de regularidade formal para alcançar objetivos privados, particulares, próprios do respectivo grupo político. Essa regularidade formal, por mais que sustente a produção de efeitos jurídicos do ato através da escala ponteana de existência, validade e eficácia, não afasta o repúdio da sociedade, que reage pelo sentimento coletivo de ojeriza, ou mesmo por atos de efetiva desobediência civil.

É certo que o ordenamento jurídico jamais lograria nível de detalhamento, na legislação positivada, capaz de elidir o exercício de discricionariedade por seu operador. Nada obstante, o reconhecimento de conceitos jurídicos indeterminados e de zonas de incerteza não pode ensejar arbitrariedades. No caso do exercício do poder estatal, um excelente balizador é o alinhamento aos anseios da população, afinal o fim último de toda atuação estatal é atender ao interesse público primário.

Essa expressividade da vontade social está presente nos estudos do pensador alemão Ferdinand Lassalle, que cunhou o conceito sociológico de Constituição, pelo qual tal documento deve refletir a realidade política de uma nação, sob pena de não ter efetividade. Lassalle questiona se existe num país "alguma força ativa que possa influir de tal forma em todas as leis do mesmo, que as obrigue a ser necessariamente, até certo ponto, o que são e como são, sem poderem ser de outro modo" (LASSALE, 2001, p. 10). E conclui que sim, por decorrência dos fatores reais do poder, que conceitua como "essa força ativa e eficaz que informa todas as leis e instituições jurídicas vigentes, determinando que não possam ser, em substância, a não ser tal como elas são" (LASSALE, 2001, p. 10-11).

A tese de legitimação do ordenamento positivado em supedâneo político-social aplica-se perfeitamente aos atos estatais de efeitos concretos, inclusive com mais razão, dado que o ato estatal que aplica a norma jurídica concretamente interfere e modifica a realidade prática. Para Lassalle (2001, p. 17-18),

> Esta é, em síntese, em essência, a Constituição de um país: a soma dos fatores reais do poder que regem uma nação. Mas que relação existe com o que vulgarmente chamamos Constituição? Com a Constituição Jurídica? Não é difícil compreender a relação que ambos os conceitos guardam entre si. Juntam-se esses fatores reais do poder, os escrevemos em uma folha de papel e eles adquirem expressão escrita. A partir desse momento, incorporados a um papel, não são simples fatores reais do poder, mas sim verdadeiro direito – instituições jurídicas. Quem atentar contra eles atenta contra a lei e por conseguinte é punido. Ninguém desconhece o processo que se segue para transformar esses escritos em fatores reais do poder, transformando-os dessa maneira em fatores jurídicos. Está claro que não aparece neles a declaração de que os senhores capitalistas, o industrial, a nobreza e o povo são um fragmento da Constituição, ou de que o banqueiro X é outro pedaço da mesma. Não, isto se define de outra maneira, mais limpa, mais diplomática.

Em posição de reforço, assim ensina o professor Marcelo Novelino (2016, p. 89):

> Em conferência realizada em 1862 para operários e intelectuais da antiga Prússia, Ferdinand Lassalle (2000) diferenciou a constituição jurídica (ou escrita) da constituição real (ou efetiva). Por considerar os problemas constitucionais como questões do poder, e não do direito, apontou como fundamento da verdadeira constituição de um país os fatores reais e efetivos do poder vigente, constituídos pelo conjunto de forças politicamente atuantes na conservação das instituições jurídicas (monarquia, aristocracia, grande burguesia, banqueiros...). Tais fatores formam a *constituição real* do país, que é, em essência, "a soma dos fatores reais do poder que regem uma nação". A relação existente entre esta e a *constituição jurídica* é a inscrição dos fatores reais do poder em uma "folha de papel", por meio da qual adquirem uma expressão escrita. Para Lassalle, por prevalecer sempre a vontade dos titulares do poder, a constituição jurídica só será boa e duradoura quando "corresponder à constituição real e tiver suas raízes nos fatores do poder que regem o país". Do contrário, não passará de uma "folha de papel" fadada a sucumbir, de forma inevitável, diante dos fatores reais de poder.

Por outro lado, o professor François Ost (2014), citado alhures, identifica um descompasso permanente entre o direito em vigor e o direito ideal, como se este último expressasse a constante mutação e evolução do corpo social, desafiando o ordenamento a adaptar-se. Se, em dado momento, fosse possível congelar o direito ideal para empregá-lo como direito em vigor, não tardaria o estranhamento da sociedade, que não mais caberia naqueles anseios defasados. O fenômeno Antígona, então, ressurgiria para reclamar justiça. Nas palavras do autor:

> Uma segunda maneira, mais direta, de reconhecer a importância da meta-mensagem paradoxal de Sófocles consiste em repensar por ela mesma a distinção entre direito em vigor (o édito de Creonte) e direito ideal (os princípios atemporais de Antígona). O debate está construído de tal forma que nos convida sempre a escolher a favor de um ou a favor de outro, ou, pelo menos, a hierarquizar suas exigências respectivas: as pessoas se perguntam quem, Antígona ou Creonte, está com a verdade, e não cessam de se perfilar sob a bandeira de uma ou do outro, redobrando assim indefinidamente a história de sua destruição mútua. Em vez disso, não caberia compreender que, por pertencer precisamente ao ideal, o direito ideal não tem vocação de substituir o direito em vigor? – ele é antes o horizonte último deste, a face oculta, a exigência ética que não cessa de aprofundar suas prescrições. Ora, assim como não nos livramos de nossa sombra, o direito em vigor nunca poderá pretender se abster do direito ideal, porque teria, por exemplo, satisfeito integralmente seus valores. No entanto, é essa a pretensão dos déspotas, e particularmente de Creonte: calar a boca de todos os que tentam lembrar a exigência de um direito 'outro', a partir do momento em que seus próprios éditos são supostos exprimir o bem, todo o bem possível para a cidade. (OST, 2014, p. 204)

O direito ideal, portanto, alimenta a transformação do direito em vigor, para reciclá-lo e mantê-lo eficaz no corpo social. Outrossim, Ost (2014) identifica, nas escolhas de Antígona, o sintoma extremo da rejeição social às determinações ilegítimas do governante: a desobediência civil. É certo que a base doutrinária da desobediência civil é recente se comparada ao tempo de nascimento da tragédia grega, por pressupor uma democracia mais moderna. Ainda assim, o núcleo essencial de seu conceito está presente na postura de Antígona, que impõe a sua resistência civil ao comando estatal ilegítimo. Em objetiva abordagem, Ost (2014, p. 225-226) enumera os elementos de desobediência civil presentes no comportamento de Antígona, dentre os quais se destacam:

1) A desobediência civil é uma transgressão de uma regra de direito positivo. Antígona sabe disso; não se qualifica ela, já no verso 74, de '(santamente) criminosa'? Sua atitude é consciente e intencional, ela não ignora a proibição imposta por Creonte.

2) Ao contrário da desobediência criminal, a desobediência civil se inscreve no espaço público, no duplo sentido de traduzir-se em atos públicos e de apelar à consciência pública. A Ismene que, sem outros argumentos, lhe recomenda o segredo, Antígona responde orgulhosamente: 'Proclama-o bem alto, ao contrário' (v. 86). Seu comportamento é o do rebelde que, não contente de transgredir a regra, faz questão de ostentar sua atitude, redobrando assim a contestação da regra visada, que tem assim sua efetividade atingida e sua legitimidade negada. (...)

4) A desobediência civil é essencialmente pacífica; não violenta, apela à consciência adormecida da maioria e não à força das armas. É obviamente o caso de Antígona, que 'escolheu partilhar o amor e não o ódio' (n. 523), que não faz mal a ninguém e não proferirá nenhuma maldição, mesmo contra Creonte. Ao contrário, assumindo a inteira e única responsabilidade de seu ato, ela conseguirá inocentar tanto o guarda quanto Ismene.

5) Transgredindo voluntária e abertamente a lei, o desobediente civil assume o risco da sanção. De fato, Antígona evoca, já no verso 75, a lapidação prometida a quem desrespeitar a proibição de Creonte – esse risco, ela o assume plenamente. (...)

6) A desobediência civil, ato público de transgressão, visa à revogação ou pelo menos à modificação da norma contestada.

Nessa perspectiva, o comportamento civil de desobediência busca repelir uma conjuntura de injustiça específica, sem infirmar as bases de legitimidade de todo um governo, caso em que se estaria à beira de uma revolução política. A importância do instituto é tal, que a moderna legislação de direitos humanos já o incorpora como ferramenta garantista do bem-estar cívico-político, a exemplo da Constituição da República Portuguesa, que, em seu art. 21, proclama: "todos têm o direito de resistir a qualquer ordem que ofenda os seus direitos, liberdades e garantias e de repelir pela força qualquer agressão, quando não seja possível recorrer à autoridade pública" (PORTUGAL, 1976). Henry Thoreau (2012, p. 12), patriarca do conceito moderno de desobediência civil, provoca com lucidez:

Se a injustiça faz parte da necessária fricção da máquina de governo, deixe estar: talvez ela acabe por suavizar-se – certamente a máquina se desgastará. Se a injustiça tiver uma mola própria e exclusiva, ou uma polia, ou uma corda, ou uma manivela, talvez seja o caso de avaliar se

> o remédio não seria pior que o mal; mas se ela for do tipo que requer que você seja o agente da injustiça contra outra pessoa, então, eu digo: Viole a lei. Deixe que sua vida seja uma contrafricção que pare a máquina. O que eu tenho a fazer é cuidar, de todo modo, para não participar das mazelas que condeno.

Percebidas as consequências do distanciamento entre a atuação do governante e as legítimas expectativas dos governados, melhor é o cenário em que essa aliança não é rompida. Para sustentar a harmonia, basta o envolvimento social no processo político-democrático, observando-se que o povo é o único titular do poder estatal, apenas emprestando-o a representantes provisórios, para viabilizar o progresso social e sob firme vigilância. Sobre essa simbiose entre a produção e a aplicação da norma jurídica, assim ensinam os professores Eduardo Bittar e Guilherme Almeida (2009, p. 597):

> Quanto maior a distância entre o fazer das leis e a vida cidadã, maior a chance de erronia do legislador, maior a chance de obter maus resultados na aderência da vontade popular às normas jurídicas. A obediência e a desobediência devem ser preventivamente construídas, na base de uma cultura de participação e diálogo, que, preventivamente, assinalam as condições para a formação legítima das normas jurídicas. Por isso, para Jurgen Habermas, "o princípio da democracia só pode aparecer como núcleo de um sistema de direitos. A gênese lógica desses direitos forma um processo circular, no qual o código do direito e o mecanismo para a produção de direito legítimo, portanto o princípio da democracia, se constituem de modo cooriginário". Assim, se pode dizer que a preocupação com a incrementação da participação no poder, com a transparência das decisões, com a ampliação dialógica da formação da legalidade, com o consentimento da existência de uma esfera pública política que veicula ideias e influências que dirigem o poder administrativo, com a transformação do poder comunicativo popular em poder administrativo absorvido pelas normas do sistema jurídico, consente que se caminhe em direção à radicalização da democracia e ao aprimoramento da legitimidade da legalidade.

6 Considerações finais

O antagonismo entre Antígona e Creonte é profícuo em reflexões, com destaque para o debate sobre os limites de legitimidade do exercício do poder estatal. O desfecho trágico da trama desenha um panorama social que é reconhecível em crises políticas recentes no

Brasil, como bem explorado nos exemplos acima, manifestados pelos dois principais grupos políticos que polarizam a democracia brasileira.

Dessa comparação, extrai-se, primeiro, a advertência de cautela à postura do governante, que reclama vigilância perene por parte do verdadeiro titular do poder – o povo. Ora, tal lição já é comezinha, teve destaque na obra "O Príncipe", de Nicolau Maquiavel, que, como apontou Rousseau (s/d *apud* SILVA, 2010, p. 38), "fingindo dar lições aos reis, deu-as ele, e grandes, aos povos". Incorporou-se, no ideário popular, o mantra de que o poder corrompe, porém mais importante do que reconhecer esse fenômeno é o dever de agir perante ato de injustiça exacerbada.

Não basta rejeitar o ato estatal ilegítimo, é preciso combatê-lo! Tal reação, por certo, dar-se-á em diferentes graus de impugnação, desde a execração na imprensa, nas redes sociais, desde os protestos populares, os boicotes às ações do governo transgressor, até a postura mais extrema da desobediência civil, que peita o abuso de poder acima de quaisquer consequências. Essa resistência garante, além da resposta social para uma correção na gestão da coisa pública, o respeito ou até o receio do governante em administrar os poderes que recebeu para promover o bem comum. Assim, é possível sonhar com o cenário ideal, em que o direito é exercido por um processo circular: vindo do povo e dirigido ao povo.

Referências

BITTAR, Eduardo Carlos Bianca; ALMEIDA, Guilherme Assis de. *Curso de filosofia do direito*. 7. ed. São Paulo: Atlas, 2009.

BRASIL. [*Constituição (1988)*]. Constituição da República Federativa do Brasil. Brasília, DF: Presidência da República, 1988. Disponível em: https://www.planalto.gov.br/ccivil_03/constituicao/constituicao.htm Acesso em: 02 ago. 2022.

BRASIL. Advocacia-Geral da União. Consultoria-Geral da União. *Informações nº 00052/2022/CONSUNIAO/CGU/AGU*. Arguição de Descumprimento de Preceito Fundamental. Direito Constitucional e Penal. Indulto. Interessado: Partido Democrático Trabalhista – PDT. Assunto: Arguição de Descumprimento de Preceito Fundamental nº 965. 06 de maio de 2022. Disponível em: https://www.conjur.com.br/dl/indulto-daniel-silveira-constitucional.pdf. Acesso em: 02 ago. 2022.

DA REDAÇÃO. Grampos indicam que Dilma agiu para tentar evitar prisão de Lula. *Veja*. São Paulo, 16 mar. 2016. Disponível em: https://veja.abril.com.br/politica/grampos-indicam-que-dilma-agiu-para-tentar-evitar-prisao-de-lula. Acesso em: 03 ago. 2022.

JOVEM PAN. Bolsonaro afirma que concedeu indulto a Daniel Silveira para dar exemplo ao STF. *Jovem Pan*, São Paulo, 27 maio 2022. Disponível em: https://jovempan.com.br/

noticias/politica/bolsonaro-afirma-que-concedeu-indulto-a-daniel-silveira-para-dar-exemplo-ao-stf.html. Acesso em: 03 ago. 2022.

LASSALLE, Ferdinand. *A essência da Constituição*. 6. ed. Rio de Janeiro: Lumen Juris, 2001.

MASSON, Cleber. *Direito penal esquematizado:* parte geral. 10. ed. Rio de Janeiro: Forense; São Paulo: Método, 2016. v. 1.

NOVELINO, Marcelo. *Curso de direito constitucional*. 11. ed. Salvador: JusPodivm, 2016.

NUSSBAUM, Martha Craven. *A fragilidade da bondade:* fortuna e ética na tragédia e na filosofia grega. São Paulo: WMF Martins Fontes, 2009.

ORIHUELA, Misael Alberto Cossio. Elementos constitutivos do Estado: uma proposta de conceito de Estado. *Revista Jus Navigandi*, Teresina, ano 20, n. 4517, 2015. Disponível em: https://jus.com.br/artigos/44467. Acesso em: 03 ago. 2022.

OST, François. *Contar a lei:* as fontes do imaginário jurídico. São Leopoldo: Editora Unisinos, 2004.

PORTUGAL. *Constituição da República Portuguesa*. Decreto de Aprovação da Constituição. Diário da República nº 86/1976, Série I, de 10 abr. 1976. Disponível em: https://dre.pt/dre/detalhe/decreto-aprovacao-constituicao/502635. Acesso em: 03 ago. 2022.

RICHARD, Ivan. AGU recorre de suspensão da posse de Lula e nega ilegalidade em nomeação. *Agência Brasil*, Brasília, DF, 17 mar. 2016. Disponível em: https://agenciabrasil.ebc.com.br/politica/noticia/2016-03/agu-recorre-de-suspensao-da-posse-de-lula-e-nega-ilegalidade-em-nomeacao. Acesso em: 03 ago. 2022.

SILVA, José Benedito da. Leia a íntegra do decreto de Bolsonaro que dá indulto a Daniel Silveira. *Veja*, São Paulo, 21 abr. 2022. Disponível em: https://veja.abril.com.br/coluna/maquiavel/leia-a-integra-do-decreto-de-bolsonaro-que-da-indulto-a-daniel-silveira. Acesso em: 02 ago. 2022.

SILVA, Ricardo. Maquiavel e o conceito de liberdade em três vertentes do novo republicanismo. *Revista Brasileira de Ciências Sociais*, São Paulo, v. 25, n. 72, p. 37-58, fev. 2010. Disponível em: http://www.scielo.br/pdf/rbcsoc/v25n72/v25n72a04.pdf. Acesso em: 03 ago. 2022.

THOREAU, Henry David. *A desobediência civil*. Tradução: José Geraldo Couto. São Paulo: Companhia das Letras, 2012.

URIBE, Gustavo. Dilma nomeia Lula como novo ministro da Casa Civil. *Folha de São Paulo*, Brasília, DF, 16 mar. 2016. Disponível em: https://m.folha.uol.com.br/poder/2016/03/1750766-dilma-nomeia-lula-como-novo-ministro-da-casa-civil.shtml. Acesso em: 03 ago. 2022.

UNIVERSIDADE DE SÃO PAULO. Faculdade de Direito. *Professores analisam e repercutem condenação e o indulto concedido ao deputado Daniel Silveira*. [2022]. Disponível em: https://direito.usp.br/noticia/511f74df482a-professores-analisam-e-repercutem-condenacao-e-o-indulto-concedido-ao-deputado-daniel-silveira. Acesso em: 03 ago. 2022.

Informação bibliográfica deste texto, conforme a NBR 6023:2018 da Associação Brasileira de Normas Técnicas (ABNT):

FREIRE, André Vieira. A legitimidade do poder exercido pelo governante a partir da tragédia grega: entre Antígona de Sófocles e recentes casos de abuso do poder estatal no Brasil. *In*: DOSSO, Taisa Cintra; TAVARES, Gustavo Machado; SILVA, Thiago Viola Pereira da (Coord.). *Direito Municipal em debate*. Belo Horizonte: Fórum, 2023. v. 7. p. 77-95. ISBN 978-65-5518-604-8.

A POSSIBILIDADE DE LANÇAMENTO DE IPTU EM FACE DE CONCESSIONÁRIAS DE SERVIÇOS PÚBLICOS: UMA ANÁLISE SOB A LUZ DA JURISPRUDÊNCIA RECENTE DO SUPREMO TRIBUNAL FEDERAL

LORENA VIANA DA MOTTA

1 Introdução

Com o julgamento dos Temas de Repercussão Geral nº 385 e 437, o Supremo Tribunal Federal (STF) legitimou o lançamento de IPTU em face de particular, que exercia posse direta e fundada em direito pessoal, sobre imóvel público, no qual desenvolvia atividade econômica.

A partir daí, vislumbrou-se a possibilidade de relevante aumento de arrecadação dos Municípios, considerando as grandes extensões dos imóveis públicos explorados por particulares, concessionários de serviço público.

Assim, o presente trabalho se propõe a analisar, sob a luz da jurisprudência recente do STF, se é possível o lançamento de IPTU em face de particular, concessionário de serviço público, que exerce posse, direta e fundada em direito pessoal, sobre imóveis públicos.

Como hipótese, supôs-se a possibilidade de lançamento no que concerne às áreas dos imóveis públicos que não estivessem diretamente afetadas ao serviço público. Isto é, àquelas áreas dos imóveis em que fossem exploradas atividades econômicas, gerando receitas não tarifárias para a concessionária.

A partir da questão-problema, extraiu-se o objetivo geral do presente trabalho: definir se é possível o lançamento de IPTU em face de particular, concessionário do serviço público de infraestrutura aeroportuária, que exerça posse direta e fundada em direito pessoal sobre o imóvel público onde está situado o aeroporto.

Para tanto, analisou-se a origem fática e jurídica da controvérsia acerca da possibilidade de lançamento do IPTU em face de concessionária de serviço de infraestrutura aeroportuária.

Por fim, examinou-se a jurisprudência pertinente do STF, desde 2017 até a presente data, buscando-se encadear o quanto apreendido na análise de cada julgamento, a fim de testar a hipótese suscitada e alcançar o objetivo do presente trabalho.

2 Origem fática e jurídica da controvérsia

Tradicionalmente, no âmbito nacional, o serviço público de infraestrutura aeroportuária de titularidade da União (art. 21, XII, "c", da Constituição Federal)[1] era explorado através da Empresa Brasileira de Infraestrutura Aeroportuária (Infraero).

Assim, o panorama jurídico era: imóveis de propriedade de pessoa jurídica de Direito Público, cuja posse direta era exercida por empresa pública federal, responsável pelo serviço de infraestrutura aeroportuária.

Na execução deste ofício, esta entidade privada gozava da imunidade recíproca, de acordo com a interpretação dada pelo STF ao art. 150, VI, "a", e §2º, da Constituição Federal (CF), no sentido de que a benesse constitucional se aplica a empresas públicas e sociedades de economia mista, quando criadas para executar, mediante delegação legal, serviços públicos atribuídos ao ente federativo delegante.[2]

Com o passar dos anos, contudo, o serviço público de infraestrutura aeroportuária começou a ser transferido para a iniciativa privada.[3] O panorama, portanto, passava a ser outro: imóveis de propriedade de pessoa jurídica de Direito Público, cuja posse direta era exercida por

---

1 BRASIL. [Constituição (1988)]. Constituição da República Federativa do Brasil. Brasília, DF: Presidência da República, 1988. Disponível em: https://www.planalto.gov.br/ccivil_03/constituicao/constituicao.htm. Acesso em: 19 ago. 2021.

2 PAULSEN, Leandro. *Curso de direito tributário completo*. 10. ed. São Paulo: Saraiva Educação, 2019.

3 A primeira transferência foi feita, em 2011, com a concessão do Aeroporto de São Gonçalo do Amarante, para atender a cidade de Natal/RN.

particulares, titulares da execução do serviço público de infraestrutura aeroportuária.

Ainda assim, não havia controvérsia jurídica a respeito da impossibilidade de lançamento de IPTU em face do particular concessionário desse serviço, em virtude do entendimento tradicional da doutrina e jurisprudência a respeito do tema.

Nesse sentido, tradicionalmente, entendia-se que a Constituição Federal, ao estabelecer a competência para os Municípios instituírem imposto sobre a propriedade predial e territorial urbana (art. 156, I), limitou a atuação do legislador complementar e municipal sobre o tema.

Assim, quando o Código Tributário Nacional (CTN) estabelece, em seu art. 32, ser fato gerador do IPTU "a propriedade, o domínio útil e a posse de bem imóvel",[4] devia-se entender que a propriedade é o núcleo único e central do fato gerador, em torno do qual giram os demais.[5]

Em outras palavras, o entendimento sedimentado, no âmbito da doutrina e da jurisprudência, era de que a posse tributável, pelo IPTU, era aquela que externava o domínio ou o *animus domini*. Ou seja, a posse "de pessoa que *já é ou pode vir a ser* proprietária da coisa"[6] (grifo do autor).

Nesse contexto, tanto o Supremo Tribunal Federal como o Superior Tribunal de Justiça já haviam se manifestado, em diversas oportunidades, a respeito da impossibilidade de ser considerado contribuinte de IPTU aquele que exerce, sobre o imóvel, posse direta e desdobrada, fundada em direito pessoal.[7]

Dessa forma, não havia dúvida quanto à impossibilidade de lançamento de IPTU, em face das concessionárias dos aeroportos, uma vez que a posse por elas exercida não tinha aptidão de se transformar em propriedade, considerando tanto a natureza imprescritível dos imóveis públicos como o direito pessoal no qual se fundavam (contrato de concessão de serviço público).

---

4 BRASIL. *Lei nº 5.172, de 25 de outubro de 1966*. Dispõe sobre o Sistema Tributário Nacional e institui normas gerais de direito tributário aplicáveis à União, Estados e Municípios. Disponível em: http://www.planalto.gov.br/ccivil_03/leis/l5172compilado.htm. Acesso em: 29 ago. 2021.

5 BALEEIRO, Aliomar. DERZI, Misabel Abreu Machado. *Direito tributário brasileiro*: CTN comentado. 14. ed. atual. e ampl. Rio de Janeiro: Forense, 2018, p. 315.

6 COELHO, Sacha Calmon Navarro. *Curso de direito tributário brasileiro*. 17. ed. Rio de Janeiro: Forense, 2020, p. 240.

7 A título de ilustração, veja-se as ementas dos julgados RE 451152/RJ e AgRg no REsp 1205250/RJ (BRASIL, 2010).

Em 2017, contudo, a controvérsia jurídica teve origem com o julgamento dos Temas de Repercussão Geral nº 385 e 437 pelo Supremo Tribunal Federal, quando se legitimou o lançamento de IPTU em face de particular arrendatário e cessionário de imóvel público.

Após esses julgamentos, foi iniciado um movimento de lançamento de IPTU em face das concessionárias do serviço de infraestrutura aeroportuária.[8]

3 Temas de Repercussão Geral nº 385 e nº 437: análise das teses fixadas e seu âmbito de aplicação

Em abril de 2017, o Supremo Tribunal Federal finalizou o julgamento dos Temas de Repercussão Geral nº 385 (RE 594.015/SP) e 437 (RE 601.701/RJ), os quais se passa a analisar conjuntamente, em razão da similitude da controvérsia e das razões de decidir.

No bojo do Tema nº 385 (RE 594.015/SP), analisava-se a possibilidade de lançamento de IPTU em face da Petróleo Brasileiro S/A, que ocupava imóvel da União para o exercício de atividade de transporte de gás natural, petróleo e derivados, em virtude de contrato de arrendamento celebrado com a Companhia das Docas do Estado de São Paulo (Codesp).[9]

Nesse sentido, a repercussão geral da questão foi reconhecida nos seguintes termos: "Recurso Extraordinário em que se discute, à luz do art. 150, VI, a, da Constituição Federal, se a imunidade tributária recíproca alcança, ou não, sociedade de economia mista arrendatária de terreno localizado em área portuária pertencente à União".[10]

Por sua vez, no bojo do Tema nº 437 (RE 601.720/RJ), analisava-se a possibilidade de lançamento de IPTU em face da Barrafor Veículos

---

[8] MARTÍNEZ-VARGAS, Ivan. Com arrecadação estagnada, prefeitos cobram IPTU de Aeroporto privatizado. *Folha de São Paulo*, São Paulo, 4 de nov. de2019. Disponível em: https://www1.folha.uol.com.br/mercado/2019/11/prefeitos-cobram-iptu-de-aeroporto-privatizado.shtml. Acesso em: 08 jun. 2021.

[9] O imóvel se referia à área do Porto de Santos, administrado pela Codesp, na época sociedade de economia mista, titular do serviço público de exploração da infraestrutura portuária.

[10] BRASIL. Supremo Tribunal Federal. *Tema nº 385* – Reconhecimento de imunidade tributária recíproca a sociedade de economia mista ocupante de bem público. 2008. Relator: Min. Marco Aurélio. Disponível em: https://portal.stf.jus.br/jurisprudenciaRepercussao/verAndamentoProcesso.asp?incidente=2642811&numeroProcesso=594015&classeProcesso=RE&numeroTema=385. Acesso em: 24 ago. 2021.

Ltda., particular que ocupava imóvel da União para exploração de atividade de compra e venda de veículos, em vista de contrato de concessão de uso firmado com a Infraero.

Assim, reconheceu-se a repercussão geral da questão, nos seguintes termos: "Recurso extraordinário em que se discute, à luz do art. 150, VI, a, §§2º e 3º, da Constituição Federal, se a imunidade recíproca alcança, ou não, bem imóvel de propriedade da União cedido à empresa privada que explora atividade econômica".[11]

Em ambos os casos, observa-se que se analisava a possibilidade de lançamento de IPTU, em face de particular que exercia a posse direta e desdobrada, sobre imóvel público, por força de contrato celebrado com a Administração Pública (direito pessoal).

A distinção entre os casos está na qualidade do particular e na atividade exercida. No RE 594.015/SP, o arrendatário, possuidor direto do imóvel público, é sociedade de economia mista, da qual o Estado participa de sua composição acionária. Além disso, a atividade desenvolvida no local teria acentuada utilidade pública, conforme argumentou a Petróleo Brasileiro S/A.

Por sua vez, no RE 601.720/RJ, o cessionário, possuidor direto do imóvel, é sociedade empresária, cuja composição acionária é totalmente privada. Ao lado disso, a atividade desenvolvida no local é tipicamente particular, cuja utilidade pública não foge à normalidade.

Ao analisar as questões, a Corte entendeu que estas mereciam o mesmo tratamento, uma vez que ambas se referiam a particular exercendo posse direta sobre imóvel público, fundada em direito pessoal, para o exercício de atividade econômica com fins lucrativos.[12]

O entendimento que se sagrou vencedor, capitaneado pelo Ministro Marco Aurélio, dividiu a resolução das questões em duas partes: (i) se os imóveis estavam abarcados pela imunidade recíproca, considerando a propriedade da União; e (ii) se a posse, direta e fundada em direito pessoal, exercida pelo particular, autorizava a incidência do IPTU.

Inicialmente, entendeu-se que o imóvel não estaria acobertado

---

[11] BRASIL. Supremo Tribunal Federal. *Tema 437* – Reconhecimento de imunidade tributária recíproca a empresa privada ocupante de bem público. Relator: Min. Edson Fachin. Disponível em: https://portal.stf.jus.br/jurisprudenciaRepercussao/verAndamentoProcesso.asp?incidente=6083656&numeroProcesso=1306505&classeProcesso=ARE&numeroTema=437. Acesso em: 24 ago. 2021.

[12] A utilidade pública da atividade desenvolvida, alegada pela Petrobrás, foi considerada irrelevante para a resolução da questão.

pela imunidade recíproca, uma vez que estava vinculado diretamente à atividade econômica. Nesse sentido, ao ceder o imóvel ao particular, o ente público permitiria essa vinculação, ensejando a geração de riquezas, posteriormente, incorporadas ao patrimônio dos acionistas privados.

Dessa forma, incidiria a exceção prevista no art. 150, §3º, da CF, a qual dispõe especificamente que a imunidade recíproca não se aplica ao patrimônio do ente federativo que esteja relacionado com exploração de atividades econômicas regidas pelas normas aplicáveis a empreendimentos privados.

Nesse sentido, o Ministro Alexandre de Moraes[13] elencou bem os motivos de afastamento da norma imunizante nos casos concretos:

> Os fatores subjetivo e finalístico, apesar de relevantes, não são os únicos a condicionar a incidência da norma constitucional de imunidade. É preciso considerar que há estratégias de organização administrativa do Estado que podem implicar consequências prejudiciais para o equilíbrio econômico. *Quando, além da desassociação às finalidades públicas, houver risco de perturbação para a realidade econômica, a subsistência da norma de imunidade tornar-se-á bastante criticável, ante a necessidade de preservar o equilíbrio concorrencial típico da livre iniciativa* (grifo nosso).

No que tange ao enquadramento do particular como contribuinte do IPTU, os Ministros atribuíram nova interpretação ao termo "propriedade" mencionado no art. 156, I, da CF,[14] com reflexos nos artigos 32 e 34, ambos do CTN,[15] entendendo que a posse direta e desdobrada exercida pelo particular, nos casos analisados, enquadrava-o como possuidor a qualquer título, legitimando a incidência do IPTU. Esse

---

[13] BRASIL. Supremo Tribunal Federal. *RE 594.015/SP*. Imunidade. Sociedade de Economia Mista Arrendatária de Bem da União. IPTU. Não se beneficia da imunidade tributária recíproca prevista no artigo 150, inciso VI, alínea "a", da Constituição Federal a sociedade de economia mista ocupante de bem público. Relator: Min. Marco Aurélio. Plenário, 06 abr. 2017. Disponível em: https://redir.stf.jus.br/paginadorpub/paginador.jsp?docTP=TP&docID=13440489. Acesso em: 29 ago. 2021.

[14] Art. 156. Compete aos Municípios instituir impostos sobre: I – propriedade predial e territorial urbana;

[15] Art. 32. O imposto, de competência dos Municípios, sobre a propriedade predial e territorial urbana tem como fato gerador a propriedade, o domínio útil ou a posse de bem imóvel por natureza ou por acessão física, como definido na lei civil, localizado na zona urbana do Município.
(...)
Art. 34. Contribuinte do imposto é o proprietário do imóvel, o titular do seu domínio útil, ou o seu possuidor a qualquer título.

entendimento se distingue do tradicional, segundo o qual a menção a "propriedade" feita no art. 156, I, da CF, limitava a interpretação do termo "posse a qualquer título", utilizado pelo CTN, àquelas que pudessem conduzir à propriedade (*animus domini*).

Nesse sentido, veja-se trecho do voto do Ministro Alexandre de Moraes,[16] no qual fica clara a atribuição de um novo sentido ao conceito de propriedade, em face das nuances do caso concreto, *in verbis*:

> A desafetação do imóvel de suas finalidades públicas, além de implicar estreitamento da cobertura da imunidade recíproca, faz surgir, no quadro territorial das cidades, uma nova plataforma de riqueza que antes não existia, *e que é compatível com a noção de propriedade embutida na norma do art. 156, I, da CF, cuja amplitude não é prisioneira do purismo conceitual do termo do direito civil.*
>
> (...)
>
> *As formas contratuais pelas quais o poder público consente (cessão, arrendamento, etc) em consignar o uso de seus bens imóveis aos desideratos da iniciativa privada configuram títulos jurídicos que realmente viabilizam a exigência do IPTU.* Com todas as vênias dos que entendem de outra maneira, admitir o contrário é condescender com o completo extravio finalístico da norma de imunidade tributária, criando efeitos deletérios para a realidade competitiva dos mercados atingidos (grifos nossos).

No mesmo sentido, entendeu o Ministro Luís Roberto Barroso,[17] como bem expôs em seu voto:

> Ainda, os contratos firmados entre as empresas privadas e a Administração Pública para uso de bem público, além de se sujeitarem a longos prazos, conferem direitos aos particulares, como alteração do imóvel utilizado e construção de imóveis com outras finalidades. *Pode-se dizer que o bem é formalmente público e materialmente privado, uma vez que o particular detém quase todas as prerrogativas do proprietário, não havendo precariedade da posse.* Nesses casos, resta caracterizado o fato gerador do IPTU, conforme o art. 32, do CTN, e a sujeição passiva, conforme art. 34 (grifos nossos).

Nesse contexto, ao final dos julgamentos, foram fixadas as seguintes Teses de Repercussão Geral:

---

16 *Ibid*, RE 594015/SP, p. 45-46.

17 *Ibid*, RE 594015/SP, p. 29-30.

> A imunidade recíproca, prevista no art. 150, VI, a, da Constituição não se estende a empresa privada arrendatária de imóvel público, quando seja ela exploradora de atividade econômica com fins lucrativos. Nessa hipótese é constitucional a cobrança do IPTU pelo Município[18].
>
> Incide o IPTU, considerado imóvel de pessoa jurídica de direito público cedido a pessoa jurídica de direito privado, devedora do tributo.[19]

Uma vez compreendidos o contexto e os fundamentos das teses fixadas, passa-se a analisar o âmbito de sua aplicação. Para tanto, faz-se necessário trazer à baila as lições de Eros Roberto Grau em sua obra "A Ordem Econômica na Constituição de 1988 – Interpretação e Crítica", muito utilizada pela Corte na resolução de questões análogas às presentes.

Segundo a doutrina do então Ministro, "a ordem econômica disciplinada pela Constituição abrange toda a atividade econômica que, *em sentido amplo*, compõe-se dos *serviços públicos* e da atividade econômica destinada à livre iniciativa" – esta última denominada de *atividade econômica em sentido estrito*[20] (grifos nossos).

Consoante observado, as teses foram fixadas a partir de casos concretos nos quais particular exercia atividade econômica *stricto sensu* no imóvel público.

Contudo, os Ministros não chegaram a discutir se as teses são aplicáveis indistintamente aos particulares que exerçam posse, direta e fundada em direito pessoal, sobre imóvel público, para explorar no local atividade econômica em sentido estrito ou serviço público.

Assim, considerando apenas os acórdãos ora analisados, não há como determinar com precisão o âmbito de aplicação exato das teses, especialmente se elas são aplicáveis aos imóveis públicos, afetados à prestação de serviço público.

---

[18] *Ibid*, RE 594015/SP, p. 68.

[19] BRASIL. Supremo Tribunal Federal. *RE 601720/RJ*. IPTU. Bem público. Cessão. Pessoa Jurídica de Direito Privado. Incide o imposto Predial e Territorial Urbano considerado bem público cedido a pessoa jurídica de direito privado, sendo esta a devedora. Relator: Min. Edson Fachin. Plenário, 19 abr. 2017. Disponível em: https://redir.stf.jus.br/paginadorpub/paginador.jsp?docTP=TP&docID=13534812. Acesso em: 29 ago. 2021.

[20] COSTA, Regina Helena. *Imunidades tributárias*: teoria e análise da jurisprudência do STF. 3. ed. São Paulo: Malheiros: 2015, p. 159.

4 Tema nº 508: sociedade de economia mista com participação acionária negociada na bolsa não faz jus à imunidade recíproca, unicamente, por desempenhar serviço público

No RE 600.867/SP, o STF analisou a possibilidade de incidência de IPTU sobre imóveis públicos, sob o domínio de sociedade de economia mista estadual, que presta serviço público de saneamento básico em Município, por força de delegação negocial.

In casu, a Companhia de Saneamento Básico do Estado de São Paulo (Sabesp), sociedade de economia mista, foi criada através da Lei Estadual nº 119/1973, com o objetivo de "planejar, executar e operar os serviços de saneamento básico em todo o Estado de São Paulo, respeitada a autonomia dos Municípios".[21]

Nesse contexto, o Município de Estância Balneária de Ubatuba transferiu a execução do serviço público de saneamento para a Sabesp, juntamente com os bens necessários para tanto. Entre esses, figuraram bens imóveis municipais cuja titularidade no cadastro municipal passou a ser da concessionária do serviço.

Assim, o recurso extraordinário objeto de análise pelo STF se referia à possibilidade de lançamento de IPTU em face da Sabesp, considerando a natureza jurídica da atividade que desempenhava no local.

Considerando a relevância do tema, o recurso foi afetado à sistemática de teses de repercussão geral, no Tema nº 508, o qual foi caracterizado da seguinte forma:

> Recurso extraordinário, em que se discute, à luz do art. 150, VI, a, da Constituição Federal, se a imunidade tributária recíproca alcança, ou não, sociedade de economia mista cuja composição acionária é objeto de negociação em bolsa de valores e distribui lucros a investidores públicos e privados, em razão das atividades desempenhadas.[22]

---

[21] SÃO PAULO (Estado). *Lei nº 119, de 29 de junho de 1973*. Autoriza a constituição de uma sociedade por ações, sob a denominação de Companhia de Saneamento Básico do Estado de São Paulo – SABESP, e dá providências correlatas. Disponível em: https://www.al.sp.gov.br/repositorio/legislacao/lei/1973/compilacao-lei-119-29.06.1973.html#:~:text=Autoriza%20a%20constitui%C3%A7%C3%A3o%20de%20uma,SABESP%2C%20e%20d%C3%A1%20provid%C3%AAncias%20correlatas. Acesso em: 06 jan. 2022.

[22] BRASIL. Supremo Tribunal Federal. *Tema 508* – Imunidade tributária recíproca para sociedade de economia mista com participação acionária negociada em bolsa de valores. Relator: Min. Joaquim Barbosa. Disponível em: https://portal.stf.jus.br/jurisprudenciaRepercussao/verAndamentoProcesso.asp?incidente=6083656&numeroProcesso=1306505&classeProcesso=ARE&numeroTema=508#:~:text=Tema%20508%20%2D%20Imunidade%20

Em 05.06.2014, o Relator, Min. Joaquim Barbosa, iniciou o julgamento, votando pelo desprovimento do recurso apresentado pela sociedade de economia mista. Segundo o Relator, a resolução da questão dependeria da aplicação de teste de três estágios, para determinar se a imunidade recíproca poderia incidir no caso concreto, beneficiando a entidade privada. Nesse sentido, os estágios do teste foram caracterizados pelo Ministro da seguinte forma:

> 1)A imunidade recíproca se aplica à propriedade, bens e serviços utilizados na satisfação dos objetivos institucionais imanentes do ente federado, cuja tributação poderia colocar em risco a respectiva autonomia política. Em consequência, é incorreto ler a cláusula de imunização de modo a reduzi-la a mero instrumento destinado a dar ao ente federado condições de contratar em condições mais vantajosas, independentemente do contexto;
>
> 2)Atividade de exploração econômica, destinadas primordialmente a aumentar o patrimônio do Estado ou de particulares, devem ser submetidas à tributação, por apresentarem-se como manifestações de riqueza e deixarem a salvo a autonomia política.
>
> 3)A desoneração não deve ter como efeito colateral relevante a quebra dos princípios da livre-concorrência e do exercício de atividade profissional ou econômica lícita. Em princípio, o sucesso ou a desventura empresarial devem pautar-se por virtudes e vícios próprios do mercado e da administração, sem que a intervenção do Estado seja fator preponderante.[23]

Em sua análise, o Relator entendeu que a Sabesp falhava no segundo estágio do teste, isto é, a atividade por ela desempenhada, serviço público, estava primordialmente voltada a aumentar o patrimônio do Estado e de particulares, constituindo manifestação de riqueza apta a ser tributada.

---

tribut%C3%A1ria%20rec%C3%ADproca,negociada%20em%20bolsa%20de%20valores. Acesso em 29 ago. 2021.

[23] BRASIL. Supremo Tribunal Federal. RE 600867/SP. Tributário. IPTU. Imunidade Recíproca. Sociedade de Economia Mista. Natureza Jurídica de Direito Privado. Participação acionária dispersa e negociada em bolsa de valores. Exame da relação entre os serviços públicos prestados e o objetivo de distribuição de lucros a investidores públicos e privados como elemento determinante para aplicação da salvaguarda constitucional. (...). Relator: Min. Joaquim Barbosa. Plenário, Sessão Virtual de 14 ago. 2020 a 21 ago. 2020.Disponível em: https://redir.stf.jus.br/paginadorpub/paginador.jsp?docTP=TP&docID=753969848. Acesso em: 29 ago. 2021.

Ao final, prevaleceu o entendimento exarado pelo Ministro Joaquim Barbosa, por 7 votos a 2, fixando-se a seguinte tese de Repercussão Geral:

> Sociedade de economia mista, cuja participação acionária é negociada na Bolsa de Valores, e que, inequivocamente, está voltada à remuneração do capital de seus controladores ou acionistas, não está abrangida pela regra de imunidade tributária prevista no art. 150, VI, "a", da Constituição, unicamente em razão das atividades desempenhadas.[24]

Esta tese se distingue do entendimento tradicional do STF acerca do tema, no sentido de que as empresas públicas e sociedades de economia mista, quando prestadoras de serviços públicos essenciais, gozavam da imunidade recíproca. Conforme já mencionado, até então entendia-se que, nessas hipóteses, em vista da natureza da atividade (serviço público essencial), a entidade privada era instrumentalidade estatal, de forma análoga a autarquias e fundações (art. 150, §2º, da CF).

No presente caso, a Corte excepcionou o entendimento tradicional, sustentando que a natureza da atividade não conduz necessariamente à aplicação da imunidade, quando a sociedade de economia mista tiver capital negociado na bolsa de valores e estiver primordialmente voltada à remuneração de seus controladores e acionistas.

Assim, afastou-se a imunidade recíproca, permitindo a incidência do IPTU sobre imóveis públicos municipais, afetados à prestação do serviço público, cuja posse direta e fundada em direito pessoal era exercida pela sociedade de economia mista.

Vale observar que não houve discussão a respeito da natureza da posse exercida pela entidade privada. Daí se extrai que o teste de três estágios, utilizado para o afastamento da imunidade recíproca, serviu também para aplicação da nova interpretação ao termo propriedade (art. 156, I, da CF).

Analisado o conteúdo do acórdão da decisão do Tema nº 508, passa-se a relacioná-lo no quanto decidido nos Temas nº 385 e 437.

Conforme mencionado no final do tópico anterior, a partir dos acórdãos de decisão desses temas, não é possível identificar o seu âmbito exato de aplicação, uma vez que não fica claro se a existência de atividade econômica em sentido estrito foi elemento determinante para a consolidação do entendimento da Corte naquelas oportunidades.

---

[24] *Ibid.*, RE 600867/SP, p. 95-96.

Felizmente, o Tema nº 508 parece contribuir para esclarecer o âmbito de aplicação daquelas teses. Isso porque a tese do Tema nº 508 determina de forma clara que a atividade desempenhada – serviço público – não é elemento suficiente para determinar a aplicação de imunidade recíproca à sociedade de economia mista e impedir a incidência do IPTU sobre o imóvel público.

Daí é possível extrair que a conclusão do STF, nos Temas nº 385 e 437, poderia ter sido a mesma, caso o imóvel público explorado por particular estivesse afetado à exploração de serviço público.

Contudo, a tese do Tema nº 508 é demasiado específica, para extrair em qual situação isto ocorreria. Isto é, seria necessário que o particular forçosamente tivesse seu capital social negociado na bolsa de valores? Ou tal fato, verificado no caso concreto analisado, seria apenas uma manifestação do inequívoco propósito lucrativo do particular?

Buscou-se respostas a esses questionamentos no julgamento do Tema nº 1140, a seguir analisado.

5 Tema nº 1140: imunidade recíproca aplicada à sociedade de economia mista prestadora de serviço essencial

No RE 1.320.054/SP, discutiu-se a inexigibilidade de créditos tributários de IPTU de imóveis cuja posse estava com sociedade de economia mista, para o exercício do serviço público de transporte metroviário, considerando a imunidade recíproca do art. 150, VI, "a", da Constituição Federal.

Nesse contexto, o recurso foi afetado à sistemática de repercussão geral, sob o Tema nº 1140, o qual foi caracterizado da seguinte forma:

> Recurso extraordinário em que se discute, à luz dos artigos 150, VI, a, e 173, §1º e §2º, da Constituição Federal, a possibilidade de aplicação da imunidade tributária recíproca à Companhia do Metropolitano de São Paulo – Metrô, sociedade de economia mista prestadora de serviço público de transporte de passageiros, considerando-se a regra de livre concorrência, o intuito lucrativo das empresas e a cobrança de tarifa do usuário.[25]

---

[25] BRASIL. Supremo Tribunal Federal. *Tema 1140* – Abrangência da imunidade tributária recíproca, prevista no artigo 150, VI, a, da Constituição Federal, quando presente a prestação de serviço público essencial por sociedade de economia mista, ainda que mediante cobrança de tarifa dos usuários. Relatora: Ministra Presidente. Disponível em: https://

Em 06.05.2021, o Tribunal, por unanimidade,[26] conheceu e indeferiu o Recurso apresentado pelo Município, nos termos do voto do Relator, o Ministro Luiz Fux. Segundo o Relator, a jurisprudência do STF sedimentou-se no sentido de que as empresas públicas e as sociedades de economia mista delegatárias de serviços públicos essenciais fazem jus à imunidade recíproca, independentemente da cobrança de tarifa como contraprestação do serviço.

Em contribuição para a fixação da tese de repercussão geral, o Ministro Luís Roberto Barroso apresentou manifestação esclarecendo que a extensão da imunidade recíproca, assim como outros privilégios da Fazenda Pública, é extensível às sociedades de economia mista e empresas públicas quando presentes os seguintes requisitos: (i) prestação de serviço público; (ii) ausência de intuito lucrativo (*i.e.*, sem distribuição de lucros a acionistas privados); e (iii) em regime de exclusividade (*i.e.*, sem concorrência com outras pessoas jurídicas de direito privado).

No caso, o STF entendeu que a parte recorrida fazia jus à imunidade, impedindo, consequentemente, o lançamento do IPTU, por atender aos referidos requisitos, uma vez que: (i) prestava serviço público; (ii) não havia intuito lucrativo, uma vez que o capital social da empresa era totalmente público,[27] então não existia distribuição de lucros a acionistas privados; (iii) e a prestação do serviço público ocorria em regime de exclusividade, já que era a única empresa titular da linha de metrô operada.

Assim, a Corte fixou a seguinte tese de repercussão geral para a questão:

> As empresas públicas e as sociedades de economia mista delegatárias de serviços públicos essenciais, que não distribuam lucros a acionistas privados nem ofereçam risco ao equilíbrio concorrencial, são beneficiárias

---

portal.stf.jus.br/jurisprudenciaRepercussao/verAndamentoProcesso.asp?incidente=6083656&numeroProcesso=1306505&classeProcesso=ARE&numeroTema=1140. Acesso em: 29 ago. 2021.

26 Apenas o Min. Nunes Marques não se manifestou a respeito da questão.

27 A Companhia do Metropolitano de São Paulo – Metrô foi criada pelo Município de São Paulo, como sociedade de economia mista, após a autorização legislativa constante na Lei Municipal nº 6.988/1966 (SÃO PAULO [Município], 1966). Contudo, em 2018, a sociedade de economia mista foi transformada em empresa pública, através da aquisição da totalidade das ações de titularidade de acionistas privados. Em 2020, o Estado de São Paulo detinha 97,30% do capital social da empresa, enquanto o Município de São Paulo detinha apenas 2,67%.

> da imunidade tributária recíproca prevista no artigo 150, VI, a, da Constituição Federal, independentemente de cobrança de tarifa como contraprestação do serviço.[28]

Dessa forma, a tese normatiza as hipóteses em que haverá o afastamento da imunidade recíproca das empresas públicas e sociedades de economia mista, prestadoras de serviços públicos essenciais.

Do cotejo entre o presente tema e os anteriores, observa-se que este corrobora a conclusão extraída, no sentido de que o tipo de atividade desenvolvida não é suficiente para impedir a incidência do IPTU sobre imóvel público cuja posse é exercida por particular.

Em verdade, com o julgamento do Tema nº 1140, resta claro que os elementos determinantes, para a aplicação do entendimento iniciado com o julgamento dos Temas 385 e 437, são o intuito lucrativo, verificado pela distribuição de lucros a acionistas privados, ou o risco ao equilíbrio concorrencial.

6 Da possibilidade de lançamento de IPTU em face das concessionárias dos aeroportos à luz da jurisprudência analisada

Concluída a análise dos casos paradigmáticos existentes, cumpre focar no objetivo geral do trabalho, isto é: a possibilidade de lançamento de IPTU em face de particular, concessionário de serviço público de infraestrutura aeroportuária.

Conforme mencionado, a tendência atual é que esse serviço público seja desenvolvido em imóveis públicos cuja posse é transferida a particular em virtude de celebração de contrato de concessão de serviço público.

Nesses casos, portanto, o particular exerceria a posse direta e desdobrada, fundada em direito pessoal, sobre bem público, no qual existem áreas afetadas ao serviço público e áreas em que são exploradas atividades econômicas em sentido estrito.

---

[28] BRASIL. Supremo Tribunal Federal. *RE 1320054/SP*. Recurso Extraordinário. Representativo da Controvérsia. Tributário. Execução Fiscal. Companhia do Metropolitano de São Paulo – Metrô. Sociedade de Economia Mista Prestadora de Serviço Público Essencial. Imunidade Recíproca. Artigo 150, VI, a, da Constituição Federal. Extensão. (...). Relator: Min. Luiz Fux. 06 maio 2021. Disponível em: https://portal.stf.jus.br/processos/downloadPeca.asp?id=15346422917&ext=.pdf. Acesso em: 29 ago. 2021.

Conforme observou-se ao longo do presente trabalho, a atividade desenvolvida no local não é fator suficiente para determinar a aplicação da imunidade recíproca[29] e, consequentemente, o lançamento do IPTU.

Em verdade, a análise dos Temas nº 385, 437, 508 e 1140 conduz à conclusão de que o afastamento da imunidade recíproca[30] e a aplicação da nova interpretação ao termo propriedade decorrem da verificação, no caso concreto, da existência de risco ao equilíbrio concorrencial ou do intuito lucrativo verificado pela distribuição de lucros a acionistas privados.

Assim, verificado um desses elementos no caso concreto, é legítima a incidência de IPTU sobre *todo* o imóvel público, tanto nas áreas afetadas ao serviço público quanto naquelas em que existe o desenvolvimento de atividade econômica em sentido estrito.

No caso do serviço público de infraestrutura aeroportuária transferido a particular, não se vislumbra a possibilidade de se verificar no caso concreto o risco ao equilíbrio concorrencial, em vista do regime de exclusividade em que o serviço público é prestado. Tal entendimento se baseia no quanto decidido no Tema nº 1140, no qual se entendeu que a sociedade de economia mista, titular da concessão de uma das linhas de metrô de São Paulo, exercia o serviço público em regime de exclusividade.

Contudo, no que tange ao intuito lucrativo, vislumbra-se a sua existência em todos os aeroportos em que o titular da concessão seja pessoa jurídica de direito privado, em que restará constatada a distribuição de lucros a acionistas privados.

Nesse contexto, verificado esse requisito no caso concreto, à luz do entendimento até o momento construído pelo STF, conclui-se que será possível o lançamento do IPTU em face da concessionária do aeroporto tanto no que se refere às áreas operacionais (afetadas ao serviço público) quanto às áreas não operacionais (nas quais é desenvolvida atividade econômica).

---

29 Aplicável apenas às empresas públicas e sociedades de economia mista titulares de serviços públicos essenciais, não abrangendo as demais pessoas jurídicas de Direito Privado, concessionárias de serviço público.

30 Reitere-se, apenas, quando aplicável, nos termos do entendimento do STF a respeito do art. 150, VI, "a" e §2º, da Constituição Federal.

7 Conclusão

Após a análise da jurisprudência do STF, a partir de 2017 até a presente data, concluiu-se que a Corte construiu o entendimento no sentido de que é possível o lançamento de IPTU, em face de particular, concessionário de serviço público, que exerça a posse direta e fundada em direito pessoal sobre imóvel público.

Para tanto, deve-se perquirir se, no caso concreto, estão presentes um dos seguintes elementos: intuito lucrativo, verificado pela distribuição lucros a acionistas privados, ou que a ausência de tributação represente risco ao equilíbrio concorrencial.

Verificado um desses requisitos, o entendimento da Suprema Corte, exarado nos Temas de Repercussão Geral nº 385, 437, 508 e 1140, conduz à conclusão de que nesses casos será possível o afastamento da imunidade recíproca[31] e a aplicação da nova interpretação ao termo propriedade, permitindo o lançamento do IPTU em face da concessionária do serviço público.

Dessa forma, observou-se que a hipótese inicialmente formulada não se confirmou, uma vez que nesse caso será possível o lançamento de IPTU, considerando a área total do imóvel, independentemente da atividade desenvolvida em segmentos específicos (atividade econômica em sentido estrito ou serviço público).

Ao lado disso, no que tange ao objetivo geral do trabalho, observou-se que, no caso do serviço de infraestrutura aeroportuária transferido a particular, não se vislumbra a possibilidade de existir no caso concreto o risco ao equilíbrio concorrencial, em vista do regime de exclusividade em que é prestado. Contudo, no que tange ao intuito lucrativo, este estará presente em todos os aeroportos em que a concessionária for pessoa jurídica de Direito Privado em que haja distribuição de lucros a acionistas privados.

Nesse contexto, conclui-se que o julgamento dos Temas de Repercussão Geral acima mencionados, efetivamente, permite aos Municípios incrementarem de forma significativa a sua arrecadação de IPTU, considerando as grandes extensões de imóveis públicos em que os serviços públicos são desenvolvidos.

---

[31] Quando aplicável, nos termos do entendimento do STF a respeito do art. 150, VI, "a" e §2º, da Constituição Federal.

Referências

BALEEIRO, Aliomar. DERZI, Misabel Abreu Machado. *Direito Tributário Brasileiro*: CTN comentado. 14. ed. atual. e ampl. Rio de Janeiro: Forense, 2018.

BRASIL. [*Constituição (1988)*]. Constituição da República Federativa do Brasil. Brasília, DF: Presidência da República, 1988. Disponível em: https://www.planalto.gov.br/ccivil_03/constituicao/constituicao.htm. Acesso em: 19 ago. 2021.

BRASIL. *Lei nº 5.172, de 25 de outubro de 1966*. Dispõe sobre o Sistema Tributário Nacional e institui normas gerais de direito tributário aplicáveis à União, Estados e Municípios. Disponível em: http://www.planalto.gov.br/ccivil_03/leis/l5172compilado.htm. Acesso em: 29 ago. 2021.

BRASIL. Superior Tribunal de Justiça. *AgRg no REsp 1205250/RJ*. Processual Civil e Tributário. Agravo Regimental no Agravo de Instrumento. Violação dos arts. 458 e 535 do CPC. Não ocorrência. IPTU. Concessão de uso. Relação de direito pessoal. Cessionário não é contribuinte. Imóvel da União. Imunidade. Responsabilidade tributária. Relator: Ministro Luiz Fux. Dje de16 nov. 2010.

BRASIL. Supremo Tribunal Federal. *Recurso Extraordinário (RE) 594.015/SP*. Relator: Min. Marco Aurélio. Plenário, 06 de abril de 2017. Disponível em: https://redir.stf.jus.br/paginadorpub/paginador.jsp?docTP=TP&docID=13440489. Acesso em: 29 ago. 2021.

BRASIL. Supremo Tribunal Federal. *RE 601.720/RJ*. IPTU. Bem público. Cessão. Pessoa Jurídica de Direito Privado. Incide o imposto Predial e Territorial Urbano considerado bem público cedido a pessoa jurídica de direito privado, sendo esta a devedora. Relator: Min. Edson Fachin. Plenário, 19 abr. 2017.
Disponível em: https://redir.stf.jus.br/paginadorpub/paginador.jsp?docTP=TP&docID=13534812. Acesso em: 29 ago. 2021.

BRASIL. Supremo Tribunal Federal. *Recurso Extraordinário (RE) 600.867/SP*. Relator: Min. Joaquim Barbosa. Plenário, Sessão Virtual de 14 de agosto de 2020 a 21 de agosto de 2020.Disponível em: https://redir.stf.jus.br/paginadorpub/paginador.jsp?docTP=TP&docID=753969848. Acesso em: 29 ago. 2021.

BRASIL. Supremo Tribunal Federal. *Recurso Extraordinário (RE) 1.320.054/SP*. Relator: Min. Luiz Fux. 06 de maio de 2021. Disponível em: https://portal.stf.jus.br/processos/downloadPeca.asp?id=15346422917&ext=.pdf. Acesso em: 29 ago. 2021.

BRASIL. Supremo Tribunal Federal. *Tema nº 385* – Reconhecimento de imunidade tributária recíproca a sociedade de economia mista ocupante de bem público. 2008. Relator: Min. Marco Aurélio. Disponível em: https://portal.stf.jus.br/jurisprudenciaRepercussao/verAndamentoProcesso.asp?incidente=2642811&numeroProcesso=594015&classeProcesso=RE&numeroTema=385. Acesso em: 24 ago. 2021.

BRASIL. Supremo Tribunal Federal. *Tema nº 437* – Reconhecimento de imunidade tributária recíproca a empresa privada ocupante de bem público. Relator: Min. Edson Fachin. Disponível em: https://portal.stf.jus.br/jurisprudenciaRepercussao/verAndamentoProcesso.asp?incidente=6083656&numeroProcesso=1306505&classeProcesso=ARE&numeroTema=437. Acesso em: 24 ago. 2021.

BRASIL. Supremo Tribunal Federal. *Tema nº 508* – Imunidade tributária recíproca para sociedade de economia mista com participação acionária negociada em bolsa de valores. Relator: Min. Joaquim Barbosa. Disponível em: https://portal.stf.jus.br/jurisprudenciaRepercussao/verAndamentoProcesso.asp?incidente=6083656&numeroProcesso=1306505&classeProcesso=ARE&numeroTema=508#:~:text=Tema%20508%20%2D%20Imunidade%20tribut%C3%A1ria%20rec%C3%ADproca,negociada%20em%20bolsa%20de%20valores. Acesso em 29 ago. 2021.

BRASIL. Supremo Tribunal Federal. *Tema nº 1140* – Abrangência da imunidade tributária recíproca, prevista no artigo 150, VI, a, da Constituição Federal, quando presente a prestação de serviço público essencial por sociedade de economia mista, ainda que mediante cobrança de tarifa dos usuários. Relatora: Ministra Presidente. Disponível em: https://portal.stf.jus.br/jurisprudenciaRepercussao/verAndamentoProcesso.asp?incidente=6083656&numeroProcesso=1306505&classeProcesso=ARE&numeroTema=1140. Acesso em 29 ago. 2021.

BRASIL. Supremo Tribunal Federal. *RE 451152/RJ*. Relator Ministro Gilmar Mendes, DJe-004, Publicação em 27.04.2007. Supremo Tribunal Federal, 2007.

COELHO, Sacha Calmon Navarro. *Curso de direito tributário brasileiro*. 17. ed. Rio de Janeiro: Forense, 2020.

COSTA, Regina Helena. *Imunidades tributárias*: teoria e análise da jurisprudência do STF. 3. ed. São Paulo: Malheiros, 2015.

ESTADO DE SÃO PAULO. Transporte Metropolitanos. Metrô. *Relatório Integrado 2020*. Disponível em: http://www.metro.sp.gov.br/metro/institucional/pdf/relatorio-integrado-2020.pdf. Acesso em: 29 ago. 2021.

MARTÍNEZ-VARGAS, Ivan. Com arrecadação estagnada, prefeitos cobram IPTU de Aeroporto privatizado. *Folha de São Paulo*, São Paulo, 4 de nov. de2019. Disponível em: https://www1.folha.uol.com.br/mercado/2019/11/prefeitos-cobram-iptu-de-aeroporto-privatizado.shtml. Acesso em: 08 jun. 2021.

PAULSEN, Leandro. *Curso de direito tributário completo*. 10. ed. São Paulo: Saraiva Educação, 2019.

SANTOS, Thiago Barreto dos Santos. *Concessão aeroportuária*: o caso Infraero. Orientador: Prof. Msc. Arthur Mesquita Camargo. 2016. 38f. TCC (Pós-graduação) – Gestão Pública, Universidade Católica de Brasília, 2016. Disponível em: https://repositorio.enap.gov.br/handle/1/2642. Acesso em: 18 ago. 2021.

SÃO PAULO (Estado). *Lei nº 119, de 29 de junho de 1973*. Autoriza a constituição de uma sociedade por ações, sob a denominação de Companhia de Saneamento Básico do Estado de São Paulo – SABESP, e dá providências correlatas. Disponível em: https://www.al.sp.gov.br/repositorio/legislacao/lei/1973/compilacao-lei-119-29.06.1973.html#:~:text=Autoriza%20a%20constitui%C3%A7%C3%A3o%20de%20uma,SABESP%2C%20e%20d%C3%A1%20provid%C3%AAncias%20correlatas. Acesso em: 06 jan. 2022.

SÃO PAULO (Município). *Lei nº 6.988, de 26 de dezembro de 1966*. Autoriza a constituição da Companhia do Metropolitano de São Paulo – Metrô, e dá outras providências. Disponível em: http://legislacao.prefeitura.sp.gov.br/leis/lei-6988-de-26-de-dezembro-de-1966. Acesso em: 29 ago. 2021.

Informação bibliográfica deste texto, conforme a NBR 6023:2018 da Associação Brasileira de Normas Técnicas (ABNT):

MOTTA, Lorena Viana da. A possibilidade de lançamento de IPTU em face de concessionárias de serviços públicos: uma análise sob a luz da jurisprudência recente do Supremo Tribunal Federal. *In*: DOSSO, Taisa Cintra; TAVARES, Gustavo Machado; SILVA, Thiago Viola Pereira da (Coord.). *Direito Municipal em debate*. Belo Horizonte: Fórum, 2023. v. 7. p. 97-115. ISBN 978-65-5518-604-8.

REEQUILÍBRIO ECONÔMICO-FINANCEIRO NOS CONTRATOS ADMINISTRATIVOS A PARTIR DA PANDEMIA DA COVID-19[1]

ANDRÉ VIEIRA FREIRE

1 Considerações iniciais

Tão logo surgiu, o novo coronavírus, de inopino, tomou o mundo em contágio fugaz; atingiu e transformou de tal forma a história humana, que, a partir de 2020, todo e qualquer tema antrópico poderá ser dividido entre antes e depois da pandemia. Seja do ponto de vista dos sistemas de saúde, das relações sociais, dos efeitos psicológicos do isolamento, da expansão do trabalho virtual, do comércio global, tudo será estudado e analisado sob o efeito pandêmico. Para a presente leitura, importam as consequências econômicas, que não pouparam nenhum setor produtivo no Brasil e no exterior, na maioria dos casos impondo uma superinflação de preços, mas em outros ensejando o fenômeno inverso, qual seja, a deflação no mercado. Fato é: ninguém saiu incólume.

Diante da proporção dessa crise econômica, é possível imaginar o impacto sobre os incontáveis contratos administrativos que vinham em andamento quando deflagrada a pandemia. A máquina pública teve de puxar o freio de mão e reavaliar todas as suas atividades. Muitos projetos perderam o sentido no cenário de isolamento social, como eventos

---

[1] Artigo já publicado anteriormente na Revista da Associação dos Procuradores do Município do Salvador, em edição comemorativa de 12 anos da publicação, em janeiro de 2021.

e festividades; outras áreas, como a da saúde e a da assistência social, clamaram por recursos a ponto de exigir o enxugamento de tudo o que não fosse absolutamente prioritário. A partir disso, passou-se a aplicar o que poderia ser apelidado de "direito administrativo da pandemia" para fazer referência ao conjunto de normas que orientou a reavaliação de todo tipo de contratação pública. Muita coisa foi abandonada de pronto, através da rescisão unilateral por iniciativa da Administração, enquanto outros contratos foram instados à renegociação a favor do Poder Público, pela queda de preços de mercado durante a crise.

Em 14 de abril de 2020, foi publicado o Decreto Municipal nº 32.347, que determinou metas percentuais para a redução de valores nas locações imobiliárias e nos contratos de prestação de serviços contínuos. Embora a diretriz do referido decreto fosse a redução geral de custos,[2] a Procuradoria Geral do Município do Salvador, no trabalho acadêmico de compêndio das normas relativas à pandemia, denominado Boletim Informativo Covid-19, fez importante ressalva quanto aos serviços ligados ao enfrentamento da emergência de saúde pública:

> Aparentemente, não foram ressalvados os gestores vinculados às unidades fins de enfrentamento da pandemia, como o Secretário de Saúde, deixando a entender que também estariam obrigados a cumprir com estes dispositivos relativos aos contratos de serviços. Como se deve supor, alguns contratos de prestação de serviços contínuos, a exemplo daqueles que implicam na utilização de mão de obra para a limpeza de certas unidades de saúde poderão ter seus valores majorados e não reduzidos.[3]

Em paralelo, novos contratos eram firmados em caráter emergencial, especialmente nas áreas da saúde e da assistência social, todos esses, via de regra, em patamares de preços muito superiores ao habitual. Para essa realidade de altos custos, foi editada a Lei Federal nº 13.979/2020,[4] que flexibilizou sobremaneira a forma como a

---

[2] SALVADOR. *Decreto nº 32.347, de 14 de abril de 2020*. Dispõe sobre medidas administrativas de controle e redução de despesas no âmbito do Município de Salvador. 2020a. Disponível em: https://leismunicipais.com.br/a/ba/s/salvador/decreto/2020/3235/32347/decreto-n-32347-2020-dispoe-sobre-medidas-administrativas-de-controle-e-reducao-de-despesas-no-mbito-do-municipio-de-salvador. Acesso em: 30 abr. 2023.

[3] SALVADOR. Procuradoria Geral do Município. *Boletim Informativo Covid-19*, Salvador, 2020b, p. 57. Atualizado até 04 de outubro de 2020. (Aproveita-se o ensejo para parabenizar os responsáveis pela elaboração desse excelente trabalho: Dr. Rafael Carrera, Dra. Catarina Velloso e Dr. Eduardo Teles).

[4] BRASIL. *Lei nº 13.979, de 6 de fevereiro de 2020*. Dispõe sobre as medidas para enfrentamento da emergência de saúde pública de importância internacional decorrente do coronavírus

Administração Pública precifica suas contratações, bem como os limites, durante a execução contratual, para as alterações quantitativas e qualitativas.

Por fim, interessante é a situação dos contratos administrativos já em andamento cujo contexto de preços, advinda a pandemia, disparou. Como dito acima, a Administração Pública rescindiu contratos supérfluos, renegociou a menor aqueles em que havia margem a seu favor, aceitou preços inflacionados para os novos contratos que necessitou firmar, mas, nessa quarta categoria – contratos vigentes com preços pré-pandemia – a Administração simplesmente quedou-se inerte, afinal, nestes, estava em posição de vantagem.

Ocorre que não tardou a proliferação de requerimentos, por iniciativa das diversas empresas contratadas, para revisão desses contratos por reequilíbrio econômico-financeiro, o que representou enorme desafio prático. Afinal, como aferir os casos em que a revisão seria devida e, mais ainda, como calculá-la? O dólar, como é cediço, atingiu alta histórica, o que repercutiu em todo tipo de insumo importado e desafiou a jurisprudência do Tribunal de Contas da União, que foi construída no sentido de que a mera valorização de moeda estrangeira não bastaria para configurar a revisão contratual. Para responder a essas perguntas, passemos ao estudo do instituto da revisão administrativa, do princípio do equilíbrio econômico-financeiro e dos parâmetros doutrinários e jurisprudenciais das Cortes de Contas.

2 Da revisão contratual para reequilíbrio econômico

O princípio da manutenção do equilíbrio econômico-financeiro do contrato está consagrado no art. 37, XXI, da Constituição Federal, que estabelece a necessidade de manutenção das "condições efetivas da proposta" vencedora na licitação ou na contratação direta. Assim, a equação econômica, que é definida no momento da apresentação da proposta, leva em conta os encargos do contratado e o valor pago pela Administração, e deve ser preservada durante toda a execução contratual. Na definição de José dos Santos Carvalho Filho:[5]

---

responsável pelo surto de 2019. Disponível em: https://www.planalto.gov.br/ccivil_03/_ato2019-2022/2020/lei/l13979.htm. Acesso em: 30 abr. 2023.

5 CARVALHO FILHO, José dos Santos. *Manual de direito administrativo*. 31. ed. rev., atual. e ampl. São Paulo: Atlas, 2017, p. 216.

> Equação econômico-financeira do contrato é a relação de adequação entre o objeto e o preço, que deve estar presente ao momento em que se firma o ajuste. Quando é celebrado qualquer contrato, inclusive o administrativo, as partes se colocam diante de uma linha de equilíbrio que liga a atividade contratada ao encargo financeiro correspondente. Mesmo podendo haver certa variação nessa linha, o certo é que no contrato é necessária a referida relação de adequação. Sem ela, pode dizer-se, sequer haveria o interesse dos contratantes no que se refere ao objeto do ajuste.

Note-se que o princípio da manutenção do equilíbrio econômico-financeiro pode ser invocado tanto pelo particular (contratado) quanto pelo Poder Público (contratante). Isso porque, do mesmo modo que um aumento dos custos contratuais por fatores externos tende a majorar o respectivo preço, a diminuição desses custos ensejará a prerrogativa estatal de minorá-lo.[6] Daí a ideia de equilíbrio, que nivela as duas partes contratuais.

Quando esse equilíbrio econômico é afetado por fatos supervenientes e imprevisíveis, como o caso fortuito ou a força maior, ou ainda por fatos previsíveis, mas de consequências incalculáveis, tem-se a hipótese de *revisão*, que é referida na legislação pelos arts. 58, §2º, 65, II, "d" e §§5º e 6º, da Lei nº 8.666/93,[7] *in verbis*:

> Art. 58. O regime jurídico dos contratos administrativos instituído por esta Lei confere à Administração, em relação a eles, a prerrogativa de:
>
> I – modificá-los, unilateralmente, para melhor adequação às finalidades de interesse público, respeitados os direitos do contratado;
>
> (...)
>
> §2º – Na hipótese do inciso I deste artigo, as cláusulas econômico-financeiras do contrato deverão ser revistas para que se mantenha o equilíbrio contratual.

---

[6] Exemplo foi o advento da reforma trabalhista, que fundamentou o seguinte entendimento do TCU: "A Administração, com fundamento no art. 65, inciso II, alínea d, e §5º, da Lei 8.666/1993, deve promover a revisão de contrato que preveja o pagamento de horas *in itinere* (destinado a remunerar o tempo despendido pelo empregado de casa até o local de trabalho e o seu retorno), com a consequente glosa dos valores indevidamente pagos a esse título, uma vez que referida despesa não é mais cabível com a entrada em vigor da Lei 13.467/2017 (reforma trabalhista) , a qual alterou o art. 58, §2º, da CLT". (Acórdão 2131/2018/Plenário. Relator: Min. AUGUSTO NARDES).

[7] BRASIL. *Lei nº 8.666, de 21 de junho de 1993*. Regulamenta o art. 37, inciso XXI, da Constituição Federal, institui normas para licitações e contratos da Administração Pública e dá outras providências. Disponível em: https://www.planalto.gov.br/ccivil_03/leis/l8666cons.htm. Acesso em: 30 abr. 2023.

> Art. 65. Os contratos regidos por esta Lei poderão ser alterados, com as devidas justificativas, nos seguintes casos: (...)
>
> II – por acordo das partes: (...)
>
> d) para restabelecer a relação que as partes pactuaram inicialmente entre os encargos do contratado e a retribuição da administração para a justa remuneração da obra, serviço ou fornecimento, objetivando a manutenção do equilíbrio econômico-financeiro inicial do contrato, na hipótese de sobrevirem fatos imprevisíveis, ou previsíveis porém de conseqüências incalculáveis, retardadores ou impeditivos da execução do ajustado, ou, ainda, em caso de força maior, caso fortuito ou fato do príncipe, configurando álea econômica extraordinária e extracontratual. (...)
>
> §5º – Quaisquer tributos ou encargos legais criados, alterados ou extintos, bem como a superveniência de disposições legais, quando ocorridas após a data da apresentação da proposta, de comprovada repercussão nos preços contratados, implicarão a revisão destes para mais ou para menos, conforme o caso.
>
> §6º – Em havendo alteração unilateral do contrato que aumente os encargos do contratado, a Administração deverá restabelecer, por aditamento, o equilíbrio econômico-financeiro inicial.

No caso de desequilíbrio em desfavor do particular, a revisão representa um direito do contratado e um dever do Estado, que deve ser observado independentemente de expressa previsão contratual. Ao contrário do reajuste, a revisão não incide apenas sobre as cláusulas econômicas ou de preço, mas também em relação às cláusulas regulamentares (revisão para dilatar um prazo, por exemplo). Nesse sentido, segue entendimento sumulado da Advocacia-Geral da União:[8]

> Orientação Normativa/AGU 22 – "O reequilíbrio econômico-financeiro pode ser concedido a qualquer tempo, independentemente de previsão contratual, desde que verificadas as circunstâncias elencadas na letra 'd' do inc. II do art. 65, da Lei nº 8666, de 1993".

É importante destacar que *não é qualquer variação de custos para o fornecedor que lhe ensejará o direito à revisão*, mas somente aquela decorrente da *álea econômica extraordinária*. Nessa linha, o Tribunal de

---

[8] BRASIL. Advocacia-Geral da União. *Orientação Normativa AGU nº 22, de 01 de abril de 2009*. O reequilíbrio econômico-financeiro pode ser concedido a qualquer tempo, independentemente de previsão contratual, desde que verificadas as circunstâncias elencadas na letra "d" do inc. ii do art. 65, da Lei nº 8.666, de 1993. Disponível em: https://www.lexml.gov.br/urn/urn:lex:br:advocacia.geral.uniao:orientacao.normativa:2009-04-01;22. Acesso em: 30 abr. 2023.

Contas da União aponta que o desequilíbrio econômico-financeiro deve ser aferido a partir do exame global do contrato, e não da variação de apenas um de seus insumos. Ademais, segundo o TCU, *a mera variação de preços ou flutuação cambial não é suficiente para a efetivação do reequilíbrio econômico-financeiro do contrato*, sendo fundamental a presença de uma das hipóteses elencadas no art. 65, II, *d*, da Lei nº 8.666/1993, associada à demonstração objetiva de que ocorrências supervenientes tornaram a execução contratual excessivamente onerosa para uma das partes. Vejamos:

> O desequilíbrio econômico-financeiro do contrato não pode ser constatado a partir da variação de preços de apenas um serviço ou insumo, devendo, ao contrário, resultar de um exame global de variação de preços de todos os itens da avença (TCU, Plenário, Acórdão 1.466/13, Rel. Min Ana Arraes, DOU 12/06/2013, divulgado no informativo de jurisprudência de licitações e contratos do TCU nº 155).
>
> Portanto, pleitos do gênero [reequilíbrio econômico-financeiro] não podem se basear exclusivamente nos preços contratuais ou na variação de valores extraídos de sistemas referenciais de custos, sendo indispensável que se apresentem outros elementos adicionais do impacto cambial, tais como a comprovação dos custos efetivamente incorridos no contrato, demonstrados mediante notas fiscais. Aferir a quebra do equilíbrio contratual não é uma tarefa simples, posto que a doutrina explicita a indispensabilidade de que seja comprovado o prejuízo do particular (TCU, Plenário, Acórdão 1.085/15, Rel. Min. Benjamin Zymler, Julgado em 06.05.2015, divulgado no informativo de jurisprudência de licitações e contratos do TCU nº 241).

Em outros precedentes, o TCU deixa ainda mais claro que não é qualquer circunstância desfavorável à contratada ou mera oscilação geral dos preços de mercado que ensejará a revisão contratual, quando ausente o fator externo/extraordinário:

> O aumento salarial, ainda que a título de abono, a que está obrigada a contratada por força de dissídio coletivo, não é fato imprevisível capaz de autorizar o reequilíbrio econômico-financeiro de contrato de prestação de serviços de natureza contínua (TCU; Acórdão 2255/2005-Plenário | Relator: LINCOLN MAGALHÃES DA ROCHA).
>
> Reajuste salarial não é situação para reequilíbrio econômico-financeiro contratual (TCU; Acórdão 1621/2011-Primeira Câmara; Data da sessão: 15/03/2011; Relator: VALMIR CAMPELO).
>
> Argumento de que o mercado pratica, na atualidade, preços superiores àqueles inicialmente contratados, não basta para justificar o reequilíbrio

> econômico-financeiro do contrato (TCU; Acórdão 624/2007-Plenário; Data da sessão: 18/04/2007; Relator BENJAMIN ZYMLER).

Embora a regra seja a avaliação global do contrato, cuja execução deverá restar ameaçada pelo implemento do fato externo, o TCU ressalva, a título de exceção, a revisão que incide sobre preços de itens isolados, quando presentes todos os demais requisitos já falados. A ressalva é importante para o atual cenário de pandemia, vez que tem se observado a superinflação de preços em determinados itens de saúde escassos, dada a alta demanda global.

> Não há óbice à concessão de reequilíbrio econômico-financeiro visando à revisão (ou recomposição) de preços de itens isolados, com fundamento no art. 65, inciso II, alínea "d", da Lei 8.666/1993, desde que estejam presentes a imprevisibilidade ou a previsibilidade de efeitos incalculáveis e o impacto acentuado na relação contratual (teoria da imprevisão); e que haja análise demonstrativa acerca do comportamento dos demais insumos relevantes que possam impactar o valor do contrato (TCU; Acórdão 1604/2015-Plenário; Data da sessão: 01.07.2015; Relator: Augusto Nardes).

Rafael Carvalho Rezende Oliveira,[9] Procurador do Município do Rio de Janeiro, sintetiza, em sede doutrinária, os aspectos próprios à revisão contratual:

> Em suma, as características da revisão são: a) decorre diretamente da lei (incide independentemente de previsão contratual); b) incide sobre qualquer cláusula contratual (cláusulas regulamentares ou econômicas); c) refere-se aos fatos imprevisíveis ou previsíveis, mas de consequências incalculáveis; d) "restaura" o equilíbrio econômico-financeiro do contrato; e e) não depende de periodicidade mínima.

3 Da revisão sobre ata de registro de preços

Conquanto não seja comum falar em revisão contratual sobre ata de registro de preços, não há óbice legal a sua aplicação, mesmo diante da ausência de interesse na aquisição imediata dos itens registrados, ou mesmo da inexistência de empenho de despesa nesse sentido.

---

9 OLIVEIRA, Rafael Carvalho Rezende. *Licitações e contratos administrativos*: teoria e prática. 8. ed. Rio de Janeiro: Forense; São Paulo: Método, 2019, p. 259.

O próprio Decreto Federal nº 7.892/2013,[10] que regulamenta o Sistema de Registro de Preços, admite expressamente essa possibilidade em seu art. 17, assim como, no âmbito normativo local, o Decreto Municipal nº 24.900/2014,[11] também no art. 17, viabiliza a revisão financeira em ata de registro. Vejamos nos citados dispositivos regulamentares:

> Decreto Federal nº 7.892/2013, art. 17 – "Os preços registrados poderão ser revistos em decorrência de eventual redução dos preços praticados no mercado ou de fato que eleve o custo dos serviços ou bens registrados, cabendo ao órgão gerenciador promover as negociações junto aos fornecedores, observadas as disposições contidas na alínea d do inciso II do *caput* do art. 65 da Lei nº 8.666, de 1993".
>
> Decreto Municipal nº 24.900/2014, art. 17 – "Os preços registrados poderão ser revistos nas hipóteses e condições previstas na legislação pertinente, podendo o edital estabelecer o procedimento a ser observado.
>
> §1º O preço registrado poderá ser revisto, em decorrência de eventual redução daqueles praticados no mercado, ou de fato que eleve o custo dos serviços ou bens registrados, cabendo ao órgão gerenciador da Ata, promover as necessárias negociações junto aos fornecedores.
>
> (...)
>
> §3º Quando o preço de mercado tornar-se superior aos preços registrados e o fornecedor, mediante *requerimento, devidamente comprovado*, não cumprir o compromisso, o órgão gerenciador poderá:
>
> I – *liberar o fornecedor do compromisso assumido, sem aplicação da penalidade, confirmando a veracidade dos motivos e comprovantes apresentados* e, se a comprovação ocorrer antes do pedido de fornecimento; e
>
> II – *convocar os demais fornecedores visando igual oportunidade de negociação*" (grifei).

Não fosse suficiente a clareza lapidar dos decretos pertinentes, ratifica a possibilidade de revisão em ata de registro de preços o

---

[10] BRASIL. *Decreto nº 7.892, de 23 de janeiro de 2013*. Regulamenta o Sistema de Registro de Preços previsto no art. 15 da Lei nº 8.666, de 21 de junho de 1993. Disponível em: https://www.planalto.gov.br/ccivil_03/_ato2011-2014/2013/decreto/d7892.htm. Acesso em: 30 abr. 2023.

[11] SALVADOR. *Decreto nº 24.900, de 09 de abril de 2014*. Regulamenta, no âmbito da administração municipal, o Sistema de Registro de Preços, previsto no inciso ii, do art. 5º, da Lei nº 8.666, de 1993, combinado com o art. 11 da Lei 10.520, de 2002 e revoga o Decreto 14.150, de 2003. Disponível em: https://leismunicipais.com.br/a/ba/s/salvador/decreto/2014/2490/24900/decreto-n-24900-2014-regulamenta-no-ambito-da-administracao-municipal-o-sistema-de-registro-de-precos-previsto-no-inciso-ii-do-art-5-da-lei-n-8666-de-1993-combinado-com-o-art-11-da-lei-10520-de-2002-e-revoga-o-decreto-14150-de-2003. Acesso em: 30 abr. 2023.

entendimento das Cortes de Contas, como se comprova das ementas abaixo transcritas, com destaque para o momento dessa revisão, que deve anteceder a emissão de nota de empenho, sob pena de preclusão administrativa:

> EMENTA: PROCEDIMENTO LICITATÓRIO PREGÃO RESENCIAL AQUISIÇÃO DE MATERIAL HOSPITALAR ATA DE REGISTRO DE PREÇO FORMALIZAÇÃO TERMO DE APOSTILAMENTO REAJUSTE DE VALOR REGULARIDADE.
>
> O procedimento licitatório e a formalização da ata de registro de preços são regulares por estarem instruídos com os documentos exigidos, que demonstram a observância das prescrições legais e das normas regulamentares. *O termo de apostilamento de reajuste de valor previsto no próprio contrato é regular quando devidamente comprovada a sua necessidade para compor o reequilíbrio econômico financeiro e a variação de preço praticada, cumpridos os requisitos legais e regulamentares.* (...)
>
> (TCE-MS – ATA DE REGISTRO DE PREÇO: 87582014 MS 1499453, Relator: MARCIO CAMPOS MONTEIRO, Data de Publicação: Diário Oficial do TCE-MS n. 1787, de 04/06/2018).
>
> EMENTA: I. ATA DE REGISTRO DE PREÇO. NATUREZA JURÍDICA OBRIGACIONAL. INEXECUÇÃO: APLICAÇÃO DE MULTA. SANÇÃO DE IMPEDIMENTO DE LICITAR E CONTRATAR: NECESSIDADE DE NOVA NOTIFICAÇÃO.
>
> II. PEDIDO DE REEQUILÍBRIO ECONÔMICO FINANCEIRO. EXPEDIÇÃO DE NOTA DE EMPENHO. PRECLUSÃO. NÃO CONHECIMENTO.
>
> 2. *Não pode, a Administração Pública, conhecer de pedido de reequilíbrio econômico-financeiro da Ata de Registro cuja postulação seja posterior à expedição de Nota de Empenho pelo qual se requer o bem registrado em Ata (art. 20, §1º, c/c art. 22, §2º, incs. I, II, do Decreto Estadual 28.087/2006). Preclusão cujo reconhecimento se impõe.*
>
> (TCE/CE; Processo 06288/2015-9, contidos no Parecer 139/206).

4 Da comprovação dos requisitos para a revisão contratual

Definida a base teórica para a revisão de um contrato administrativo – simples de ser compreendida – passa-se à questão mais tormentosa, qual seja, como comprovar, nos autos, a hipótese de revisão. A prova deve, por certo, contemplar dois campos distintos.

Em primeiro, deve-se provar, nos autos, a circunstância externa que desequilibrou o contrato, fundada no art. 65, II, "d" ou em seu

§5º ou §6º, da Lei Geral de Licitações, bem como a relação direta de causalidade entre essa circunstância e o objeto contratual. Tome-se, por exemplo, a pandemia do novo coronavírus, que vem sendo arguida indiscriminadamente em toda administração municipal. A situação de crise certamente afetou toda a sociedade, porém, do ponto de vista econômico, alguns setores tiveram alta de preços, alguns sofreram poucas oscilações, outros setores tiveram queda de preços, e outros permaneceram inalterados. *Não basta, portanto, que o interessado simplesmente alegue a situação de pandemia, mas, sim, demonstre como esta afetou o objeto do contrato*. A mesma pandemia que inflacionou os preços de produtos hospitalares na saúde deu azo à redução dos valores de aluguéis de imóveis, para o Poder Público e para particulares. Já produtos como eletrodomésticos praticamente não sofreram alterações de preço com a crise da Covid-19.

Provada a ocorrência de circunstância externa e o nexo direto com o objeto do contrato, *é preciso, em segundo, comprovar que os custos do fornecedor foram de tal modo majorados a ponto de comprometer a execução contratual*. Para tanto, pode-se valer de notas fiscais de aquisição de insumos (antes e depois), declaração emitida pelo fabricante/fornecedor ou tabela de composição de custos que demonstre a impossibilidade de execução, lastreada no fator externo que provocou o desequilíbrio. Em todo o caso, deverá o setor técnico da Administração Pública atestar que o fato externo arguido pelo contratado afetou todo o mercado, bem como que os novos preços propostos estão compatíveis com a média de outros fornecedores. Nesse sentido, segue acórdão do Tribunal de Contas da União, cuja leitura atenta é recomendada:

> Enunciado:
>
> "*Notas fiscais de fornecedores da contratada são insuficientes, por si sós, para caracterizar qualquer uma das hipóteses legais para o reequilíbrio econômico-financeiro do contrato* (fatos imprevisíveis ou previsíveis, mas de consequências incalculáveis, retardadores ou impeditivos da execução ou, ainda, caso de força maior, caso fortuito ou fato de príncipe) , que deve estar demonstrada por meio da quantificação dos efeitos que extrapolaram as condições normais de execução e prejudicaram o equilíbrio global do contrato".
>
> Voto do Relator:
>
> "(...) 52. A Conspavi, *responsável pela execução das obras, interessada no realinhamento, não apresentou justificativa para repactuação, mas apenas notas fiscais*. Estes fatos permitem concluir que o procedimento de repactuação foi instruído apenas com notas fiscais da empresa acompanhadas

de planilha que reproduzia os itens e preços constantes dessas notas. *Os responsáveis não apresentaram pesquisas ou análises com vistas a comparar tais preços com os preços de mercado.* (...)

55. Por outro lado, sabe-se que, em qualquer atividade comercial, as recompensas estão indissociavelmente ligadas aos riscos e às incertezas. Por isso, o particular, ao firmar contrato com a Administração deve previamente analisar e prever na proposta apresentada, a oscilação de preços típica do mercado dos insumos da construção civil. Tal cuidado configura o mecanismo necessário para preservar ou alcançar a relação desejada no início, de modo a assegurar a execução satisfatória do contrato, evitando intercorrências prejudiciais para as partes contratantes, tal como ocorreu no presente caso.

56. A oscilação normal dos preços presentes em economias estabilizadas não constitui fato capaz de justificar repactuação contratual com amparo na teoria da imprevisão, como quiseram os defendentes. *Tal teoria socorre os contratantes nas hipóteses de ocorrência de fato do príncipe, fato da administração ou ainda em decorrência de caso fortuito ou força maior, o que não se confunde com mera oscilação de preços, típica da acomodação do mercado*". (grifei) (TCU; Acórdão 7249/2016-Segunda Câmara; Data da sessão: 14.06.2016; Relator: Ana Arraes).

Em outros julgados, o TCU reafirma o papel do setor técnico da Administração Pública, responsável por: a) "análise fundamentada e criteriosa sobre o [fato] ocorrido, a fim de ficar caracterizado como extraordinário e extracontratual quanto à sua ocorrência e/ou quanto aos seus efeitos"; b) análise detalhada da documentação que o comprove; c) atestar que "a alteração dos custos dos insumos do contrato tenha sido de tal ordem que inviabilize sua execução". Vejamos nos seguintes julgados:

Em casos de recomposição de preços motivada por ocorrência de fato comprovadamente imprevisível, deve constar do processo análise fundamentada e criteriosa sobre o ocorrido, a fim de ficar caracterizado como extraordinário e extracontratual quanto à sua ocorrência e/ou quanto aos seus efeitos. (TCU; Acórdão 7/2007-Primeira Câmara; Data da sessão: 23.01.2007; Relator: Augusto Nardes).

O reequilíbrio econômico-financeiro de contrato deve estar lastreado em documentação que comprove, de forma inequívoca, que a alteração dos custos dos insumos do contrato tenha sido de tal ordem que inviabilize sua execução. Além disso, deve a alteração ter sido causada pela ocorrência de uma das hipóteses previstas expressamente no art. 65, inciso II, alínea "d", da Lei 8.666/1993. (TCU; Acórdão 12460/2016-Segunda Câmara; Data da sessão: 16.11.2016; Relator: Vital do Rêgo).

5 Dos critérios para cálculo do valor da revisão

Conforme mencionado no Acórdão nº 7249/2016/TCU, acima transcrito, o direito à revisão contratual nasce a partir da "quantificação dos efeitos que extrapolaram as condições normais de execução e prejudicaram o equilíbrio global do contrato". Assim, da perspectiva do preço, existe uma variação normal e aceitável, que não enseja revisão, e existe o que transpassa essa zona, constituindo variação extraordinária, que alterará o contrato. Acontece que, nessa última hipótese, as empresas interessadas costumam pedir, a título de reequilíbrio, o incremento no preço na mesma proporção do impacto econômico sofrido, isto é, transferindo os ônus ordinários e extraordinários.

Como exemplo, se determinado item foi adquirido a R$10,00 por unidade, é plausível que seu preço, no mercado, oscile para R$11,00 ou R$12,00, sem que o particular possa reclamar revisão do contrato. Caso esse valor, por fato externo e imprevisível, dispare para R$20,00, o particular procura a Administração Pública para requerer a revisão para os mesmos R$20,00, com isso transferindo todo o ônus do infortúnio ao ente público. Impossível não vislumbrar que haveria, aí, outro desequilíbrio, pois ocorrido o fato imprevisível, o particular preservaria sua margem de lucro na íntegra, ao passo que o ente público suportaria, sozinho, os efeitos adversos do ocorrido. Ainda nesse exemplo, se atestado que, partindo do preço-base R$10,00, uma variação de até 20% seria normal de mercado, portanto até R$12,00, quando o evento imprevisível acontece, e o preço dobra para R$20,00, os 20% de variação normal deverão ser suportados pelo particular, ao passo que os 80% de aumento extraordinário poderão ser transferidos ao ente contratante. O preço revisado, enfim, será de R$18,00.

O desiderato desse raciocínio, aplicado no momento do cálculo do valor da revisão, é distribuir, de forma justa, a carga do impacto econômico sofrido pelo evento imprevisível e adverso, de modo que nem o ente público não seja o único "penalizado" por sua ocorrência, nem o particular tenha sua atividade econômica inviabilizada por um preço inexequível.

Os precedentes do TCU reforçam a tese de excluir, do campo da revisão, a margem de variação ordinária do contrato, bem como consignam, de forma peremptória, a impossibilidade de aumento da margem de lucro do particular a título de reequilíbrio econômico-financeiro. Confira-se no seguinte julgado, *ipsis litteris*:

> As alterações contratuais feitas com o intuito de restaurar o equilíbrio econômico-financeiro do ajuste encontram limite na equação econômico-financeira estabelecida no ato da apresentação da proposta pela empresa contratada, estando tais modificações impedidas de alterar, em favor do particular, o quociente inicialmente obtido a partir da ponderação entre encargos e remuneração acordados (TCU; Acórdão 2337/2006-Plenário; Data da sessão: 06.12.2006; Relator: Ubiratan Aguiar).

6 Da ressalva quanto a futuros reajustes

Uma vez efetivada a revisão em favor do particular, portanto com aumento dos preços para a Administração, é preciso que essa circunstância venha a ser observada caso se atinja, no futuro, o momento contratual do reajuste. Isso porque, aplicado o reajuste sobre o valor revisado, é possível que os valores atinjam patamar excessivamente oneroso, em razão da sobreposição desses dois instrumentos de manutenção do equilíbrio econômico-financeiro do contrato. É como orienta o TCU, senão vejamos:

> Na hipótese de ser possível um futuro reajuste após concedida recomposição, a Administração deverá estabelecer que esta vigorará até a data de concessão do novo reajuste, quando então deverá ser recalculada, de modo a se expurgar da recomposição a parcela já contemplada no reajuste e, assim, evitar a sobreposição de parcelas concedidas, o que causaria o desequilíbrio em prejuízo da contratante (TCU; Acórdão 1431/2017-Plenário; Data da sessão: 05.07.2017; Relator: Vital Do Rêgo).

7 Do momento da concessão da revisão

Idealmente, a revisão para o reequilíbrio econômico-financeiro deve ser requerida, apreciada e, sendo o caso, deferida no curso da vigência contratual, para então produzir seus regulares efeitos. Ocorre que, em razão da mora na tramitação dos processos administrativos, pode acontecer de a revisão ser requerida no curso do contrato, mas somente ser apreciada e deferida após a sua conclusão. Nesse caso, a Procuradoria Geral do Município do Salvador, por ata da Comissão Permanente de Avaliação e Análise de Processos Administrativos, de 21.03.2019,[12] firmou o seguinte entendimento:

---

[12] SALVADOR. Procuradoria Geral do Município. *Ata da Comissão Permanente de Avaliação e Análise de Processos Administrativos*, de 21.03.2019. Salvador: PGMS, 2019.

> (...) as repactuações e as revisões pedidas ao tempo da vigência do contrato, mas só apreciadas e concedidas depois do seu termo final, terão natureza jurídica de indenização, pois não se pode mais reequilibrar uma relação jurídica já finda. Dessa forma, entendemos que em não estando mais o contrato vigente e havendo sido feito o pedido de repactuação anteriormente ao término do contrato, que a repactuação só poderá ser paga mediante indenização, sem prejuízo de apuração de responsabilidade pela Autoridade Competente.

8 Considerações finais

Pelo exposto, fica claro que, embora a revisão dos contratos administrativos para reequilíbrio econômico-financeiro configure direito subjetivo do contratado, quando fatores externos se tornarem inexequíveis, é preciso que a Administração Pública se resguarde com extrema cautela para evitar abusos.

Em um cenário extremo como o da pandemia da Covid-19, é natural que todas as empresas com contrato em andamento com o Poder Público busquem revisão a seu favor. E, mais ainda, dentro do processo de revisão, é natural que tais empresas busquem a maior margem possível. Tem-se, nisso, simples expressão do princípio capitalista da maximização do lucro.

Conhecedor dessa realidade, o Poder Público deverá estar atento às diretrizes legais e jurisprudenciais para o reequilíbrio econômico-financeiro, todas amplamente abordadas alhures, com o objetivo de afastar os casos em que uma mera variação de custos não é suficiente para configurar a revisão, ou os casos em que não é provado o fator extracontratual, o nexo de causalidade entre este e o objeto contratual ou, ainda, a extensão do impacto sobre os custos do contratado.

Já nos casos em que a revisão for devida, caberá à Administração ser diligente para aferir o justo valor do acréscimo, tomando por parâmetro a oscilação normal dos preços. Por fim, encontrado o valor da revisão, mesmo que presentes todos os requisitos para o seu deferimento, caberá ao gestor avaliar se não é mais vantajoso abandonar o contrato em curso e licitar, novamente, o objeto, provocando uma competição no mercado.

Em boa síntese, o particular sempre procurará a Administração Pública buscando a maior vantagem própria possível, cabendo a essa impor o freio da legalidade, exigir as provas pertinentes, avaliar os valores propostos, negociar o menor acréscimo, enfim, tudo para cumprir a missão constitucional de zelo ao erário, sob o prisma dos princípios da supremacia do interesse público e da indisponibilidade do interesse público.

Referências

BRASIL. Advocacia-Geral da União. *Orientação Normativa AGU nº 22, de 01 de abril de 2009*. O reequilíbrio econômico-financeiro pode ser concedido a qualquer tempo, independentemente de previsão contratual, desde que verificadas as circunstâncias elencadas na letra "d" do inc. ii do art. 65, da Lei nº 8.666, de 1993. Disponível em: https://www.lexml.gov.br/urn/urn:lex:br:advocacia.geral.uniao:orientacao.normativa:2009-04-01;22. Acesso em: 30 abr. 2023.

BRASIL. *Decreto nº 7.892, de 23 de janeiro de 2013*. Regulamenta o Sistema de Registro de Preços previsto no art. 15 da Lei nº 8.666, de 21 de junho de 1993. Disponível em: https://www.planalto.gov.br/ccivil_03/_ato2011-2014/2013/decreto/d7892.htm. Acesso em: 30 abr. 2023.

BRASIL. *Lei nº 8.666, de 21 de junho de 1993*. Regulamenta o art. 37, inciso XXI, da Constituição Federal, institui normas para licitações e contratos da Administração Pública e dá outras providências. Disponível em: https://www.planalto.gov.br/ccivil_03/leis/l8666cons.htm. Acesso em: 30 abr. 2023.

BRASIL. *Lei nº 13.979, de 6 de fevereiro de 2020*. Dispõe sobre as medidas para enfrentamento da emergência de saúde pública de importância internacional decorrente do coronavírus responsável pelo surto de 2019. Disponível em: https://www.planalto.gov.br/ccivil_03/_ato2019-2022/2020/lei/l13979.htm. Acesso em: 30 abr. 2023.

CARVALHO FILHO, José dos Santos. *Manual de direito administrativo*. 31. ed. rev., atual. e ampl. São Paulo: Atlas, 2017.

OLIVEIRA, Rafael Carvalho Rezende. *Licitações e contratos administrativos:* teoria e prática. 8. ed. Rio de Janeiro: Forense; São Paulo: Método, 2019.

SALVADOR. *Decreto nº 24.900, de 09 de abril de 2014*. Regulamenta, no âmbito da administração municipal, o Sistema de Registro de Preços, previsto no inciso ii, do art. 5º, da Lei nº 8.666, de 1993, combinado com o art. 11 da Lei 10.520, de 2002 e revoga o Decreto 14.150, de 2003. Disponível em: https://leismunicipais.com.br/a/ba/s/salvador/decreto/2014/2490/24900/decreto-n-24900-2014-regulamenta-no-ambito-da-administracao-municipal-o-sistema-de-registro-de-precos-previsto-no-inciso-ii-do-art-5-da-lei-n-8666-de-1993-combinado-com-o-art-11-da-lei-10520-de-2002-e-revoga-o-decreto-14150-de-2003. Acesso em: 30 abr. 2023.

SALVADOR. *Decreto nº 32.347, de 14 de abril de 2020*. Dispõe sobre medidas administrativas de controle e redução de despesas no âmbito do Município de Salvador. 2020a. Disponível em: https://leismunicipais.com.br/a/ba/s/salvador/decreto/2020/3235/32347/decreto-n-32347-2020-dispoe-sobre-medidas-administrativas-de-controle-e-reducao-de-despesas-no-mbito-do-municipio-de-salvador. Acesso em: 30 abr. 2023.

SALVADOR. Procuradoria Geral do Município. *Ata da Comissão Permanente de Avaliação e Análise de Processos Administrativos, de 21/03/2019*. Salvador: PGMS, 2019.

SALVADOR. Procuradoria Geral do Município. *Boletim Informativo Covid-19*, Salvador, 2020b. Atualizado até 04 de outubro de 2020.

Informação bibliográfica deste texto, conforme a NBR 6023:2018 da Associação Brasileira de Normas Técnicas (ABNT):

FREIRE, André Vieira. Reequilíbrio econômico-financeiro nos contratos administrativos a partir da pandemia da Covid-19. *In*: DOSSO, Taisa Cintra; TAVARES, Gustavo Machado; SILVA, Thiago Viola Pereira da (Coord.). *Direito Municipal em debate*. Belo Horizonte: Fórum, 2023. v. 7. p. 117-132. ISBN 978-65-5518-604-8.

PARTE II

PARECERES

TERMO DE COMPROMISSO AMBIENTAL

FERNANDA OLIVEIRA DE SOUZA

Processo: Termo de Compromisso Ambiental 003/2005

Interessados: Secretaria Municipal de Meio Ambiente e Procuradoria-Geral do Município

Ementa: Direito ambiental e civil. Prescrição executória. Diferenciação entre natureza de multa ambiental e cláusula penal firmada em termo de compromisso ambiental. Mora *ex re* e *ex persona*. Abusividade da cláusula penal. Possibilidade de revisão. Princípios da razoabilidade e proporcionalidade.

1 Relatório

Trata-se de análise a respeito de multas aplicadas por órgão ambiental ao Município em decorrência de destinação de resíduos dispostos de forma irregular no Aterro Sanitário.

Em 31 de maio de 2005, foi lavrado o Auto de Infração nº 012/2005, pelo órgão ambiental, tendo como infrator o Município, em razão de "*disposição de resíduos sólidos urbanos, industriais e de serviço de saúde em desacordo ao licenciamento ambiental*".

Diante da complexidade na resolução da questão ambiental, houve o firmamento do Termo de Compromisso Ambiental nº 003/2005 em 28.11.2005, com o objeto "*remediação de área degradada por depósito de resíduos sólidos urbanos*".

Esse termo fez previsão, na sua cláusula sétima, de cláusula penal de R$200.000,00 para o caso de descumprimento das obrigações do TCA:

> CLÁUSULA SÉTIMA – DA CLÁUSULA PENALIDADE
>
> Fica estabelecido o valor de R$200.000,00 (duzentos mil reais) para o caso de descumprimento de qualquer das obrigações no T.C.A.

Ainda, previu multa em razão da mora no cumprimento das obrigações:

> CLÁUSULA OITAVA – DA INEXECUÇÃO DAS OBRIGAÇÕES
>
> Além da CLÁUSULA PENAL, a mora no cumprimento de qualquer das obrigações constantes da CLÁUSULA SEGUNDA, após os prazos a serem estabelecidos no licenciamento do projeto executivo, acarretará ao MUNICÍPIO o pagamento de uma MULTA DIÁRIA, por obrigação não cumprida, correspondente a 0,15% (quinze décimos de um por cento) do valor descrito na CLÁUSULA SÉTIMA, até o limite de 60 (sessenta) dias.
>
> SUBCLÁUSULA PRIMEIRA
>
> Após o sexagésimo dia de mora, mantendo-se a inadimplência, total ou parcial, das obrigações fixadas, implicará na incidência de MULTA DIÁRIA de 5% (cinco por cento) do valor previsto na CLÁUSULA SÉTIMA, até o exato adimplemento das obrigações.

Houve três aditivos do TCA nº 003/2005, com o objetivo de dilatar os prazos previstos anteriormente para o cumprimento das obrigações:

Aditivo	Data	Objeto	Vigência
1º aditivo	29.02.2008	Recuperação área degradada pela disposição de resíduos sólidos urbanos.	06.07.2009
2º aditivo	07.07.2009	Recuperação área degradada pela disposição de resíduos sólidos urbanos.	31.07.2010
3º aditivo	01.08.2010	Recuperação área degradada pela disposição de resíduos sólidos urbanos.	31.10.2010

Paralelamente ao TCA, o processo administrativo referente ao Auto de Infração nº 012/2005 prosseguiu, sendo que em 27.08.2018 o Município recebeu "*Notificação*" em razão da "*pendência de pagamento do Auto de Infração nº 012/2005*", juntamente com o boleto para pagamento do valor de R$1.428.000,00 (hum milhão, quatrocentos e vinte e oito mil reais) com vencimento em 07.09.2018.

Em 15.08.2018, o órgão ambiental ajuizou execução de título extrajudicial com o objetivo de exigir as obrigações constantes do Termo de Compromisso Ambiental nº 003/2005, sem exigir o cumprimento da multa.

Ainda, em 19.08.2019, a instituição ingressou com Ação Civil Pública para fins de cobrança das penalidades (cláusula penal e multas diárias) previstas no TCA, que totalizam o valor de R$4.638.000,00 (quatro milhões, seiscentos e trinta e oito mil reais).

Em síntese, temos a seguinte linha do tempo:

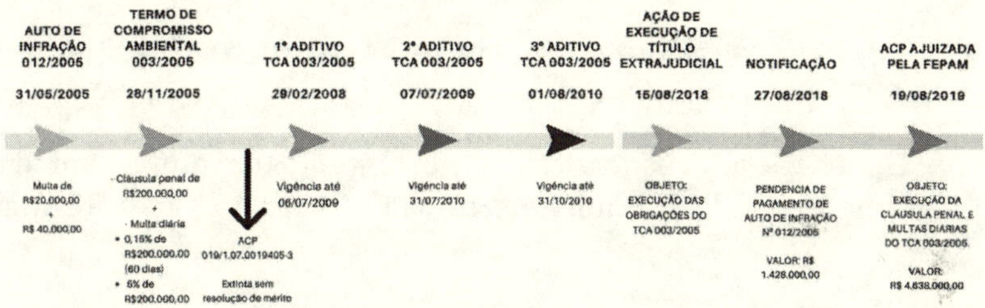

Diante do cenário narrado, houve questionamento à Procuradoria-Geral do Município acerca da natureza das referidas cominações e da consequente repercussão no que diz respeito à (im)prescritibilidade.

Sendo, em síntese, o relatório, passa-se a opinar.

2 Desenvolvimento

O presente questionamento diz respeito especialmente quanto à execução das obrigações firmadas no Termo de Compromisso Ambiental nº 003/2005, mais precisamente no que se refere à cláusula penal e às multas do TCA, que perfazem o montante de R$4.638.000,00 em 19.08.2019.

2.1 Da natureza do Termo de Compromisso Ambiental

O Termo de Compromisso Ambiental é um instrumento muito utilizado para a defesa do meio ambiente. Por meio dele são estabelecidas obrigações e cominações a fim de readequar a conduta, afastando o risco de dano ambiental, ou para recompor os danos eventualmente já ocorridos. Assim, com o Termo de Ajustamento de Conduta, o Termo de Compromisso Ambiental realizado por órgãos públicos legitimados, como o Ministério Público e a Defensoria Pública, constitui "título executivo extrajudicial", com fulcro no art. 784, inciso XII do CPC.

Nessa linha, há entendimento de que o Termo de Ajustamento de Conduta tem natureza *sui generis*[1] e que é obrigatória a previsão de cominações, pois derivam de determinação legal, sendo que a sua ausência pode ensejar nulidade por vício extrínseco.[2]

Feita esta introdução, cabe analisar a diferença entre a multa ambiental propriamente dita e a cláusula penal estabelecida em um Termo de Compromisso Ambiental.

2.1.1 Da natureza das penalidades – multa ambiental x cláusula penal

Em relação às penalidades, cabe distingui-las em multas ambientais e cláusula penal arbitrada no Termo de Compromisso Ambiental.

2.1.1.1 Da multa ambiental

A multa ambiental é uma das penalidades possíveis em casos de infração ambiental. Possui *natureza administrativa* e decorre do poder de polícia ambiental.

Considerando que o bem que visa proteger é o meio ambiente, direito fundamental e difuso,[3] o entendimento pacífico dos Tribunais Superiores é no sentido da imprescritibilidade dos danos ambientais.[4]

Por esse motivo, aplica-se a prescrição contida no art. 30 do Decreto Estadual nº 53.202/2016, que dispõe que "*Prescreve em cinco anos a ação da Administração Pública Estadual que tem como objetivo apurar a prática*

---

1 ROSSI, Júlio César. Compromisso de ajustamento de conduta: alguns aspectos materiais e processuais. *Revista Dialética de Direito Processual*, v.153, n. 144, p. 22, mar. 2015.

2 AKOURI, Fernando Reverendo Vidal. *Compromisso de ajustamento de conduta ambiental*. 4. ed. rev., atual. e ampl. São Paulo: Editora Revista dos Tribunais, 2012, p. 133.

3 FINK, Daniel Roberto. Ação civil pública: prescrição – breves notas e reflexões. *In*: MILARÉ, Édis (coord.). *A ação civil pública após 20 anos*: efetividade e desafios. São Paulo: RTRevista dos Tribunais, 2005, p. 139-148.

4 REsp 1223.092/SC, Rel. Min. Castro Meira, Segunda Turma, julgado em 6.12.2012, DJe de 4.2.2013; AgRg no REsp 1150479/RS, Rel. Min. Humberto Martins, Segunda Turma, julgado em 4.10.2011, DJede 14.10.2011 e REsp 1120117/AC, Ministra Eliana Calmon, Segunda Turma, julgado em 10.11.2009, DJe de 19.11.2009.

de infrações contra o meio ambiente, contados da data da prática do ato, ou, no caso de infração cometida continuamente, do dia em que essa tiver cessado".[5]

Ainda, cabe mencionar o dispositivo da Súmula nº 467 do Superior Tribunal de Justiça no sentido de que *"Prescreve em cinco anos, contados do término do processo administrativo, a pretensão da Administração Pública de promover a execução e prescrição da multa por infração ambiental"*.[6]

2.1.1.2 Da cláusula penal

Já a cláusula penal possui natureza de direito civil, com fulcro no art. 408 do Código Civil.

Segundo Flávio Tartuce, a cláusula penal *"pode ser conceituada como sendo a penalidade,* de natureza civil, *imposta pela inexecução parcial ou total de um dever patrimonial assumido"*.[7]

Nesse sentido, a cláusula penal é pactuada pelas partes no caso de violação de obrigação, mantendo relação direta com o princípio da autonomia, visando garantir o cumprimento da obrigação principal, bem como fixar, antecipadamente, o valor das perdas e dos danos em caso de descumprimento.

O Superior Tribunal de Justiça[8] já se manifestou no sentido de que a cláusula penal, instituto de direito material, encontra-se vinculada a um negócio jurídico, em que há acordo de vontades.

Pois bem. O resumo dessa diferenciação encontra-se no esquema abaixo:

---

5 RIO GRANDE DO SUL. *Decreto nº 53.202, de 26 de setembro de 2016*. Regulamenta os arts. 99 a 119 da Lei n° 11.520, de 3 de agosto de 2000, e os arts. 35 a 37 da Lei n° 10.350, de 30 de dezembro de 1994, e dispõe sobre as infrações e as sanções administrativas aplicáveis às condutas e às atividades lesivas ao meio ambiente estabelecendo o seu procedimento administrativo no âmbito do Estado do Rio Grande do Sul. Disponível em: https://www.al.rs.gov.br/filerepository/repLegis/arquivos/DEC%2053.202.pdf. Acesso em: 30 abr. 2023.

6 BRASIL. Superior Tribunal de Justiça. *Súmula nº 467*. Prescreve em cinco anos, contados do término do processo administrativo, a pretensão da Administração Pública de promover a execução da multa por infração ambiental. DJe de 25 out. 2010.

7 TARTUCE, Flávio. *Manual de direito civil*. São Paulo: Método, 2011, p. 385.

8 BRASIL. Superior Tribunal de Justiça. *REsp 422966/SP*. Rel. Ministro Sálvio de Figueiredo Teixeira, Quarta Turma, julgado em 23.09.2003, DJ 01.03.2004 p. 186.

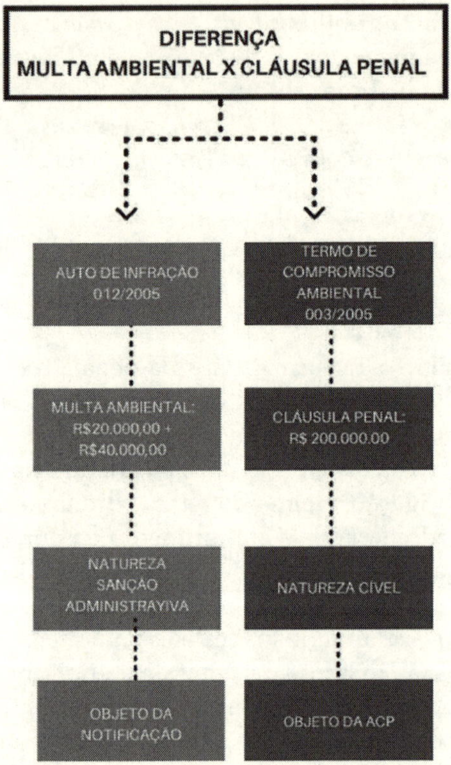

Percebe-se que na Ação Civil Pública ajuizada contra o Município se pretende executar a cláusula penal prevista no Termo de Compromisso Ambiental. Por essa razão, não se aplica o entendimento referente à prescrição ambiental, mas sim à prescrição executiva do próprio TCA, ou seja, de natureza eminentemente cível.

É sabido que a infração ambiental pode ter caráter continuado, sem que se consume a prescrição até a sua cessação. Ocorre que a ação ajuizada pelo órgão ambiental pretende exclusivamente executar cláusula penal do Termo de Compromisso Ambiental firmado em 2005 com o Município, de natureza cível.

Conclui-se que a cláusula penal visa tão somente *punir* o devedor pela *mora* em cumprir as obrigações assumidas, não se confundindo com o direito fundamental ao meio ambiente ecologicamente equilibrado, este, sim, imprescritível.

A execução da cláusula penal importa em diminuição patrimonial, relacionando-se unicamente ao direito patrimonial, e não à indisponibilidade, intimamente ligada ao direito ao meio ambiente.

Por esse motivo, a pretensão da Ação Civil Pública em questão se sujeita a prazo prescricional, pois pretende unicamente a execução de cláusula penal em TAC.

Sendo de natureza cível e prescritível, importante analisar quando se deu a mora para fins de contagem da prescrição.

O Código Civil,[9] no seu artigo 397, diferencia a mora "*ex re*" e a mora "*ex persona*".

> Art. 397. O inadimplemento da obrigação, positiva e líquida, no seu termo, constitui de pleno direito em mora o devedor. (*EX RE*)
>
> Parágrafo único. Não havendo termo, a mora se constitui mediante interpelação judicial ou extrajudicial. (*EX PERSONA*)

Flávio Tartuce explica a subclassificação importante em relação à mora:

> – Mora *ex re* ou mora automática: quando a obrigação for positiva (de dar ou fazer), líquida (certa quanto à existência e determinada quanto ao valor) e com data fixada para o adimplemento. A inexecução da obrigação implica na mora do devedor de forma automática, sem a necessidade de qualquer providência por parte do credor como, por exemplo, a notificação ou a interpelação do devedor (art. 397, *caput*, CC). Em casos assim, tem-se a aplicação da máxima *dies interpellat pro homine* (o dia do vencimento interpela a pessoa).
>
> – Mora *ex persona* ou mora pendente: caracterizada se não houver estipulação de termo final para a execução da obrigação assumida. Desse modo, a caracterização do atraso dependerá de uma providência, do credor ou seu representante, por meio de interpelação, notificação ou protesto do credor, que pode ser judicial ou extrajudicial (art. 397, parágrafo único, do CC).[10]

Diferentemente do entendimento do órgão, a mora não se deu apenas em 2018 (com a notificação), considerando esta como mora *ex persona*.

---

[9] BRASIL. *Lei nº 10.406, de 10 de janeiro de 2002*. Institui o Código Civil. Disponível em: https://www.planalto.gov.br/ccivil_03/leis/2002/l10406compilada.htm. Acesso em: 30 abr. 2023.

[10] TARTUCE, Flávio. *Manual de direito civil*. São Paulo: Método, 2011, p. 375-376.

No caso do TCA, este possuía um prazo certo para cumprimento. Neste caso, quando houver estipulação de termo certo para o devedor executar a obrigação, é a partir desta que se constitui a mora, ou seja, dispensável o envio da notificação pelo órgão ambiental, a fim de constituir o Município em mora, uma vez que se estava diante de "mora *ex re*", logo, com sua constituição em mora contada a partir de seu termo, qual seja, 31.10.2010, data final do último termo aditivo do TCA.

Nesse sentido, o entendimento do Tribunal de Justiça do Rio Grande do Sul:

> APELAÇÃO. DIREITO PÚBLICO NÃO ESPECIFICADO. EMBARGOS À EXECUÇÃO POR QUANTIA CERTA. TERMO DE AJUSTAMENTO DE CONDUTA DESCUMPRIDO. COBRANÇA DE MULTA FIXADA PARA CASO DE DESCUMPRIMENTO. AFASTAMENTO NO CASO CONCRETO. O Termo de Ajustamento de Conduta tem natureza de título executivo extrajudicial, de forma que a cláusula penal nele ajustada pode ser executada quando verificado o descumprimento de alguma das obrigações estabelecidas, independentemente de processo exauriente prévio. Assim, aplicável a prescrição qüinqüenal a contar da constatação do seu descumprimento (Apelação Cível, Nº 70060108529, Vigésima Segunda Câmara Cível, Tribunal de Justiça do RS, Relator: Denise Oliveira Cezar, Julgado em: 30-10-2014)

O prazo prescricional para a execução de cláusula penal descumprida no bojo de TCA vem estampado no art. 206, §5º, inciso I do Código Civil, fixando-se um prazo de cinco anos para a sua cobrança:

> Art. 206. Prescreve:
>
> (...)
>
> §5º Em cinco anos:
>
> I – a pretensão de cobrança de dívidas líquidas constantes de instrumento público ou particular.

Há também disposição expressa no art. 1º do Decreto nº 20.910/32,[11] ao estabelecer o prazo de cinco anos para a cobrança de dívidas em face do erário:

---

[11] BRASIL. *Decreto nº 20.910, de 6 de janeiro de 1932*. Regula a prescrição quinquenal. Disponível em: https://www.planalto.gov.br/ccivil_03/decreto/antigos/d20910.htm. Acesso em: 30 abr. 2023.

> Art. 1º As dívidas passivas da União, dos Estados e dos Municípios, bem assim todo e qualquer direito ou ação contra a Fazenda federal, estadual ou municipal, seja qual for a sua natureza, prescrevem em cinco anos contados da data do ato ou fato do qual se originarem.

Considerando que desde esta data (31.10.2010), operando-se a mora *ex re*, até o ajuizamento da execução de título extrajudicial (2019), decorreram mais de 05 (cinco) anos, consumou-se a prescrição da pretensão executiva.

Em decisão recente, o Superior Tribunal de Justiça julgou o AREsp nº 1.941.907-RJ, caso análogo ao presente, entendendo que:

> A questão não se refere à reparação de danos ambientais em si, a ensejar a imprescritibilidade, mas sim à pretensão executória de obrigações de fazer previstas em TAC. (...) Discute suposto inadimplemento parcial de uma das cláusulas previstas no TAC firmado com o Ministério Público Estadual. Além disso, não se trata de ação de indenização por dano ambiental, mas sim execução de pretenso título executivo extrajudicial, em relação a qual há de incidir a prescrição. É importante ressaltar que a jurisprudência do STJ distingue a obrigação de reparar o dano ambiental e a obrigação de executar a multa administrativa por infração ambiental, haja vista que aquela, ao contrário do que ocorre com esta, não são alcançadas pela incidência da prescrição. Nesse sentido é o que dispõe a Súmula 467 do STJ ("Prescreve em cinco anos, contados do término do processo administrativo, a pretensão da Administração Pública promover a execução da multa por infração ambiental"). Assim, não se tratando diretamente de danos ambientais, não há como se afastar do entendimento de que a presente pretensão executória, proposta pelo Ministério Público Estadual após mais de cinco anos do termo final para cumprimento das obrigações constantes no TAC, está sujeita à prescrição quinquenal, diante da aplicação do disposto no artigo 21 da Lei n. 4.717/1965.

Segue inteiro teor da ementa:

> PROCESSUAL CIVIL E DIREITO ADMINISTRATIVO. AGRAVO EM RECURSO ESPECIAL. EXECUÇÃO DE TÍTULO EXTRAJUDICIAL. OBRIGAÇÕES ASSUMIDAS EM TERMO DE AJUSTAMENTO DE CONDUTA, FIRMADO NO BOJO DE AÇÃO CIVIL, EM DECORRÊNCIA DA CONSTRUÇÃO DO SHOPPING CENTER LEBLON. OBRIGAÇOES QUE NÃO SE REFEREM A REPARAÇÃO DE DANOS AMBIENTAIS. PRAZO PRESCRICIONAL. INCIDÊNCIA, POR ANALOGIA, DO ARTIGO 21 DA LEI 4.717/1965. 1.Consigna-se, inicialmente, que, tendo o recurso sido interposto contra acórdão publicado na vigência do Código de Processo Civil de 2015, deve ser exigidos os

requisitos de admissibilidade na forma nele previsto, conforme Enunciado Administrativo n. 3/2016/STJ. 2. Os autos são oriundos de Ação Civil Pública ajuizada pelo Ministério Público do Rio de Janeiro contra a empresa SHL Participações S.A, no bojo da qual foi celebrado Termo de Ajustamento de Conduta (TAC), visando a reparação dos danos causados pela construção do Shopping Center Leblon à comunidade vizinha, conhecida como "Cruzada São Sebastião", composta por vários condomínios edilícios. 3. Sob a alegação de não cumprimento satisfatório das obrigações assumidas no TAC, os condomínios ajuizaram Ação de Indenização contra a empresa SHL Participações (Processo nº 0157364-13.2012.8.19.0001) e, em seguida, o Ministério Público do Rio de Janeiro promoveu Ação de Execução de titulo executivo extrajudicial (Termo de Ajustamento de Conduta) (Processo nº 0070691-80.2013.8.19.0001), que foi distribuída por prevenção/conexão. 4. No bojo do processo executivo, o magistrado de primeira instância proferiu decisão determinando a realização de perícia técnica, para a apuração de descumprimento das cláusulas obrigacionais do TAC e julgamento de ambos os processos. Desse desate, a empresa interpôs agravo de instrumento (que deu origem ao presente recurso especial), ao qual foi negado provimento pelo Tribunal, seguido de diversos embargos declaratórios. 5. O presente recurso especial é interposto contra acórdão que, em rejulgamento determinado por este Superior Tribunal de Justiça, acolheu os embargos declaratórios, para, alterando seu entendimento, reconhecer a imprescritibilidade da pretensão executiva deflagrada pelo Ministério Público, por entender que as obrigações assumidas no TAC se referem à reparação de danos ambientais. 6. Não há violação do artigo 1.022 do CPC/2015, posto que o acórdão recorrido manifestou-se de maneira clara e fundamentada a respeito das questões relevantes para a solução da controvérsia, inclusive sobre as que ora se alegam omissão. 7. Tampouco se verifica a alegada ofensa aos artigos 783 e 786 do CPC, posto que é possível a determinação de realização de perícia em processo de execução fundado em título executivo extrajudicial, como forma de efetividade ao comando do título executivo, especialmente no caso dos autos, em que foi constatada séria controvérsia acerca do cumprimento integral das obrigações ajustadas no TAC. 8. No que diz respeito aos artigos 505 e 507, CPC, não procedem as alegações atinentes à ocorrência de desrespeito à preclusão e coisa julgada, na medida em que se verifica dos autos, que, diferentemente do alegado pela recorrente, o agravo de instrumento (Processo n. 0024096- 89.2014.8.19.0000) que deu ensejo aos presentes autos tem origem no processo de Execução, cujo número originário é 0070691- 80.2013.8.19.0001, conforme consta expressamente no Termo de Recebimento e Registro e Autuação de fls. 20. Além disso, o Tribunal a quo consignou expressamente que "a extinção do processo de conhecimento deflagrado pelos condomínios, não implica perda de objeto do presente agravo, porque a decisão impugnada foi proferida em outro feito (execução do TAC, promovida pelo Parquet)" (fls. 418). 9. Por outro lado, merecem prosperar as argumentações

> relativas à prescrição, tendo em vista que a pretensão trazida nos autos não se refere à reparação de danos ambientais em si, a ensejar a imprescritibilidade, mas sim à pretensão executória de obrigações de fazer previstas em TAC, relacionadas a obras e serviços de pavimentação, pintura e instalação de telhas, assumidos pela empresa construtora como contrapartida à comunidade vizinha pela instalação do empreendimento imobiliário. 10. Portanto, a insurgência executória está embasada em pendências oriundas de alegadas deficiências na execução de algumas obrigações de fazer assumidas no referido instrumento, relacionadas à questões meramente patrimoniais, que não se confundem com dano ao meio ambiente, ainda que em sentido amplo, como mencionado no acórdão *a quo*. 11. Não há que se confundir o caráter imprescritível da reparação ambiental por dano continuado em relação à pretensão meramente patrimonial, sujeita à prescrição quinquenal. Precedentes: AgInt no REsp 1.401.278/RJ, Rel. Min. Sérgio Kukina, Primeira Turma, DJe 18/12/2020; AgInt no AREsp 443.094/RJ, Rel. Min, Napoleão Nunes Maia Filho, Primeira Turma, DJe 25/02/2019. 12. Assim, não se tratando diretamente de danos ambientais, é de se acolher o entendimento de que a presente pretensão executória, proposta pelo MPRJ após mais de cinco anos do termo final para cumprimento das obrigações constantes no TAC – como consignado na origem, está sujeita à prescrição quinquenal, diante da aplicação do disposto no artigo 21 da Lei 4.717/65, nos termos da jurisprudência desta Corte. 13. Agravo conhecido para dar parcial provimento ao recurso especial, para reconhecer a prescrição quinquenal da pretensão executória promovida pelo MPRJ. (AREsp 1.941.907-RJ, Rel. Min. Benedito Gonçalves, Primeira Turma, por unanimidade, julgado em 09.08.2022, DJe 19.08.2022).

Assim, as cominações determinadas no Termo de Ajustamento de Conduta Ambiental objetivam punir o devedor por não cumprir as obrigações assumidas e, em caso de inadimplemento, submetendo-se a prazo prescricional, na medida em que não visa restaurar esse dano, tampouco tem como objetivo a defesa de um direito coletivo, indisponível e constitucionalmente tutelado.

Ainda, caso prevalecesse o entendimento de que a execução da cláusula penal prevista no TAC fosse imprescritível, haveria a possibilidade de as cominações ultrapassarem em muito o bem jurídico principal, ferindo a razoabilidade e a proporcionalidade, privilegiando a inércia do credor em promover a execução[12] e promovendo enriquecimento sem causa.

---

[12] DESTEFENNI, Marcos. A prescrição superveniente à sentença (prescrição da pretensão executória cível). *In:* SHIMURA, Sérgio; BRUSCHI, Gilberto Gomes (coord.). *Execução civil e cumprimento da sentença*. São Paulo: Método, 2009. v. 3, p. 474.

Assim, tratando-se de execução de cláusula penal de Termo de Compromisso Ambiental, de natureza cível, opina-se pela ocorrência da prescrição da pretensão executória, uma vez decorrido o prazo quinquenal aplicável ao caso.

2.2 Da abusividade da cláusula penal do termo de compromisso ambiental. Possibilidade de revisão

Ademais, cabe analisar acerca da abusividade das penalidades previstas no Termo de Compromisso Ambiental. A fim de executar tais cominações, o órgão pretende a cobrança do valor de R$4.638.000,00.

Vislumbra-se que o valor exorbitante encontra-se abusivo e merece ser reduzido. Explica-se.

Conforme já mencionado, a cláusula penal prevista no TCA possui natureza cível, podendo ser enquadrada como "multa moratória", quando há descumprimento parcial da obrigação, ou "multa compensatória", quando há o descumprimento total.

No caso do TCA, o órgão ambiental aplica a penalidade em razão do descumprimento de uma parcela de obrigações previstas. Nesse sentido, está-se diante de multa moratória, pois a inexecução não se deu de forma integral.

Flávio Tartuce menciona que existe um limite de valor para a multa moratória. Para os contratos civis, aplica-se o limite de 10% sobre o valor da dívida (arts. 8º e 9º do Decreto 22.626/1933). Já nos contratos de consumo, essa multa se limita a 2% (art. 52, parágrafo 1º da Lei 8.078/1990).[13]

Desse modo, deve ser adequado e proporcional entre os meios e fins para que atinja a sua finalidade precípua. Ainda, há entendimento de que, nos compromissos firmados pelos órgãos do Sisnama, o valor da multa encontra-se limitado ao teto da obrigação principal.[14]

Apesar de a multa ser fixada visando a compelir o devedor ao atendimento das obrigações assumidas no Termo de Ajustamento de Conduta, essa não pode ser arbitrada de forma abusiva, sendo que o seu quantitativo está a qualquer tempo sujeito à revisão para a verificação de sua proporcionalidade.

---

[13] TARTUCE, Flávio. *Manual de direito civil*. São Paulo: Método, 2011, p. 386.

[14] RODRIGUES, Geisa de Assis. *Ação Civil Pública e Termo de Ajustamento de Conduta*: teoria e prática. 3. ed. Rio de Janeiro: Forense, 2011, p. 170.

Nesse sentido, o Superior Tribunal de Justiça[15] permitiu ao juiz reduzir o valor da multa em caso de ser considerada excessiva, mas proibiu aumentar a mencionada multa, que foi estipulada expressamente no título extrajudicial.

Portanto, não se mostra razoável a cobrança de multa de R$4.638.000,00 por não ultrapassar o valor total estimado do Termo (R$23.000.000,00), tendo em vista que essa regra só se aplica quando se refere à multa compensatória, o que não é o caso em questão.

Ainda, entende-se que a cláusula penal é norma de ordem pública, cabendo ao juiz reduzi-la de forma equitativa, inclusive de ofício. Este é o entendimento do STJ no AREsp 1.561.610/MG, de relatoria do ministro Marco Buzzi:

> AGRAVO INTERNO NO AGRAVO EM RECURSO ESPECIAL – EMBARGOS À EXECUÇÃO – DECISÃO MONOCRÁTICA DA PRESIDÊNCIA DESTA CORTE QUE NEGOU PROVIMENTO AO RECLAMO. INSURGÊNCIA RECURSAL DA REQUERIDA.
>
> 1. *De acordo com a jurisprudência desta Corte, é possível a redução da multa compensatória, nos termos do art. 413 do CC/02, quando constatada sua excessividade ou nas hipóteses em que houver cumprimento parcial da obrigação. Precedentes.*
>
> 2. A conclusão a que chegou o Tribunal de origem, relativa à necessidade de minoração da cláusula penal, fundamenta-se nas particularidades do contexto que permeia a controvérsia. Incidência das Súmulas 5 e 7 do STJ.
> 3. Agravo interno desprovido. (AgInt no Agravo em Recurso Especial nº 1561610 – MG, Relatoria: Marco Buzzi, julgado em 20.02.2020) (grifei).

O art. 413 do Código Civil refere:

> Art. 413. A penalidade deve ser reduzida eqüitativamente pelo juiz se a obrigação principal tiver sido cumprida em parte, ou se o montante da penalidade for manifestamente excessivo, tendo-se em vista a natureza e a finalidade do negócio.

O Enunciado nº 359 do CJF/STJ referiu que "*a redação do art. 413 do CC não impõe que a redução da penalidade seja proporcionalmente idêntica ao percentual adimplido*".

---

15 BRASIL. Superior Tribunal de Justiça. *REsp 859.857/PR*. Rel. Ministra Eliana Calmon, Segunda Turma, julgado em 10.06.2008, DJe 19.05.2010.

Com isso, pode-se concluir que cabe a revisão da cláusula penal do TCA, sendo multa moratória, eis que o descumprimento do termo por parte do Município não foi total, de acordo com os princípios da proporcionalidade e da razoabilidade, tendo em vista a abusividade do valor cobrado.

Nesse sentido, já se manifestou o Egrégio Tribunal de Justiça do Rio Grande do Sul, em caso similar no processo nº 70060108529, cujo trecho transcrevo:

> Dito isso, lembro que as multas estabelecidas em contratos, em razão da incidência do princípio da autonomia privada, são em regra exigíveis, *salvo quando abusivas, porque tanto nos negócios jurídicos sujeitos à proteção decorrente do CDC, quanto nos que estão abrangidos pela incidência do CCB, há mitigação da autonomia em face da adoção, pelo ordenamento jurídico, do princípio da socialidade, que impõe um olhar finalista a toda a atividade jurídica. Por mais fortes razões, a análise das multas arbitradas em TACs não pode ser diferente.*
>
> Está assente na doutrina e na jurisprudência que mesmo quando a multa é fixada com o propósito de compelir o devedor ao atendimento de decisão judicial, o seu quantitativo está a qualquer tempo sujeito à revisão, para a verificação de sua proporcionalidade. Da mesma forma, está assente que a sua subsistência pode ceder diante de eventual impossibilidade material de cumprimento ou mesmo quando o atendimento da decisão acaba por acontecer, embora a destempo.

Cabe destacar que, diferentemente da multa ambiental, à cláusula penal, sendo de caráter civil, não se aplica o viés pedagógico. Ou seja, a cláusula penal que está sendo executada deve ser analisada pura e exclusivamente sob o ponto de vista civil, de acordo com os princípios da proporcionalidade e razoabilidade, devendo ser levado em consideração que apenas seis obrigações não foram totalmente cumpridas pela Municipalidade. Isso significa que a maior parte das obrigações foi, de alguma forma, cumprida.

Em caso semelhante, o TJRS deixou de aplicar a penalidade nos seguintes termos:

> APELAÇÃO CÍVEL. DIREITO PÚBLICO NÃO ESPECIFICADO. EMBARGOS À EXECUÇÃO. PRELIMINARES DE FALTA DE FUNDAMENTAÇÃO E INOVAÇÃO RECURSAL. DESCABIMENTO. CONSTRUÇÃO DE ELEVADOR EM CENTRO ADMINISTRATIVO MUNICIPAL PARA ADEQUAR O ACESSO DE PESSOAS PORTADORAS DE RESTRIÇÕES FÍSICAS. TERMO DE COMPROMISSO DE

AJUSTAMENTO DE CONDUTA FIRMADO PELO MUNICÍPIO E O MINISTÉRIO PÚBLICO. ALEGAÇÃO DE DESCUMPRIMENTO DO PRAZO. *COBRANÇA DE MULTA. IMPOSSIBILIDADE. SITUAÇÃO QUE IMPORTA EM FLAGRANTE INJUSTIÇA E PREJUÍZO DE VULTO AO ERÁRIO MUNICIPAL. AFRONTA AOS PRINCÍPIOS DA RAZOABILIDADE E PROPORCIONALIDADE.* OBRA REALIZADA DENTRO DO TEMPO NECESSÁRIO PARA O CUMPRIMENTO DE TODAS AS DISPOSIÇÕES CONSTITUCIONAIS QUE REGEM A UTILIZAÇÃO DE VERBAS PÚBLICAS. CUSTAS E HONORÁRIOS. POSSIBILDIADE. PRELIMINARES REJEITADAS. APELO PROVIDO. UNÂNIME. (APELAÇÃO CÍVEL Nº 70023001647, VIGÉSIMA PRIMEIRA CÂMARA CÍVEL, TRIBUNAL DE JUSTIÇA DO RS, RELATOR: GENARO JOSÉ BARONI BORGES, JULGADO EM 28.05.2008) (grifei)

3 Conclusão

Diante do exposto, sem prejuízo da necessidade de leitura integral do parecer, é possível concluir, em síntese, que:

A) A natureza jurídica da multa ambiental é administrativa e distinta da cláusula penal arbitrada em termo de Compromisso Ambiental, de natureza cível;

B) Dessa forma, a prescrição da pretensão executiva, considerando que o objeto da ACP é a execução do Termo de Compromisso Ambiental, título executivo extrajudicial, de natureza cível, sujeita-se ao prazo de 05 (cinco) anos contados da mora *ex re*;

C) Sendo a cláusula penal de natureza cível, esta pode ser revista, com fulcro no art. 413 do Código Civil e segundo o princípio da proporcionalidade e da razoabilidade.

Sendo essa a manifestação jurídica solicitada, submeto à apreciação superior.

Referências

AKAOUI, Fernando Reverendo Vidal. *Compromisso de ajustamento de conduta ambiental*. 4. ed. rev., atual. e ampl. São Paulo: RTRevista dos Tribunais, 2012.

BRASIL. *Decreto nº 20.910, de 6 de janeiro de 1932*. Regula a prescrição quinquenal. Disponível em: https://www.planalto.gov.br/ccivil_03/decreto/antigos/d20910.htm. Acesso em: 30 abr. 2023.

BRASIL. *Lei nº 10.406, de 10 de janeiro de 2002*. Institui o Código Civil. Disponível em: https://www.planalto.gov.br/ccivil_03/leis/2002/l10406compilada.htm. Acesso em: 30 abr. 2023.

BRASIL. Superior Tribunal de Justiça. *AgRg no REsp 1.150.479/RS*. Relator: Min. Humberto Martins, Segunda Turma, julgado em 04 out. 2011, DJe de 14 out. 2011.

BRASIL. Superior Tribunal de Justiça. *REsp 422.966/SP*. Relator: Min. Sálvio de Figueiredo Teixeira, Quarta Turma, julgado em 23 set. 2003, DJ de 01.03.2004 p. 186.

BRASIL. Superior Tribunal de Justiça. *REsp 859.857/PR*. Relatora: Min. Eliana Calmon, Segunda Turma, julgado em 10 jun. 2008, DJe de 19 maio 2010.

BRASIL. Superior Tribunal de Justiça. *REsp 1.120.117/AC*. Relatora: Mini. Eliana Calmon, Segunda Turma, julgado em 10 nov. 2009, DJe de 19 nov. 2009.

BRASIL. Superior Tribunal de Justiça. *REsp 1.223.092/SC*. Relator: Min. Castro Meira, Segunda Turma, julgado em 06 dez. 2012, DJe de 04 fev. 2013.

BRASIL. Superior Tribunal de Justiça. *Súmula nº 467*. Prescreve em cinco anos, contados do término do processo administrativo, a pretensão da Administração Pública de promover a execução da multa por infração ambiental. DJe de 25 out. 2010.

DESTEFENNI, Marcos. A prescrição superveniente à sentença (prescrição da pretensão executória cível). *In:* SHIMURA, Sérgio; BRUSCHI, Gilberto Gomes (coord.). *Execução civil e cumprimento da sentença*. São Paulo: Método, 2009. v. 3.

FINK, Daniel Roberto. Ação civil pública: prescrição – breves notas e reflexões. *In*: MILARÉ, Édis (coord.). *A ação civil pública após 20 anos*: efetividade e desafios. São Paulo: RTRevista dos Tribunais, 2005, p. 139-148.

RIO GRANDE DO SUL. *Decreto nº 53.202, de 26 de setembro de 2016*. Regulamenta os arts. 99 a 119 da Lei n° 11.520, de 3 de agosto de 2000, e os arts. 35 a 37 da Lei n° 10.350, de 30 de dezembro de 1994, e dispõe sobre as infrações e as sanções administrativas aplicáveis às condutas e às atividades lesivas ao meio ambiente estabelecendo o seu procedimento administrativo no âmbito do Estado do Rio Grande do Sul. Disponível em: https://www.al.rs.gov.br/filerepository/repLegis/arquivos/DEC%2053.202.pdf. Acesso em: 30 abr. 2023.

RODRIGUES, Geisa de Assis. *Ação civil pública e termo de ajustamento de conduta:* teoria e prática. 3. ed. Rio de Janeiro: Forense, 2011.

ROSSI, Júlio César. Compromisso de ajustamento de conduta: alguns aspectos materiais e processuais. *Revista Dialética de Direito Processual*, São Paulo, v. 153, n. 144, p. 17-34, mar. 2015.

TARTUCE, Flávio. *Manual de direito civil*. São Paulo: Método, 2011.

Informação bibliográfica deste texto, conforme a NBR 6023:2018 da Associação Brasileira de Normas Técnicas (ABNT):

SOUZA, Fernanda Oliveira de. Termo de Compromisso Ambiental. *In*: DOSSO, Taisa Cintra; TAVARES, Gustavo Machado; SILVA, Thiago Viola Pereira da (Coord.). *Direito Municipal em debate*. Belo Horizonte: Fórum, 2023. v. 7. p. 135-150. ISBN 978-65-5518-604-8. Parecer.

URBANISMO. MEIO AMBIENTE. ALIENAÇÃO DE BEM PÚBLICO. CONSENSUALIDADE

MARCELO RODRIGUES MAZZEI

Parecer urbanismo. Meio ambiente. Alienação de bem público. Consensualidade.

Ementa: Invasão de área pública. Início da construção de guarita e acesso viário em área destinada a sistema de recreio (área verde) para loteamento de acesso controlado. Pedido da associação de moradores para uso da área municipal. Área ociosa conforme laudo técnico, sem prejuízo ambiental. Benefício urbanístico quanto ao desafogamento do atual sistema viário. Reconhecimento técnico. Opção pela consensualidade. Mudança de destinação e posterior concessão de direito real por autorização legislativa. Possibilidade diante do caso concreto.

Relatório

Trata-se de pedido de parecer jurídico formulado pela ilustre Secretaria Municipal de Planejamento, acerca do pedido inicial de concessão de direito real de uso formulado por associação de moradores de loteamento de acesso controlado, que foi autuada e sofreu embargo de obra consistente no início da construção, sem autorização prévia da Municipalidade, de guarita e acesso viário ao loteamento em área municipal destinada a sistema de recreio (área verde) do próprio loteamento. Alega a associação de moradores que o novo acesso é necessário para melhor adequação do sistema viário local, visto que a atual guarita e o acesso acarretam congestionamento diário no local, paralisando as vias públicas adjacentes. Alegam também que a área municipal destinada ao sistema de recreio é ociosa, e que a construção não acarretará prejuízo ambiental. Propõe, ao final, a concessão de direito real de uso da área à associação de moradores mediante contrapartida a ser estabelecida pela Municipalidade. A Secretaria Municipal de Planejamento, por meio de seu departamento, atestou que existem realmente congestionamentos diários no local em horários específicos, assegurando que o novo acesso seria mais benéfico ao trânsito local. A Secretaria Municipal do Meio Ambiente atestou que a área destinada ao sistema de recreio está ociosa, não constando vegetação ou cobertura vegetal no local, somente ocupado por gramíneas. É o relatório.

Fundamentação

Em atenção ao pedido de manifestação jurídica, diante da situação concreta, tem-se como possível de escolha administrativa pela Secretaria Municipal de Planejamento dois posicionamentos, ambos inseridos em seu juízo discricionário pautado na conveniência e oportunidade para concretização do interesse público.

O primeiro posicionamento é o repressivo, consistente na notificação da associação de moradores de embargo de obra, com a consequente necessidade de demolição e recuperação ambiental da área, visto que houve início de construção de forma irregular, sem a devida autorização municipal, inclusive sendo feita a obra em área verde municipal (sistema de recreio).

O segundo posicionamento é de natureza consensual.[1] Nesse posicionamento, a Secretaria Municipal de Planejamento reconheceria, através da análise técnica de seus agentes, a existência de benefício

[1] "O ordenamento jurídico brasileiro já contempla uma obrigação administrativa de preferência pela busca de uma solução consensual de conflitos intersubjetivos de interesses que alcancem os da própria administração pública, inclusive no âmbito dessa mesma administração, notadamente por seus órgãos de advocacia pública, com base na interpretação corretiva, tendente à máxima conservação das normas presentes nos dispositivos dos arts. 3º, §2º, 15 e 174, II do CPC (Lei nº 13.105, de 16 de março de 2015, combinados com o art. 32 da Lei nº 13.140, de 26 de junho de 2015)". (NEVES, Cleuler Barbosa das; FERREIRA FILHO, Marcílio da Silva. Dever de consensualidade na atuação administrativa. *Revista de Informação Legislativa*, Brasília, DF, v. 55, n. 218, p. 79-80, abr./jun. 2018).

urbanístico das construções[2] (mudança da portaria do loteamento com acesso controlado)[3], especialmente no aspecto viário para o local.

Existente esse reconhecimento, que integraria o interesse público da medida consensual,[4] deve-se elaborar e encaminhar à Câmara Municipal um projeto de lei complementar modificando a natureza de sistema de lazer da área ocupada para sistema viário (vias de acesso e portaria), na forma do §2º do art. 158 e art. 35, §1º, inciso XVI da Lei Orgânica Municipal.

Nesse mesmo projeto de lei complementar deve existir o pedido de autorização legislativa para concessão do direito real de uso da área à associação de moradores,[5] promovendo a desafetação da área[6] na forma exigida pelo art. 106 da Lei Orgânica, art. 17 da Lei nº 8.666/93 e art.

---

2 "O panorama de fragmentação de interesses percebido na atual configuração do Estado coloca à Administração Pública a função de arbitradora dos interesses que devem prevalecer no caso concreto, de forma motivada e observadas as especificidades que cada caso envolve" (PALMA, Juliana Bonacorsi de. *Sanção e acordo na Administração Pública*. São Paulo: Malheiros, 2015, p. 169).

3 "Entendemos, assim, que, por lei, o Município pode autorizar o loteamento fechado, e, consequentemente, o uso das vias de circulação e praças dentro dele, exclusivamente aos seus proprietários, através de dois institutos de Direito Administrativo: a permissão de uso ou a concessão de uso" (FIGUEIREDO, Lúcia Valle. *Disciplina urbanística da propriedade*. 2. ed. São Paulo: Malheiros, 2005, p. 110-111).

4 "Isso presente, nas relações da Administração Pública, com a prudência que modula a autonomia, o império do medo e do déficit dialógico cede lugar ao republicano exercício da racionalidade intersubjetiva e da construção de consensos desarmados e francos, sem prejuízo procedimental dos controles preventivos, sucessivos e concomitantes. (...) O que se almeja é, com a preconizada troca de predisposições, desanuviar a vista e destacar que a resolução consensual permite, não somente o desafogo do Poder Judiciário, mas a substancial melhoria do relacionamento público-privado, imantando-o pelo direito fundamental à boa Administração Pública, no incentivo de condutas correspondentes, baseadas em princípios." (FREITAS, Juarez. Negociação proba na esfera administrativa: dever constitucional de promoção da sociedade pacífica. *In*: DI PIETRO, Maria Sylvia Zanella; MOTTA, Fabrício (coord.). *O direito administrativo nos 30 anos da Constituição*. Belo Horizonte: Fórum, 2018, p. 231-232)

5 "Assim, dúvida não mais existe no sentido de que os bens públicos podem passar do domínio público para o particular, resultando claro que os bens públicos são inalienáveis enquanto destinados ao uso comum do povo ou a fins especiais, isto é, enquanto tiveram afetação pública - ou seja, destinação pública. Exemplificando: uma praça ou um edifício público não podem ser alienados enquanto tiverem essa destinação; mas qualquer deles poderá ser vendido, doado ou permutado desde o momento em que seja, por lei, desafetado da destinação originária e transpassado para a categoria de bens dominicais, isto é, do patrimônio disponível da Administração." (MEIRELLES, Hely Lopes. *Direito administrativo brasileiro*. 33. ed. São Paulo: Malheiros, 2007, p. 536)

6 "Aqueles não afetados (especialmente os alojados no terceiro grupo dos bens dominiais) podem receber essa consagração ou destinação (afetação). Os demais (bens de uso comum ou de uso especial) podem ter a destinação alterada (e continuarão afetados), também por lei ou por ato da Administração." (FRANCO JÚNIOR, Raul de Mello. *Alienação de bem público*. São Paulo: RTRevista dos Tribunais, 2011, p. 39).

76 da Lei nº 14.133/2021, visto que a alteração da destinação da área de sistema de recreio e sua posterior desafetação, na forma do laudo técnico juntado em fls. 39/54, não implica impacto ambiental significativo[7] (fls. 53/54). O projeto de lei complementar deverá ser previamente instruído com declaração do interesse público devidamente justificado da concessão e pela avaliação do imóvel.

Antes do encaminhamento do projeto de lei complementar, entretanto, deve a associação de moradores firmar termo de compromisso, na forma prevista nos arts. 26 e 27 do Decreto-Lei nº 4.657/1942.

Nesse termo de compromisso devem constar as compensações devidas. Pela análise, incide no presente caso três compensações de diferentes ordens.

A primeira é a compensação urbanística prevista no art. 158, §2º da Lei Orgânica Municipal, decorrente da alteração da destinação da área ocupada pelo acesso viário e portaria, que atualmente é de sistema de recreio para sistema viário.

A segunda é a compensação (na verdade, com natureza de contrapartida), em razão da concessão de direito real de uso da área em decorrência da exigência da Lei Municipal nº 14.297/2019, que foi regulamentada pelo Decreto Municipal nº 149/2019. Note-se que a concessão poderá ser onerosa a critério da Secretaria Municipal de Planejamento, ou seja, poderá ser definida uma contraprestação monetária devida à Prefeitura Municipal em razão da onerosidade da eventual concessão de direito real de uso.

A terceira compensação é a prevista no art. 27 do Decreto-Lei nº 4.657/1942,[8] decorrente do prejuízo do início da construção irre-

---

[7] "Até mesmo os bens de uso comum do povo podem sofrer alteração em sua finalidade, como é o caso, por exemplo, de uma praça pública que desaparece, em razão de projeto urbanístico, para dar lugar a uma rua e a um terreno público sem utilização. Nesse caso, o bem que era de uso comum do povo converteu-se, parte em outro bem de uso comum do povo (a nova rua) e parte em bem dominical (o terreno sem utilização). Poder-se-á dizer, na hipótese, que houve desafetação parcial, pois que parte do bem que tinha finalidade pública passou a não mais dispor desse fim (o terreno). (...) A afetação e a desafetação constituem fatos administrativos, ou seja, acontecimentos ocorridos na atividade administrativa independentemente da forma com que se apresentem. Embora alguns autores entendam a necessidade de haver ato administrativo para consumar-se a afetação ou desafetação, não é essa realmente a melhor doutrina em nosso entender. O fato administrativo tanto pode ocorrer mediante a prática de ato administrativo formal, como através de fato jurídico de diversa natureza" (CARVALHO FILHO, José dos Santos. *Manual de direito administrativo.* 23. ed. Rio de Janeiro: Lúmen Júris, 2010, p. 1249).

[8] Art. 27. A decisão do processo, nas esferas administrativa, controladora ou judicial, poderá impor compensação por benefícios indevidos ou prejuízos anormais ou injustos resultantes do processo ou da conduta dos envolvidos.

gular em área pública de sistema de recreio, feita em desacordo com a legislação e sem qualquer autorização municipal para tanto, de exclusiva responsabilidade da associação de moradores, como ficou bem reconhecido no laudo técnico juntado em fls. 39/54, especialmente em fls. 51/52.

As compensações ambientais deverão ser definidas pela Secretaria Municipal do Meio Ambiente, sendo as urbanísticas definidas pela Secretaria Municipal de Planejamento.

Inicialmente, para justificar a consensualidade neste caso, cabe lembrar que a partir de 2018, com as alterações promovidas pela Lei nº 13.655/2018 na Lei de Introdução às Normas do Direito Brasileiro (LINDB – Decreto-Lei nº 4.657/1942), quaisquer manifestações técnicas por agentes públicos ou decisões administrativas deverão considerar – por envolverem normas sobre gestão pública – os obstáculos e as dificuldades reais do caso concreto, incluindo as circunstâncias práticas (art. 8º, §1º do Decreto nº 9.830/2019),[9] sem prejuízo dos direitos dos administrados (art. 22, *caput* do Decreto-Lei nº 4.657/1942[10] e art. 8º, *caput* do Decreto nº 9.830/2019),[11] considerando, igualmente, as consequências práticas decorrentes da decisão administrativa (art. 20, *caput* do Decreto-Lei nº 4.657/1942[12] e art. 3º, *caput* do Decreto nº 9.830/2019).[13]

A análise jurídica do caso concreto está fundada na proporcionalidade de possíveis medidas jurídicas existentes à disposição do gestor público para optar, dentro de seu juízo discricionário inserido em sua conveniência e oportunidade, por algumas delas.

A proporcionalidade e a razoabilidade determinam que o meio utilizado seja adequado,[14] no sentido de ser o menos restritivo possível

---

[9] §1º Na decisão sobre a regularidade de conduta ou a validade de atos, contratos, ajustes, processos ou normas administrativos, serão consideradas as circunstâncias práticas que impuseram, limitaram ou condicionaram a ação do agente público.

[10] Art. 22. Na interpretação de normas sobre gestão pública, serão considerados os obstáculos e as dificuldades reais do gestor e as exigências das políticas públicas a seu cargo, sem prejuízo dos direitos dos administrados.

[11] Art. 8º Na interpretação de normas sobre gestão pública, serão considerados os obstáculos, as dificuldades reais do agente público e as exigências das políticas públicas a seu cargo, sem prejuízo dos direitos dos administrados

[12] Art. 20. Nas esferas administrativa, controladora e judicial, não se decidirá com base em valores jurídicos abstratos sem que sejam consideradas as consequências práticas da decisão.

[13] Art. 3º A decisão que se basear exclusivamente em valores jurídicos abstratos observará o disposto no art. 2º e as consequências práticas da decisão.

[14] "A proporcionalidade (*Verhältnismässigkeitsgrundsatz*) determina que um meio deva ser adequado, necessário – isto é, dentre todo os meios adequados aquele menos restritivo

para alcançar o objetivo proposto. Dessa forma, segundo a doutrina, mesmo com algumas variações dogmáticas, a proporcionalidade/razoabilidade precisa que:

> a) não haja adequação entre o fim perseguido e o instrumento empregado (adequação); b) a medida não seja exigível ou necessária, havendo meio alternativo menos gravoso para chegar ao mesmo resultado (necessidade/vedação do excesso), c) não haja proporcionalidade em sentido estrito, ou seja, o que se perde com a medida é de maior relevo do que aquilo que se ganha (proporcionalidade em sentido estrito).[15]

A presente manifestação jurídica também se pauta na isonomia[16] quanto ao tratamento dos administrados por parte do Poder Público e no princípio da segurança jurídica,[17] buscando evitar na

– e mantenha relação de proporcionalidade relativamente ao fim instituído pela norma (ÁVILA, Humberto Bergmann. Repensando o "princípio da supremacia do interesse público sobre o particular". *In:* PASQUALINI, Alexandre *et al.;* SARLET, Ingo Wolfgang (org.). *O direito público em tempos de crise:* estudos em homenagem a Ruy Ruben Ruschel. Porto Alegre: Livraria do Advogado, 1999, p. 113).

15 "O princípio da razoabilidade ou da proporcionalidade, termos aqui empregados de modo fungível, não está expresso na Constituição, mas tem seu fundamento na ideia de devido processo legal substantivo e na de justiça. Trata-se de um valioso instrumento de proteção dos direitos fundamentais e do interesse público, por permitir o controle da discricionariedade dos atos do Poder Público e por funcionar como a medida com que uma norma deve ser interpretada no caso concreto para a melhor realização do fim constitucional nela embutido ou decorrente do sistema. Em resumo sumário, o princípio da razoabilidade permite ao Judiciário invalidar atos legislativos ou administrativos quando: a) não haja adequação entre o fim perseguido e o instrumento empregado (adequação); b) a medida não seja exigível ou necessária, havendo meio alternativo menos gravoso para chegar ao mesmo resultado (necessidade/vedação do excesso), c) não haja proporcionalidade em sentido estrito, ou seja, o que se perde com a medida é de maior relevo do que aquilo que se ganha (proporcionalidade em sentido estrito). O princípio pode operar, também, no sentido de permitir que o juiz gradue o peso da norma, em uma deter minada incidência, de modo a não permitir que ela produza um resultado indesejado pelo sistema, assim fazendo a justiça do caso concreto". (BARROSO, Luís Roberto. *Interpretação e aplicação da Constituição:* fundamentos de uma dogmática constitucional transformadora. 7. ed. São Paulo: Saraiva, 2009, p. 374-375)

16 "Não é razoável conceber que a Administração Pública exerça suas atividades de forma aleatória e irracional, o que acarretaria insegurança jurídica e colocaria em risco a efetividade dos direitos fundamentais. A previsibilidade gerada pela atuação administrativa coerente é uma exigência do Estado Democrático de Direito, bem como dos princípios da segurança jurídica, da razoabilidade e da isonomia." (OLIVEIRA, Rafael Carvalho Rezende. Dever de coerência na Administração Pública: precedentes administrativos, praxe administrativa, costumes, teoria dos atos próprios e analogia. *In*: WALD, Arnoldo; JUSTEN FILHO, Marçal; PEREIRA, Cesar Augusto Guimarães (org.). *O direito administrativo na atualidade:* estudos em homenagem ao centenário de Hely Lopes Meirelles [1917-2017] defensor do estado de direito. São Paulo: Malheiros, 2017, p. 957)

17 "A segurança jurídica representa, como se sabe, uma das ideias mais caras ao Estado de direito. Isto porque, para que as pessoas possam viver com paz e liberdade, é fundamental

aplicação/interpretação das normas de Direito Público[18] tanto o chamado "*parasistema administrativo*"[19] quanto um possível imobilismo administrativo decisório em face do caso concreto.[20]

---

assegurar alguma estabilidade às relações jurídicas de que participam, o que impõe a articulação de mecanismos jurídicos que confiram previsibilidade à aplicação do direito e limitem o arbítrio do Estado, visando à proteção da confiança e das legítimas expectativas nutridas pelos cidadãos e agentes econômicos e sociais em relação às leis e atos da Administração Pública. (...). Neste sentido, pode-se afirmar que a proteção da segurança jurídica é um requisito necessário para que um ordenamento jurídico possa qualificar-se como justo, verdadeiro princípio implícito à cláusula do Estado democrático de direito e ao sistema de direitos fundamentais." (BINENBOJM, Gustavo. *Uma teoria do direito administrativo:* Direitos Fundamentais, Democracia e Constitucionalização. 3. ed. Rio de Janeiro: Renovar, 2014. p.187-188)

18 "O reconhecimento da estatura constitucional do princípio da segurança jurídica confere às situações em que a Administração, por condutas suas, desperta a confiança legítima dos administrados e vem a frustrá-la posteriormente, a configuração de uma equação de ponderação entre princípios constitucionais: de um lado, há, por reconhecimento expresso, a violação ao princípio da legalidade; de outro lado, a afronta ao princípio da segurança jurídica. Eventual prevalência, em maior porção, da segurança sobre a legalidade não importa transigência com a ideia de Estado de direito, mas decorre de uma aplicação otimizada da Constituição." (BINENBOJM, Gustavo. *Uma teoria do direito administrativo:* direitos fundamentais, democracia e constitucionalização. 3. ed. Rio de Janeiro: Renovar, 2014, p. 197).

19 "*Hay entonces un derecho escrito y oficial, extenso, complejo, minucioso, que todo el mundo sabe que no todo se cumple y que tampoco está todo concebido para ser cumplido: está al contrario, para dar aquella imagen que todos deseamos imaginarnos, para conformar el espejo de nuestras aspiraciones o ideales, pero no de nuestra cara. Está luego el derecho real, no escrito pero menos oficial, que es el que todos sabemos que realmente se cumple y conforme al cual debemos manejarnos: éste también es sutil y complejo y más difícil de aprehender pues no está escrito en ninguna parte. (...) Concluimos así que existe en las sociedades subdesarrolladas o en vías de desarrollo latinoamericanas un importante parasistema económico, administrativo, social y jurídico que funciona imbricado e interrelacionado con el sistema económico, jurídico, etc. Si bien el parasistema aparentemente viola el sistema, en realidad aún violándolo lo completa e integra; a al inversa, el sistema se deforma progresivamente, conteniendo cada vez mayor número de normas irreales o excesivas, o irreales y excesivas a la vez, que se dictan sobre la hipótesis de que existe un parasistema en el cual tales normas irreales y/o excesivas no habrán de ser cumplidas, por existir normas parasistemáticas que a su vez autorizan comportamientos opuestos a las disposiciones sistemáticas irrazonables.*" (GORDILLO, Agustín. *La Administración pararela.* Madrid: Editorial Civitas, 2001, p. 88-120).

20 "O imobilismo decisório também está ligado ao viés retrospectivo *(hindsight bias)* com que são escrutinados os atos administrativos pelos órgãos de controle externo. Diante dos riscos inerentes ao processo decisório, o agente público tende a tomar decisões burocráticas que preserve sua integridade patrimonial e pessoal. Trata-se de fenômeno global, mas que varia no tempo e no espaço. No caso brasileiro, não se trata de mera arte da política ou em como sobreviver no meio político e alcançar altos cargos. Aqui se trata da própria sobrevivência civil, política e penal do agente público. A arte da não decisão no Brasil tem temperamentos inimagináveis noutros cantos do planeta. Ela passa a ser cogente, determinante e fundamental para a preservação do patrimônio pessoal, da honorabilidade e da liberdade do agente público. A estratégia do imobilismo decisório brasileiro afeta a todos os agentes públicos, mesmo os servidores de carreira, que, por vezes, passam a ter mais medo que os próprios agentes políticos das consequências das suas decisões. Isso se explica porque o agente político, por vezes, está há pouco tempo na política e ainda não faz

Igualmente, observar-se á o princípio da impessoalidade, visando a

> (...) neutralidade da atividade administrativa que se orienta no sentido das realizações do interesse público,[21] *já que "o princípio da impessoalidade repele atos discricionários que importam favorecimento ou desapreço a membro da sociedade em detrimento da finalidade objetiva da norma de direito a ser aplicada"*.[22]

Nesse sentido, cabe informar que já houve anteriormente a situação da concessão de direito real de uso de área institucional para associação de moradores quanto à portaria de acesso e sede administrativa (Lei Complementar Municipal nº 208/1992 e Lei Complementar Municipal nº 2.287/2008).

Como bem esclarece Carlos Ari Sundfeld ao comentar o art. 26 do Decreto-Lei nº 4.657/1942, destacando a permissão legal para celebração de termo de compromisso para sanar ilegalidades[23] (inclusive

---

a mínima ideia dos riscos a que está sujeito em sua liberdade e patrimônio. Já os servidores de carreira, mais "calejados" dos perigos a que estão expostos, evitam a todo custo decidir ou subscrever qualquer documento que possa lhes trazer alguma responsabilização decisória" (...) As inseguranças e o medo decorrentes das ações de improbidade, dos tribunais de contas e da Justiça Eleitoral, exigem a implementação de limitações legais à responsabilização dos agentes públicos, e de um espaço de tolerabilidade ao erro do gestor, de modo a evitar as condenações desproporcionais e indevidas, razão pela qual tratamos da limitação legal de responsabilização e ainda da gestão de riscos. A limitação da responsabilidade legal dos agentes públicos tem por parâmetro normativo a novel redação da Lei de Introdução às Normas do Direito Brasileiro – LINDB (art. 22 e art. 28 da Lei 13.655/2018), que exige a compreensão dos obstáculos e dificuldades reais do gestor, bem como a responsabilização apenas em caso de dolo ou erro grosseiro." (SANTOS, Rodrigo Valgas dos. *Direito administrativo do medo*: risco e fuga da responsabilização dos agentes públicos. São Paulo: Thomson Reuters Brasil, 2020. Livro eletrônico)

21 SILVA, José Afonso da. *Comentário textual à Constituição*. 2. ed. São Paulo: Malheiros, 2006, p. 335-336.

22 MARTINS JÚNIOR, Wallace Paiva. *Teoria geral e princípios do direito administrativo*. São Paulo: RTRevista dos Tribunais, 2014, p. 331.

23 "A Lei nº 13.655/2018 consagra a dinâmica de atuação consensual ao estabelecer permissivo genérico para que toda a Administração Pública, independentemente de lei ou regulamento específico, celebre compromissos. Também confere importantes diretrizes para uma prática consensual com negociação mais pública e paritária, visando ao efetivo atendimento de interesses gerais. (...) O grande mérito do compromisso previsto no art. 26 da LINDB é superar a dúvida jurídica sobre o permissivo genérico para a Administração Pública transacionar. (...) O art. 26 da LINDB figura como permissivo genérico à celebração de acordos pela Administração Pública. Estando o Poder Público imediatamente autorizado a celebrar acordos administrativos – o compromisso do art. 26 da Lei – é a LINDB o fundamento de validade da consensualidade administrativa. (...) Quanto à esfera administrativa, a Lei nº 13.655, de 2018, não fez distinções nem previu tratamento especial ou imunidades para suas subdivisões. Logo a LINDB reformada, e

nulidades absolutas) e fomentar a consensualidade entre a Administração Pública e os administrados,[24]

> (...) a nova LINDB pretendeu justamente reforçar esse amplo movimento de superação da ideia de nulidade absoluta. E o fez trocando o velho cânone da desconstituição automática e geral, prospectiva e retroativa dos atos viciados e seus efeitos, por solução bem mais aberta, pragmática e realista. (...) Invalidades (defeitos quanto à legalidade) nem sempre autorização invalidações (ações de desfazer). O controlador pode, por exemplo, em juízo de pertinência, constatar que nenhuma invalidação é mais necessária, mesmo a situação tendo nascido inválida – desnecessidade que ocorrerá, por exemplo, quando os efeitos do ato já tiverem se esgotado, não houver má-fé e não tiver havido prejuízo material para as partes e terceiros. Nesse caso, o controlador não só manterá intocada a situação jurídica, como se absterá de medidas alternativas. Mas ele pode, em outra hipótese, limitar-se a uma medida alternativa, se for essa a solução mais adequada para a crise de legalidade (ex: imposição de sanção ou compensação por danos materiais ou morais); aí se absterá de impor invalidação, de qualquer grau (isto é, não importará desfazimento nem total, nem parcial). (...) O art. 26 é honesto: já que aplicar o Direito é diferente de apenas fazer subsunção – porque em tempos de estado social regulador não podemos mais nos dar ao luxo de viver apenas com a fábula do legislador racional – então que se dê às autoridades o poder de negociar. (...) No imaginário jurídico histórico, a solução de crises de legalidade envolveria sempre resistência, contencioso, processo estatal e imposições de autoridade. Em contraposição, o art. 26 da nova LINDB buscou reconhecer e disciplinar, em caráter geral, o uso da consensualidade administrativa para solução dessas situações difíceis, oferecendo instrumentos para sua adequada construção nos casos concretos.[25]

---

o seu art. 27, têm de ser observados por todas as autoridades em quaisquer processos administrativos (...)" (GUERRA, Sérgio; PALMA, Juliana Bonacorsi de. Art. 26 da LINDB: Novo regime jurídico de negociação com a Administração Pública. *Revista de Direito Administrativo (RDA),* Rio de Janeiro, ed. esp., p. 135-169, nov. 2018).

[24] "Por tudo isso, é possível afirmar que o ordenamento jurídico brasileiro passou por um processo de verdadeira mutação da dogmática administrativa, em que a celebração de acordos, antes vista como excepcional e dependente de autorizações legislativas específicas, passa a ser encarada como verdadeira regra geral de permissibilidade para a atuação consensual da Administração Pública. Trata-se de uma solução pragmática voltada à obtenção dos melhores resultados práticos possíveis, ao mesmo tempo que em coloca o Estado em uma posição mais dialógica e democrática na consecução de suas finalidades institucionais." (BINENBOJM, Gustavo. A consensualidade administrativa como técnica juridicamente adequada de gestão eficiente de interesses sociais. *Revista Eletrônica da Procuradoria Geral do Estado do Rio de Janeiro (PGERJ),* Rio de Janeiro: v. 3, n. 3, p. 7, set./dez. 2020).

[25] SUNDFELD, Carlos Ari. *Direito administrativo:* o novo olhar da LINDB. Belo Horizonte: Editora Fórum, 2022, p. 53-82.

O art. 26, *caput*, estabelece sua utilização "*para eliminar irregularidade, incerteza jurídica ou situação contenciosa na aplicação do direito público, inclusive no caso de expedição de licença*".

Estabelecem os arts. 26 e 27 do Decreto-Lei nº 4.657/1942 (Lei de Introdução às normas do Direito brasileiro), com redação dada pela Lei Federal nº 13.655/2018:

> Art. 26. Para eliminar irregularidade, incerteza jurídica ou situação contenciosa na aplicação do direito público, inclusive no caso de expedição de licença, a autoridade administrativa poderá, após oitiva do órgão jurídico e, quando for o caso, após realização de consulta pública, e presentes razões de relevante interesse geral, celebrar compromisso com os interessados, observada a legislação aplicável, o qual só produzirá efeitos a partir de sua publicação oficial.
>
> §1º O compromisso referido no *caput* deste artigo:
>
> I – buscará solução jurídica proporcional, equânime, eficiente e compatível com os interesses gerais;
>
> III – não poderá conferir desoneração permanente de dever ou condicionamento de direito reconhecidos por orientação geral;
>
> IV – deverá prever com clareza as obrigações das partes, o prazo para seu cumprimento e as sanções aplicáveis em caso de descumprimento. (Incluído pela Lei nº 13.655, de 2018)
>
> Art. 27. A decisão do processo, nas esferas administrativa, controladora ou judicial, poderá impor compensação por benefícios indevidos ou prejuízos anormais ou injustos resultantes do processo ou da conduta dos envolvidos.
>
> §1º A decisão sobre a compensação será motivada, ouvidas previamente as partes sobre seu cabimento, sua forma e, se for o caso, seu valor.
>
> §2º Para prevenir ou regular a compensação, poderá ser celebrado compromisso processual entre os envolvidos.

A oitiva do órgão jurídico, exigida pelo art. 26, *caput*, na qualidade de requisito de validade do compromisso a ser firmado, está ocorrendo agora com a elaboração deste parecer jurídico, já que a Procuradoria Geral do Município é o único órgão municipal que representa o Município, exercendo as atividades de consultoria e assessoramento jurídico do Poder Executivo Municipal (art. 81 da Lei Orgânica Municipal). Igualmente, com a elaboração da minuta do termo de compromisso, ele deverá ser submetido à apreciação jurídica novamente pela Procuradoria Geral do Município.

Não se trata de hipótese para realização de consulta pública, já que por ser facultativa, a consulta pública pode ser dispensada quando não se vislumbrar interesse público na sua realização.[26]

O termo de compromisso deverá ser proporcional, equânime, eficiente e compatível com os interesses gerais (inciso I), não podendo conferir desoneração permanente de dever ou condicionamento de direito reconhecidos por orientação geral (inciso III), devendo prever com clareza as obrigações das partes, o prazo para seu cumprimento e as sanções aplicáveis em caso de descumprimento (inciso IV).

Contudo, a definição sobre a consensualidade e utilização de termo de compromisso é atribuição da Secretaria Municipal de Planejamento, através de sua discricionariedade administrativa,[27] sem que isso implique direito subjetivo potestativo do particular.[28]

Isso, porque, apesar das ilegalidades apontadas, a legislação atual (art. 26 do Decreto-Lei nº 4.657/1942) permite o exercício discricionário do órgão público,[29] pautado em seu juízo de conveniência

---

[26] "A LINDB não confere maiores diretrizes sobre a oportunidade e conveniência para a abertura de consulta pública, deixando espaço de ampla discricionariedade à autoridade administrativa." (GUERRA, Sérgio; PALMA, Juliana Bonacorsi de. Art. 26 da LINDB: Novo regime jurídico de negociação com a Administração Pública. *Revista de Direito Administrativo (RDA)*, Rio de Janeiro, ed. esp., p.155-156, nov. 2018).

[27] "*En efecto, las autoridades administrativas pueden contar y cuentan, con toda normalidad, con poderes discrecionales, pero no para el cumplimiento de cualquier finalidad, sino precisamente de la finalidad considerada por la Ley, y en todo caso de la finalidad pública*". (GARCÍA DE ENTERRÍA, Eduardo. La lucha contra las inmunidades del poder en el derecho administrativo (poderes discrecionales, poderes de gobierno, poderes normativos). *Revista de Administración Pública*, p. 168, 1962).

[28] "Portanto, o exercício do poder discricionário – sujeito à prévia interpretação da norma jurídica em questão, que sempre é revisivel, em última análise, pelo Poder Judiciário – não se reduz à concreção de um único resultado, mas a escolha de um diante de uma pluralidade de resultados possíveis em tese, sendo que, nesta opção, se efetuada dentro de seus limites, a ingerência do Poder Judiciário não é lícita. (...) Genericamente, pode-se dizer que a baliza, o parâmetro da atuação discricionária reside, exatamente, no respeito ao princípio da razoabilidade da solução adotada. Quando da apreciação dos fatos justificadores do ato, há que se verificar a proporcionalidade entre eles e o ato administrativo a ser praticado." (COSTA, Regina Helena. Conceitos jurídicos indeterminados e discricionariedade administrativa. *Revista Justitia*, São Paulo, n. 51, p. 40-41, jan./mar. 1989).

[29] "Primeiramente, é preciso destacar que a atuação consensual parte de uma autorização legal: a lei confere competência a um agente público para tomar uma decisão mais apropriada possível à resolução do conflito, através de concessões mútuas. Trata-se, portanto, de uma decisão discricionária, que, no seu mérito, não pode ser substituída por órgãos de controle, quando adotada dentro do campo de faculdade deferido legalmente." (NEVES, Cleuler Barbosa das; FERREIRA FILHO, Marcílio da Silva. Contrapesos de uma Administração Pública consensual: legalidade versus eficiência. *Interesse Público – IP*, Belo Horizonte, ano 19, n. 103, p. 71, maio/jun. 2017).

e oportunidade, na superação de irregularidades e ilegalidades se vislumbrado o interesse público relevante, dentro de critérios objetivos de proporcionalidade e equidade, sendo que

> (...) proporcional significa logicamente adequado, menos restritivo diante das opções aptas a produzir resultados semelhantes" e "equânime" é cognato associado à ideia de *fairness*, de distribuição equivalente de cargas.[30]

O art. 22, §1º do Decreto-Lei nº 4.657/1942 estabelece que

> (...) em decisão sobre regularidade de conduta ou validade de ato, contrato, ajuste, processo ou norma administrativa, serão consideradas as circunstâncias práticas que houverem imposto, limitado ou condicionado a ação do agente.

O art. 4º, §2º do Decreto nº 9.830/2019, que regulamentou o disposto no art. 20 ao art. 30 do Decreto-Lei nº 4.657/1942, estabelece que

> (...) a motivação demonstrará a necessidade e a adequação da medida imposta, consideradas as possíveis alternativas e observados os critérios de proporcionalidade e de razoabilidade, sendo pelo art. 5º, §1º do mesmo Decreto, "vedado declarar inválida situação plenamente constituída devido à mudança posterior de orientação geral".

Quanto à interpretação das normas de gestão pública, inclusive urbanísticas, o art. 8º do Decreto nº 9.830/2019 prevê que

> (...) na interpretação de normas sobre gestão pública, serão considerados os obstáculos, as dificuldades reais do agente público e as exigências das políticas públicas a seu cargo, sem prejuízo dos direitos dos administrados.

---

30 MENDONÇA, José Vicente Santos de. Art. 21 da LINDB: indicando consequências e regularizando atos e negócios. *Revista de Direito Administrativo*, Rio de Janeiro, ed. esp, p. 53, nov. 2018.

Conclusão

Ante o exposto, conclui-se:

1 – Deliberação positiva e justificada da Secretaria Municipal de Planejamento, pautada em seu juízo de conveniência e oportunidade, se adotará o posicionamento repressivo ou consensual;

2 – Se adotado o critério consensual, deverá ser firmado com os interessados um termo de compromisso com base nos arts. 26 e 27 do Decreto-Lei nº 4.657/1942 (Lei de Introdução às Normas do Direito Brasileiro), prevendo as 03 compensações devidas presentes neste parecer jurídico. As compensações ambientais deverão ser definidas pela Secretaria Municipal do Meio Ambiente, sendo as urbanísticas definidas pela Secretaria Municipal de Planejamento. Antes da assinatura do termo de compromisso, sua minuta deve ser submetida à análise jurídica da Procuradoria Geral do Município (art. 26, *caput* do Decreto-Lei nº 4.657/1942);

3 – Assinado o termo de compromisso, deverá a Secretaria Municipal de Planejamento avaliar a área, bem como ser feita pela PDU-S uma declaração do interesse público, devidamente justificado, da concessão da área (art. 106 da Lei Orgânica, art. 17 da Lei nº 8.666/93 e art. 76 da Lei nº 14.133/2021);

4 – Após, deverá ser elaborada minuta de projeto de lei complementar municipal modificando a natureza de sistema de lazer da área ocupada para sistema viário (vias de acesso e portaria), na forma do §2º do art. 158 e art. 35, §1º, inciso XVI da Lei Orgânica Municipal, transferindo a natureza de sistema de recreio para sistema viário, bem como deverá constar pedido de autorização legislativa para a concessão do direito real de uso da área à associação de moradores, promovendo a desafetação da área;

5 – Aprovado o projeto de lei complementar municipal pela Egrégia Câmara Municipal, poderá prosseguir normalmente o pedido de aprovação das edificações, observando-se os dispostos legais incidentes.

Esse é o parecer.

Informação bibliográfica deste texto, conforme a NBR 6023:2018 da Associação Brasileira de Normas Técnicas (ABNT):

MAZZEI, Marcelo Rodrigues. Urbanismo. Meio ambiente. Alienação de bem público. Consensualidade. *In*: DOSSO, Taisa Cintra; TAVARES, Gustavo Machado; SILVA, Thiago Viola Pereira da (Coord.). *Direito Municipal em debate*. Belo Horizonte: Fórum, 2023. v. 7. p. 151-163. ISBN 978-65-5518-604-8. Parecer.

DESAPROPRIAÇÃO DE IMÓVEL PARA CONSTRUÇÃO DE QUADRA POLIESPORTIVA EM ATENDIMENTO À NECESSIDADE DA ADMINISTRAÇÃO MUNICIPAL. IMÓVEL PÚBLICO AFORADO A PARTICULAR

AMÉRICO SOARES MIGNONE

Processo:
Requerente:
Assunto: Desapropriação de imóvel para construção de quadra poliesportiva em atendimento à necessidade da Administração Municipal – Imóvel público aforado a particular.

Ementa: Direito civil e direito administrativo – Desapropriação por utilidade pública – Imóvel integrante do patrimônio público, aforado a particular – Título de aforamento nº 68/82 – Parecer anterior da Procuradoria do Município pela possibilidade jurídica, desde que cumpridos os requisitos legais pertinentes – Impugnação apresentada pela foreira – Acolhimento em parte do parecer anterior – Verificação da anotação do título de aforamento no registro geral de imóveis – Necessidade de pagamento do foro – Necessidade de verificação da existência e cumprimento de encargo – Recomendação pela não aplicação da Lei Municipal nº 79/1956, por incerteza sobre sua vigência e consequente instabilidade jurídica – Recomendação pela edição de lei nova sobre a matéria ou, alternativamente, aplicação do Decreto-Lei nº 9.760/46 e da Lei nº 9.636/1998 – Necessidade de observância do Decreto-Lei nº 3.365/1941 e do termo de ajustamento de conduta firmado com o Ministério Público Estadual – Precedentes jurisprudenciais – parecer pela possibilidade jurídica, nos termos das recomendações expedidas.

Relatório

Cuidam os autos de processo administrativo pelo qual a Secretaria Municipal de Obras Públicas e Serviços Urbanos (Semop) pretende desapropriar imóvel com a finalidade de construção de quadra poliesportiva para atendimento das necessidades de escola pública municipal.

A área a ser expropriada constitui-se enfiteuse concedida pelo Município em benefício da empresa YYYYYYYYYYYYYYY, por meio do Título de Aforamento nº 68/82.

Durante a tramitação processual houve a avaliação do caso pela Procuradoria do Município, tendo a foreira YYYYYYYYY apresentado, no bojo do Processo Administrativo nº 24811/2021, "Impugnação" contra o entendimento jurídico manifesto por este órgão.

O caso foi novamente submetido à Procuradoria do Município para análise da "Impugnação". Estão apensos e submetidos à nossa avaliação os Processos Administrativos de números 3707/2019 (com 52 folhas), 6284/2021 (com 38 folhas) e 24811/2021.

Relatado o feito na forma dos parágrafos anteriores, passo a opinar.

Fundamentos jurídicos

Inicialmente é necessário registrar que a análise desta Procuradoria Municipal se restringe aos aspectos jurídicos, não adentrando na seara de questões técnicas atinentes a outras ciências que não o Direito, nem na discricionariedade, conveniência e oportunidade conferidas aos agentes públicos em seus campos próprios de atuação.

Conforme apresentado no tópico anterior, cuida-se de processo administrativo movido pela Secretaria Municipal de Obras Públicas (Semop), com a pretensão de desapropriar imóvel com 1.547m², situado no bairro $$$$, inscrito no Cadastro Imobiliário Municipal sob o nº %%%%% (fls. 03). De acordo com os autos, o imóvel pertence ao Município, porém integra área de terra maior (2.189,00m²)1 aforada em benefício da empresa YYYYYYYYYYYYYYY, por meio do Título de Aforamento nº 68/82 (fls. 13).

[1] Da área com 2.189m², objeto do Título de Aforamento nº 68/82, 642m² retornaram ao Município por meio de "doação" da empresa YYYYYYYYYYYYYYYY, no ano de 2016, restando aforada justamente a parte com 1.547m² (fls. 12).

Houve análises jurídicas da Procuradoria do Município sobre o caso (fls. 18/23 destes autos, e 31 e 34 do processo administrativo 6284/2021 – apenso), das quais se depreende a possibilidade jurídica de efetivação da desapropriação do domínio útil pretendida, desde que presentes os requisitos legais e jurídicos pertinentes, isto é: *anotação do título de aforamento no registro geral de imóveis competente; *observância da Lei Municipal nº 79/1956 e do art. 692, II, do CC/1916 (pagamento dos foros, cumprimento do encargo relacionado com o aforamento/edificação no imóvel, etc.); *indenização desapropriatória nos termos do §2º, do art. 103 do Decreto-Lei nº 9.760/46; e *adoção das diretrizes estabelecidas em Termo de Ajustamento de Conduta firmado perante o Ministério Público Estadual, relacionado com processos de desapropriação.

A empresa foreira YYYYYYYYY apresentou, então, por meio do Processo Administrativo nº 24811/2021 (apenso), "Impugnação" ao Parecer Jurídico exarado pela Procuradoria do Município, objetivando sua reconsideração.

Vieram-nos os autos para análise do pedido revisional.

De forma direta e objetiva cumpre registrar desde logo o acerto do Parecer Jurídico de fls. 18/23, sendo o caso de sua manutenção com os contornos necessários diante das informações e documentos apresentados pela foreira. Explico:

Em nossas avaliações jurídicas anteriores foi destacada a necessidade de comprovação do registro do Título de Aforamento nº 68/82 no RGI, tendo a foreira trazido em seu pedido revisional cópia de Certidão de Inteiro Teor do 2º Ofício de Registro Geral de Imóveis, que certifica que o Título de Aforamento em questão está registrado no livro "Registro Auxiliar", livro nº 3-C, folha 117 (fl. 29 do Processo Administrativo nº 24811/2021). Com isso, no despacho de fls. 31 do Processo Administrativo 6284/2021 (apenso), a Procuradora Municipal parecerista reconheceu que a referida Certidão confirma o cumprimento da exigência de registro do Título de Aforamento, porém, salientou que o documento já estava com sua validade expirada.[2] *Verbis*:

---

2 Em sua manifestação, a Procuradora Municipal registrou que a Certidão de Inteiro Teor mencionada encontrava-se grampeada na contracapa do Processo Administrativo nº 6284/2021. Trata-se da via original da referida certidão e, de fato, estava grampeada na contracapa daquele processo, não se sabe por qual razão. De todo modo, para a correta tramitação processual e segurança das informações e dos documentos que o integram, certifico que extraí o documento daquela contracapa e determinei sua juntada na fl. 52 deste processo administrativo, o que foi empreendido pelo setor de Apoio Administrativo da Procuradoria.

> (...)
>
> E compulsando este caderno processual observo que está grampeada a contracapa dos autos *Certidão expedida pelo Cartório do 2º Ofício de Registro Geral de Imóveis que testifica o registro do título de aforamento no livro de nº 3-C, folha 117 com a seguinte transcrição: "Nº. DE ORDEM – 587 – DATA – 11.01.1983 – REGISTRO: – Título de Aforamento de nº XX/$$", o que demonstra o implemento do art. 676 do Código Civil de 1916.*
>
> Abre-se um parêntesis para registrar que a certidão acima referenciada já teve expirado seu prazo de validade de 30 dias, conforme atesta o Selo Digital de Fiscalização, constante no verso do referido instrumento.
>
> (...)

Sobre esse ponto, cumprimentando a Procuradora Municipal parecerista pelo zelo em sua atuação, concordo que, tendo sido confirmada por ela, de forma segura, através da referida Certidão, o registro do título, a expiração do prazo de 30 dias de validade do documento não é suficiente para paralisação do processo ou negativa da pretensão, sendo possível/razoável a continuidade do procedimento para otimização, cabendo à Administração ou ao foreiro a atualização do documento antes da conclusão do processo desapropriatório, com condição indispensável à sua efetivação.

Aliás, aproveitando o ensejo, consignamos ser indispensável em todos os processos de desapropriação que a Administração Municipal busque, previamente, junto ao Registro Geral de Imóveis competente, obter as informações oficiais sobre o bem, não só para segurança em relação à sua propriedade e posse, mas também para conhecimento de eventuais restrições e outros percalços que possam incidir sobre ele.

Avançando, quanto ao pagamento dos foros, entendo não ser adequada a manifestação da foreira em sua "impugnação", no sentido de que não realizou o pagamento porque não foi cobrada pelo Município. Ora, a obrigação de pagar o foro é do seu pleno conhecimento, e eventual comportamento inadequado do Município (de não cobrança) não a isenta da obrigação de pagar nem justifica sua inadimplência. Aceitar tal argumentação seria promover renúncia da receita pública, imputar prejuízo ao erário, permitir que a foreira se beneficie de sua própria torpeza, o que não é possível.

De outro lado, infelizmente, a situação da não cobrança de foro pelo Município em relação aos aforamentos estabelecidos é real e tem sido verificada nos processos administrativos que se relacionam de alguma forma com a matéria (Processos Administrativos de números 8251/2021, 23578/2019, 14044/2018 e 6868/2019, por exemplo). A questão é grave e deve ser imediatamente corrigida, assim como verificadas as causas de sua ocorrência e apurada eventual responsabilidade.

Nesse contexto, para além do caso sob análise, recomendo que a Administração Municipal adote as providências necessárias para promover a cobrança ininterrupta dos foros relativos a todos os aforamentos por ela concedidos.

De todo modo, no caso concreto, duas situações devem ser consideradas acerca da inadimplência da foreira. A primeira é que a extinção do aforamento por inadimplemento do foro (comisso), conforme doutrina e jurisprudência sobre a matéria, em especial as Súmulas de números 122[3] e 169[4] do Supremo Tribunal Federal, demanda a propositura de ação judicial pela Administração Pública para que o encerramento da enfiteuse seja decretado por sentença, sendo que enquanto o Poder Judiciário não o decretar, será possível ao foreiro pagar a dívida. A outra questão é que nestes autos é anunciada a existência de interesse público na desapropriação pretendida, que se destina a adquirir área para construção de quadra poliesportiva para Escola Municipal.

Surge então para a Administração Municipal, no que se refere à inadimplência do foro, a possibilidade de ajuizamento de demanda judicial, havendo para o foreiro a oportunidade de pagamento dos valores até a prolação da sentença (se isso acontecer, o processo não alcança o fim rescisório desejado pela municipalidade), e também o caminho administrativo de notificar o enfiteuta para quitar sua dívida, caso em que adimplida o processo desapropriatório poderá seguir seu curso natural, se presentes os demais requisitos que lhe são próprios.

Com isso, nosso pensamento é que, no caso concreto, a anulação do aforamento e/ou encerramento do processo de desapropriação, unicamente pela constatação de inadimplência do foro, não é a medida tão simples/certeira quanto pode parecer, a princípio, de modo que deve ser avaliada, com a cautela necessária, pelo gestor (não pela Procuradoria do Município), em busca da estratégia de atuação mais vantajosa para o interesse público, da solução que melhor equalize os interesses/necessidades da Administração a serem satisfeitos no caso.

Nesse sentido, mantendo o posicionamento jurídico já externado por esta Procuradoria anteriormente quanto à indispensabilidade da adimplência no pagamento dos foros para a regularidade do aforamento

[3] Súmula 122 do STF: O enfiteuta pode purgar a mora enquanto não decretado o comisso por sentença.

[4] Súmula 169 do STF: Depende de sentença a aplicação da pena de comisso.

e efetivação da expropriação do domínio útil, entendemos que optando a Administração pelo prosseguimento do processo desapropriatório, sua realização dependerá da quitação dos foros pelo enfiteuta, seja por pagamento próprio, seja por compensação/abatimento da quantia no valor da indenização expropriatória.

No mais, quanto à exigência de que tenha havido a construção de imóvel no terreno aforado, argumenta a foreira em sua "Impugnação" que o Título de Aforamento nº 68/82 não estabeleceu tal obrigação e, assim, não pode ela ser compelida ao seu cumprimento para que a enfiteuse em questão tenha sua validade reconhecida.

Como já apresentado pela Procuradoria do Município, a Lei Municipal nº 79/1956, em seu Capítulo nº 11, Seção nº 1, alínea "a" e "c", ao regular a matéria estabeleceu duas espécies de aforamento no Município, a saber, o perpétuo ou o precário. *Verbis*:

> a) a renda de foros é a proveniente do aforamento precário ou perpétuo de porções dos terrenos do Patrimônio Municipal;
>
> (...)
>
> c) os terrenos municipais só serão aforados perpetuamente para construção de imóveis e sendo a título precário, a critério do Prefeito. (...).

A argumentação apresentada pela foreira, a princípio, é pertinente, haja vista que, de fato, não é possível verificar pelo Título de Aforamento nº 68/82 se a enfiteuse em questão é de caráter perpétuo, exigindo a construção de imóvel, ou precário, de acordo com a conveniência da Administração, sem o estabelecimento de tal obrigação. Nesse ponto, então, não é afirmar, ao menos neste momento, que a foreira deixou de cumprir o encargo de construir imóvel e, como consequência, considerar tal acontecimento motivo para a anulação do título de aforamento.

De outro lado, não se pode olvidar que o aforamento, qualquer que seja sua natureza, sempre tem como objeto maior o atendimento ao interesse público identificado no caso, isto é, ainda que firmado na conduta/pretensão do particular, deve haver sempre, sob pena de nulidade por violação dos princípios da finalidade e da supremacia do interesse público, a identificação de vantajosidade para o coletivo, especialmente no que diz respeito ao desenvolvimento local, organização urbana, geração de emprego e renda, e outros temas relacionados.

Nesse sentido, a Lei Municipal nº 79/1956, em seu Capítulo nº 11, Seção nº 1, alínea "i", estabeleceu a necessidade de que o interessado apresente no seu requerimento a finalidade para a qual deseja o aforamento, especialmente para que a Administração avalie se aquela pretensão se coaduna com o interesse público. Vale a transcrição do dispositivo:

> i) *no requerimento o interessado declarará o fim para que deseja o lote,* seu nome, estado civil, residência e local do lote pretendido; (...)

No Título de Aforamento nº 68/82, embora não seja possível verificar a natureza do aforamento (perpétuo ou precário), nem a eventual obrigação de construir imposta à foreira, consta no documento que a referida enfiteuse foi concedida *"de acordo com os dizeres da petição protocolada nesta Prefeitura sob o nº 5.050/82"*, sendo possível, portanto, confirmar que o benefício foi vinculado ao objeto do requerimento.

Desta forma, concluímos, com base nas informações e nos documentos analisados até o momento, que assim como não é possível garantir que foi atribuído o encargo de construir no imóvel aforado à empresa YYYYYYYY, também não é possível afirmar que esse não ocorreu e que o respectivo requerimento de enfiteuse protocolado na Prefeitura, à época, não apresentou à Administração uma destinação específica (encargo) para o imóvel aforado.

Assim sendo, faz-se necessário conhecer o requerimento apresentado à municipalidade pela foreira, que serve de motivação para emissão do Título de Aforamento nº 68/82, como expressamente registrado no texto de tal documento.

Por conta disso, a Procuradoria do Município realizou diligências no sentido de conhecer o Processo Administrativo nº 5.050/82, para avaliação do referido requerimento de enfiteuse e identificação de seu objeto. O referido processo e outras informações pertinentes foram solicitados por meio dos Memorandos de números 925/2021 PGM/ABRA e 098/2022 PGM/ABRA, respectivamente, à Secretaria Municipal de Administração (Semad) e à Supervisão de Cadastro Técnico Imobiliário (SCTM), setores que realizam o arquivamento de documentos relacionados com a matéria. A Supervisão de Cadastro respondeu através do Memorando SCTM nº 16/2022, afirmando que o Processo Administrativo nº 5050/1982 não se encontra naquele setor, assim como não consta em seus arquivos qual a finalidade do Título de Aforamento nº 68/82. Até o momento não houve resposta formal à Procuradoria do Município (cópias em anexo).

Desta feita, caso pretenda a Administração prosseguir com o processo de desapropriação em análise, recomendamos que busque previamente analisar o procedimento que serviu de base à expedição do Título de Aforamento nº 68/82, no sentido de aferir informações sobre a enfiteuse por ele constituída, bem como sobre a existência ou não de encargo e sua adimplência.

De fato, como argumentou a foreira em sua "Impugnação", pairam dúvidas quanto à vigência e exequibilidade da Lei Municipal nº 79/1956, seja pelo decurso do tempo desde sua edição, seja pela desconformidade da técnica legislativa nela utilizada,[5] seja pela edição de legislações posteriores obscuras quanto à sua revogação expressa ou tácita, seja pela não aplicabilidade de fato daquela norma pela Administração Municipal ao longo dos anos, dentre outros.

Aliás, a questão foi primorosamente estudada pela Procuradora Municipal parecerista no Processo Administrativo nº 8251/2021, quando concluiu pela ausência de elementos capazes de atestar com a segurança necessária a vigência da Lei Municipal nº 79/1956 e a adequação da sua aplicabilidade nos processos de aforamento atualmente. Embora naqueles autos tenha sido avaliado pedido de resgate do foro, e a análise jurídica traga elementos específicos da situação, vale a pena transcrever aqui trechos do Parecer que informam sobre a instabilidade jurídica da Lei nº 79/1956, com o intuito de colaborar para o desfecho adequado deste caso, uniformizar a interpretação e o comportamento da Administração e identificar soluções seguras para situações da espécie. *Verbis*:

> No Município de @@@@, verifica-se a dificuldade de localizar os registros e as leis que regulamentavam os aforamentos expedidos pela Prefeitura Municipal, na vigência do Código anterior, que datava de 1.916.
>
> (...)
>
> Em aprofundada pesquisa sobre a regulamentação dos aforamentos constituídos no Município de @@@@, foram encontradas algumas leis que tornam mais confusa a análise da questão.
>
> (...)
>
> Em buscas pelo termo "foro" ou "aforamento" no site da Câmara Municipal de @@@@, foram encontradas algumas leis esparsas.

---

5 Alguns dispositivos da Lei Municipal 79/1956 são desprovidos de numeração, identificação sequencial e organização de artigos, parágrafos, incisos e alíneas, sendo necessário destacar, entretanto, que a referida norma é anterior à vigência da Lei Complementar Federal nº 95/1998, que regulamenta a técnica legislativa prevista na Constituição Federal de 1988.

Existe uma Lei de número 79/1956, que parece ser a pioneira na regulamentação dos foros no âmbito municipal de @@@@.

Apesar de o foro não se tratar de um tributo, estava inserido nesta Lei, a qual em seu preâmbulo se auto intitulou de "Código Tributário", *in verbis*:

(...)

Em consulta ao *site* da Câmara Municipal de @@@@, a referida Lei consta como *"legislação em vigor"*, tendo sido alterada pela Lei n. 165/1959, pelo que se denota que a referida Lei 79/1956 seria uma espécie de compilado de Códigos Municipais. É o que se infere do texto legal (Lei 165/1959): *"A Câmara Municipal de @@@@, Decreta*: Altera o Capítulo IV de Lei nº 79 de 20 de Dezembro de 1956, Código de Posturas Municipais, referente à Limpeza Pública."

Apesar da Lei 79/1956 constar como "legislação em vigor" no *site* oficial da Casa Legislativa municipal, e de não terem sido localizadas legislações que lhe tenham revogado expressamente, é possível presumir que tenha ocorrido a sua revogação tácita: seja pela superveniência de diversas legislações que trataram do Código Tributário (e também outros Códigos que eram previstos nesta lei, tais como Código de Postura etc.); seja pelo desuso de seus dispositivos, sobretudo pela ausência de cobrança dos foros anuais pelo Município, há muitos anos.

Na sequência das pesquisas, foi localizada uma Lei de n. 361, de 28 de dezembro de 1964, que assim dispõe:

LEI Nº 361, DE 28 DE DEZEMBRO DE 1964

A câmara Municipal de @@@@, Decreta:

Art. 1º *Fica adotado os códigos Tributários e Postura da Prefeitura Municipal de XXXX*, no que fora aproveitado para @@@@, até que seja estudado e votado o do Município de @@@@.

Art. 2º Fica determinado o prazo máximo de 90 (noventa) dias a validade do presente projeto, prazo esse que será feito o nosso código tributário e Postura.

Art. 3º Esta lei entrará em vigor na data de sua aprovação.

Art. 4º *Revogam-se as disposições em contrário e todas as leis existentes sobre a matéria.*

@@@@, 28 de Dezembro de 1964

%%%%%

PRESIDENTE DA CÂMARA MUNICIPAL

$$$$$$

SECRETARIA DA CÂMARA MUNICIPAL

No mesmo ano de 1964, foi editada a Lei n. 358/64 (anexado pelo Cadastro Imobiliário às fls. 16), que teria majorado o valor da contraprestação do aforamento para C$ 1,00 (um cruzeiro) o metro quadrado de área. Todavia, a nova lei não faz referência a qual legislação estaria alterando:

(...)

Tendo em vista que, no ano de 1964, a Câmara Municipal havia "decretado" que @@@@ usaria os Códigos Tributário e de Postura do Município de XXXX (até que instituísse Códigos próprios), foram feitas pesquisas no site da Câmara Municipal de XXXX para tentar localizar os referidos Códigos existentes nesta época, e que eventual pudessem estar regulamentando os aforamentos (enfiteuses) municipais.

Nesta busca, não foi possível acessar o teor da Lei Ordinária n. 1122/1963, denominada "Código Tributário de XXXX".

Inclusive, no site da Câmara de XXXX a referida Lei consta como *"em vigor"*, muito embora exista Lei posterior, também denominada "Código Tributário de XXXX", a Lei 3112/1983.

Referida Lei, em seu artigo 199 revogou todas as leis que dispunham sobre matéria tributária: *"Artigo 199 Esta lei entrará em vigor a partir de 1° de Janeiro de 1.984, ficando revogadas todas as leis que disponham sobre matéria tributaria."*, levando-se a crer que a Lei n. 1122/1963, outrora denominada "Código Tributário de XXXX", que por seu turno, seria utilizado pelo Município de @@@@ por força da Lei municipal n. 361/1964, tenha sido efetivamente revogada, embora no site da Câmara ainda conste como legislação *"em vigor"*.

Tendo em vista a sabida dificuldade técnica dos Municípios na atualização de suas legislações, bem como manter pela coesão entre as legislações já extintas e as que vão sendo editadas, é plausível crer que a Lei n. 79/1956 tenha sido efetivamente revogada pelo Código Tributário que lhe sobreveio, deixando o instituto dos aforamentos municipais descoberto de regulamentação, no âmbito de @@@@@.

Soma-se a isso o fato de que, em buscas feitas no *site* da Câmara Municipal de @@@@, foram localizados diversas Leis que tratavam de concessões de aforamentos a destinatários específicos, levando-se a concluir que os aforamentos não mais se submetiam à Lei 79/1956, mas a leis esparsas, editadas uma a uma para tal finalidade.

Outrossim, o item "f" da Seção Nº 1, do Capítulo Nº 11 da Lei 79/1956, fixava o limite de 300m² (trezentos metros quadrados) para os aforamentos, sendo que a área pleiteada pela foreira YYYYYYY é originariamente de 8.400 m² (oito mil e quatrocentos metros quadrados).

(...)

Lado outro, considerando que o foro (ou pensão anual) a ser pago pelo foreiro não possui a natureza jurídica de tributo, pois se trata de uma contraprestação paga ao proprietário do bem pelo uso deste (domínio útil), não é possível afirmar que a Lei n. 79/1956 (única legislação encontrada no Município de @@@@@@ que regulamenta os foros municipais) tenha sido de fato revogada pela superveniência de outros Códigos Tributários, especialmente porque as leis que vieram nada falaram sobre tal receita patrimonial (foros).

Logo, se assim fosse, ou seja, se a Lei n. 79/1956 fosse considerada não revogada e portanto vigente, teríamos que o valor anual do foro para a área em questão, seria de C$ 3.318,27 (três mil, trezentos e dezoito cruzeiros e vinte e sete centavos), a teor da Seção Nº 1, do Capítulo Nº 11 da Lei 79/1956 e da respectiva tabela prevista no referido dispositivo c/c com a Lei n. 358/1964, que majorou o valor unitário do metro quadrado para a cobrança dos foros, senão vejamos:

(...)

Tal valor, convertido na moeda corrente, seria ínfimo e, assim, não refletiria o valor real do imóvel, de acordo com o mercado imobiliário atual.

Todavia, não há registros de pagamento das pensões (foros), nem da existência de algum contrato firmado entre as partes, que tenha estabelecido valores diferentes daqueles preconizados na referida Lei, a qual, por seu turno, não há segurança em afirmar sua vigência atual.

Em algumas hipóteses de lacuna, poderia valer-se das legislações especiais dos imóveis da União, conforme prevê o Ato das Disposições Constitucionais Transitórias:

(...)

Todavia, não está a se falar apenas da inexistência de cláusula, mas de incerteza jurídica na legislação aplicável, já que existem indícios de legislação municipal que tratava do valor fixado para os foros.

(...)

Por fim, importante destacar que, diante da incerteza legislativa que paira sobre os Aforamentos constituídos no âmbito municipal, urge a necessidade de atualização legislativa: seja para o fim de se averiguar a vigência da Lei Municipal n. 79/1956; seja para o fim de se editar nova legislação que trate das situações de Resgate dos foros, visto que a lei citada é muito antiga e não previu essa possibilidade, ao passo que, mesmo tendo sido previsto o resgate pelo ADCT e pelo Código Civil de 2002, os valores fixados a título das pensões anuais na lei municipal não mais correspondem à realidade imobiliária da cidade (nem do país), em total prejuízo do ente público na hipótese de sua aplicação. (...)

Dentre as diversas situações cuidadosamente apresentadas no Parecer transcrito, merece destaque a edição da Lei Municipal nº 361/1964 (apresentada na transcrição acima), a qual, especialmente pela redação dos seus artigos 1º e 4º, apresenta-se como indício consistente, senão prova, da revogação da Lei nº 79/1956, de acordo com as regras sistêmicas do *caput* e do §1º, do art. 2º da Lei de Introdução às Normas do Direito Brasileiro – LINDB (Decreto-Lei nº 4.657/1942), assim estabelecidas:

> Art. 2º Não se destinando à vigência temporária, a lei terá vigor até que outra a modifique ou revogue.
>
> §1º A lei posterior revoga a anterior quando expressamente o declare, quando seja com ela incompatível ou quando regule inteiramente a matéria de que tratava a lei anterior.

Ora, sem adentrar no mérito da técnica legislativa utilizada ou da iniciativa exercida na autoria da norma, é fato que a Lei nº 79/1956 constituía-se como Código Tributário do Município de @@@@, e no ano de 1964 a Lei nº 361 passa a adotar como legislação para @@@@ "os códigos Tributário e Postura da Prefeitura Municipal de XXXX" (art. 1º), bem como revoga as disposições em contrário e todas as leis existentes sobre a matéria (art. 4º), ou seja, ao menos em tese, opera a revogação da norma anterior em referência.

Como se vê, seja pela questão destacada ou pelas demais obscuridades relatadas no trecho do Parecer Jurídico transcrito, o ambiente jurídico de eventual aplicação da Lei Municipal nº 79/1956 é de completa instabilidade.

Pois bem. A atuação do Poder Público não pode se dar em ambiente de instabilidade, dúvida, obscuridade, incerteza ou insegurança, especialmente quando previamente identificado que esses cenários podem comprometer o interesse público relacionado ou causar desvantagem ou prejuízo para o erário. A Administração deve atuar sempre no melhor critério de legalidade, segurança jurídica, transparência e supremacia do interesse público. Veja, não estamos falando em imputar desvantagem ao particular em um ambiente claro e estável, estamos recomendando o resguardo do interesse público e a estabilidade do ambiente jurídico de produção do ato administrativo.

Com isso, nosso entendimento é pela não aplicação da Lei Municipal nº 79/1956 ao caso dos autos e pela edição de nova legislação local sobre a matéria, a qual, revogando expressamente aquela de vigência duvidosa, estabeleça regras de regência dos aforamentos ainda existentes no Município de @@@@@@, por meio de comandos claros e atualizados.[6]

Contudo, não sendo esse o entendimento do gestor por qualquer razão de interesse público que se apresente, nosso sentimento é de que deve reger os procedimentos da espécie, por aplicação analógica do artigo 49, §1º, do Ato das Disposições Constitucionais Transitórias[7] (ADCT),[8] a legislação especial que regula a matéria no âmbito da União, a saber, o Decreto-Lei nº 9.760/1946 e a Lei nº 9.636/1998. A nosso ver, tal regramento representa ambiente de estabilidade para ambas as partes, evitando equívocos e prejuízos advindos das incertezas que caracterizam a Lei Municipal nº 79/1956, especialmente em proteção ao interesse público.

Assim, nossa opinião é de que, prosseguindo o processo de desapropriação sejam consideradas para o fim de pagamento do foro, laudêmio e indenização expropriatória, dentre outros, as regras da legislação federal indicada.

Nesse sentido, inclusive, reitera-se recomendação desta Procuradoria em manifestações anteriores no sentido de que deverá ser abatido do valor indenizatório da desapropriação pretendida por meio desse processo o percentual de 17%, (dezessete por cento), correspondente ao valor do domínio direto, conforme regra do art. 103, §2º, do Decreto-lei nº 9.760/46, com as alterações dadas pela Lei nº 9.636, de 15 de maio de 1998, que assim dispõe:

---

6 À guisa de exemplo de iniciativas do tipo, podemos citar os municípios capixabas de Aracruz (Lei 4.372/2021), Linhares (Lei Complementar nº 19/2012), Boa Esperança (Lei nº 1.001/1997) e Muqui (Lei nº 06/1994).

7 Art. 49. A lei disporá sobre o instituto da enfiteuse em imóveis urbanos, sendo facultada aos foreiros, no caso de sua extinção, a remição dos aforamentos mediante aquisição do domínio direto, na conformidade do que dispuserem os respectivos contratos. §1º Quando não existir cláusula contratual, serão adotados os critérios e bases hoje vigentes na legislação especial dos imóveis da União. §2º Os direitos dos atuais ocupantes inscritos ficam assegurados pela aplicação de outra modalidade de contrato. §3º A enfiteuse continuará sendo aplicada aos terrenos de marinha e seus acrescidos, situados na faixa de segurança, a partir da orla marítima. §4º Remido o foro, o antigo titular do domínio direto deverá, no prazo de noventa dias, sob pena de responsabilidade, confiar à guarda do registro de imóveis competente toda a documentação a ele relativa.

8 Vale destacar que, não obstante as fragilidades da Lei Municipal nº 79/1956, o negócio jurídico personificado pelo Título de Aforamento nº 68/82, de acordo com as informações disponíveis até momento, não deu origem à pactuação de contrato entre as partes, com as diretrizes de regência da enfiteuse constituída, os direitos e obrigações da foreira e do senhorio etc., o que fortalece nosso entendimento pela possibilidade de aplicação do artigo 49, §1º, da ADTC, no caso em apreciação.

> Art. 103. (...)
>
> §2º Na consolidação pela União do domínio pleno de terreno que haja concedido em aforamento, deduzir-se-á do valor do mesmo domínio a importância equivalente a 17% (dezessete por cento), correspondente ao valor do domínio direto (Redação dada pela Lei nº 9.636, de 1998).

Aliás, sobre a possibilidade de aplicação da legislação especial da União sobre a matéria em processos de aforamento de outros entes de federação, inclusive os municípios, vale colacionar o posicionamento do Superior Tribunal de Justiça (STJ), nesse sentido:

> ADMINISTRATIVO – RECURSO ESPECIAL – DESAPROPRIAÇÃO DE IMÓVEL ENFITEUTICO – FIXAÇÃO DA INDENIZAÇÃO – APLICAÇÃO DO ART. 103, §2º, DO DECRETO-LEI Nº 9.760/46.
>
> 1. A tese jurídica abstraída no recurso especial gira em torno do valor da indenização do domínio útil de *imóvel desapropriado pela municipalidade*.
>
> 2. O art. 103, §2°, do Dec. Lei 9.760/46, com a redação dada pela Lei 9.636/98, regulou especificamente a indenização de imóvel enfiteutico desapropriado, não mais cabendo a aplicação do revogado artigo 693 do Código Civil de 1916. Precedentes.
>
> 3. *O Dec. Lei 9.760/46 trata de bens da União, o que não impede seja aplicado quando em litígio desapropriação de imóvel pertencente aos demais entes da Federação.*
>
> 4. Recurso especial provido. (STJ – REsp 923530/RJ – Segunda Turma - Rel. Min. Eliana Calmon). (Grifamos).
>
> RECURSO ESPECIAL. ADMINISTRATIVO. DESAPROPRIAÇÃO DE DOMÍNIO ÚTIL. ENFITEUSE. FIXAÇÃO DA INDENIZAÇÃO. APLICAÇÃO DA LEI. ART. 693, DO CÓDIGO CIVIL DE 1916 *VERSUS* ART. 103, §2º, DO DECRETO-LEI Nº 9.760/46, COM A REDAÇÃO DADA PELO ART. 32, DA LEI Nº 9.636/98. *LEX SPECIALIS.*
>
> 1. Hipótese em que a controvérsia a ser dirimida nos presentes autos cinge-se em definir qual o valor devido a título de indenização por desapropriação ao enfiteuta ou senhorio direto e o diploma legal aplicável para sua fixação; vale dizer: o Decreto-lei nº 9.760/46, alterado pela Lei nº 9.636/98 [que determina uma redução de 17% (dezessete por cento) do valor devido pelo domínio direto] ou o art. 693, do Código Civil [que impõe a redução de 10 (dez) foros e 1 (um) laudêmio].
>
> 2. A matéria restou pacificada no âmbito da Primeira Seção deste STJ pelo julgamento do EREsp n° 64.883/PR, da relatoria do e. Min. Ari Pargendler, publicado no DJ de 20.05.1996, no sentido da redução da indenização do domínio útil de 10 (dez) foros e 1 (um) laudêmio.
>
> 3. Todavia, à época do julgamento dos Embargos de Divergência supracitados, para fins de fixação da indenização do domínio direto,

aplicava-se, por analogia, o disposto no art. 693, do Código Civil de 1916, que assim dispunha: "Art. 693. Todos os aforamentos, inclusive os constituídos anteriormente a este Código, salvo acordo entre as partes, são resgatáveis 10 (dez) anos depois de constituídos, mediante pagamento de um laudêmio, que será de 2,5% (dois e meio por cento) sobre o valor atual da propriedade plena, e de 10 (dez) pensões anuais pelo foreiro, que não poderá no seu contrato renunciar ao direito de resgate, nem contrariar as disposições imperativas deste Capítulo. (Redação dada pela Lei nº 5.827, de 23.11.1972)"

4. Consectariamente, ainda não havia norma especial regendo a matéria porquanto somente com a Lei nº 9.636, de 15 de maio de 1998, e que o art. 103, §2º, do Decreto-lei nº 9.760/46 passou a prever a fixação do valor domínio direto em 17% (dezessete por cento) do domínio útil, *verbis*: "Art. 103. (...) §2º. Na consolidação pela União do domínio pleno de terreno que haja concedido em aforamento, deduzir-se-á do valor do mesmo domínio a importância equivalente a 17% (dezessete por cento), correspondente ao valor do domínio direto."

5. Ademais, o Decreto-lei nº 3.365/41, na sua atual redação, não reproduz o disposto no art. 693, do Código Civil, não mais havendo, em referido diploma, qualquer regramento acerca da indenização pela desapropriação de imóvel enfitêutico.

6. Havendo dispositivo específico, *in casu*, o art. 103, §2º, do Decreto-lei nº 9.760/46, com as alterações dadas pela Lei nº 9.636, de 15 de maio de 1998, o afastamento da norma genérica é medida que se impõe pela própria sistemática do ordenamento jurídico, que consagra o princípio de que *lex specialis derrogat lex generalis*.

7. Recurso Especial provido para determinar a observância do art. 103, §2º, do Decreto-lei nº 9.760/46, alterado pela Lei nº 9.636/98, para que a indenização pela desapropriação do domínio direto corresponda a 17% (dezessete) por cento) do valor devido a título de indenização pela expropriação do domínio pleno, divergindo do e. Relator. (STJ – REsp nº 775744/RJ – Min. Luiz Fux)

ADMINISTRATIVO E PROCESSUAL CIVIL – DESAPROPRIAÇÃO POR UTILIDADE PÚBLICA – IMÓVEL SOB O REGIME DE ENFITEUSE – INTEMPESTIVIDADE DA APELAÇÃO ADESIVA – AUSÊNCIA DE IMPUGNAÇÃO DO FUNDAMENTO DO ACÓRDÃO RECORRIDO (SÚMULA 283/STF) – REPARTIÇÃO DOS HONORÁRIOS – DEFICIÊNCIA DE FUNDAMENTAÇÃO (SÚMULA 284/STF) – INDENIZAÇÃO DEVIDA AO SENHORIO DIRETO – ALTERAÇÃO DA JURISPRUDÊNCIA DO STJ – PREVALÊNCIA DA NORMA ESPECIAL EM RELAÇÃO AO CÓDIGO CIVIL DE 1916.

(...)

3. Indenização devida ao senhorio direto pela desapropriação. Por ser norma especial, prevalece o disposto no art. 103, §2º, do DL 9.760/46, com a redação conferida pela Lei 9.636/98, para fins de fixação do valor

indenizatório devido ao senhorio direto, em caso de desapropriação, não tendo aplicação o revogado Código Civil de 1916. Precedentes: REsp 875.530/RN, Rel. Min. Luiz Fux, Primeira Turma, julgado em 6.11.2008, DJe 27.11.2008; REsp 934.824/RJ, Rel. Min. José Delgado, Primeira Turma, julgado em 25.3.2008, DJe 14.4.2008, REPDJe 15.5.2008; e REsp 911.020/RJ, Rel. Min. Teori Albino Zavascki, Primeira Turma, julgado em 11.9.2007, DJ 8.10.2007, p. 228. Recurso especial conhecido em parte e provido. (REsp 764.376/RJ, Rel. Ministro HUMBERTO MARTINS, SEGUNDA TURMA, julgado em 26/05/2009, DJe 09/06/2009).

ADMINISTRATIVO. RECURSO ESPECIAL. ENFITEUSE. *DESAPROPRIAÇÃO. FIXAÇÃO DE INDENIZAÇÃO A SER PAGA AO MUNICÍPIO,* SENHORIO DIRETO. APLICAÇÃO DO CRITÉRIO ESTABELECIDO NO DO DECRETO-LEI N. 9.760/46, COM A REDAÇÃO DADA PELO ART. 32, DA LEI N. 9.636/98 - PRESCREVE A DEDUÇÃO DO EQUIVALENTE A 17% (DEZESSETE POR CENTO) CORRESPONDENTE AO VALOR DO DOMÍNIO DIRETO. CARACTERIZAÇÃO DE NORMA ESPECIAL EM RELAÇÃO AO CÓDIGO CIVIL DE 1916 (ART. 693. NOVEL ENTENDIMENTO DESTA CORTE SUPERIOR. PRECEDENTE: RESP 775.488/RJ, DJ 1.

Cuida-se de recurso especial que possui como objeto, precisamente, estabelecer, em sede enfiteuse, qual o correto valor a ser pago, a título de indenização por desapropriação, ao senhorio direto, no caso, *o Município do Rio de Janeiro. Alega a Municipalidade,* em resumo, que o valor para o domínio direto é de 17% sobre a quantia indenizatória, sendo equivalente a 20 foros e um laudêmio, estando equivocada a sentença e o acórdão, que fixaram essa importância em 10 foros e um laudêmio (correspondente a 2,5% sobre o quantum indenizatório). Nessa ótica, aponta violação do art. 103, §2º, do DL 9.760/46, com a redação conferida pela Lei 9.636/98. 2. A pretensão merece acolhimento. Com efeito, no Resp 775.488/RJ, examinando litígio em todo semelhante à hipótese em apreciação, esta Corte Superior aplicou ao tema novel exegese, no sentido de fixar o valor indenizatório ao senhorio direto, em caso de desapropriação, com observância do critério previsto no art. 103, §2º, do DL 9.760/46, com a redação conferida pela Lei 9.636/98, que é norma especial em relação ao revogado Código Civil de 1916. 3. Recurso especial provido para o fim de *reconhecer devido ao Município do Rio de Janeiro, foreiro do imóvel desapropriado, a quantia indenizatória concernente a 20 foros e um laudêmio, correspondente a 17% do valor total do domínio, na forma prescrita no art. 103, §2º, do DL 9.760/46, com a redação conferida pela Lei 9.636/98.* (REsp 934.824/RJ, Rel. Ministro JOSÉ DELGADO, PRIMEIRA TURMA, julgado em 25/03/2008, DJe 14/04/2008, REPDJe 15/05/2008).

ADMINISTRATIVO E PROCESSUAL CIVIL. RECURSO ESPECIAL. OFENSA AO ARTIGO 535 DO CPC NÃO CONFIGURADA. AUSÊNCIA DE PREQUESTIONAMENTO. SÚMULA 211/STJ. DESAPROPRIAÇÃO DE DOMÍNIO ÚTIL. ENFITEUSE. FIXAÇÃO DA

> INDENIZAÇÃO. APLICAÇÃO DA LEI. ART. 693, DO CÓDIGO CIVIL DE 1916 VERSUS ART. 103, §2º, DO DECRETO-LEI Nº 9.760/46.
>
> (...)
>
> 3. "Havendo dispositivo específico, *in casu*, o art. 103, §2º, do Decreto-lei nº 9.760/46, com as alterações dadas pela Lei nº 9.636, de 15 de maio de 1998, o afastamento da norma genérica é medida que se impõe pela própria sistemática do ordenamento jurídico, que consagra o princípio de que *lex specialis derrogat lex generalis*" (REsp 775488/RJ, 1ª Turma, Rel. para o acórdão Min. Luiz Fux, publicado no DJ de 15.05.2006).
>
> 4. Recurso especial a que se dá provimento. (REsp 911.020/RJ, Rel. Ministro TEORI ALBINO ZAVASCKI, PRIMEIRA TURMA, julgado em 11.09.2007, DJ 08.10.2007 p. 228).

Do mesmo modo, coadunam com o entendimento de aplicação analógica da legislação especial da União, como alternativa para o deslinde do caso em análise, as disposições dos artigos 22 e 23 da Lei de Introdução às Normas do Direito Brasileiro – LINDB (Decreto-Lei nº 4.657/1942), assim redigidos:

> Art. 22. Na interpretação de normas sobre gestão pública, serão considerados os obstáculos e as dificuldades reais do gestor e as exigências das políticas públicas a seu cargo, sem prejuízo dos direitos dos administrados.
>
> Art. 23. A decisão administrativa, controladora ou judicial que estabelecer interpretação ou orientação nova sobre norma de conteúdo indeterminado, impondo novo dever ou novo condicionamento de direito, deverá prever regime de transição quando indispensável para que o novo dever ou condicionamento de direito seja cumprido de modo proporcional, equânime e eficiente e sem prejuízo aos interesses gerais.

Não obstante, é necessário registrar ainda neste ponto que mesmo diante da aplicação da Lei Municipal nº 79/1956 ao caso, por conta da insegurança jurídica que ela promove, e ainda que a municipalidade decida pela utilização da legislação especial da União, não estará dispensado o cumprimento de eventual encargo atribuído ao aforamento em destaque para que seja reconhecida a sua validade, conforme já indicamos acima. Isso porque, no caso, a questão decorre não somente do comando da alínea "i", do Capítulo nº 11, Seção nº 1, da referida norma local (que embora de aplicabilidade não recomendável, indica parâmetros de avaliação relevantes), mas também da vinculação expressa que o próprio Termo de Aforamento 68/82 faz entre a enfiteuse concedida e o conteúdo do requerimento apresentado.

Por fim, cumpre também reiterar a recomendação anterior desta Procuradoria no sentido de que o procedimento de desapropriação em destaque deve observar, além das regras legais pertinentes à espécie, as diretrizes estabelecidas no Termo de Ajustamento de Conduta firmado entre o Ministério Público Estadual e o Município de @@@@, no bojo do procedimento ministerial nº 2016.0034.2558-09.

Conclusão

Encerrando, é importante reiterar que a presente avaliação se restringe a aspectos jurídicos, não adentrando na seara de questões técnicas atinentes a outras ciências que não o Direito, nem na discricionariedade, conveniência e oportunidade conferidas aos agentes públicos em outros campos próprios de atuação, bem como possui natureza opinativa, não vinculando os atos da Administração Municipal.

Diante de tudo, opinamos pela possibilidade jurídica de desapropriação do domínio útil de terreno aforado, nos termos das manifestações anteriores desta Procuradoria às fls. 18/23 destes autos, e 31 e 34 do processo administrativo 6284/2021 (apenso), as quais acolhemos parcialmente, acrescentando-lhes os contornos apresentados neste Parecer, valendo destacar, em síntese, o seguinte:

1) Verificação do registro do Título de Aforamento nº 68/82 no 2º Ofício de Registro Geral de Imóveis, a partir da Certidão de Registro de Inteiro Teor de fls. 52, recomendando-se a atualização das informações registrárias, antes da efetivação da desapropriação, para conhecimento pleno da situação jurídica do imóvel.

2) Necessidade do pagamento dos foros em atraso para efetivação do procedimento desapropriatório. Deliberação do gestor acerca das providências relacionadas com o inadimplemento do foro, de acordo com a solução que melhor satisfaça o interesse público a ser resguardado no caso, sendo possível: a) notificação do devedor para quitação da dívida, podendo ser paga por ato próprio do foreiro ou por meio de compensação/abatimento no valor indenizatório da expropriação; ou b) promoção de ação judicial com a finalidade de encerramento da enfiteuse por inadimplemento, situação em que será oportunizado o pagamento do débito pela foreira até a prolação da sentença (ocorrendo o pagamento, a ação judicial será encerrada sem finalização da enfiteuse).

3) Necessidade de verificação da existência de encargo relacionado com o aforamento em destaque e, sendo o caso, confirmar o seu cumprimento. Tal questão pode ser analisada a partir do Processo

Administrativo nº 5.050/82 ou de outro elemento capaz de fornecer o conhecimento da situação com a segurança necessária.

4) Orientação de não aplicação da Lei Municipal nº 79/1956, considerando sua instabilidade jurídica, e recomendação de edição de lei nova que regulamente a matéria no âmbito do Município de @@@@@@@. Alternativamente, a critério do gestor a partir das razões de interesse público que entender pertinentes, aplicação da legislação especial da União ao caso dos autos (Decreto-Lei nº 9.760/46 e Lei nº 9.636/1998).

5) Necessidade de manter a cobrança do foro em todas as enfiteuses vigentes no Município de @@@@@@, o que orientamos a partir das mesmas premissas indicadas no item anterior.

6) Na hipótese de efetivação da desapropriação pretendida, deve a Administração restringir seu alcance ao domínio útil do imóvel aforado, abatendo do valor indenizatório o percentual de 17%, (dezessete por cento), correspondente ao valor do domínio direto, conforme regra do art. 103, §2º, do Decreto-Lei nº 9.760/46.

7) Observar as regras legais pertinentes aos processos de desapropriação, em especial as estabelecidas pelo Decreto nº 3.365/1941.

8) Além das regras gerais próprias dos procedimentos expropriatórios, observar as diretrizes estabelecidas no Termo de Ajustamento de Conduta firmado entre o Ministério Público Estadual e o Município de @@@@ no bojo do procedimento ministerial nº 2016.0034.2558-09.

Sem outras considerações. É o parecer.

@@@@/$$, ___ de__________ de ____.

%%%%%%%%%%%%
Procurador do Município
OAB nº

Informação bibliográfica deste texto, conforme a NBR 6023:2018 da Associação Brasileira de Normas Técnicas (ABNT):

MIGNONE, Américo Soares. Desapropriação de imóvel para construção de quadra poliesportiva em atendimento à necessidade da Administração Municipal. Imóvel público aforado a particular. *In*: DOSSO, Taisa Cintra; TAVARES, Gustavo Machado; SILVA, Thiago Viola Pereira da (Coord.). *Direito Municipal em debate*. Belo Horizonte: Fórum, 2023. v. 7. p. 165-183. ISBN 978-65-5518-604-8. Parecer.

RESGATE DE FORO DO IMÓVEL PÚBLICO OBJETO DO TÍTULO DE AFORAMENTO

AMÉRICO SOARES MIGNONE

Processo:
Requerente:
Assunto: Resgate de foro do imóvel público objeto do Título de Aforamento nº 35/72

Ementa: Direito civil e administrativo – Resgate de foro – Imóvel público aforado a particular – Título de Aforamento nº 35/72 – Parecer anterior da procuradoria do município pela impossibilidade do resgate, considerando a insegurança jurídica identificada no caso – Impugnação apresentada pela foreira – Acolhimento em parte do parecer anterior – Anotação do título de aforamento no registro geral de imóveis – Aforamento adquirido pela requerente por ato entre particulares – Desmembramento da área aforada pelo senhorio sem alteração da enfiteuse – Necessidade de pagamento do foro – Necessidade de verificação do cumprimento do encargo – Necessidade de aprovação do resgate de aforamento pela Câmara de Vereadores – Necessidade do pagamento estabelecido pelo art. 993 do Código Civil de 1916 – Recomendação pela não aplicação da Lei Municipal nº 79/1956, por incerteza sobre sua vigência e consequente instabilidade jurídica – Recomendação pela edição de lei nova sobre a matéria ou, alternativamente, aplicação do Decreto-Lei nº 9.760/46 e da Lei nº 9.636/1998 – Parecer pela possibilidade jurídica, nos termos das recomendações expedidas.

Relatório

Cuidam os autos de processo administrativo pelo qual a empresa YYYYYYYYYYY pretende resgatar o foro do imóvel público objeto do Título de Aforamento nº 35/72.

Necessário esclarecer, desde logo, que o resgate de aforamento em avaliação se relaciona com uma área com 3.318,27 m² (três mil, trezentos e dezoito metros quadrados e vinte e sete decímetros quadrados), antes integrante de um terreno maior, com 8.400 m² (oito mil e quatrocentos metros quadrados), esse dado em enfiteuse pelo Município à empresa #########, em 28 de dezembro de 1972, por meio do Título de Aforamento 35/72 (fl. 13 do Processo Administrativo nº 18.911/2021).

Pelo que consta nos autos apensados, a requerente YYYYYYYYY adquiriu da empresa #########, por meio de negócio entre particulares, o domínio útil de todo o imóvel objeto do Título de Aforamento nº 35/72, sendo que posteriormente o Município promoveu o seu desmembramento em duas áreas, uma com 5.316,62 m² (mantida na matrícula originária, de número 1.608 – Livro 02 do 2º Ofício de RGI de @@@@@ – Certidão de Matrícula de fls. 21/24 do Processo Administrativo nº 23.410/2021, especificamente na averbação AV-08-1.608, fl. 23), e outra com 3.318,27 m² (transferida para uma nova matrícula, de número 65961 – Livro 02 do 2º Ofício de RGI de @@@@@ – Certidão de Matrícula de fls. 26/27 do Processo Administrativo nº 23.410/2021).[1] Com base nesse contexto, a YYYYYYY, na condição de adquirente/titular do foro, requer o resgate da enfiteuse correspondente à área menor do desmembramento.

Durante a tramitação processual, houve avaliação jurídica do caso pela Procuradoria do Município (fls. 18/28 desses autos), na qual, embora identificada a legalidade do instituto do resgate de aforamento, opinou-se pelo indeferimento do pedido diante da insegurança jurídica identificada no caso a partir dos seguintes pressupostos: *nulidade do registro do título de aforamento em relação ao imóvel objeto do

[1] Importante esclarecer que a área menor resultante do desmembramento inicialmente possuía 3.083,38 m², contudo foi retificada a partir da Certidão de Confrontações nº 0290/2020, expedida pelo Município, passando a ter 3.318,27 m². Essa informação está registrada na averbação AV-08-1-608 da Certidão de Matrícula nº 1608 (fl. 23 do Processo Administrativo nº 23.410/2021) e na averbação AV-04-65.961 da Certidão de Matrícula 65961 (fl. 27 do Processo Administrativo nº 23.410/2021).

resgate, por supostamente ter ocorrido após a edição do Código Civil de 2002; *inadimplência do foro e instabilidade legislativa para fixação do valor para sua cobrança, considerando a incerteza sobre a vigência e aplicabilidade da Lei Municipal nº 79/1956 (art. 692, II, do Código Civil de 1916); e *suposta inadimplência do encargo relacionado com o aforamento (Lei Municipal nº 639/1972).

A empresa foreira YYYYYYY apresentou, então, por meio do Processo Administrativo nº 23410/2021 (apenso), "Impugnação" ao Parecer Jurídico exarado pela Procuradoria do Município, objetivando sua reconsideração.

Diante disso, o caso voltou à apreciação da Procuradoria do Município. Estão apensos e submetidos à nossa avaliação, neste momento, os Processos Administrativos de números 8251/2021 (com 29 folhas), 18911/2021 (com 20 folhas) e 23410/2021 (com 28 folhas).

Relatado o feito na forma dos parágrafos anteriores, passo a opinar.

Fundamentos jurídicos

Inicialmente é necessário registrar que a análise desta Procuradoria Municipal se restringe aos aspectos jurídicos, não adentrando na seara de questões técnicas atinentes a outras ciências que não o Direito, nem na discricionariedade, conveniência e oportunidade conferidas aos agentes públicos em seus campos próprios de atuação.

Como já dito anteriormente, os autos apensados vieram à Procuradoria do Município para análise do pedido revisional acostado às fls. 02/27 do Processo Administrativo nº 23.410/2021.

Pois bem.

De forma direta e objetiva, cumpre registrar desde logo o acerto do Parecer Jurídico de fls. 18/28, especialmente considerando os documentos e informações então disponíveis para avaliação da Procuradoria do Município, sendo o caso de sua manutenção parcial com o acréscimo de contornos necessários a partir das informações e documentos apresentados pela foreira em sua "Impugnação". Explico:

Em nossa avaliação jurídica anterior foi destacada a necessidade de comprovação do registro válido do Título de Aforamento nº 35/72 no RGI. Na ocasião entendeu-se pela nulidade do registro do aforamento no que diz respeito à área com 3.318,27 m², objeto do pedido de resgate, considerando a Certidão de Matrícula nº 65961, acostada na fl. 05 desses autos, que dá conta da abertura da referida matrícula/registro do imóvel em 16 de dezembro de 2016, quando já em vigor o atual Código Civil brasileiro, que em seu artigo 2038 veda a constituição de enfiteuses a partir de sua edição (10 de janeiro de 2002).[2]

Sobre a questão, a foreira esclarece na sua peça de "Impugnação" (fls. 02/27 do Processo Administrativo nº 23410/2021) que a Matrícula nº 65961, embora nova, não constitui ato originário de registro em si, quer dizer, decorre do desmembramento da Matrícula nº 1608, sendo que a área de 3.318,27 m² anotada pelo RGI em 2016, na verdade, é parte da área de 8.400 m² registrada na matrícula originária, juntamente com o Título de Aforamento nº 35/72, desde 13 de dezembro de 1976. Assim, a área com 3.318,27 m² cujo foro se pretende resgatar é objeto de enfiteuse regularmente registrada em data pretérita à edição do Código Civil de 2002, tendo havido no caso apenas o deslocamento de matrícula registrária, especificamente em relação a essa porção de terra, em função do desmembramento da área total operado pelo Senhorio, sem desconstituição ou alteração do alcance da enfiteuse, o que preserva o Título de Aforamento registrado em 1976 e assegura sua validade e vigência.

De fato, é isso que demonstram conjuntamente os documentos de fls. 21/27 do Processo Administrativo nº 23410/2021 (apenso), bem como os de fls. 13/18 do Processo Administrativo nº 18911/2021 (apenso).

A Certidão da Matrícula nº 1608, do Livro 02 do 2º Ofício de RGI, atesta o registro do Título de Aforamento nº 35/72, com alcance sobre toda a área de 8.400 m², no ano de 1976, bem como a aquisição de todo o referido domínio útil pela requerente YYYYYYYYYY, e o posterior desmembramento da área pelo Município, com transferência da porção de terra menor para a Matrícula nº 65.961 (Certidão de Matrícula de fls. 21/24 do Processo Administrativo nº 23.410/2021, especificamente nas averbações, R-01-1-608 e R-02-1.608 [fl. 21], e AV-08-1.608 [fl. 23]).

Por sua vez, a Certidão de Matrícula nº 65961, do Livro 02 do 2º Ofício de RGI, anota a área com 3.318,27 m², seu registro e transporte a partir da Matrícula anterior de número 1608, e a propriedade do seu domínio útil sob a titularidade de YYYYYYYYYY (Certidão de Matrícula de fls. 26/27 do Processo Administrativo nº 23.410/2021,

---

2 Nesse sentido, jurisprudência do nosso Tribunal de Justiça – Apelação Cível nº 0013191-65.2014.8.08.0021, e do Superior Tribunal de Justiça (STJ) – AgInt. No AREsp 555856/CE e REsp 1228615/SP.

especificamente no campo de descrição do imóvel [fl. 26], e na averbação AV-04-65.961 [fl. 27]).

Nenhuma das Certidões de Matrícula relacionadas com o caso em análise faz qualquer menção à extinção ou alteração do alcance do Título de Aforamento nº 35/72, o que nos leva a crer na continuidade de sua vigência sobre a área total a que se destinou, ainda que agora desmembrada em duas porções menores.

É verdade que uma melhor redação da Matrícula 65961 poderia ter feito menção expressa ao Título de Aforamento nº 35/72, evitando a necessidade de interpretação. Contudo, seu texto é claro em referenciar o domínio útil (enfiteuse) da área nela anotada e sua derivação/transporte a partir de matrícula anterior (nº 1608), onde está registrado expressamente o Título de Aforamento nº 35/72, desde 13 de dezembro de 1976.

Assim sendo, concluo pelo registro válido e eficaz do Título de Aforamento nº 35/72 no que diz respeito à área com 3.318,27 m² objeto do pedido de resgate de foro em apreciação.

Avançando, temos que não há dúvida sobre a regularidade da aquisição do domínio útil relacionado com Título de Aforamento nº 35/72 pela YYYYYYYYYYYY, a partir de compra e venda estabelecida diretamente com a foreira originária ##############, seja porque não há no Título de Aforamento, na Lei específica ou na legislação de maneira geral impedimento à realização de tal negócio, seja porque o Município, ainda que indiretamente, consentiu com o negócio, especialmente ao promover o desmembramento da área aforada, a retificação da metragem da porção menor do desmembramento, quando já registrada a titularidade da YYYYYYYYY sobre o domínio útil do bem, e registrar a YYYYYYYYY como responsável pelo imóvel no Cadastro Imobiliário Municipal.

Sendo então a requerente YYYYYYYYY, por aquisição, a titular da enfiteuse correspondente ao Título de Aforamento nº 35/72, a ela foram transmitidos todos os ônus e bônus relacionados com a transferência do domínio útil da área pública relacionada, valendo destacar, em termos de obrigações a serem adimplidas, o pagamento do foro, e do laudêmio na hipótese de resgate, e a realização do encargo eventualmente estabelecido.

Quanto ao pagamento dos foros, entendo não ser adequada a manifestação da foreira em sua "impugnação", no sentido de que não realizou o pagamento porque não foi cobrada pelo Município. Ora, a obrigação de pagar o foro é do seu pleno conhecimento, e eventual comportamento inadequado da municipalidade (de não cobrança) não a isenta da obrigação de pagar nem justifica sua inadimplência. Aceitar tal argumentação seria promover renúncia da receita pública, imputar prejuízo ao erário, permitir que a foreira se beneficie de sua própria torpeza, o que não é possível.

De outro lado, infelizmente, a situação da não cobrança de foro pelo Município em relação aos aforamentos estabelecidos é real e tem sido verificada nos processos administrativos que se relacionam de alguma forma com a matéria (Processos Administrativos de números 8251/2021, 23578/2019, 14044/2018, 6868/2019 e 3707/2019, por exemplo). A questão é grave e deve ser imediatamente corrigida, assim como verificada a causa de sua ocorrência e apurada eventual responsabilidade.

Nesse contexto, para além do caso sob análise, recomendo que a Administração Municipal adote as providências necessárias para promover a cobrança ininterrupta dos foros relativos a todos os aforamentos por ela concedidos.

De todo modo, no caso concreto, uma questão deve ser considerada acerca da inadimplência da foreira. É que a extinção do aforamento por inadimplemento do foro (comisso), conforme doutrina e jurisprudência sobre a matéria, em especial as Súmulas de números 122[3] e 169[4] do Supremo Tribunal Federal, demanda a propositura de ação judicial pela Administração Pública para que o encerramento da enfiteuse seja decretado por sentença, sendo que, enquanto o Poder Judiciário não decretá-lo, será possível ao foreiro pagar a dívida.

Surge então para a Administração Municipal, no que se refere à inadimplência do foro, a possibilidade de ajuizamento de demanda judicial, havendo para o foreiro a oportunidade de pagamento dos valores até a prolação da sentença (se isso acontecer, o processo judicial não alcança o fim rescisório desejado pela municipalidade), e também o caminho administrativo de notificar o enfiteuta para quitar sua dívida, caso em que adimplida o procedimento de resgate, poderá seguir seu curso natural, se presentes os demais requisitos que lhe são próprios.

Com isso, nosso pensamento é que, no caso concreto, a anulação da enfiteuse e/ou a negativa do pleito de resgate do aforamento, unicamente pela constatação de inadimplência do foro, não é a medida tão

---

[3] Súmula 122 do STF: O enfiteuta pode purgar a mora enquanto não decretado o comisso por sentença.

[4] Súmula 169 do STF: Depende de sentença a aplicação da pena de comisso.

simples/certeira quanto pode parecer a princípio, de modo que deve ser avaliada, com a cautela necessária, pelo gestor (não pela Procuradoria do Município), em busca da estratégia de atuação mais vantajosa para o interesse público, isto é, da solução que melhor equalize os interesses/necessidades da Administração a serem satisfeitos no caso.

Nesse sentido, mantendo o posicionamento jurídico já externado por esta Procuradoria anteriormente quanto à indispensabilidade da adimplência no pagamento dos foros para a regularidade da enfiteuse e efetivação do resgate pleiteado nestes autos, entendemos que, optando a Administração pela continuidade do processo, a efetivação do resgate de aforamento em questão dependerá da prévia quitação dos foros pela requerente YYYYYYYYY.

Além da adimplência dos foros, o resgate de aforamento também exige do enfiteuta o pagamento do laudêmio, que se constitui em espécie de preço a ser pago pelo particular para aquisição do domínio pleno (resgate) do imóvel aforado. A disciplina normativa da matéria é estabelecida pelo artigo 693 do Código Civil de 1916, ainda vigente sobre o caso em análise, por conta da regra de direito intertemporal do artigo 2038 do Código Civil de 2002. Vale a transcrição dos dispositivos:

> ***Código Civil de 1916:***
>
> Art. 693. Todos os aforamentos, inclusive os constituídos anteriormente a este Código, salvo acordo entre as partes, *são resgatáveis dez anos depois de constituídos, mediante pagamento de um laudêmio, que será de dois e meio por cento sobre o valor atual da propriedade plena, e de dez pensões anuais pelo foreiro,* que não poderá no seu contrato renunciar ao direito de resgate, nem contrariar as disposições imperativas deste capítulo. (Redação dada pela Lei nº 5.827, de 1972). (Grifamos)

> ***Código Civil de 2002:***
>
> Art. 2.038. Fica proibida a constituição de enfiteuses e subenfiteuses, *subordinando-se as existentes, até sua extinção, às disposições do Código Civil anterior,* Lei n 3.071, de 1º de janeiro de 1916, e leis posteriores. (Grifamos)

A jurisprudência do Superior Tribunal de Justiça (STJ), corrobora esse entendimento. Vejamos:

> RECURSO ESPECIAL. DIREITO CIVIL. ENFITEUSE. RESGATE DE AFORAMENTO. VALOR DA PROPRIEDADE PLENA. AUSÊNCIA DE REGULAMENTAÇÃO ACERCA DO VALOR DA PROPRIEDADE. ITBI E IPTU. BASE DE CÁLCULO. VALOR VENAL. INEXISTÊNCIA

> DE VINCULAÇÃO. DISSÍDIO JURISPRUDENCIAL. NÃO CONFIGURADO. INCIDÊNCIA DO ENUNCIADO Nº 13/STJ.
>
> 1. Pretensão da empresa enfiteuta de consolidar o domínio pleno (domínio direto e domínio útil) do imóvel mediante o resgate do aforamento incidente sobre o imóvel.
>
> 2. A enfiteuse, instituto regulado pelo Código Civil de 1916, foi expressamente vedada pelo Código Civil de 2002 (art. 2038), ressalvando apenas as então existentes até a sua extinção e mantendo a sua regulamentação pelas disposições da codificação civil revogada.
>
> 3. Previsão do art. 693 do Código Civil de 1916 da possibilidade de aquisição do imóvel pelo enfiteuta, mediante o pagamento de 10 (dez) pensões anuais ao senhorio, somadas a um laudêmio, após o transcurso do prazo de 10 (dez) anos da constituição da enfiteuse.
>
> 4. Controvérsia em torno da base de cálculo do valor do resgate, tendo o acórdão recorrido entendido ser possível a utilização do valor venal do imóvel estabelecido no Imposto Predial e Territorial Urbano – IPTU para fins de cálculo do laudêmio.
>
> 5. A jurisprudência da Primeira Seção do Superior Tribunal de Justiça assentou o entendimento de que não há identidade entre as bases de cálculo do IPTU e do ITBI e suas respectivas formas de apuração, de modo que os valores lançados podem ser diversos.
>
> 6. Necessidade de aferição do valor atual e real do bem dado em aforamento mediante uma avaliação criteriosa, não sendo suficiente o valor venal cadastrado para fins de IPTU.
>
> 7. Determinação de retorno dos autos à origem para avaliação do valor atual do imóvel.
>
> 8. RECURSO ESPECIAL PARCIALMENTE CONHECIDO E, NESTA EXTENSÃO, PROVIDO. (STJ – Resp 1692369/CE – Terceira Turma – Julg. 20.08.2019 – Rel. Min. Paulo de Tarso Sanseverino).

Não obstante as exigências financeiras já abordadas, a regra do artigo 693 do Código Civil de 1916 também estabelece, como requisito para o resgate de foro, condição temporal, isto é, que o aforamento tenha sido constituído há pelo menos dez anos, exigência satisfeita no caso dos autos, tanto se considerado a data de expedição do Título de Aforamento nº 35/72, em favor da ##########, ocorrida em 28 de dezembro de 1972 (fl. 13 do Processo Administrativo nº 18.911/2021), quanto se considerada a aquisição do domínio útil correspondente pela requerente YYYYYYYYY, por compra e venda, ocorrida em 10 de novembro de 1982, levada a registro em 16 de novembro de 1982 (Certidão de Matrícula de fls. 21/24 do Processo Administrativo nº 23.410/2021, especificamente na averbação, R-02-1-608 [fl. 21]).

Nesse sentido, satisfeito o requisito temporal, o resgate de aforamento pretendido, a partir do que já se viu até aqui, dependerá da quitação do foro e do pagamento do laudêmio, nos termos da legislação pertinente.

No mais, quanto à exigência de cumprimento do encargo estabelecido como condição da enfiteuse representada no Título de Aforamento nº 35/72, temos inicialmente que, embora não conste expressamente, no próprio Título, a especificação de encargo/obrigação a ser adimplida pelo foreiro, consta no documento referência à norma que lhe serviu de base, qual seja a Lei Municipal nº 639/72, a qual, em seu artigo 2º, assentou que a referida enfiteuse foi concedida à ############, "com a finalidade de continuar sua atividade pioneira, de industrialização de concretos pré-moldados, no Município de @@@@@@". Senão, vejamos a transcrição completa da norma:

LEI MUNICIPAL Nº 639, DE 22 DE DEZEMBRO DE 1972

DISPÕE DE TERRENO PARA INDUSTRIA.

Art. 1º Fica desmembrado da área destinada a ÁREA RESERVADA no loteamento da !!!!!!!!!!!!!!!, uma parte de 8.400 mts² com as seguintes características:

Frente com a Avenida Capri	56,0017,00 m
Lado esquerdo com a Rua Lido	117,00 m
Lado direito com o Grupo Eso. Municipal	115,00 m
Fundos com a Rua Beriloche	71,00 m
Perímetro	376,00 m
Area	8.400,00 m

Art. 2º A parte desmembrada será aforada a Firma ############### *com a finalidade de continuar sua atividade pioneira, de industrialização de concretos pré-moldados, no Município de @@@@@@.*

Art. 3º Esta lei entrará em vigor na data de sua publicação, revogadas as disposições em contrário.

@@@@@@, 22 de Dezembro de 1972

WWWWWW
Presidente da Câmara

Considerando a literalidade da Lei autorizativa do Título de Aforamento nº 35/72, e o que estava nos autos no momento de sua avaliação, o Parecer anterior da Procuradoria do Município (fls. 18/28) conclui não ter a foreira dado uma "destinação útil ao imóvel", em inobservância à Lei Municipal nº 639/1972.

Posteriormente, em sua "Impugnação" (fls. 02/27 do Processo Administrativo nº 23410/2021), a requerente YYYYYYYYYY traz à apreciação da Administração informações e fotografias no sentido de que o encargo correspondente ao Título de Aforamento nº 035/72 foi devidamente cumprido por meio da construção de um condomínio edilício e de um complexo esportivo, assim como por ações de manutenção e preservação do imóvel. Vale a transcrição de trecho da manifestação da requerente sobre esse aspecto:

> No caso em análise, restou claro que a foreira, ciente do seu ônus, adimpliu a obrigação que lhe competia, dando à área urbana aforada destinação útil e condizente com o interesse público.
>
> Através das fotografias abaixo colacionadas é possível constatar que em parte da área inicialmente aforada foi construído o Condomínio Chafariz da Praia, e que na área *sub examen* foi construído o complexo esportivo "Society Maracanã", com campo de futebol e espaço destinado à locação de festas:
>
> (...)
>
> Não existe controvérsia, pois, quanto à destinação útil da área, que se encontra devidamente cercada e preservada. (...)

Não se pode olvidar que o aforamento, qualquer que seja sua natureza, sempre tem como objeto maior o atendimento ao interesse público identificado no caso, isto é, ainda que firmado na conduta/pretensão do particular, deve haver sempre, sob pena de nulidade por violação dos princípios da finalidade e da supremacia do interesse público, a identificação de vantajosidade para o coletivo, especialmente no que diz respeito ao desenvolvimento local, organização urbana, geração de emprego e renda e outros temas relacionados.

Nesse contexto, com as informações constantes atualmente nos processos apensados, nossa percepção é de que não é possível à Procuradoria do Município chegar a uma conclusão sobre o cumprimento ou não do encargo estabelecido para a enfiteuse em destaque, com a certeza necessária.

Isso porque de fato houve realizações particulares no terreno público aforado, porém não nos é possível aferir se as ações realizadas nesses quase 50 anos de enfiteuse atenderam ao interesse público personificado no encargo estabelecido pela Lei Municipal nº 639/1972, já que não é da natureza nem da alçada da Procuradoria do Município tal tipo de avaliação, que decerto transborda a técnica jurídica.

A questão tem relevância para o caso porque, conforme assentado no Parecer Jurídico anterior e na Impugnação da foreira, o cumprimento do encargo é condição para a validade do aforamento[5] e, logo, para que seja possível eventualmente o seu resgate, razão pela qual a verificação da sua adimplência deve se dar por órgão/agente público com competência para tanto.

Diante disso, nossa orientação é que órgão/agente competente da Administração Municipal verifique o cumprimento do encargo correspondente ao Título de Aforamento nº 35/72, sendo que, somente se confirmado, é possível a continuidade do procedimento de resgate do foro, que deverá observar as demais regras e exigências que lhe são próprias.

Outra questão de relevância para o caso, destacada tanto no Parecer de fls. 18/28 quanto na "Impugnação" da foreira (fls. 02/27 PA 23410/2021), e, portanto, deve ser objeto desta análise revisional, diz respeito à dúvida quanto à vigência e exequibilidade da Lei Municipal nº 79/1956, seja pelo decurso do tempo desde sua edição, seja pela desconformidade da técnica legislativa nela utilizada,[6] seja pela edição de legislações posteriores obscuras quanto a sua revogação expressa ou tácita, seja pela não aplicabilidade de fato daquela norma pela Administração Municipal ao longo dos anos, entre outros.

Aliás, a questão foi primorosamente estudada pela Procuradora Municipal &&&&&&&& no Parecer de fls. 18/28, quando concluiu pela ausência de elementos capazes de atestar com a segurança necessária a vigência da Lei Municipal nº 79/1956 e sua aplicabilidade nos processos de aforamento atualmente. Nesse sentido, oportuno transcrever aqui trechos daquela manifestação que informam sobre a instabilidade jurídica da Lei nº 79/1956, com o intuito de uniformizar a interpretação

---

5 Nesse sentido é a jurisprudência do Superior Tribunal de Justiça (STJ) – Resp 13865/MG.

6 Alguns dispositivos da Lei Municipal nº 79/1956 são desprovidos de numeração, identificação sequencial e organização de artigos, parágrafos, incisos e alíneas, sendo necessário destacar, entretanto, que a referida norma é anterior à vigência da Lei Complementar Federal nº 95/1998, que regulamenta a técnica legislativa prevista na Constituição Federal de 1988.

e o comportamento da Administração acerca da matéria e identificar soluções seguras para situações da espécie. *Verbis*:

> No Município de @@@@, verifica-se a dificuldade de localizar os registros e as leis que regulamentavam os aforamentos expedidos pela Prefeitura Municipal, na vigência do Código anterior, que datava de 1.916.
>
> (...)
>
> Em aprofundada pesquisa sobre a regulamentação dos aforamentos constituídos no Município de @@@@, foram encontradas algumas leis que tornam mais confusa a análise da questão.
>
> (...)
>
> Em buscas pelo termo "foro" ou "aforamento" no site da Câmara Municipal de @@@@, foram encontradas algumas leis esparsas.
>
> Existe uma Lei de número 79/1956, que parece ser a pioneira na regulamentação dos foros no âmbito municipal de @@@@.
>
> Apesar de o foro não se tratar de um tributo, estava inserido nesta Lei, a qual em seu preâmbulo se auto intitulou de "Código Tributário", *in verbis*:
>
> (...)
>
> Em consulta ao *site* da Câmara Municipal de @@@@, a referida Lei consta como "***legislação em vigor***", tendo sido alterada pela Lei n. 165/1959, pelo que se denota que a referida Lei 79/1956 seria uma espécie de compilado de Códigos Municipais. É o que se infere do texto legal (Lei 165/1959): "*A Câmara Municipal de @@@@,* Decreta: Altera o Capítulo IV de Lei nº 79 de 20 de Dezembro de 1956, Código de Posturas Municipais, referente à Limpeza Pública."
>
> Apesar da Lei 79/1956 constar como "legislação em vigor" no *site* oficial da Casa Legislativa municipal, e de não terem sido localizadas legislações que lhe tenham revogado expressamente, é possível presumir que tenha ocorrido a sua revogação tácita: seja pela superveniência de diversas legislações que trataram do Código Tributário (e também outros Códigos que eram previstos nesta lei, tais como Código de Postura etc.); seja pelo desuso de seus dispositivos, sobretudo pela ausência de cobrança dos foros anuais pelo Município, há muitos anos.
>
> Na sequência das pesquisas, foi localizada uma Lei de n. 361, de 28 de dezembro de 1964, que assim dispõe:
>
> LEI Nº 361, DE 28 DE DEZEMBRO DE 1964
>
> A câmara Municipal de @@@@, Decreta:
>
> Art. 1º *Fica adotado os códigos Tributários e Postura da Prefeitura Municipal de XXXX*, no que fora aproveitado para @@@@, até que seja estudado e votado o do Município de @@@@.

Art. 2º Fica determinado o prazo máximo de 90 (noventa) dias a validade do presente projeto, prazo esse que será feito o nosso código tributário e Postura.

Art. 3º Esta lei entrará em vigor na data de sua aprovação.

Art. 4º *Revogam-se as disposições em contrário e todas as leis existentes sobre a matéria.*

@@@@, 28 de Dezembro de 1964

%%%%%
PRESIDENTE DA CÂMARA MUNICIPAL

$$$$$$$
SECRETARIA DA CÂMARA MUNICIPAL

No mesmo ano de 1964, foi editada a Lei n. 358/64 (anexado pelo Cadastro Imobiliário às fls. 16), que teria majorado o valor da contraprestação do aforamento para C$1,00 (um cruzeiro) o metro quadrado de área. Todavia, a nova lei não faz referência a qual legislação estaria alterando:

(...)

Tendo em vista que, no ano de 1964, a Câmara Municipal havia "decretado" que @@@@ usaria os Códigos Tributário e de Postura do Município de XXXX (até que instituísse Códigos próprios), foram feitas pesquisas no site da Câmara Municipal de XXXX para tentar localizar os referidos Códigos existentes nesta época, e que eventual pudessem estar regulamentando os aforamentos (enfiteuses) municipais.

Nesta busca, não foi possível acessar o teor da Lei Ordinária n. 1122/1963, denominada "Código Tributário de XXXX".

Inclusive, no site da Câmara de XXXX a referida Lei consta como *"em vigor"*, muito embora exista Lei posterior, também denominada "Código Tributário de XXXX", a Lei 3112/1983.

Referida Lei, em seu artigo 199 revogou todas as leis que dispunham sobre matéria tributária: *"Artigo 199 Esta lei entrará em vigor a partir de 1° de Janeiro de 1.984, ficando revogadas todas as leis que disponham sobre matéria tributaria."*, levando-se a crer que a Lei n. 1122/1963, outrora denominada "Código Tributário de XXXX", que por seu turno, seria utilizado pelo Município de @@@@ por força da Lei municipal n. 361/1964, tenha sido efetivamente revogada, embora no site da Câmara ainda conste como legislação *"em vigor"*.

Tendo em vista a sabida dificuldade técnica dos Municípios na atualização de suas legislações, bem como manter pela coesão entre as legislações já extintas e as que vão sendo editadas, é plausível crer que a Lei n. 79/1956 tenha sido efetivamente revogada pelo Código Tributário que lhe sobreveio, deixando o instituto dos aforamentos municipais descoberto de regulamentação, no âmbito de @@@@@.

Soma-se a isso o fato de que, em buscas feitas no *site* da Câmara Municipal de @@@@, foram localizados diversas Leis que tratavam de concessões de aforamentos a destinatários específicos, levando-se a concluir que os aforamentos não mais se submetiam à Lei 79/1956, mas a leis esparsas, editadas uma a uma para tal finalidade.

Outrossim, o item "f" da Seção Nº 1, do Capítulo Nº 11 da Lei 79/1956, fixava o limite de 300m² (trezentos metros quadrados) para os aforamentos, sendo que a área pleiteada pela foreira YYYYYY é originariamente de 8.400 m² (oito mil e quatrocentos metros quadrados).

(...)

Lado outro, considerando que o foro (ou pensão anual) a ser pago pelo foreiro não possui a natureza jurídica de tributo, pois se trata de uma contraprestação paga ao proprietário do bem pelo uso deste (domínio útil), não é possível afirmar que a Lei n. 79/1956 (única legislação encontrada no Município de @@@@@@ que regulamenta os foros municipais) tenha sido de fato revogada pela superveniência de outros Códigos Tributários, especialmente porque as leis que vieram nada falaram sobre tal receita patrimonial (foros).

Logo, se assim fosse, ou seja, se a Lei n. 79/1956 fosse considerada não revogada e portanto vigente, teríamos que o valor anual do foro para a área em questão, seria de C$ 3.318,27 (três mil, trezentos e dezoito cruzeiros e vinte e sete centavos), a teor da Seção Nº 1, do Capítulo Nº 11 da Lei 79/1956 e da respectiva tabela prevista no referido dispositivo c/c com a Lei n. 358/1964, que majorou o valor unitário do metro quadrado para a cobrança dos foros, senão vejamos:

(...)

Tal valor, convertido na moeda corrente, seria ínfimo e, assim, não refletiria o valor real do imóvel, de acordo com o mercado imobiliário atual.

Todavia, não há registros de pagamento das pensões (foros), nem da existência de algum contrato firmado entre as partes, que tenha estabelecido valores diferentes daqueles preconizados na referida Lei, a qual, por seu turno, não há segurança em afirmar sua vigência atual.

Em algumas hipóteses de lacuna, poderia valer-se das legislações especiais dos imóveis da União, conforme prevê o Ato das Disposições Constitucionais Transitórias:

(...)

Todavia, não está a se falar apenas da inexistência de cláusula, mas de incerteza jurídica na legislação aplicável, já que existem indícios de legislação municipal que tratava do valor fixado para os foros.

> (...)
>
> Por fim, importante destacar que, diante da incerteza legislativa que paira sobre os Aforamentos constituídos no âmbito municipal, urge a necessidade de atualização legislativa: seja para o fim de se averiguar a vigência da Lei Municipal n. 79/1956; seja para o fim de se editar nova legislação que trate das situações de Resgate dos foros, visto que a lei citada é muito antiga e não previu essa possibilidade, ao passo que, mesmo tendo sido previsto o resgate pelo ADCT e pelo Código Civil de 2002, os valores fixados a título das pensões anuais na lei municipal não mais correspondem à realidade imobiliária da cidade (nem do país), em total prejuízo do ente público na hipótese de sua aplicação. (...)

Dentre as diversas situações cuidadosamente apresentadas no Parecer parcialmente transcrito, merece destaque a edição da Lei Municipal nº 361/1964, a qual, especialmente pela redação dos seus artigos 1º e 4º, apresenta-se como indício consistente, senão prova, da revogação da Lei nº 79/1956, de acordo com as regras sistêmicas do *caput* e do §1º, do art. 2º da Lei de Introdução às Normas do Direito Brasileiro – LINDB (Decreto-Lei nº 4.657/1942), assim estabelecidas:

> Art. 2º Não se destinando à vigência temporária, a lei terá vigor até que outra a modifique ou revogue.
>
> §1º A lei posterior revoga a anterior quando expressamente o declare, quando seja com ela incompatível ou quando regule inteiramente a matéria de que tratava a lei anterior.

Ora, sem adentrar no mérito da técnica legislativa utilizada ou da iniciativa exercida na autoria da norma, é fato que a Lei nº 79/1956 constituía-se como Código Tributário do Município de @@@@@@ e no ano de 1964 a Lei nº 361 passa a adotar como legislação para @@@@@@ "os códigos Tributário e Postura da Prefeitura Municipal de XXXXXXX" (art. 1º), bem como revoga as disposições em contrário e todas as leis existentes sobre a matéria (art. 4º), ou seja, ao menos em tese, opera a revogação da norma anterior em referência.

Como se vê, seja pela questão destacada ou pelas demais obscuridades relatadas no trecho do Parecer Jurídico transcrito, o ambiente jurídico de eventual aplicação da Lei Municipal nº 79/1956 é de completa instabilidade.

Pois bem. A atuação do Poder Público não pode se dar em ambiente de instabilidade, dúvida, obscuridade, incerteza ou insegurança, especialmente quando previamente identificado que esses cenários podem comprometer o interesse público relacionado ou causar desvantagem ou prejuízo para o erário. A Administração deve atuar sempre no melhor critério de legalidade, segurança jurídica, transparência e supremacia do interesse público. Veja, não estamos falando em imputar desvantagem ao particular em um ambiente claro e estável, estamos recomendando o resguardo do interesse público e a estabilidade do ambiente jurídico de produção do ato administrativo.

Com isso, nosso entendimento é pela não aplicação da Lei Municipal nº 79/1956 ao caso dos autos e pela edição de nova legislação local sobre a matéria, a qual, revogando expressamente aquela de vigência duvidosa, estabeleça regras de regência dos aforamentos ainda existentes no Município de @@@@@@, por meio de comandos claros e atualizados.[7]

Contudo, sendo o entendimento do gestor, por qualquer razão de interesse público, pela não edição de nova lei municipal que discipline a matéria, nosso sentimento é de que, alternativamente, deve reger os procedimentos da espécie, por aplicação analógica do artigo 49, §1º, do Ato das Disposições Constitucionais Transitórias[8] (ADCT),[9] a legislação especial que regula a matéria no âmbito da União, a saber, o Decreto-Lei nº 9.760/1946 e a Lei nº 9.636/1998. A nosso ver, tal regramento representa ambiente de estabilidade para ambas as partes, evitando equívocos e prejuízos advindos das incertezas que caracterizam a Lei Municipal nº 79/1956, especialmente em proteção ao interesse público.

A propósito, coadunam com o entendimento de aplicação analógica da legislação especial da União, como alternativa para o

---

7 À guisa de exemplo de iniciativas do tipo podemos citar os municípios capixabas de Aracruz (Lei nº 4.372/2021), Linhares (Lei Complementar nº 19/2012), Boa Esperança (Lei nº 1.001/1997) e Muqui (Lei nº 06/1994).

8 Art. 49. A lei disporá sobre o instituto da enfiteuse em imóveis urbanos, sendo facultada aos foreiros, no caso de sua extinção, a remição dos aforamentos mediante aquisição do domínio direto, na conformidade do que dispuserem os respectivos contratos. §1º Quando não existir cláusula contratual, serão adotados os critérios e bases hoje vigentes na legislação especial dos imóveis da União. §2º Os direitos dos atuais ocupantes inscritos ficam assegurados pela aplicação de outra modalidade de contrato. §3º A enfiteuse continuará sendo aplicada aos terrenos de marinha e seus acrescidos, situados na faixa de segurança, a partir da orla marítima. §4º Remido o foro, o antigo titular do domínio direto deverá, no prazo de noventa dias, sob pena de responsabilidade, confiar à guarda do registro de imóveis competente toda a documentação a ele relativa.

9 Vale destacar que, não obstante as fragilidades da Lei Municipal nº 79/1956, o negócio jurídico personificado pelo Título de Aforamento nº 35/72, de acordo com as informações disponíveis até momento, não deu origem à pactuação de contrato entre as partes, com as diretrizes de regência da enfiteuse constituída, os direitos e obrigações da foreira e do senhorio etc., o que fortalece nosso entendimento pela possibilidade de aplicação do artigo 49, §1º, da ADTC, no caso em apreciação.

deslinde do caso em análise, as disposições dos artigos 22 e 23 da Lei de Introdução às Normas do Direito Brasileiro – LINDB (Decreto-Lei nº 4.657/1942), assim redigidos:

> Art. 22. Na interpretação de normas sobre gestão pública, serão considerados os obstáculos e as dificuldades reais do gestor e as exigências das políticas públicas a seu cargo, sem prejuízo dos direitos dos administrados.
>
> Art. 23. A decisão administrativa, controladora ou judicial que estabelecer interpretação ou orientação nova sobre norma de conteúdo indeterminado, impondo novo dever ou novo condicionamento de direito, deverá prever regime de transição quando indispensável para que o novo dever ou condicionamento de direito seja cumprido de modo proporcional, equânime e eficiente e sem prejuízo aos interesses gerais.

Assim, nossa opinião é que, prosseguindo este processo de resgate de aforamento, devem ser consideradas para o fim de pagamento do foro e do laudêmio, além dos comandos próprios do Código Civil brasileiro de 1916, as regras da legislação federal já indicada.

Fora isso, importante acrescentar, reiterando a orientação já expedida pela Procuradoria do Município no Parecer de fls. 18/28, que a efetiva remissão do foro, não obstante a possibilidade de aplicação analógica da legislação federal pertinente, exige prévia autorização da Câmara Municipal por meio de lei própria, considerando a regra de competência legislativa fixada no artigo 46, inciso X, da Lei Orgânica do Município de @@@@@@. *Verbis*:

> Art. 46 *Cabe à Câmara Municipal, com a sanção do Prefeito,* dispor sobre todas as matérias de competência do Município, e especialmente:
>
> (...)
>
> X – *autorizar a alienação de bens imóveis*; (...)

Aliás, nesse sentido, verificamos em pesquisa no site da Câmara de Vereadores de @@@@@@ (www.com.br) leis municipais editadas para autorizar a remissão de foro em enfiteuses específicas, o que confirma o entendimento jurídico ora consignado, valendo citar como exemplo as Leis Municipais de números 2.182/2002, 1.618/1996, 488/1968.

Como já dito anteriormente, é possível que o Município edite uma lei específica que discipline, de modo geral, os aforamentos vigentes e os procedimentos de remissão do foro, o que em verdade é necessário para encerrar qualquer ambiente de dúvida sobre a matéria (principalmente por conta da insegurança jurídica em torno da Lei Municipal nº 79/1956), além de se mostrar producente/vantajoso no sentido de evitar a edição de lei individualizada para cada resgate de aforamento que se pretenda realizar. Todavia, não havendo a edição de lei geral, deve o Município necessariamente editar lei para cada remissão, conforme já realizado em situações pretéritas.

Por fim, resta-nos anotar nossa concordância com o entendimento do Parecer de fls. 18/28 no sentido de que o resgate de aforamento não é direito subjetivo da foreira, mas discricionariedade da Administração vinculada à satisfação do interesse público identificado no caso. Isso quer dizer que, mesmo preenchidas todas as exigências legais necessárias à remissão do foro, esta só deve se realizar quando concluir a autoridade competente, a partir de razões de ordem pública, que a transferência do domínio pleno do imóvel aforado ao particular interessa à sociedade e não lhes representa prejuízo.

Conclusão

Encerrando, é importante reiterar que a presente avaliação se restringe a aspectos jurídicos, não adentrando na seara de questões técnicas atinentes a outras ciências que não o Direito, nem na discricionariedade, conveniência e oportunidade conferidas aos agentes públicos em outros campos próprios de atuação, bem como possui natureza opinativa, não vinculando os atos da Administração Municipal.

Diante de tudo, opinamos pela possibilidade jurídica do resgate de aforamento pleiteado nos processos administrativos apensados que estão sob nossa análise, considerando a manifestação anterior desta Procuradoria às fls. 18/28 destes autos, a qual acolhemos parcialmente, acrescentando-lhe os contornos apresentados neste Parecer, com destaque para o seguinte:

1) Verificação do registro do Título de Aforamento nº 35/72 no 2º Ofício de Registro Geral de Imóveis de @@@@@, no que se refere à área objeto do pedido de remissão de foro, a partir da Certidão da Matrícula nº 1608 e da Certidão da Matrícula nº 65.961, acostadas respectivamente às fls. 21/24 e 26/27 do Processo Administrativo nº 23410/2021 (apenso).

2) Necessidade do pagamento dos foros em atraso para efetivação do procedimento de resgate de aforamento. Deliberação do gestor acerca das providências relacionadas com o inadimplemento do foro, de acordo com a solução que melhor satisfaça o interesse público a ser resguardado no caso, sendo possível: a) notificação do devedor para

quitação da dívida; ou b) promoção de ação judicial com a finalidade de encerramento da enfiteuse por inadimplemento, situação em que será oportunizado o pagamento do débito pela foreira até a prolação da sentença (ocorrendo o pagamento, a ação judicial será encerrada sem finalização da enfiteuse). Além da quitação dessa dívida, a foreira deve arcar com o pagamento indicado no "item 6" deste tópico.

3) Necessidade de verificação do cumprimento do encargo relacionado com o Título de Aforamento nº 35/72, estabelecido pelo art. 2º da Lei Municipal nº 639/1972, o que deve ser realizado por órgão/agente competente da Administração Municipal, sendo que a confirmação da sua adimplência é condição de validade da enfiteuse em destaque e, consequentemente, indispensável à continuidade do procedimento de resgate do foro.

4) Orientação de não aplicação da Lei Municipal nº 79/1956, considerando sua instabilidade jurídica, e recomendação de edição de lei nova que regulamente a matéria no âmbito do Município de @@@@. Alternativamente, a critério do gestor a partir das razões de interesse público que entender pertinentes, aplicação da legislação especial da União ao caso dos autos (Decreto-lei nº 9.760/46 e Lei nº 9.636/1998).

5) Edição de lei municipal que autorize o resgate de aforamento pretendido nestes autos, em observância ao artigo 46, X, da Lei Orgânica do Município de @@@@@. Sugerimos que a lei a ser editada, além da autorização para a remissão de foro, consigne a aplicação das regras pertinentes da legislação especial da União e do Código Civil brasileiro, bem como autorize a revisão do Título de Aforamento nº 35/72, para adequação da titular do foro e da área que permanecerá sob enfiteuse.

6) Necessidade de observância do artigo 693 do Código Civil de 1916, com pagamento pela foreira de valor correspondente a um laudêmio, que será de dois e meio por cento sobre o valor atual da propriedade plena, e de dez pensões anuais (calculadas conforme "item 4" deste tópico), para efetivação do resgate de aforamento pleiteado. Além deste pagamento, a foreira deve realizar a quitação dos foros atrasados, conforme indicado no "item 2" deste tópico.

7) Necessidade de manter a cobrança do foro em todas as enfiteuses vigentes no Município de @@@@, o que orientamos a partir das mesmas premissas indicadas no "item 4" deste tópico.

Sem outras considerações. É o parecer.

@@@@/$$, ___ de__________ de ____.

%%%%%%%%%%%%
Procurador do Município
OAB nº

Informação bibliográfica deste texto, conforme a NBR 6023:2018 da Associação Brasileira de Normas Técnicas (ABNT):

MIGNONE, Américo Soares. Resgate de foro do imóvel público objeto do Título de Aforamento. *In*: DOSSO, Taisa Cintra; TAVARES, Gustavo Machado; SILVA, Thiago Viola Pereira da (Coord.). *Direito Municipal em debate*. Belo Horizonte: Fórum, 2023. v. 7. p. 185-204. ISBN 978-65-5518-604-8. Parecer.

PARTE III

PEÇAS

CONTESTAÇÃO. CLÁUSULA PENAL EM TERMO DE COMPROMISSO AMBIENTAL

FERNANDA OLIVEIRA DE SOUZA

Excelentíssimo(a) Senhor(a) Doutor(a) Juiz(a) de Direito da __ª Vara da Fazenda Pública do Foro Central da Comarca de XXX.

Processo nº:

O MUNICÍPIO, ente de direito público, já qualificado nos autos da ação em epígrafe, vem, respeitosamente, à presença de Vossa Excelência, através do procurador que ao final subscreve, apresentar CONTESTAÇÃO, nos termos do art. 335 do Código de Processo Civil:

1 Síntese dos fatos

Em 31 de maio de 2005, foi lavrado o Auto de Infração nº 012/2005 pelo órgão ambiental, tendo como infrator o Município, em razão de "*disposição de resíduos sólidos urbanos, industriais e de serviço de saúde em desacordo ao licenciamento ambiental*".

Diante da complexidade na resolução da questão ambiental, houve o firmamento do Termo de Compromisso Ambiental nº 003/2005 em 28.11.2005, com o objeto "*remediação de área degradada por depósito de resíduos sólidos urbanos*".

Esse termo fez previsão, na sua cláusula sétima, de cláusula penal de R$200.000,00 para o caso de descumprimento das obrigações do TCA:

> CLÁUSULA SÉTIMA – DA CLÁUSULA PENALIDADE
>
> Fica estabelecido o valor de R$200.000,00 (duzentos mil reais) para o caso de descumprimento de qualquer das obrigações no T.C.A.

Ainda, previu multa em razão da mora no cumprimento das obrigações:

> CLÁUSULA OITAVA – DA INEXECUÇÃO DAS OBRIGAÇÕES
>
> Além da CLÁUSULA PENAL, a mora no cumprimento de qualquer das obrigações constantes da CLÁUSULA SEGUNDA, após os prazos a serem estabelecido no licenciamento do projeto executivo, acarretará ao MUNICÍPIO o pagamento de uma MULTA DIÁRIA, por obrigação não cumprida, correspondente a 0,15% (quinze décimos de um por cento) do valor descrito na CLÁUSULA SÉTIMA, até o limite de 60 (sessenta) dias.
>
> SUBCLÁUSULA PRIMEIRA
>
> Após o sexagésimo dia de mora, mantendo-se a inadimplência, total ou parcial, das obrigações fixadas, implicará na incidência de MULTA DIÁRIA de 5% (cinco por cento) do valor previsto na CLÁUSULA SÉTIMA, até o exato adimplemento das obrigações.

Houve três aditivos do TCA nº 003/2005, com o objetivo de dilatar os prazos previstos anteriormente para o cumprimento das obrigações:

Aditivo	Data	Objeto	Vigência
1º aditivo	29.02.2008	Recuperação área degradada pela disposição de resíduos sólidos urbanos.	06.07.2009
2º aditivo	07.07.2009	Recuperação área degradada pela disposição de resíduos sólidos urbanos.	31.07.2010
3º aditivo	01.08.2010	Recuperação área degradada pela disposição de resíduos sólidos urbanos.	31.10.2010

Paralelamente ao TCA, o processo administrativo referente ao Auto de Infração nº 012/2005 prosseguiu, sendo que em 27.08.2018 o Município recebeu "*Notificação*" em razão da "*pendência de pagamento do Auto de Infração nº 012/2005*", juntamente com o boleto para pagamento do valor de R$1.428.000,00 (hum milhão, quatrocentos e vinte e oito mil reais) com vencimento em 07.09.2018.

Em 07.112007, foi proposta Ação Civil Pública pelo Ministério Público (processo nº xxx), tendo sido a ação julgada sem resolução do mérito, nos seguintes termos:

> Trata-se de ação civil pública movida pelo MINISTÉRIO PÚBLICO DO ESTADO em face do MUNICÍPIO. Atestou que no dia 29 de agosto de 2005, através da 1ª Promotoria de Justiça Especializada – Defesa Comunitária, instalou o Inquérito Civil nº 44/05, para fins de averiguar possíveis danos ambientais decorrente da disposição irregular de resíduos domésticos no aterro sanitário municipal, localizado no Bairro, nesta cidade. Arguiu que após várias diligências foi verificado que o aterro sofre com a disposição de resíduos diretamente sobre o solo, com grande quantidade de chorume sem o devido tratamento, com a ausência de medidas de adequação do Sistema de Tratamento de Efluentes – ETE. Diante de tais fatos, requereu liminarmente o início da adoção de medidas emergenciais de contenção dos danos ambientais, através do estrito cumprimento das medidas estabelecidas no Termo de Compromisso Ambiental – TCA nº 03/2005. E, no mérito, a) recuperar integralmente a área lesada em face da deposição irregular de resíduos no local conhecido como Aterro Sanitário, tanto em seu interior, quanto em seu entorno, reconstituindo-a em todos os seus aspectos ambientais, tudo após prévio licenciamento ambiental; b) reparar, em pecúnia e conforme valor a ser apurado em perícia, os danos causados ao meio ambiente em razão das irregularidades antes detalhadas e não-passíveis de recuperação; c) destinar os resíduos atualmente dispostos de forma irregular no local conhecido como Aterro Sanitário para local devidamente licenciado pelos órgãos ambientais competentes. Após o ajuizamento da ação, a demandada e o órgão celebraram Termo Aditivo ao Termo de Compromisso Ambiental que tinha como atividade (1480/1494): "Recuperação da área degradada pela disposição de resíduos sólidos urbanos do município, através de central de triagem, compostagem e transbordo, exclusivamente para os resíduos sólidos urbanos produzidos e coletados no Município, sendo vetada a disposição final de resíduos novos de qualquer natureza na área." Além disso, firmaram um segundo Termo Aditivo ao Termo de Compromisso Ambiental – nº 3/2005 referente à mesma área (fls. 1576/1581). *Ocorre que o feito tomou proporção de execução, em que foi diligenciado o cumprimento do TAC firmado e neste sentido foram realizadas inúmeras vistas entre as partes, todas no sentido de acompanhar as medidas executadas pelo Município, até que intimado o Ministério Público a dizer sobre a perda do objeto, ante o cumprimento integral do TAC (fl. 2505), apresentou a manifestação de fl. 2517, em que esclareceu que no decorrer no processo a situação fática se alterou, inclusive porque foi constatada a formação de um novo aterro.* A partir desta constatação, os pedidos foram dirigidos para este novo fato, não tendo mais como o Judiciário permanecer com este feito, pois o objeto principal, que se limitava aos pedidos da inicial, já foram preenchidos,

> sendo que desde o início o ingresso do feito foi viciado, pois *existindo TAC, cabe a propositura de execução direta, ao teor do art. 5º, da Lei 7.347/85, pois constitui título executivo extrajudicial*, tendo o Ministério Público plena legitimidade para o ingresso dessa ação. Inviável o prosseguimento na forma como proposto, em que se está formalizando sucessivos adendos ao TAC, *sem qualquer ingerência deste Juízo, o que tornaria o processo* ad eternum. Por esta razão, JULGO EXTINTO o feito, forte no art. 485, incisos IV e VI do CPC. Sem custas e honorários, pois incabíveis na espécie. Publique-se. Registre-se. Intimem-se.

Em 15.08.2018, a autora ajuizou execução de título extrajudicial com o objetivo de exigir as obrigações constantes do Termo de Compromisso Ambiental nº 003/2005, sem exigir o cumprimento da multa.

Ainda, em 19.08.2019, a demandante ingressou com a presente Ação Civil Pública, para fins de cobrança das penalidades (cláusula penal e multas diárias) previstas no TCA, que totalizam o valor de R$4.638.000,00 (quatro milhões, seiscentos e trinta e oito mil reais).

Em síntese, temos o seguinte cenário:

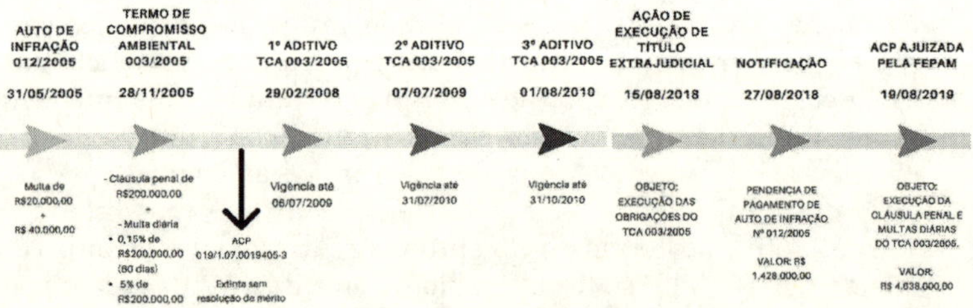

A pretensão da autora não merece ser acolhida, conforme razões a seguir expostas.

2 Preliminarmente: da inadequação da via eleita

Em 21.08.2021, transitou em julgado a Ação Civil Pública nº xxx, que possuía o mesmo objeto da presente ação.

Na oportunidade, o juiz da 4ª Vara da Fazenda Pública de xxx decidiu, acertadamente, que o objeto da ACP não poderia ser a execução do Termo de Compromisso Ambiental, considerando que se trata de título executivo extrajudicial. Cita-se trecho da decisão proferida:

> *Ocorre que o feito tomou proporção de execução, em que foi diligenciado o cumprimento do TAC firmado e neste sentido foram realizadas inúmeras vistas entre as partes, todas no sentido de acompanhar as medidas executadas pelo Município, até que intimado o Ministério Público a dizer sobre a perda do objeto, ante o cumprimento integral do TAC (fl. 2505), apresentou a manifestação de fl. 2517, em que esclareceu que no decorrer no processo a situação fática se alterou, inclusive porque foi constatada a formação de um novo aterro.* A partir desta constatação, os pedidos foram dirigidos para este novo fato, não tendo mais como o Judiciário permanecer com este feito, pois o objeto principal, que se limitava aos pedidos da inicial, já foram preenchidos, sendo que desde o início o ingresso do feito foi viciado, pois *existindo TAC, cabe a propositura de execução direta, ao teor do art. 5º, da Lei 7.347/85, pois constitui título executivo extrajudicial,* tendo o Ministério Público plena legitimidade para o ingresso dessa ação. Inviável o prosseguimento na forma como proposto, em que se está formalizando sucessivos adendos ao TAC, *sem qualquer ingerência deste Juízo, o que tornaria o processo* ad eternum.

Ainda, restou evidenciado que, desde o firmamento do Termo de Compromisso Ambiental em 2005 até a presente data, a situação do Aterro Sanitário se alterou, motivo pelo qual não há possibilidade de se discutir as obrigações naquela época exigidas.

Nesse sentido, cabe à autora executar o termo através de meio cabível e adequado, qual seja, ação de execução de título executivo extrajudicial.

Apesar de o art. 1º, inciso I da Lei 7.347/1985 prever como objeto de ACP o "*meio ambiente*", no caso em questão, o ajuizamento da presente ação se deu exclusivamente para fins de cumprimento da cláusula penal constante do Termo de Compromisso Ambiental nº 003/2005, título executivo extrajudicial, que comporta ação específica para tanto, conforme art. 784, inciso XII do Código de Processo Civil.

Inviável, pois, a cobrança exclusivamente da cláusula penal prevista no TCA na ACP, como fez a demandante, pois isso deveria ser objeto de execução de título extrajudicial. Não se trata de "*condenação em dinheiro*", mas de efetiva execução de cláusula penal constante no TCA.

Ainda, a fim de observância da segurança jurídica e da isonomia, tendo o julgamento da ACP nº xxx extinto sem resolução do mérito em razão da inadequação da via eleita, esta também deve ter o mesmo julgamento.

Portanto, *REQUER* seja extinto o presente processo, sem resolução de mérito, conforme o art. 485, incisos IV e VI do CPC.

3 Preliminarmente: da nulidade do procedimento administrativo

Insta mencionar, inicialmente, que a notificação para o pagamento da multa em 2018 encontra-se eivada de nulidade. Explica-se.

O Município fora notificado, em 27.08.2018, para pagamento do Auto de Infração nº 12/2005, no valor de R$1.428.000,00. Essa notificação veio juntamente com boleto de pagamento com vencimento no dia 07.09.2018:

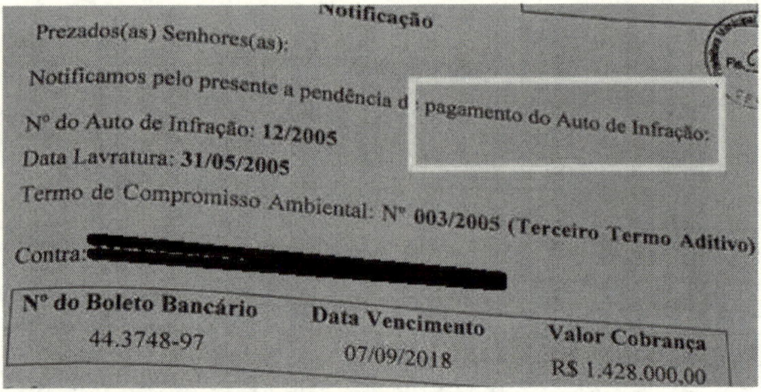

Notificação

Prezados(as) Senhores(as):

Notificamos pelo presente a pendência de pagamento do Auto de Infração:

Nº do Auto de Infração: **12/2005**

Data Lavratura: **31/05/2005**

Termo de Compromisso Ambiental: Nº **003/2005 (Terceiro Termo Aditivo)**

Contra:

Nº do Boleto Bancário	Data Vencimento	Valor Cobrança
44.3748-97	07/09/2018	R$ 1.428.000,00

O Auto de Infração referido possui o seguinte teor:

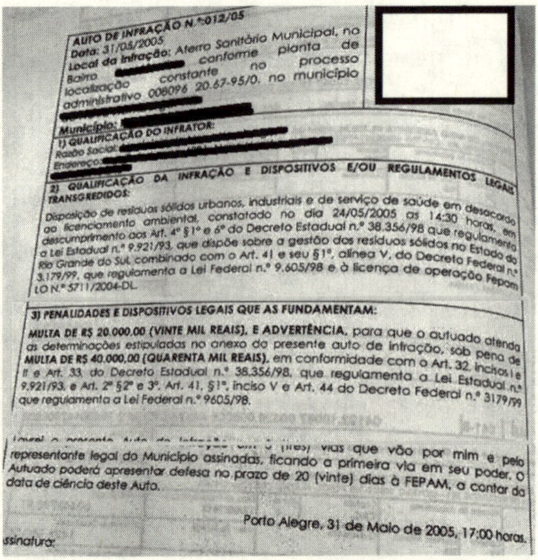

AUTO DE INFRAÇÃO N.º012/05

Data: 31/05/2005

Local da Infração: Aterro Sanitário Municipal, no Bairro conforme planta de localização constante no processo administrativo 008096 20.67-95/0, no município

Município:

1) QUALIFICAÇÃO DO INFRATOR:

Razão Social:

Endereço:

2) QUALIFICAÇÃO DA INFRAÇÃO E DISPOSITIVOS E/OU REGULAMENTOS LEGAIS TRANSGREDIDOS:

Disposição de resíduos sólidos urbanos, industriais e de serviço de saúde em desacordo ao licenciamento ambiental, constatado no dia 24/05/2005 as 14:30 horas, em descumprimento aos Art. 4º §1º e 6º do Decreto Estadual n.º 38.356/98 que regulamenta a Lei Estadual n.º 9.921/93, que dispõe sobre a gestão dos resíduos sólidos no Estado do Rio Grande do Sul, combinado com o Art. 41 e seu §1º, alínea V, do Decreto Federal n.º 3.179/99, que regulamenta a Lei Federal n.º 9.605/98 e à licença de operação Fepam LO N.º 5711/2004-DL.

3) PENALIDADES E DISPOSITIVOS LEGAIS QUE AS FUNDAMENTAM:

MULTA DE R$ 20.000,00 (VINTE MIL REAIS), E ADVERTÊNCIA, para que o autuado atenda as determinações estipuladas no anexo do presente auto de infração, sob pena de **MULTA DE R$ 40.000,00 (QUARENTA MIL REAIS)**, em conformidade com o Art. 32, incisos I e II e Art. 33 do Decreto Estadual n.º 38.356/98, que regulamenta a Lei Estadual n.º 9.921/93, e Art. 2º §2º e 3º, Art. 41, §1º, inciso V e Art. 44 do Decreto Federal n.º 3179/99 que regulamenta a Lei Federal n.º 9605/98.

representante legal do Município assinadas, ficando a primeira via em seu poder. O Autuado poderá apresentar defesa no prazo de 20 (vinte) dias à FEPAM, a contar da data de ciência deste Auto.

Porto Alegre, 31 de Maio de 2005, 17:00 horas.

ssinatura:

Percebe-se, pois, que as penalidades previstas no auto de infração são as seguintes:

> - MULTA de R$20.000,00 e advertência, para que o autuado atenda as determinações estipuladas no anexo do presente auto de infração, sob pena de MULTA de R$40.000,00, em conformidade com o Art. 32, incisos I e II e Art. 33 do Decreto Estadual nº 38.356/98, que regulamenta a Lei Estadual nº 9.921/93, e Art. 2º, §2º e 3º, Art. 41, §1º, inciso V e Art. 44 do Decreto Federal nº 3179/99 que regulamenta a Lei Federal nº 9605/98.

Ocorre que a Notificação recebida pelo Município se refere à cobrança do auto de infração, porém prevê o valor de R$1.428.000,00, sem discriminá-lo, ou seja, sem fazer referência sobre qual a base do cálculo incidiu e que resultou neste valor exorbitante.

Tentando desvendar como a autora chegou a esse valor, parece-nos que foi utilizada a base de cálculo do Termo de Compromisso Ambiental, ou seja, a cláusula penal de R$200.000,00.[1] No entanto, a notificação em questão faz referência à cobrança do "Auto de Infração" sem descrever de forma discriminada o montante do valor:

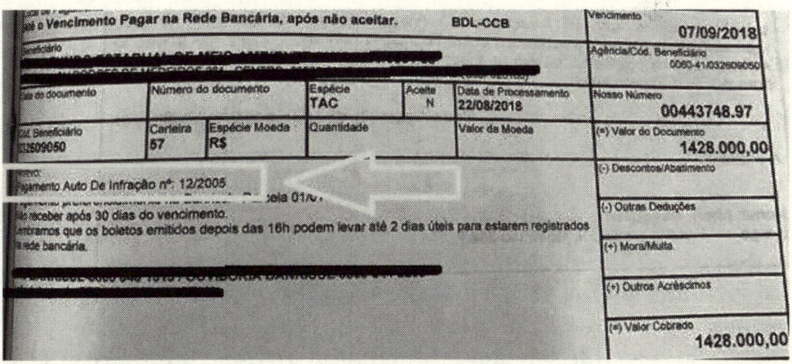
Vencimento Pagar na Rede Bancária, após não aceitar. BDL-CCB
Vencimento 07/09/2018
Agência/Cód. Beneficiário 0080-41/032609050
Número do documento | Espécie TAC | Aceite N | Data de Processamento 22/08/2018
Nosso Número 00443748.97
Carteira 57 | Espécie Moeda R$ | Quantidade | Valor da Moeda
(=) Valor do Documento 1428.000,00
Pagamento Auto De Infração nº: 12/2005
Não receber após 30 dias do vencimento.
Lembramos que os boletos emitidos depois das 16h podem levar até 2 dias úteis para estarem registrados na rede bancária.
(-) Descontos/Abatimento
(-) Outras Deduções
(+) Mora/Multa
(+) Outros Acréscimos
(=) Valor Cobrado 1428.000,00

---

[1] CLÁUSULA OITAVA – DA INEXECUÇÃO DAS OBRIGAÇÕES
Além da CLÁUSULA PENAL, a mora no cumprimento de qualquer das obrigações constantes da CLÁUSULA SEGUNDA, após os prazos a serem estabelecido no licenciamento do projeto executivo, acarretará ao MUNICÍPIO o pagamento de uma MULTA DIÁRIA, por obrigação não cumprida, correspondente a 0,15% (quinze décimos de um por cento) do valor descrito na CLÁUSULA SÉTIMA, até o limite de 60 (sessenta) dias.
SUBCLÁUSULA PRIMEIRA
Após o sexagésimo dia de mora, mantendo-se a inadimplência, total ou parcial, das obrigações fixadas, implicará na incidência de MULTA DIÁRIA de 5% (cinco por cento) do valor previsto na CLÁUSULA SÉTIMA, até o exato adimplemento das obrigações.

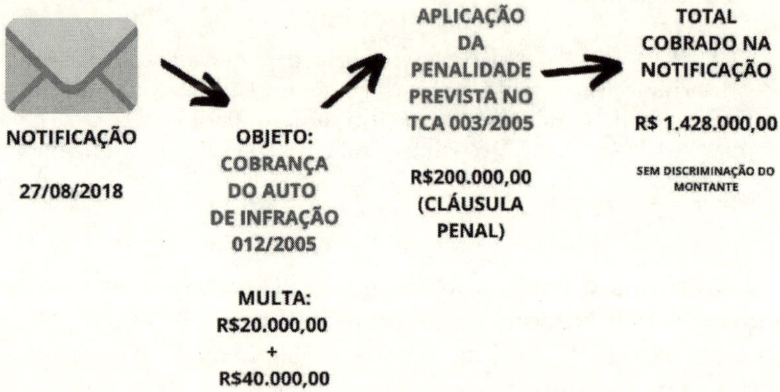

Tal erro importa em vício insanável, pois em desconformidade com a legalidade, causando prejuízo ao efetivo contraditório e à ampla defesa. Assim, de acordo com o art. 124 do Decreto nº 55.374/2020, deve ser considerado vício insanável:

> Art. 124. O auto de infração que apresentar vício insanável deverá ser declarado nulo pela autoridade julgadora, que determinará o arquivamento do expediente administrativo.

A ausência do valor discriminado e o erro na notificação que faz referência ao "auto de infração", mas que aplica a penalidade prevista no "termo de compromisso ambiental" configuram vício que acarreta a nulidade da multa aplicada, tendo em vista a violação do princípio da legalidade, da motivação e do contraditório e ampla defesa, princípios basilares do devido processo legal.

Nesse sentido é o entendimento do Tribunal de Justiça do Rio Grande do Sul:

> APELAÇÃO CÍVEL. DIREITO PÚBLICO NÃO ESPECIFICADO. EMBARGOS À EXECUÇÃO. EXECUÇÃO FISCAL. MULTA. AMBIENTAL. AUSÊNCIA DE MOTIVAÇÃO. *NULIDADE*. Muito embora a CDA possua presunção de certeza e liquidez, o embargado logrou provar a sua *nulidade*, visto que o valor das multas não foi motivado pela Administração. A Lei nº 9.605/98 prevê, em seu art. 6º, que, para a imposição de multa, deverão ser observados requisitos como a gravidade do fato, os antecedentes do infrator e a situação econômica deste. *No mesmo sentido,*

> *a Portaria n° 065/2008 determina, em seu art. 4°, os requisitos que devem constar do respectivo* auto, *repetindo os da legislação supra. Hipótese em que o* auto *de* infração *restou omisso em relação aos elementos utilizados na quantificação da multa, violando, assim, o princípio da legalidade.* APELAÇÃO DESPROVIDA. (Apelação Cível, nº 70074226465, Primeira Câmara Cível, Tribunal de Justiça do RS, Relator: Newton Luís Medeiros Fabrício, Julgado em: 13.09.2017) (grifei)
>
> APELAÇÃO CÍVEL. DIREITO PÚBLICO NÃO ESPECIFICADO. *AÇÃO ANULATÓRIA DE* AUTO *DE* INFRAÇÃO *E MULTA.* FEPAM. *AUSÊNCIA DE LICENÇA AMBIENTAL. MULTA APLICADA DESPROVIDA DE MOTIVAÇÃO.* NULIDADE *DA PENALIDADE. VIOLAÇÃO AO PRINCÍPIO DA LEGALIDADE.* SENTENÇA MANTIDA. RECURSO DESPROVIDO. (Apelação Cível, nº 70064097108, Terceira Câmara Cível, Tribunal de Justiça do RS, Relator: Jerson Moacir Gubert, Julgado em: 30.04.2019) (grifei)

Ainda, cabível a alegação de nulidade no presente momento, tendo em vista que a alegação de nulidade absoluta não se sujeita à preclusão.

Desse modo, diante da violação do devido processo legal, *REQUER* o Município a anulação da cobrança da multa em questão, que hoje perfaz o montante de R$4.638.000,00.

4 Preliminarmente: da prescrição da pretensão executiva do termo de compromisso ambiental

Ademais, merece uma análise mais aprofundada a respeito do objeto da presente Ação Civil Pública. Pretende-se executar as obrigações firmadas no Termo de Compromisso Ambiental nº 003/2005, mais precisamente a cláusula penal do TCA no valor de R$4.638.000,00.

4.1 Da natureza do termo de compromisso ambiental

O Termo de Compromisso Ambiental é um instrumento muito utilizado para a defesa do meio ambiente. Por meio dele, são estabelecidas obrigações e cominações a fim de readequar a conduta, afastando o risco de dano ambiental, ou para recompor os danos eventualmente já ocorridos. Assim com o Termo de Ajustamento de Conduta, o Termo de Compromisso Ambiental realizado por órgãos públicos legitimados como o Ministério Público e a Defensoria Pública, constitui "título executivo extrajudicial", com fulcro no art. 784, inciso XII do CPC.

Nessa linha, há entendimento de que o Termo de Ajustamento de Conduta tem natureza *sui generis*[2] e que é obrigatória a previsão de cominações, pois derivam de determinação legal, sendo que a sua ausência pode ensejar nulidade por vício extrínseco.[3]

Feita esta introdução, cabe analisar a diferença entre a multa ambiental propriamente dita e a cláusula penal estabelecida em um Termo de Compromisso Ambiental.

4.2 Da natureza das penalidades – multa ambiental x cláusula penal

Em relação às penalidades, cabe distingui-las em multas ambientais e cláusula penal arbitrada no Termo de Compromisso Ambiental.

4.2.1 Da multa ambiental

A multa ambiental é uma das penalidades possíveis em casos de infração ambiental. Possui ***natureza administrativa*** e decorre do poder de polícia ambiental.

Considerando que o bem que visa proteger é o meio ambiente, direito fundamental e difuso,[4] o entendimento pacífico dos Tribunais Superiores é no sentido da imprescritibilidade dos danos ambientais.[5]

Por esse motivo, aplica-se a prescrição contida no art. 30 do Decreto Estadual nº 53.202/2002 que dispõe que "*Prescreve em cinco anos a ação da Administração Pública Estadual que tem como objetivo apurar a prática de infrações contra o meio ambiente, contados da data da prática do ato, ou, no caso de infração cometida continuamente, do dia em que essa tiver cessado*".

Ainda, cabe mencionar o dispositivo da Súmula nº 467 do Superior Tribunal de Justiça no sentido de que "*Prescreve em cinco anos, contados do término do processo administrativo, a pretensão da Administração Pública de promover a execução e prescrição da multa por infração ambiental*".

---

[2] ROSSI, Júlio César. Compromisso de ajustamento de conduta: alguns aspectos materiais e processuais. *Revista Dialética de Direito Processual*, São Paulo, v. 153, n. 144, p. 22, mar. 2015.

[3] AKAOUI, Fernando Reverendo Vidal. *Compromisso de ajustamento de conduta ambiental*. 4. ed. rev., atual. e ampl. São Paulo: RTRevista dos Tribunais, 2012. p. 133.

[4] FINK, Daniel Roberto. Ação civil pública: prescrição – breves notas e reflexões. *In*: MILARÉ, Édis (coord.). *A ação civil pública após 20 anos*: efetividade e desafios. São Paulo: RTRevista dos Tribunais, 2005. p. 146.

[5] REsp 1223.092/SC, Rel. Min. Castro Meira, Segunda Turma, julgado em 6.12.2012, DJe de 4.2.2013; AgRg no REsp 1150479/RS, Rel. Min. Humberto Martins, Segunda Turma, julgado em 4.10.2011, DJe de 14.10.2011 e REsp 1120117/AC, Ministra Eliana Calmon, Segunda Turma, julgado em 10.11.2009, DJe de 19.11.2009.

4.2.2 Da cláusula penal

Já a cláusula penal possui natureza de direito civil, com fulcro no art. 408 do Código Civil.

Segundo Flávio Tartuce, a cláusula penal *"pode ser conceituada como sendo a penalidade,* de natureza civil, *imposta pela inexecução parcial ou total de um dever patrimonial assumido"*.[6]

Nesse sentido, a cláusula penal é pactuada pelas partes em caso de violação de obrigação, mantendo relação direta com o princípio da autonomia, visando garantir o cumprimento da obrigação principal, bem como fixar, antecipadamente, o valor das perdas e dos danos em caso de descumprimento.

O Superior Tribunal de Justiça[7] já se manifestou no sentido de que a cláusula penal, instituto de direito material, encontra-se vinculada a um negócio jurídico, em que há acordo de vontades.

Pois bem. O resumo dessa diferenciação encontra-se no esquema abaixo:

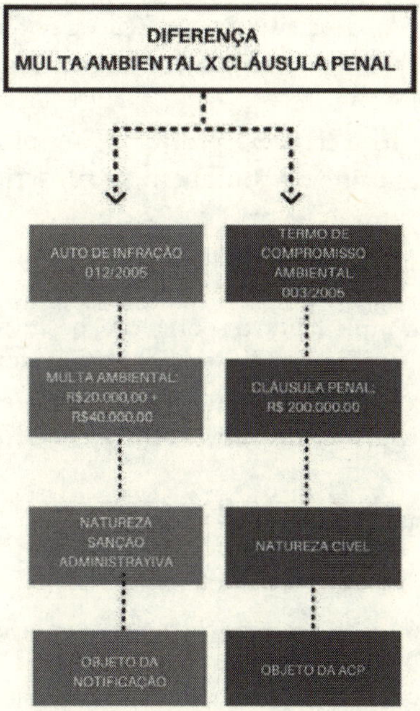

---

[6] TARTUCE, Flávio. *Manual de direito civil*. São Paulo: Método, 2011. p. 385.

[7] REsp 422966/SP, Rel. Ministro SÁLVIO DE FIGUEIREDO TEIXEIRA, QUARTA TURMA, julgado em 23.09.2003, DJ 01.03.2004 p. 186.

Percebe-se que, na Ação Civil Pública ajuizada contra o Município, pretende-se executar a cláusula penal prevista no Termo de Compromisso Ambiental. Por essa razão, não se aplica o entendimento referente à prescrição ambiental, mas sim à prescrição executiva do próprio TCA, ou seja, de natureza eminentemente cível.

É sabido que a infração ambiental pode ter caráter continuado, sem que se consume a prescrição até a sua cessação. Ocorre que a ação ajuizada pela autora pretende exclusivamente executar cláusula penal do Termo de Compromisso Ambiental firmado em 2005 com o Município, de natureza cível.

Conclui-se que a cláusula penal visa tão somente *punir* o devedor pela *mora* em cumprir as obrigações assumidas, não se confundindo com o direito fundamental ao meio ambiente ecologicamente equilibrado, este, sim, imprescritível.

A execução da cláusula penal importa em diminuição patrimonial, relacionando-se unicamente ao direito patrimonial, e não à indisponibilidade, intimamente ligada ao direito ao meio ambiente.

Por esse motivo, a pretensão da Ação Civil Pública em questão se sujeita a prazo prescricional, pois pretende unicamente a execução de cláusula penal em TAC.

Sendo de natureza cível e prescritível, importante analisar quando se deu a mora para fins de contagem da prescrição.

O Código Civil no seu artigo 397 diferencia a mora *"ex re"* e a mora *"ex persona"*.

> Art. 397. O inadimplemento da obrigação, positiva e líquida, no seu termo, constitui de pleno direito em mora o devedor. (*EX RE*)
>
> Parágrafo único. Não havendo termo, a mora se constitui mediante interpelação judicial ou extrajudicial. (*EX PERSONA*)

Flávio Tartuce explica a subclassificação importante em relação à mora:

> – Mora *ex re* ou mora automática: quando a obrigação for positiva (de dar ou fazer), líquida (certa quanto à existência e determinada quanto ao valor) e com data fixada para o adimplemento. A inexecução da obrigação implica na mora do devedor de forma automática, sem a necessidade de qualquer providência por parte do credor como, por exemplo, a notificação ou a interpelação do devedor (art. 397, *caput*, CC). Em casos assim, tem-se a aplicação da máxima dies *interpellat pro homine* (o dia do vencimento interpela a pessoa).

> – Mora *ex persona* ou mora pendente: caracterizada se não houver estipulação de termo final para a execução da obrigação assumida. Desse modo, a caracterização do atraso dependerá de uma providência, do credor ou seu representante, por meio de interpelação, notificação ou protesto do credor, que pode ser judicial ou extrajudicial (art. 397, parágrafo único, do CC).[8]

Diferentemente do que foi alegado pela autora, a mora não se deu apenas em 2018 (com a notificação), considerando esta como mora *ex persona*.

No caso do TCA, este possuía um prazo certo para o cumprimento da obrigação. Neste caso, quando houver estipulação de termo certo para o devedor executar a obrigação, é a partir desta que se constitui a mora, ou seja, dispensável o envio da notificação pela demandante, a fim de constituir o Município em mora, uma vez que se estava diante de "*mora ex re*", logo, com sua constituição em mora contada a partir de seu termo, qual seja, 31.10.2010.

Portanto, como se pode observar dos pedidos da ACP, pretende-se executar cláusulas do terceiro termo aditivo, o qual teve como termo final para comprovação do cumprimento das obrigações em 31.10.2010. E, a partir desta data, é que começou a contar o prazo prescricional para a autora executar o TCA.

Nesse sentido, o entendimento do Tribunal de Justiça do Rio Grande do Sul:

> APELAÇÃO. DIREITO PÚBLICO NÃO ESPECIFICADO. EMBARGOS À EXECUÇÃO POR QUANTIA CERTA. TERMO DE AJUSTAMENTO DE CONDUTA DESCUMPRIDO. COBRANÇA DE MULTA FIXADA PARA CASO DE DESCUMPRIMENTO. AFASTAMENTO NO CASO CONCRETO. O Termo de Ajustamento de Conduta tem natureza de título executivo extrajudicial, de forma que a cláusula penal nele ajustada pode ser executada quando verificado o descumprimento de alguma das obrigações estabelecidas, independentemente de processo exauriente prévio. Assim, aplicável a prescrição qüinqüenal a contar da constatação do seu descumprimento (Apelação Cível, nº 70060108529, Vigésima Segunda Câmara Cível, Tribunal de Justiça do RS, Relator: Denise Oliveira Cezar, Julgado em: 30.10.2014).

---

8 TARTUCE, Flávio. *Manual de direito civil*. São Paulo: Método, 2011. p. 375-376.

O prazo prescricional para a execução de cláusula penal descumprida no bojo de TCA vem estampado no art. 206, §5º, inciso I do Código Civil, fixando-se um prazo de 05 anos para a sua cobrança:

> Art. 206. Prescreve:
>
> (...)
>
> §5º Em cinco anos:
>
> I – a pretensão de cobrança de dívidas líquidas constantes de instrumento público ou particular.

Há também disposição expressa no art. 1º do Decreto nº 20.910/32, ao estabelecer o prazo de 05 anos para a cobrança de dívidas em face do erário:

> Art. 1º As dívidas passivas da União, dos Estados e dos Municípios, bem assim todo e qualquer direito ou ação contra a Fazenda federal, estadual ou municipal, seja qual for a sua natureza, prescrevem em cinco anos contados da data do ato ou fato do qual se originarem.

Considerando que dessa data (31.10.2010), operando-se a mora *ex re*, até o ajuizamento da execução de título extrajudicial (2019), decorreram mais de 05 (cinco) anos, consumou-se a prescrição da pretensão executiva.

Ainda que se considerasse a notificação da demandante em 2018, como causa interruptiva, mesmo assim, já estaria prescrita a sua pretensão.

Em decisão recente, o Superior Tribunal de Justiça julgou o AREsp nº 1.941.907-RJ, caso análogo ao presente, entendendo que:

> A questão não se refere à reparação de danos ambientais em si, a ensejar a imprescritibilidade, mas sim à pretensão executória de obrigações de fazer previstas em TAC. (...) Discute suposto inadimplemento parcial de uma das cláusulas previstas no TAC firmado com o Ministério Público Estadual. Além disso, não se trata de ação de indenização por dano ambiental, mas sim execução de pretenso título executivo extrajudicial, em relação a qual há de incidir a prescrição. É importante ressaltar que a jurisprudência do STJ distingue a obrigação de reparar o dano ambiental e a obrigação de executar a multa administrativa por infração ambiental, haja vista que aquela, ao contrário do que ocorre com esta, não são alcançadas pela incidência da prescrição. Nesse sentido é o que dispõe a Súmula 467 do STJ ("Prescreve em cinco anos, contados do término do processo administrativo, a pretensão da Administração

Pública promover a execução da multa por infração ambiental"). Assim, não se tratando diretamente de danos ambientais, não há como se afastar do entendimento de que a presente pretensão executória, proposta pelo Ministério Público Estadual após mais de cinco anos do termo final para cumprimento das obrigações constantes no TAC, está sujeita à prescrição quinquenal, diante da aplicação do disposto no artigo 21 da Lei n. 4.717/1965.

Segue inteiro teor da ementa:

PROCESSUAL CIVIL E DIREITO ADMINISTRATIVO. AGRAVO EM RECURSO ESPECIAL. EXECUÇÃO DE TÍTULO EXTRAJUDICIAL. OBRIGAÇÕES ASSUMIDAS EM TERMO DE AJUSTAMENTO DE CONDUTA, FIRMADO NO BOJO DE AÇÃO CIVIL, EM DECORRÊCNIA DA CONSTRUÇÃO DO SHOPPING CENTER LEBLON. OBRIGAÇOES QUE NÃO SE REFEREM A REPARAÇÃO DE DANOS AMBIENTAIS. PRAZO PRESCRICIONAL. INCIDÊNCIA, POR ANALOGIA, DO ARTIGO 21 DA LEI 4.717/1965. 1.Consigna-se, inicialmente, que, tendo o recurso sido interposto contra acórdão publicado na vigência do Código de Processo Civil de 2015, deve ser exigidos os requisitos de admissibilidade na forma nele previsto, conforme Enunciado Administrativo n. 3/2016/STJ. 2. Os autos são oriundos de Ação Civil Pública ajuizada pelo Ministério Público do Rio de Janeiro contra a empresa SHL Participações S.A, no bojo da qual foi celebrado Termo de Ajustamento de Conduta (TAC), visando a reparação dos danos causados pela construção do Shopping Center Leblon à comunidade vizinha, conhecida como "Cruzada São Sebastião", composta por vários condomínios edilícios. 3. Sob a alegação de não cumprimento satisfatório das obrigações assumidas no TAC, os condomínios ajuizaram Ação de Indenização contra a empresa SHL Participações (Processo nº 0157364- 13.2012.8.19.0001) e, em seguida, o Ministério Público do Rio de Janeiro promoveu Ação de Execução de titulo executivo extrajudicial (Termo de Ajustamento de Conduta) (Processo nº 0070691-80.2013.8.19.0001), que foi distribuída por prevenção/conexão. 4. No bojo do processo executivo, o magistrado de primeira instância proferiu decisão determinando a realização de perícia técnica, para a apuração de descumprimento das cláusulas obrigacionais do TAC e julgamento de ambos os processos. Desse desate, a empresa interpôs agravo de instrumento (que deu origem ao presente recurso especial), ao qual foi negado provimento pelo Tribunal, seguido de diversos embargos declaratórios. 5. O presente recurso especial é interposto contra acórdão que, em rejulgamento determinado por este Superior Tribunal de Justiça, acolheu os embargos declaratórios, para, alterando seu entendimento, reconhecer a imprescritibilidade da pretensão executiva deflagrada pelo Ministério Público, por entender que as obrigações assumidas no TAC se referem à reparação de danos ambientais. 6. Não há violação do artigo 1.022 do CPC/2015, posto que o acórdão recorrido manifestou-se de maneira clara e fundamentada a respeito das questões relevantes para a solução da controvérsia, inclusive sobre as que ora se alegam omissão. 7. Tampouco se verifica a alegada ofensa aos artigos 783 e 786 do CPC, posto que é possível a determinação de realização de perícia em processo de execução fundado em título executivo extrajudicial, como forma de efetividade ao comando do título executivo, especialmente no caso dos autos, em que foi constatada séria controvérsia acerca do cumprimento integral das obrigações ajustadas no TAC. 8. No que diz respeito aos artigos 505 e 507, CPC, não procedem as alegações atinentes à ocorrência de desrespeito à preclusão e coisa julgada, na medida em que se verifica dos autos, que, diferentemente do alegado pela recorrente, o agravo de instrumento (Processo n. 0024096- 89.2014.8.19.0000) que deu ensejo aos presentes autos tem origem no processo de Execução, cujo número originário é 0070691- 80.2013.8.19.0001, conforme consta expressamente no Termo de Recebimento e Registro e Autuação de fls. 20. Além disso, o Tribunal a quo consignou expressamente que "a extinção do processo de conhecimento deflagrado pelos condomínios, não implica perda de objeto do presente agravo, porque a decisão impugnada foi proferida em outro feito (execução do TAC, promovida pelo Parquet)" (fls. 418). 9. Por outro lado, merecem prosperar as argumentações relativas à prescrição, tendo em vista que a pretensão trazida nos autos não se refere à reparação de danos ambientais em si, a ensejar a imprescritibilidade, mas sim à pretensão executória de obrigações de fazer previstas em TAC, relacionadas a obras e serviços de pavimentação, pintura e instalação de telhas, assumidos pela empresa construtora como contrapartida à comunidade vizinha pela instalação do empreendimento imobiliário. 10. Portanto, a insurgência executória está embasada em pendências oriundas de alegadas deficiências na execução de algumas obrigações de fazer assumidas no referido instrumento, relacionadas à questões meramente patrimoniais, que não se confundem com dano ao meio ambiente, ainda que em sentido amplo, como mencionado no acórdão a quo. 11. Não há que se confundir o caráter imprescritível da reparação ambiental por dano continuado em relação à pretensão meramente patrimonial, sujeita à prescrição quinquenal. Precedentes: AgInt no REsp 1.401.278/RJ, Rel. Min. Sérgio Kukina, Primeira Turma, DJe 18/12/2020; AgInt no AREsp 443.094/RJ, Rel. Min, Napoleão Nunes Maia Filho, Primeira Turma, DJe 25/02/2019. 12. Assim, não se tratando diretamente de danos ambientais, é de se acolher o entendimento de que a presente pretensão executória, proposta pelo MPRJ após mais de cinco anos do termo final para cumprimento das obrigações constantes no TAC - como consignado na origem, está sujeita à prescrição quinquenal, diante da aplicação do disposto no artigo 21 da Lei 4.717/65, nos termos da jurisprudência desta Corte. 13. Agravo conhecido para dar parcial provimento ao recurso especial, para reconhecer a prescrição quinquenal

> da pretensão executória promovida pelo MPRJ. (AREsp 1.941.907-RJ, Rel. Min. Benedito Gonçalves, Primeira Turma, por unanimidade, julgado em 09/08/2022, DJe 19/08/2022).

Assim, tratando-se de execução de cláusula penal de termo de compromisso ambiental, de natureza cível, *REQUER* seja declarada a prescrição da pretensão executiva, uma vez que decorrido o prazo de 05 (cinco) anos desde o termo final do terceiro aditivo (31.10.2010) até a execução do TCA.

5 Do mérito: da abusividade da cláusula penal do termo de compromisso ambiental. Possibilidade de exclusão ou redução

Caso as preliminares não sejam acolhidas, requer subsidiariamente a análise da abusividade da cláusula penal e das multas arbitradas no Termo de Compromisso Ambiental.

O TCA previu as seguintes penalidades:

> CLÁUSULA OITAVA – DA INEXECUÇÃO DAS OBRIGAÇÕES
>
> Além da CLÁUSULA PENAL, a mora no cumprimento de qualquer das obrigações constantes da CLÁUSULA SEGUNDA, após os prazos a serem estabelecido no licenciamento do projeto executivo, acarretará ao MUNICÍPIO o pagamento de uma MULTA DIÁRIA, por obrigação não cumprida, correspondente a 0,15% (quinze décimos de um por cento) do valor descrito na CLÁUSULA SÉTIMA, até o limite de 60 (sessenta) dias.
>
> SUBCLÁUSULA PRIMEIRA
>
> Após o sexagésimo dia de mora, mantendo-se a inadimplência, total ou parcial, das obrigações fixadas, implicará na incidência de MULTA DIÁRIA de 5% (cinco por cento) do valor previsto na CLÁUSULA SÉTIMA, até o exato adimplemento das obrigações.

A fim de executar tais cláusulas, a demandante pretende, por meio desta Ação Civil Pública, a cobrança do valor de R$4.638.000,00.

Vislumbra-se que o valor exorbitante encontra-se abusivo e merece ser reduzido. Explico.

Conforme já mencionado no item IV.2, a cláusula penal prevista no TCA possui natureza cível.

A cláusula penal pode ser enquadrada como "*multa moratória*", quando há descumprimento parcial da obrigação, ou "*multa compensatória*", quando há o descumprimento total.

No caso do TCA, a demandante aplica a penalidade em razão do descumprimento de apenas 06 (seis) obrigações. Nesse sentido, está-se diante de multa moratória, pois a inexecução não se deu de forma integral.

Flávio Tartuce menciona que existe um limite de valor para a multa moratória. Para os contratos civis, aplica-se o limite de 10% sobre o valor da dívida (arts. 8º e 9º do Decreto 22.626/1933). Já nos contratos de consumo, essa multa se limita a 2% (art. 52, parágrafo 1º da Lei 8078/1990).[9]

Portanto, sem razão a autora ao afirmar que a multa de R$4.638.000,00 possui valor razoável por não ultrapassar o valor total estimado do Termo (R$23.000.000,00), tendo em vista que essa regra só se aplica quando se refere à multa compensatória, o que não é caso dos autos.

Ainda, entende-se que a cláusula penal é norma de ordem pública, cabendo ao juiz reduzi-la de forma equitativa, inclusive de ofício. Este é o entendimento do STJ no AREsp 1.561.610/MG, de relatoria do ministro Marco Buzzi:

> AGRAVO INTERNO NO AGRAVO EM RECURSO ESPECIAL – EMBARGOS À EXECUÇÃO – DECISÃO MONOCRÁTICA DA PRESIDÊNCIA DESTA CORTE QUE NEGOU PROVIMENTO AO RECLAMO. INSURGÊNCIA RECURSAL DA REQUERIDA.
>
> 1. *De acordo com a jurisprudência desta Corte, é possível a redução da multa compensatória, nos termos do art. 413 do CC/02, quando constatada sua excessividade ou nas hipóteses em que houver cumprimento parcial da obrigação. Precedentes.*
>
> 2. A conclusão a que chegou o Tribunal de origem, relativa à necessidade de minoração da cláusula penal, fundamenta-se nas particularidades do contexto que permeia a controvérsia. Incidência das Súmulas 5 e 7 do STJ. 3. Agravo interno desprovido. (AgInt no AGRAVO EM RECURSO ESPECIAL Nº 1561610 – MG, Relatoria: Marco Buzzi, julgado em 20.02.2020) (grifei).

O art. 413 do Código Civil refere:

> Art. 413. A penalidade deve ser reduzida eqüitativamente pelo juiz se a obrigação principal tiver sido cumprida em parte, ou se o montante da penalidade for manifestamente excessivo, tendo-se em vista a natureza e a finalidade do negócio.

---

[9] TARTUCE, Flávio. *Manual de direito civil*. São Paulo: Método, 2011, p. 386.

O Enunciado nº 359 do CJF/STJ referiu que "*a redação do art. 413 do CC não impõe que a redução da penalidade seja proporcionalmente idêntica ao percentual adimplido*".

Com isso, pode-se concluir que a cláusula penal do TCA, sendo multa moratória, eis que o descumprimento do termo por parte do Município não foi total, deve ser reduzida pelo juízo, de acordo com os princípios da proporcionalidade e da razoabilidade, tendo em vista a abusividade do valor cobrado pela autora.

Nesse sentido, já se manifestou o Tribunal de Justiça do Rio Grande do Sul, em caso similar, no processo nº 70060108529, cujo trecho transcrevo:

> Dito isso, lembro que as multas estabelecidas em contratos, em razão da incidência do princípio da autonomia privada, são em regra exigíveis, *salvo quando abusivas, porque tanto nos negócios jurídicos sujeitos à proteção decorrente do CDC, quanto nos que estão abrangidos pela incidência do CCB, há mitigação da autonomia em face da adoção, pelo ordenamento jurídico, do princípio da socialidade, que impõe um olhar finalista a toda a atividade jurídica. Por mais fortes razões, a análise das multas arbitradas em TACs não pode ser diferente.* Está assente na doutrina e na jurisprudência que mesmo quando a multa é fixada com o propósito de compelir o devedor ao atendimento de decisão judicial, o seu quantitativo está a qualquer tempo sujeito à revisão, para a verificação de sua proporcionalidade. Da mesma forma, está assente que a sua subsistência pode ceder diante de eventual impossibilidade material de cumprimento ou mesmo quando o atendimento da decisão acaba por acontecer, embora a destempo.

Cabe destacar que, diferentemente da multa ambiental, na cláusula penal, sendo de caráter civil, não se aplica o viés pedagógico. Ou seja, a cláusula penal que está sendo executada na presente ação deve ser analisada pura e exclusivamente sob o ponto de vista civil, de acordo com os princípios da proporcionalidade e razoabilidade, devendo ser levado em consideração que apenas seis obrigações não foram totalmente cumpridas pela Municipalidade. Isso significa que a maior parte das obrigações foi, de alguma forma, cumprida.

A obrigação principal de retirada de resíduos sólidos foi cumprida, tanto que a ACP nº xxx foi extinta por esse motivo.

Vê-se arbitrária e abusiva a cobrança da penalidade/cláusula penal diante da comprovação de que a Municipalidade não deixou de empreender esforços para a resolução do problema.

Em caso semelhante, o Tribunal de Justiça do Rio Grande do Sul deixou de aplicar a penalidade:

> APELAÇÃO CÍVEL. DIREITO PÚBLICO NÃO ESPECIFICADO. EMBARGOS À EXECUÇÃO. PRELIMINARES DE FALTA DE FUNDAMENTAÇÃO E INOVAÇÃO RECURSAL. DESCABIMENTO. CONSTRUÇÃO DE ELEVADOR EM CENTRO ADMINISTRATIVO MUNICIPAL PARA ADEQUAR O ACESSO DE PESSOAS PORTADORAS DE RESTRIÇÕES FÍSICAS. TERMO DE COMPROMISSO DE AJUSTAMENTO DE CONDUTA FIRMADO PELO MUNICÍPIO E O MINISTÉRIO PÚBLICO. ALEGAÇÃO DE DESCUMPRIMENTO DO PRAZO. *COBRANÇA DE MULTA. IMPOSSIBILIDADE. SITUAÇÃO QUE IMPORTA EM FLAGRANTE INJUSTIÇA E PREJUÍZO DE VULTO AO ERÁRIO MUNICIPAL. AFRONTA AOS PRINCÍPIOS DA RAZOABILIDADE E PROPORCIONALIDADE.* OBRA REALIZADA DENTRO DO TEMPO NECESSÁRIO PARA O CUMPRIMENTO DE TODAS AS DISPOSIÇÕES CONSTITUCIONAIS QUE REGEM A UTILIZAÇÃO DE VERBAS PÚBLICAS. CUSTAS E HONORÁRIOS. POSSIBILDIADE. PRELIMINARES REJEITADAS. APELO PROVIDO. UNÂNIME. (APELAÇÃO CÍVEL Nº 70023001647, VIGÉSIMA PRIMEIRA CÂMARA CÍVEL, TRIBUNAL DE JUSTIÇA DO RS, RELATOR: GENARO JOSÉ BARONI BORGES, JULGADO EM 28.05.2008) (grifei).

Diante do exposto, *REQUER* a exclusão da penalidade aplicada ou, subsidiariamente, a redução equitativa da cláusula penal em razão da abusividade do valor cobrado, dificultando ainda mais o cumprimento das obrigações ambientais impostas à Municipalidade.

6 Dos pedidos

Diante do exposto, *REQUER*, o Município, seja:

A) Preliminarmente, extinto o processo, sem resolução de mérito, com fulcro no art. 485, incisos IV e VI do CPC, em razão da inadequação da via eleita, a fim de observância ao princípio da isonomia e segurança jurídica em razão da sentença proferida na ACP nº xxx;

B) Preliminarmente, declarada a nulidade absoluta da notificação que apresentou referência ao Auto de Infração nº 012/2005 e aplicou a multa referente ao TCA nº 003/2005, sem discriminar os valores;

C) Preliminarmente, decretada a prescrição da pretensão executiva, considerando que o objeto da ACP é a execução do Termo de Compromisso Ambiental, título executivo extrajudicial, de natureza cível, que se sujeita ao prazo de 05 (cinco) anos contados da mora *ex re*, ocorrida em 31.10.2010 (termo final do terceiro aditivo);

D) No mérito, seja excluída a penalidade ou reduzida a cláusula penal arbitrada no TCA, com fulcro no art. 413 do Código Civil e no princípio da proporcionalidade e razoabilidade, considerando o descumprimento mínimo do termo por parte do Município.

Nesses termos, pede deferimento.

Local, data.

Procurador do Município

Informação bibliográfica deste texto, conforme a NBR 6023:2018 da Associação Brasileira de Normas Técnicas (ABNT):

SOUZA, Fernanda Oliveira de. Contestação. Cláusula penal em Termo de Compromisso Ambiental. *In*: DOSSO, Taisa Cintra; TAVARES, Gustavo Machado; SILVA, Thiago Viola Pereira da (Coord.). *Direito Municipal em debate*. Belo Horizonte: Fórum, 2023. v. 7. p. 207-227. ISBN 978-65-5518-604-8. Peça.

RECLAMAÇÃO CONSTITUCIONAL. TRANSCENDÊNCIA NO RECURSO DE REVISTA

AURY MARIA BARROS SILVA PINTO MARQUES

Excelentíssimo(a) Senhor(a) Ministro(a) Presidente do Supremo Tribunal Federal

Autos de origem: AIRR xxxxxxxx – ___ª **Turma do TST**

MUNICÍPIO DE XXXXXX, pessoa jurídica de direito público interno, CNPJ nº XXXXXX, com sede e Procuradoria-Geral na XXXXXXXXXXX, endereço eletrônico: XXXXXXXXXXXX, onde recebe as comunicações dos atos processuais, vem respeitosamente à presença de Vossa Excelência, por intermédio do(a) Procurador(a) Jurídico(a) signatário(a), com fundamento no artigo 102, I, alínea "f" da Constituição Federal de 1988, no artigo 988, I e II, do CPC/2015, bem como no artigo 156 do RISTF, propor

RECLAMAÇÃO CONSTITUCIONAL
COM PEDIDO DE LIMINAR

contra a *decisão monocrática* proferida pelo *Excelentíssimo Senhor Ministro do Tribunal Superior do Trabalho XXXXXXXXX, DD. Relator do AIRR XXXXXXXXX*, a qual tem como beneficiário(a) o(a) Sr(a). *XXXXXXXXXX*, o que faz pelas razões de fato e de direito a seguir expostas:

1 Do cabimento da presente reclamação

O Município de XXXXX se insurge contra decisão monocrática proferida pelo DD. Relator do AIRR XXXXXXXXXXXXX, a qual improveu o agravo de instrumento e declarou *inexistir transcendência* no recurso de revista interposto pelo Município de XXXXXXX, obstando tanto a apreciação do recurso pelo colegiado da 5ª Turma do colendo Tribunal Superior do Trabalho, quanto usurpou a competência desse Egrégio Supremo Tribunal Federal para apreciar em última instância controvérsia envolvendo contrariedade ao que decidido no Recurso Extraordinário nº 760.931-RG.

Conforme se demonstrará em tópico próprio, o recurso de revista do ente público reclamante versa sobre "*a responsabilidade subsidiária da Administração Pública por encargos trabalhistas gerados pelo inadimplemento de empresa prestadora de serviço*" e também discute "*a quem pertence o ônus da prova acerca de eventual conduta culposa na fiscalização das obrigações trabalhistas de prestadora de serviços, para fins de responsabilização subsidiária na Administração Pública*", de modo que ao ser recusado por suposta *intranscendência*, a decisão afronta o padrão decisório de tese vinculativa obrigatória firmada em sede de repercussão geral definida nº 760.931-RG, conferindo interpretação legal em manifesta desconformidade com as decisões dessa Excelsa Corte, que já reconheceu e fixou a *relevância* das matérias em foco (Temas 246 e 1118).

Registre-se que a decisão reclamada ainda não transitou em julgado e que embora se afigure como irrecorrível, nos termos do artigo 896-A, §5º, da CLT, tal irrecorribilidade não elimina o direito constitucional processual do autor de propor a reclamação prevista no artigo 102, I, alínea "l" da Constituição Federal de 1988, disciplinada no artigo 988, I e II, do CPC/2015, e regida pelo artigo 156 do Regimento Interno dessa Colenda Corte.

2 Da síntese dos fatos

O(A) obreiro(a) beneficiário(a) propôs reclamação trabalhista contra a empresa XXXXXXX, terceirizada, prestadora de serviços do Município de XXXXXX, alegando que foi contratado em XXXXXXX para exercer a função de digitador e diz ter sido dispensado sem justa causa em XXXXX, sem supostamente receber suas verbas rescisórias. Requereu a responsabilidade subsidiária da administração pública municipal pelo pagamento de todas as parcelas reivindicadas.

Em relação ao ente público, o trabalhador não alegou nenhum fato ou elemento concreto denotando responsabilidade pelos prejuízos suportados, mas apenas asseverou que este deveria arcar com o pagamento das verbas do extinto contrato simplesmente por ter figurado como o tomador dos seus serviços. Também não houve a juntada de nenhuma prova documental de falta ou falha de fiscalização ou descumprimento de algum dever legal ou contratual da administração pública que tenha ensejado ou contribuído para o inadimplemento trabalhista reclamado nos autos.

Sobrevindo sentença de mérito, o MM. Juízo singular trabalhista julgou procedentes os pedidos formulados contra a empresa demandada, rejeitando, contudo, a condenação do Município de XXXXXXXX como responsável subsidiário pelo adimplemento das verbas deferidas. Não obstante isso, a sentença condenou a Fazenda Pública requerida nas penas da litigância de má-fé, sob o argumento de que essa teria provocado manifestação judicial a respeito de fato incontroverso.

Inconformado, o obreiro interpôs recurso ordinário pugnando pela condenação subsidiária do Município, o qual, por sua vez, apresentou contrarrazões ao recurso do obreiro, aduzindo a ausência de responsabilidade subsidiária em razão de inexistência de culpa. Sustentou que cumpriu todas as obrigações legais e regulamentares decorrentes do contrato de terceirização e que fiscalizou as obrigações contratuais e legais por parte da contratada. Argumentou que as fiscalizações existiam e eram regulares. Alegou que os pagamentos mensais só eram realizados mediante a prévia apresentação de notas fiscais devidamente atestadas pelo fiscal do contrato e também das certidões negativas que demonstrassem a regularidade da empresa para com os órgãos estatais. Asseverou que a parte autora foi incapaz de infirmar a ocorrência dessa fiscalização e que esse ônus lhe competia (artigo 818, I, da CLT e 373, I, CPC/2015). Aduziu que se a empresa recorrida optou por descumprir com seus deveres, deve essa responder de forma exclusiva por esse inadimplemento, nos exatos termos do artigo 71, §1º, da Lei nº 8.666/93, do precedente firmado pelo STF no julgamento da ADC 16/DF e no RE nº 760.931, do item V da Súmula 331, e na forma do artigo 37 da CF/88.

O Município de XXXXXXXX, por outro lado, interpôs recurso ordinário insurgindo-se contra a condenação por litigância de má-fé, explicitando que não provocou manifestação judicial sobre fato incontroverso.

Julgando ambos os recursos, a 2ª Turma do Tribunal Regional do Trabalho da XXXXX Região proferiu acórdão dando provimento ao recurso do obreiro concernente à responsabilização subsidiária do ente público e improvimento ao recurso do ente público, mantendo a condenação desse nas penas da litigância de má-fé, porém sob fundamento diverso da sentença.

Não se conformando com a decisão regional, eis que julgou o presente caso contrariando o item V da Súmula 331 desse Colendo Tribunal Superior do Trabalho e, violando frontalmente o teor dos artigos 818, I, da CLT, 10 e 373, I, do CPC, artigo 71, §1º, da Lei Federal nº 8.666/93, ofendendo, ainda, os artigos 5º, LIV e LV, e 37, §6º, da CF/88, bem como o precedente firmado pelo STF no julgamento da ADC 16/DF e no RE nº 760.931, o Município XXXXXX interpôs recurso de revista, com base no artigo 896, "a" e "c" da CLT, pugnando pela reforma do *decisum* pelo colendo Tribunal Superior do Trabalho.

Entretanto, o eminente julgador regional negou seguimento ao recurso de revista interposto sob o argumento de estarem ausentes os requisitos de admissibilidade elencados nas alíneas "a" e "c" do artigo 896 da Consolidação das Leis do Trabalho, bem como por encontrar óbice no reexame da condenação por litigância de má-fé em razão das disposições da Súmula 126 do TST.

Irresignado, o Município XXXXXX manejou então agravo de instrumento contra a decisão do Tribunal Regional do Trabalho da XXXXXXX Região, pugnando pela reforma do juízo negativo de admissibilidade e que o recurso de revista fosse recebido, regularmente processado e julgado pelo Colendo Tribunal Superior do Trabalho. Da análise do agravo de instrumento, contudo, sobreveio a decisão monocrática reclamada, a qual negou provimento ao recurso por *não vislumbrar a transcendência* das matérias abordadas.

Eis a síntese do até aqui processado.

3 Do direito

Acerca do instituto da *transcendência* como requisito prévio de admissibilidade dos recursos de revista, dispõe a CLT:

> Art.896-A – O Tribunal Superior do Trabalho, no recurso de revista, examinará previamente se a causa oferece transcendência com relação aos reflexos gerais de natureza econômica, política, social ou jurídica.
>
> §1º São indicadores de transcendência, entre outros.

> I – econômica, o elevado valor da causa;
>
> II – política, o desrespeito da instância recorrida à jurisprudência sumulada do Tribunal Superior do Trabalho ou do Supremo Tribunal Federal;
>
> III – social, a postulação, por reclamante-recorrente, de direito social constitucionalmente assegurado;
>
> IV – jurídica, a existência de questão nova em torno da interpretação da legislação trabalhista;
>
> §2º Poderá o relator, monocraticamente, denegar seguimento ao recurso de revista que não demonstrar transcendência, cabendo agravo desta decisão para o colegiado.
>
> §3º Em relação ao recurso que o relator considerou não ter transcendência, o recorrente poderá realizar sustentação oral sobre a questão da transcendência, durante cinco minutos em sessão.
>
> §4º Mantido o voto do relator quanto à não transcendência do recurso, será lavrado acórdão com fundamentação sucinta, que constituirá decisão irrecorrível no âmbito do tribunal.
>
> §5º É irrecorrível a decisão monocrática do relator que, em agravo de instrumento em recurso de revista, considerar ausente a transcendência da matéria.
>
> §6º O juízo de admissibilidade do recurso de revista exercido pela Presidência dos Tribunais Regionais do Trabalho limita-se à análise dos pressupostos intrínsecos e extrínsecos do apelo, não abrangendo o critério da transcendência das questões nele veiculadas.

Contudo, a mesma Consolidação das Leis do Trabalho também determina, quanto aos recursos de revista, que seja observada a sistemática do Código de Processo Civil referente à tratativa dos recursos extraordinários repetitivos, conforme se infere dos artigos 896-B e 896-C, *in verbis:*

> Art. 896-B. Aplicam-se ao recurso de revista, no que couber, as normas da Lei nº 5.869, de 11 de janeiro de 1973 (Código de Processo Civil), relativas ao julgamento dos recursos extraordinário e especial repetitivos.
>
> Art. 896-C. Quando houver multiplicidade de recursos de revista fundados em idêntica questão de direito, a questão poderá ser afetada à Seção Especializada em Dissídios Individuais ou ao Tribunal Pleno, por decisão da maioria simples de seus membros, mediante requerimento de um dos Ministros que compõem a Seção Especializada, considerando a relevância da matéria ou a existência de entendimentos divergentes entre os Ministros dessa Seção ou das Turmas do Tribunal.
>
> §1º O Presidente da Turma ou da Seção Especializada, por indicação dos relatores, afetará um ou mais recursos representativos da controvérsia

para julgamento pela Seção Especializada em Dissídios Individuais ou pelo Tribunal Pleno, sob o rito dos recursos repetitivos

§2º O Presidente da Turma ou da Seção Especializada que afetar processo para julgamento sob o rito dos recursos repetitivos deverá expedir comunicação aos demais Presidentes de Turma ou de Seção Especializada, que poderão afetar outros processos sobre a questão para julgamento conjunto, a fim de conferir ao órgão julgador visão global da questão.

§3º O Presidente do Tribunal Superior do Trabalho oficiará os Presidentes dos Tribunais Regionais do Trabalho para que suspendam os recursos interpostos em casos idênticos aos afetados como recursos repetitivos, até o pronunciamento definitivo do Tribunal Superior do Trabalho.

§4º Caberá ao Presidente do Tribunal de origem admitir um ou mais recursos representativos da controvérsia, os quais serão encaminhados ao Tribunal Superior do Trabalho, ficando suspensos os demais recursos de revista até o pronunciamento definitivo do Tribunal Superior do Trabalho.

§5º O relator no Tribunal Superior do Trabalho poderá determinar a suspensão dos recursos de revista ou de embargos que tenham como objeto controvérsia idêntica à do recurso afetado como repetitivo.

§6º O recurso repetitivo será distribuído a um dos Ministros membros da Seção Especializada ou do Tribunal Pleno e a um Ministro revisor.

§7º O relator poderá solicitar, aos Tribunais Regionais do Trabalho, informações a respeito da controvérsia, a serem prestadas no prazo de 15 (quinze) dias.

§8º O relator poderá admitir manifestação de pessoa, órgão ou entidade com interesse na controvérsia, inclusive como assistente simples, na forma da Lei nº 5.869, de 11 de janeiro de 1973 (Código de Processo Civil).

§9º Recebidas as informações e, se for o caso, após cumprido o disposto no §7º deste artigo, terá vista o Ministério Público pelo prazo de 15 (quinze) dias.

§10. Transcorrido o prazo para o Ministério Público e remetida cópia do relatório aos demais Ministros, o processo será incluído em pauta na Seção Especializada ou no Tribunal Pleno, devendo ser julgado com preferência sobre os demais feitos.

§11. Publicado o acórdão do Tribunal Superior do Trabalho, os recursos de revista sobrestados na origem.

I – terão seguimento denegado na hipótese de o acórdão recorrido coincidir com a orientação a respeito da matéria no Tribunal Superior do Trabalho; ou

II – serão novamente examinados pelo Tribunal de origem na hipótese de o acórdão recorrido divergir da orientação do Tribunal Superior do Trabalho a respeito da matéria.

§12. Na hipótese prevista no inciso II do §11 deste artigo, mantida a decisão divergente pelo Tribunal de origem, far-se-á o exame de admissibilidade do recurso de revista.

§13. Caso a questão afetada e julgada sob o rito dos recursos repetitivos também contenha questão constitucional, a decisão proferida pelo Tribunal Pleno não obstará o conhecimento de eventuais recursos extraordinários sobre a questão constitucional.

§14. Aos recursos extraordinários interpostos perante o Tribunal Superior do Trabalho será aplicado o procedimento previsto no art. 543-B da Lei nº 5.869, de 11 de janeiro de 1973 (Código de Processo Civil), cabendo ao Presidente do Tribunal Superior do Trabalho selecionar um ou mais recursos representativos da controvérsia e encaminhá-los ao Supremo Tribunal Federal, sobrestando os demais até o pronunciamento definitivo da Corte, na forma do §1º do art. 543-B da Lei no 5.869, de 11 de janeiro de 1973 (Código de Processo Civil).

§15. O Presidente do Tribunal Superior do Trabalho poderá oficiar os Tribunais Regionais do Trabalho e os Presidentes das Turmas e da Seção Especializada do Tribunal para que suspendam os processos idênticos aos selecionados como recursos representativos da controvérsia e encaminhados ao Supremo Tribunal Federal, até o seu pronunciamento definitivo.

§16. A decisão firmada em recurso repetitivo não será aplicada aos casos em que se demonstrar que a situação de fato ou de direito é distinta das presentes no processo julgado sob o rito dos recursos repetitivos.

§17. Caberá revisão da decisão firmada em julgamento de recursos repetitivos quando se alterar a situação econômica, social ou jurídica, caso em que será respeitada a segurança jurídica das relações firmadas sob a égide da decisão anterior, podendo o Tribunal Superior do Trabalho modular os efeitos da decisão que a tenha alterado.

Diante desses dispositivos legais exsurge que, ao apreciar os recursos de revista e igualmente os agravos de instrumento destinados a destrancá-los, deve o julgador fazê-lo atentando para os critérios de relevância postos no artigo 896-A da CLT, mas sem perder de vista a sistemática que vem sendo dada por esse Egrégio Supremo Tribunal Federal acerca dos julgamentos dos recursos extraordinários e os temas com repercussão geral já reconhecida. Esse procedimento é indispensável para aplicação adequada, uniforme, razoável e coerente da legislação e também para preservação da ordem processual e constitucional vigente, a qual confere a essa Suprema Corte a competência máxima para o julgamento das matérias constitucionais e de relevância que esta reconhece.

Nesse contexto, em se tratando de recurso de revista cujo objeto discute matérias com tese firmada e temas já definidos por essa Suprema Corte como de *repercussão geral*, não pode o Tribunal Superior do Trabalho entender diferente e julgar como inexistente o requisito da transcendência, pois se o fizer estará usurpando a competência desse Egrégio Supremo Tribunal Federal, subvertendo o ordenamento jurídico vigente.

No processo trabalhista em foco, todavia, entendeu o DD. Ministro Relator que:

> (...)
>
> O presente recurso está submetido à disciplina da Lei 13.467/2017, especificamente em relação ao requisito da transcendência.
>
> De acordo com o art. 896-A da CLT, com a redação dada pela MP 2226/2001, "O Tribunal Superior do Trabalho, no recurso de revista, examinará previamente se a causa oferece transcendência com relação aos reflexos gerais de natureza econômica, política, social ou jurídica".
>
> Apesar de o art. 2º da MP 2226/2001 ter conferido a esta Corte a competência para regulamentar, em seu regimento interno, o processamento da transcendência do recurso de revista (assegurada a apreciação da transcendência em sessão pública, com direito a sustentação oral e fundamentação da decisão), tal regulamentação não foi editada.
>
> Com o advento da Lei 13.467/2017, os parâmetros para o exame da transcendência foram objetivamente definidos (§1º do art. 896-A da CLT), devendo ser observados no âmbito desta Corte em relação aos recursos interpostos contra acórdãos publicados após a vigência da Lei 13.467/2017 (art. 246 do RITST).
>
> De acordo com §1º do art. 896-A da CLT, são indicadores da transcendência, entre outros critérios que podem ser delineados por esta Corte, a partir do exame de cada caso concreto:
>
> I – econômica, o elevado valor da causa;
>
> II – política, o desrespeito da instância recorrida à jurisprudência sumulada do Tribunal Superior do Trabalho ou do Supremo Tribunal Federal;
>
> III – social, a postulação, por reclamante-recorrente, de direito social constitucionalmente assegurado;
>
> IV – jurídica, a existência de questão nova em torno da interpretação da legislação trabalhista.
>
> O exame do art. 896-A, §1º, da CLT revela que o próprio legislador deixou aberta a possibilidade de detecção de outras hipóteses de transcendência, ao sugerir de modo meramente exemplificativo os parâmetros delineados no §1º do art. 896-A da CLT.

Não se pode, portanto, no exercício desse juízo inicial de delibação, afastar o papel precípuo do TST de guardião da unidade interpretativa do direito no âmbito da Justiça do Trabalho. Nesse sentido, deve se entender presente a transcendência política nas hipóteses em que as decisões regionais, de forma direta e objetiva, contrariam a jurisprudência pacífica e reiterada desta Corte, ainda que não inscrita em Súmula ou Orientação Jurisprudencial.

Esse novo sistema busca realizar pelo menos três valores constitucionais relevantes: isonomia, celeridade e segurança jurídica no tratamento aos jurisdicionados. Por isso, também as decisões nesses incidentes, quando descumpridas, devem ensejar o reconhecimento da transcendência política para o exame do recurso de revista.

Em síntese, o pressuposto da transcendência política estará configurado sempre que as decisões regionais desafiarem as teses jurídicas pacificadas pelo TST em reiteradas decisões (§7º do art. 896 c/c a Súmula 333 do TST), em Súmulas, em Orientações Jurisprudenciais ou em Incidentes de Resolução de Demandas Repetitivas e de Assunção de Competência.

II – AGRAVO DE INSTRUMENTO

Trata-se de agravo de instrumento interposto em face da decisão do Tribunal Regional, mediante a qual foi denegado seguimento ao recurso de revista. A parte procura demonstrar a satisfação dos pressupostos para o processamento do recurso obstado. Assim resumida a espécie, profiro a seguinte decisão, com fundamento no artigo 932 do CPC/2015.

Observo, inicialmente, que o recurso é tempestivo e regular. Registro, ainda, que se trata de agravo de instrumento com o objetivo de viabilizar o processamento de recurso de revista interposto em face de decisão publicada na vigência da Lei 13.467/2017.

O Tribunal Regional negou seguimento ao recurso de revista da parte, por entender não configuradas as hipóteses de cabimento previstas no artigo 896 da CLT. Eis os termos da decisão:

(...)

Como se sabe, a intervenção deste Tribunal Superior do Trabalho apenas se legitima quando há demonstração clara e objetiva da presença de interesse público na resolução da disputa, o que é evidenciado por uma das seguintes situações jurídicas: transgressão direta e literal à ordem jurídica (leis federais e Constituição) e dissenso jurisprudencial (entre TRTs, entre TRT e a SDI/TST, contrariedade a Súmulas do TST e Súmulas Vinculantes do STF).

Com o advento da Lei 13.467/2017, o caráter excepcional da jurisdição prestada pelo TST foi uma vez mais remarcado com a regulamentação do pressuposto recursal da transcendência, segundo o qual a admissibilidade do recurso de revista depende da relevância ou expressão das questões jurídicas suscitadas, considerados os seus reflexos gerais de natureza econômica, política, social ou jurídica (CLT, art. 896-A).

O simples descontentamento da parte com o teor da decisão judicial não basta para viabilizar o acesso a mais uma instância jurisdicional. Muito embora a crise de efetividade do sistema judicial brasileiro venha sendo combatida há vários anos por meio de reformas legislativas e políticas de gestão delineadas a partir do Conselho Nacional de Justiça (CNJ), é fato que o principal aspecto a ser enfrentado envolve os recursos protelatórios, que apenas consomem valioso tempo e recurso das próprias partes e do Estado.

O direito constitucional de acesso à Justiça (CF, art. 5º, XXXV) não autoriza o percurso de todos os graus de jurisdição fora das hipóteses legalmente previstas (CF, art. 5º, LIV). Se o debate se esgotou de modo regular na esfera ordinária de jurisdição, proferidas as decisões de forma exauriente e fundamentada (CF, art. 93, IX) e sem que tenham sido vulneradas as garantias processuais fundamentais dos litigantes, à parte sucumbente cabe conformar-se com o resultado proposto, não lhe sendo lícito postergar, indevidamente, o trânsito em julgado da última decisão proferida, com a interposição sucessiva das várias espécies recursais previstas em lei.

No caso presente, foram examinadas, detida e objetivamente, todas as alegações deduzidas pela parte em seu recurso de revista e indicados os óbices que inviabilizaram o processamento pretendido. Confrontando a motivação inscrita na decisão agravada e os argumentos deduzidos pela parte Agravante, percebe-se, sem maiores dúvidas, a ausência de qualquer equívoco que autorize o provimento do presente agravo de instrumento. Os motivos inscritos na decisão agravada estão corretos, evidenciam a ausência de pressupostos legais e, por isso, são também incorporados a esta decisão.

Assim, constatado que as razões apresentadas pela parte Agravante não são capazes de justificar a reforma da decisão agravada, viabilizando o processamento regular do recurso de revista denegado, no que se refere aos temas veiculados nas razões recursais, porquanto não se evidencia a transcendência sob quaisquer de suas espécies, na medida em que não alcança questão jurídica nova (transcendência jurídica); o valor da causa não assume expressão econômica suficiente a ensejar a intervenção desta Corte (transcendência econômica); tampouco se divisa ofensa a direito social constitucionalmente assegurado (transcendência social). Ademais, não há, a partir das específicas circunstâncias fáticas consideradas pela Corte Regional, jurisprudência dissonante pacífica e reiterada no âmbito desta Corte, não se configurando a transcendência política do debate proposto.

Registro, por fim, que, conforme Tese 339 de Repercussão Geral do STF, o artigo 93, IX, da Constituição Federal exige que o acórdão ou decisão sejam fundamentados, ainda que sucintamente, sem determinar, contudo, o exame pormenorizado de cada uma das

alegações ou provas. Logo, uma vez que a parte já recebeu a resposta fundamentada deste Poder Judiciário, não há espaço para o processamento do recurso de revista denegado.

> Assim, ratificando os motivos inscritos na decisão agravada, devidamente incorporados a esta decisão, e amparado no artigo 932 do CPC/2015, NEGO PROVIMENTO ao agravo de instrumento.[1]

Como se demonstra através dos trechos acima destacados, a autoridade reclamada negou seguimento ao agravo de instrumento no recurso de revista interposto pela Fazenda Pública Municipal por considerar que a controvérsia discutida pelo Município de XXXXXX nos autos não preenche o requisito de *transcendência* sob a perspectiva econômica, nem política, nem social, nem tampouco jurídica, pelo que não teria o recurso preenchido os requisitos previstos no artigo 896-A da CLT. Como consequência, restou impedido o ente público de impugnar a decisão monocrática perante o órgão colegiado competente e subsequentemente de submeter o exame da controvérsia a esse Supremo Tribunal Federal em recurso extraordinário.

A decisão reclamada, contudo, contém claro *error in judicando,* merecendo a devida e necessária cassação por esse Egrégio Tribunal.

Data maxima venia, todo o debate que o ente público vem fazendo nos autos desde sua contestação, passando pelo recurso ordinário e posteriormente no recurso de revista, refere-se à ausência de responsabilização subsidiária por débitos trabalhistas devidos a prestador de serviço por empresa contratada mediante processo licitatório, com fulcro no item V da Súmula 331 do TST, no artigo 71, §1º, da Lei Federal nº 8.666/93, nos artigos 5º, LIV e LV, e no artigo 37, §6º, da CF/88, e também na imputação ao trabalhador do ônus da prova acerca da suposta inocorrência de fiscalização governamental efetiva, nos termos dos artigos 818, I, da CLT e 373, I, do Código de Processo Civil. *Essas matérias inegavelmente coincidem com os temas tratados na Ação Declaratória de Constitucionalidade nº 16 e no Recurso Extraordinário 760.931 (TEMA 246), as quais já foram considerados por essa Suprema Corte como* possuidoras de repercussão geral *sob o prisma econômico, político, social e jurídico. Nessa esteira, a autoridade reclamada não poderia se opor ao que fixado por esse Supremo Tribunal Federal.*

Como reiteradamente vem sendo reconhecido, os temas sobre os quais esse Excelso Tribunal já tenha se pronunciado, produzindo decisões com eficácia *erga omnes* e/ou vinculante, gozam de *presumida relevância* e, portanto, não podem ter seu exame obstado por interpretação

[1] Grifamos.

dissonante de inferior instância. É o que se infere da existência de diversos precedentes específicos, como adiante se ilustra:

> MEDIDA CAUTELAR NA RECLAMAÇÃO 36.705 ESPÍRITO SANTO RELATOR: MIN. ROBERTO BARROSO RECLTE.(S): ESTADO DO ESPÍRITO SANTO PROC.(A/S)(ES) : PROCURADOR-GERAL DO ESTADO DO ESPÍRITO SANTO RECLDO.(A/S): TRIBUNAL SUPERIOR DO TRABALHO ADV.(A/S): SEM REPRESENTAÇÃO NOS AUTOS BENEF.(A/S): EDVALDO SALERME LOPES ADV.(A/S): SEM REPRESENTAÇÃO NOS AUTOS BENEF.(A/S): WFC CONCEITO EM ALIMENTACAO LTDA – ME ADV.(A/S): SEM REPRESENTAÇÃO NOS AUTOS
>
> DECISÃO:
>
> DIREITO DO TRABALHO E ADMINISTRATIVO. MEDIDA CAUTELAR EMRECLAMAÇÃO. ART. 71, §1º, DA LEI Nº 8.666/1993. RESPONSABILIDADE DA ADMINISTRAÇÃO POR DÍVIDAS TRABALHISTAS EM CASO DE TERCEIRIZAÇÃO. TEMA 246 DA REPERCUSSÃO GERAL.
>
> 1. O Supremo Tribunal Federal firmou, no julgamento do RE 760.931, Rel. p/ o acórdão Min. Luiz Fux, a seguinte tese: "O inadimplemento dos encargos trabalhistas dos empregados do contratado não transfere automaticamente ao Poder Público contratante a responsabilidade pelo seu pagamento, seja em caráter solidário ou subsidiário, nos termos do art. 71, §1º, da Lei nº 8.666/93" (tema 246 da repercussão geral).
>
> 2. Aparentemente, frusta a autoridade da tese firmada pelo STF e, por via transversa, usurpa a sua competência, decisão do TST que não conhece de recurso de revista interposto para impugnar decisão que condenou subsidiariamente Estado ao adimplemento de verba trabalhista devida por empresa por ele contratada, pela afirmação de ausência de transcendência da matéria nele versada (art. 896-A da CLT)
>
> 3. Medida cautelar deferida.
>
> 1. Trata-se de reclamação ajuizada pelo Estado do Espírito Santo em face de acórdão do Tribunal Superior do Trabalho que não conheceu de recurso de revista, cujo objeto é a impugnação de acórdão de TRT que condenara o ente público, subsidiariamente, ao adimplemento de verba trabalhista devida por empresa contratada para terceirização de mão de obra. O órgão reclamado considerou que a matéria não possui transcendência jurídica, nos termos do art. 896-A da CLT.
>
> Confira-se a ementa da decisão:
>
> AGRAVO EM RECURSO DE REVISTA INTERPOSTO SOB A ÉGIDE DAS LEIS Nos 13.015/2014, 13.105/2015 E 13.467/2017 – DESCABIMENTO. TERCEIRIZAÇÃO. ADMINISTRAÇÃO PÚBLICA DIRETA E INDIRETA. RESPONSABILIDADE SUBSIDIÁRIA. Não merece reparo a decisão agravada que não reconheceu a transcendência de recurso de

revista, na medida em que constatado, no caso, a harmonia do acórdão regional com a Súmula 331, V, do TST. Agravo conhecido e desprovido. 2. Na presente reclamação, alega-se que o TST, ao negar transcendência a uma matéria cuja repercussão geral já foi conhecida pelo STF, com fixação de tese (tema 246), "usurpa a competência constitucional em apreciar em última instância os recursos extraordinários e a garantia de autoridade de decisão que definiu questão jurídica como representativa de repercussão geral desse Excelso Supremo Tribunal Federal". 3. É o relatório. Decido o pedido liminar. 4. No julgamento da ADC 16, Rel. Min. Cezar Peluso, o Supremo Tribunal Federal declarou a constitucionalidade do art. 71, §1º, da Lei nº 8.666/1993. O dispositivo legal assim prevê: "A inadimplência do contratado, com referência aos encargos trabalhistas, fiscais e comerciais não transfere à Administração Pública a responsabilidade por seu pagamento, nem poderá onerar o objeto do contrato ou restringir a regularização e o uso das obras e edificações, inclusive perante o Registro de Imóveis". 5. Naquela oportunidade, porém, esclareceu o relator que "isto não significa que eventual omissão da Administração Pública, na obrigação de fiscalizar as obrigações do contratado, não gere responsabilidade. É outra matéria". A partir daí, passou-se a admitir a condenação subsidiária do ente público ao pagamento de verbas trabalhistas inadimplidas por suas contratadas, desde que caracterizada a culpa in vigilando ou in eligendo da Administração. 6. Com base nisto, em alguns casos, esta Corte julgou improcedente reclamações ajuizadas contra decisões da Justiça do Trabalho reconhecendo a responsabilidade subsidiária da Administração, quando fundamentadas em evidências de ausência de fiscalização do contrato. Esta linha foi observada em diversas reclamações sobre o tema, v.g., Rcl 23.282 AgR, Rel. Min. Luiz Fux; Rcl 13.739 AgR, Rel. Min. Rosa Weber; Rcl 12.050 AgR, Rel. Min. Celso de Mello; e Rcl 24.545 AgR, minha relatoria.

7. Na prática, contudo, diversas reclamações ajuizadas perante esta Corte indicaram que, diante da decisão proferida nos autos da ADC 16, parte importante dos órgãos da Justiça do Trabalho apenas alterou a fundamentação das suas decisões, mas manteve a postura de condenar automaticamente o Poder Público. Tais decisões invocavam o acórdão proferido na ADC 16 para afirmar que a responsabilidade da Administração não é automática, mas condenavam o ente público por culpa in vigilando sem sequer aferirem, em concreto, se a Administração praticou ou não atos fiscalizatórios. A alusão genérica à culpa in vigilando, em tais termos, constituía mero recurso retórico por meio do qual, na prática, se continuou a condenar automaticamente a Administração. Nesse sentido: Rcl 20.701, Rcl 20.933 e Rcl 21.284, todas sob a minha relatoria.

8. Em outros casos, a Administração Pública é responsabilizada automaticamente, sempre que há inadimplência de obrigações trabalhistas pelas contratadas, a pretexto de que, havendo inadimplência, ou o Poder Público não fiscalizou a contento ou, tendo fiscalizado e tomado ciência da ocorrência de infração à legislação trabalhista, não tomou

as providências necessárias a impor a correção, de modo que haveria culpa in vigilando. Em todas essas hipóteses, há evidente violação ao precedente proferido na ADC 16. 9. Em razão disso, no julgamento do RE 760.931, Rel. p/ o acórdão Min. Luiz Fux, propus a seguinte tese de julgamento: (...)

10. Este entendimento, todavia, embora tenha obtido 5 (cinco) votos, não prevaleceu. Com efeito, em 26.04.2017, o Supremo concluiu o julgamento do RE 760.931, paradigma do Tema 246 da repercussão geral. Naquela decisão, o Supremo afastou a condenação subsidiária da União pelas dívidas decorrentes de contrato de terceirização, embora, segundo o TST, não tenha havido o exercício adequado do poder-dever de fiscalização. Ao final, fixou-se a seguinte tese: "O inadimplemento dos encargos trabalhistas dos empregados do contratado não transfere automaticamente ao Poder Público contratante a responsabilidade pelo seu pagamento, seja em caráter solidário ou subsidiário, nos termos do art. 71, §1º, da Lei nº 8.666/93".

11. Como se vê, a posição adotada no julgamento da repercussão geral afastou a responsabilidade subsidiária do ente público, quando embasada exclusivamente na ausência de prova da fiscalização do contrato de terceirização pela Administração. Por outro lado, não se afirmou categoricamente a total irresponsabilidade da Administração Pública, já que, de acordo com a tese firmada, somente está proibida a transferência automática dos ônus do inadimplemento das obrigações trabalhistas por parte da empregadora.

12. Nesse contexto, penso que a responsabilização do ente público depende da demonstração de que ele possuía conhecimento da situação de ilegalidade e que, apesar disso, deixou de adotar as medidas necessárias para combatê-la. É dizer: somente está autorizada a mitigação da regra do art. 71, §1º, da Lei nº 8.666/1993, caso demonstrado que a Administração teve ciência do reiterado descumprimento de deveres trabalhistas relativamente ao mesmo contrato de terceirização e que, a despeito disso, permaneceu inerte.

13. No caso dos autos, o TST, mantendo a aplicação de sua jurisprudência anterior à fixação da tese no tema 246 da repercussão geral pelo STF, afirmou, com base no art. 896-A da CLT, inexistir transcendência em recurso de revista que impugnava acórdão que afirmara a responsabilidade subsidiária do Estado pelo adimplemento de verbas trabalhistas devidas a empregado que lhe prestada serviços por meio de empresa contratada.

14. A posição adotada pelo órgão reclamado claramente frusta a aplicação da tese firmada no tema 246, uma vez que eventual recurso extraordinário interposto teria o trâmite impedido pela incidência dos efeitos do tema 181 da sistemática da repercussão geral (ausência de repercussão geral da questão afeta aos requisitos de admissibilidade de recursos dirigidos a tribunais diversos). Assim, a matéria de fundo,

decidida pelo Tribunal Regional, prevaleceria, apesar do desacordo com o precedente vinculante do Supremo Tribunal Federal.

15. Nesse cenário, aparentemente, o TST, ao negar a existência de transcendência sobre matéria cuja repercussão geral o STF já afirmou, com fixação da respectiva tese em sentido diverso do compreendido pela Justiça do Trabalho, impede a aplicação da jurisprudência constitucional, frustrando a autoridade de precedente desta Corte e usurpando, por via transversa, sua competência . Nesse sentido, confira-se Rcl 35.830-MC, Rel. Min. Cármen Lúcia.

16. Há, pois, plausibilidade no direito alegado. Reputo igualmente presente o periculum in mora, diante da fase avançada em que se encontra o feito de origem e considerando que o recurso extraordinário não possui, como regra, efeito suspensivo (arts. 995, caput, e 1.029, §5º, do CPC/2015).

17. Do exposto, defiro a medida cautelar, para suspender o processo no qual foi proferida a decisão reclamada (autos nº 121670.2014.5.17.0013).

18. Notifique-se a autoridade reclamada para (i) prestar as informações; e (ii) intimar a parte beneficiária do ato reclamado acerca da presente decisão, para que, querendo, impugne o pedido, nos autos da presente reclamação.

Publique-se. Comunique-se.

Brasília, 26 de setembro de 2019

Ministro LUÍS ROBERTO BARROSO Relator

MEDIDA CAUTELAR NA RECLAMAÇÃO. CONSTITUCIONAL. RESPONSABILIDADE SUBSIDIÁRIA DA ADMINISTRAÇÃO. AÇÃO DECLARATÓRIA DE CONSTITUCIONALIDADE N. 16 E RECURSO EXTRAORDINÁRIO N. 760.931. REPERCUSSÃO GERAL. ART. 896-A DA CONSOLIDAÇÃO DAS LEIS DO TRABALHO. AUSÊNCIA DE TRANSCENDÊNCIA TRABALHISTA. ALEGADA USURPAÇÃO DE COMPETÊNCIA. MEDIDA CAUTELAR DEFERIDA. PROVIDÊNCIAS PROCESSUAIS.

Examinados os elementos havidos nos autos, DECIDO.

3. Põe-se em foco na reclamação se, ao negar seguimento ao agravo de instrumento no recurso de revista por ausência de transcendência e determinar a certificação do trânsito em julgado e a baixa imediata dos autos, o Relator do recurso no Tribunal especializado teria usurpado a competência deste Supremo Tribunal para apreciar controvérsia envolvendo contrariedade ao que decidido no Recurso Extraordinário n. 760.931-RG (Tema 246).

4. A controvérsia jurídica estabelecida na presente reclamação é nova neste Supremo Tribunal, por decorrer da incidência de recente alteração legislativa que atribuiu ao Tribunal Superior do Trabalho a competência

para recusar o processamento de recurso de revista que não preencha o requisito de transcendência, sob a perspectiva econômica, política, social e jurídica, na forma do art. 896-A da Consolidação das Leis do Trabalho.

5. O exame dos autos revela que a questão de fundo tratada na origem respeita à responsabilização subsidiária de ente da administração pública por débitos trabalhistas e previdenciários devidos a prestador de serviço, os quais teriam sido inadimplidos por empresa contratada por processo licitatório. O autor da reclamatória trabalhista pugnou pela responsabilização do Estado do Maranhão, com base na Súmula n. 331 do Tribunal Superior do Trabalho, ao fundamento de que o contrato de gestão de serviços hospitalares celebrado entre as partes teria sido desvirtuado com a terceirização de atividade-fim, pretensão acolhida em primeiro grau de jurisdição e mantida pelo Tribunal Regional Trabalhista. Esse o teor do julgado:(...)

6. Daí a interposição do recurso de revista ao qual o Tribunal Superior do Trabalho reputou destituído de transcendência econômica, política, social e jurídica a justificar seu exame e determinou a certificação do trânsito em julgado, com a consequente baixa dos autos à origem. Ao fazê-lo, subtraiu da parte a possibilidade de impugnar a decisão monocrática no órgão colegiado daquele Tribunal e, em seguida, submeter o exame da controvérsia ao Supremo Tribunal em recurso extraordinário. Eventual recurso extraordinário, se interposto, conduziria o Presidente daquele Tribunal a cotejar a matéria recorrida com paradigma emanado no julgamento de repercussão geral. Se reconhecida a incompatibilidade e o órgão julgador do qual emanou a decisão recorrida não retratasse sua decisão, o recurso extraordinário seria encaminhado a este Supremo Tribunal para julgamento. Por outro lado, se aquela autoridade assentasse a compatibilidade com a matriz jurisprudencial, a parte disporia do instrumento da reclamação para arguir a harmonia, ou não, desta decisão com o paradigma de repercussão geral, podendo trazer a questão ao cuidado deste Supremo Tribunal em sede de reclamação, desde que esgotada a instância ordinária. Agregue-se a isso que, enquanto pendesse de julgamento pela instância superior, a parte poderia ainda ter impugnado a decisão proferida pelo Tribunal Regional do Trabalho, por possível contrariedade a precedente jurisprudencial dotado de efeito vinculante e erga omnes ou por descumprimento de súmula vinculante.

7. Ao decretar a ausência de transcendência da matéria veiculada no recurso e a imediata certificação de trânsito em julgado e baixa à origem, a autoridade reclamada cuidou de suprimir, a um só tempo, todos os meios de submissão da questão constitucional controvertida ao órgão colegiado que integra e ao

Supremo Tribunal Federal.

8. A análise precária da presente reclamação conduziria ao reconhecimento de sua inviabilidade, por voltar-se contra decisão transitada em julgado, a atrair a incidência da Súmula n. 734 deste Supremo Tribunal.

Contudo, um exame mais acurado conduz à conclusão no sentido da necessidade de prosseguimento do feito, sob pena de ver prevalecer interpretação de preceito legal capaz de esvaziar a competência constitucionalmente atribuída a este Supremo Tribunal. Na assentada de 24.11.2010, no julgamento da Ação Declaratória de Constitucionalidade n. 16, o Plenário deste Supremo Tribunal julgou procedente a ação para reconhecer constitucional o §1º do art. 71 da Lei n. 8.666/1993: (...)

Assentou-se, na oportunidade, que a Administração não poderia ser responsabilizada subsidiariamente pelo pagamento de encargos trabalhistas, salvo se comprovada conduta culposa de seus agentes. Sobreveio o julgamento Recurso Extraordinário n. 760.931, Redator do acórdão recorrido o Ministro Luiz Fux (Tema 246 da repercussão geral), este Supremo Tribunal fixou a tese de que "o inadimplemento dos encargos trabalhistas dos empregados do contratado não transfere automaticamente ao Poder Público contratante a responsabilidade pelo seu pagamento, seja em caráter solidário ou subsidiário, nos termos do art. 71, §1º, da Lei n. 8.666/93": (...)

Este Supremo Tribunal assentou ter repercussão geral a controvérsia sobre a responsabilidade subsidiária da Administração Pública por encargos trabalhistas gerados pelo inadimplemento de empresa prestadora de serviço.

Decidiu-se quanto ao mérito dessa matéria a inadmissibilidade da transferência para a Administração Pública, por presunção de culpa, da responsabilidade pelo pagamento dos encargos trabalhistas, fiscais e previdenciários devidos ao empregado de empresa terceirizada.

9. A questão jurídica tratada na ação trabalhista que ensejou o recurso de revista tido como destituído de transcendência coincide com aquela objeto da Ação Declaratória de Constitucionalidade n. 16 e do Recurso Extraordinário n. 760.931, a impor uma indagação inquietante: Como uma matéria poderia dispor de repercussão geral sob o prisma econômico, político, social e jurídico e exigir sucessivos pronunciamentos do Supremo Tribunal Federal e não preencher esse mesmo atributo quando examinada monocraticamente em jurisdição trabalhista?

Seria compreensível assentar que matéria de natureza estritamente trabalhistanão dispusesse de repercussão geral, econômica, política, social e jurídica para galgar a jurisdição constitucional, mas surpreende a constatação de que, *não bastassem os dois pronunciamentos vinculantes deste Supremo Tribunal sobre a matéria, aos quais se agregam centenas de decisões em reclamação, a mesma questão possa ser relegada pela Justiça do Trabalho por ausência de transcendência.*

Essa conclusão, se admitida, comprometeria a sistemática da repercussão geral e subverteria a ordem processual e constitucional vigente, conferindo ao Tribunal Superior do Trabalho a competência para proferir em última palavra em matérias constitucionais e de relevância reconhecida por este Supremo Tribunal.

10. O exame superficial e precário da causa indica que a interpretação conferida pela autoridade reclamada ao art. 896-A da Consolidação das Leis do Trabalho não pode se opor ao que fixado por este Supremo Tribunal em precedente de repercussão geral, compreensão que deve abranger também as decisões proferidas em sede de controle concentrado de constitucionalidade e as súmulas vinculantes.

Assim, os temas sobre os quais este Supremo Tribunal tenha se pronunciado, produzindo decisões com eficácia erga omnes e/ou vinculante, dispõem de presumida relevância, não podendo, por isso mesmo, ter seu exame obstado pela aplicação preceito infraconstitucional.

11. Para efeito de liminar, ao recusar o processamento de recurso de revista sobre a matéria em foco e, com isso, obstar todos meios de acesso à jurisdição constitucional, parece ter a autoridade reclamada usurpado a competência deste Supremo Tribunal Federal, que assentou ter repercussão geral a controvérsia sobre "responsabilidade subsidiária da Administração Pública por encargos trabalhistas gerados pelo inadimplemento de empresa prestadora de serviço"

(Tema n. 246).

A aparente usurpação da competência se apresentaria de forma agravada se descortinado o propósito do reclamado de impor a manutenção de decisão em aparente confronto com a orientação jurisprudencial vinculante emanada deste Supremo Tribunal na Ação Declaratória de Constitucionalidade n. 16DC e ratificada no julgamento da repercussão geral no Recurso Extraordinário n. 760.931. Presente o perigo da demora, pois, com o trânsito em julgado da decisão reclamada, o interessado poderia iniciar a execução definitiva da decisão.

12. Pelo exposto, sem prejuízo da reapreciação da matéria no julgamento do mérito, defiro a medida liminar requerida para suspender os efeitos da decisão reclamada.

13. Requisitem-se informações à autoridade reclamada (art. 157 do Regimento Interno do Supremo Tribunal Federal).

14. Prestadas as informações requisitadas, cite-se o beneficiário da decisão reclamada (interessado) para, querendo, contestar esta reclamação (inc. III do art. 989 do Código de Processo Civil).

15. Na sequência, vista à Procuradoria-Geral da República para emissão de parecer com a urgência que o caso recomenda (art. 160 do Regimento Interno do Supremo Tribunal Federal).

Publique-se.

Brasília, 1º de agosto de 2019.

Ministra CÁRMEN LÚCIA

Relatora[2]

---

2 Grifos no original.

Ante o exposto, ao recusar o processamento do recurso de revista do Município XXXXXX, o qual versa sobre matérias em que já declarada repercussão geral, obstando assim que a controvérsia chegue a apreciação dos demais órgãos jurisdicionais, mormente nesse STF, a autoridade reclamada inequivocamente *usurpou* a competência dessa Excelsa Corte Constitucional, situação que precisa ser corrigida para garantia da autoridade das decisões dessa Suprema Corte e da necessária preservação da estabilidade do ordenamento jurídico pátrio.

Ressalte-se, por fim, que os efeitos da decisão reclamada precisam ser suspensos *com urgência* para que se evite o trânsito em julgado e o início da execução da ação trabalhista em desfavor do ente público enquanto se processa e julga a presente reclamação, o que motiva o autor a requerer a expedição de medida liminar em tal sentido.

4 Dos pedidos

Ante o exposto, requer o Município de XXXXXX:

a) a concessão de *medida liminar, inaudita altera arte,* para fins de suspender cautelarmente a decisão proferida pelo Excelentíssimo Senhor Ministro do Colendo Tribunal Superior do Trabalho XXXXXXXXXXXXX, nos autos do AIRR XXXXXXXXXXXXXX, bem como para determinar a suspensão de eventual execução do julgado no Juízo da XXXXXXXXXXX;

b) a notificação da autoridade reclamada, prolatora da decisão impugnada, para prestar as informações que entender devidas, nos termos do artigo 989, I, do CPC/2015;

c) a citação do(a) beneficiário(a) da decisão reclamada para, querendo, apresentar contestação no prazo de 15 (quinze) dias, nos termos do artigo 989, III, do CPC/2015;

d) por fim e em definitivo, a procedência do pedido de cassação da decisão monocrática proferida pelo DD. Relator do AIRR XXXXXX, a qual improveu o agravo de instrumento por inexistência de transcendência no recurso de revista interposto pelo Município de XXXXXX, determinando-se nova apreciação do agravo com superação da análise sobre a transcendência.

Requer, por fim, a juntada de cópia das principais peças do processo nº AIRR XXXXXXXXXXXXXXXX[3] para fins do disposto no artigo 988, §2º, do CPC/2015.

---

[3] Certidão de consulta processual atualizada, Recurso Ordinário, Acórdão do TRT da Xª Região, Recurso de Revista, Decisão Monocrática que negou seguimento ao RR, Agravo de Instrumento em Recurso de Revista e decisão reclamada.

Dá-se à causa o valor de R$1.212,00 (hum mil, duzentos e doze reais) para efeito meramente fiscal.

Nesses termos, pede deferimento.

Local e data.

Procurador(a) Jurídico(a) Municipal

Informação bibliográfica deste texto, conforme a NBR 6023:2018 da Associação Brasileira de Normas Técnicas (ABNT):

MARQUES, Aury Maria Barros Silva Pinto. Reclamação constitucional. Transcendência no Recurso de Revista. *In*: DOSSO, Taisa Cintra; TAVARES, Gustavo Machado; SILVA, Thiago Viola Pereira da (Coord.). *Direito Municipal em debate*. Belo Horizonte: Fórum, 2023. v. 7. p. 229-248. ISBN 978-65-5518-604-8. Peça.

AÇÃO DECLARATÓRIA DE INEXISTÊNCIA DE RELAÇÃO JURÍDICO-TRIBUTÁRIA. ISSQN E OBRAS DE CONSTRUÇÃO CIVIL HIDRÁULICAS

SUELYN TOSAWA

Excelentíssimo(a) Senhor(a) Doutor(a) Juiz(a) de Direito da Vara da Fazenda Pública da Comarca de XXXXXXX – Estado de XXXXXXXX.

Autos nº XXXXXXXXX

A FAZENDA PÚBLICA DO MUNICÍPIO DE XXXXXX/PR, pessoa jurídica de direito público interno, por intermédio de seu representante vem, respeitosamente, à presença de Vossa Excelência, nos autos da presente AÇÃO ORDINÁRIA DECLARATÓRIA DE INEXISTÊNCIA DE RELAÇÃO JURÍDICO-TRIBUTÁRIA COM PEDIDO DE TUTELA ANTECIPADA DE URGÊNCIA apresentar *CONTESTAÇÃO* com fulcro no artigo 335 do Código de Processo Civil e demais legislações aplicáveis à espécie, pelas razões de fato e de direito que passa a expor.

1 Breve síntese da demanda

A parte Autora visa à anulação da cobrança de Imposto Sobre Serviços de Qualquer Natureza – ISSQN referente aos serviços prestados, visto que alega não haver incidência tributária do ISS no caso de atividades de obras de construção civil hidráulicas para o esgotamento sanitário prestadas pela SANEPAR.

Em breve síntese, a Autora alega que presta serviços de execução de obras hidráulicas de construção civil de redes de abastecimento de água e de redes coletoras de esgoto, de obras de galerias de águas pluviais e de estação de tratamento de água e esgoto à SANEPAR, conforme contratos nº 082/2013, nº 30.458/2018 e nº 39.721/2020.

Afirma que a emissão das notas fiscais se deu em consonância com os critérios estabelecidos na contratação, com retenção na fonte.

Ressalta, ainda, que a exigibilidade da retenção está prevista na legislação municipal, nos termos das cláusulas nona e décima dos contratos, o que, porém, não ocorre.

Assevera que a não incidência do ISSQN sobre os serviços prestados se dá ante a ausência de previsão na legislação municipal, nem na lista anexa à Lei nº 116/2003, sendo que os itens 7.14 e 7.15 foram vetados pelo Presidente da República.

Em sede de liminar, pugnou pela suspensão da exigibilidade do tributo e a autorização para depósito judicial dos valores apurados pelas emissões das notas fiscais, devendo o município Requerido fornecer certidão positiva com efeitos de negativa sempre que requerida, nos termos do art. 206 do CTN.

Por fim, pugna pela procedência da ação com o reconhecimento da nulidade da relação jurídico-tributária com relação aos recolhimentos/retenções de ISS, já que este não incide na relação jurídica, com a restituição dos valores já pagos.

Junta documentos nos eventos 1.2 a 1.25.

No evento 15.1, foi deferido o pedido de tutela antecipada requerido, autorizando a Requerente a recolher/depositar os valores mensais de ISSQN referente aos contratos nº 082/2013, nº 30.458/2018 e nº 39.721/2020, em conta judicial vinculada a estes autos, até o julgamento definitivo desta ação.

No evento 41, a SANEPAR demonstrou interesse em figurar como terceiro interessado.

É a síntese.

Inobstante as razões invocadas pela parte Autora, razão não lhe assiste, conforme passa-se a expor a seguir.

2 Preliminarmente

2.1 Carência de ação – da ilegitimidade *ad causam* da parte autora

Precipuamente, é de se reconhecer a ilegitimidade ativa da parte Autora, devendo ser indeferida a petição inicial, conforme fundamento legal disposto no art. 330 inciso II do CPC:

> Art. 330. A petição inicial será indeferida quando:
>
> (...)
>
> II – a parte for manifestamente ilegítima;

Isso porque a legitimidade para agir pressupõe que haja uma titularidade do direito em relação ao interesse que pretende ser tutelado, em consonância com o disposto no art. 17 do CPC.

Em se tratando de ilegitimidade da parte como matéria atinente aos pressupostos da ação, tem-se que sua inobservância conduz à carência da ação, conforme preceitua o art. 485, inciso VI do CPC.

Nas palavras do doutrinador Fredie Didier Jr:

> Parte legítima é aquela que se encontra em posição processual (autor ou réu) coincidente com a situação legitimadora, 'decorrente de certa previsão legal, relativamente àquela pessoa e perante o respectivo processo litigioso'. (DIDIER JR., Fredie. *Curso de direito processual civil*. 19. ed. Salvador: Editora JusPodivm, 2017. v. 1, p. 387).

Ou seja, eventual ausência de legitimidade configura falta de uma das condições da ação, devendo ser esta alegada em sede de preliminar, de acordo com o contido no art. 337 inciso XI, do CPC:

> Art. 337. Incumbe ao réu, antes de discutir o mérito, alegar:
>
> (...)
>
> XI – ausência de legitimidade ou de interesse processual;

No caso em comento, é crível a ilegitimidade ativa da parte Autora, visto que o ISSQN pode ser enquadrado tanto como tributo direto quanto indireto, a depender do caso em análise.

Observa-se que a base do cálculo do tributo em discussão seria o preço do serviço, conforme demonstrado pelos contratos, notas ficais e planilha de cálculos juntados com a exordial (eventos 1.9/1.22 e 1.24).

Tais documentos corroboram a configuração de tributo indireto, o que transfere ao contribuinte de fato o ônus financeiro da relação jurídica tributária, nos termos do art. 166 do CTN:

> Art. 166. A restituição de tributos que comportem, por sua natureza, transferência do respectivo encargo financeiro somente será feita a quem prove haver assumido o referido encargo, ou, no caso de tê-lo transferido a terceiro, estar por este expressamente autorizado a recebê-la.

À parte Autora, por sua vez, caberia comprovar que não transferiu o encargo financeiro à SANEPAR, contribuinte de fato, o que não se deu na presente demanda, sendo ônus que lhe competia.

Nesse sentido, entendimento jurisprudencial em sede de recurso repetitivo do STJ:

> PROCESSO CIVIL. RECURSO ESPECIAL REPRESENTATIVO DE CONTROVÉRSIA. ARTIGO 543-C, DO CPC. TRIBUTÁRIO. IPI. RESTITUIÇÃO DE INDÉBITO. DISTRIBUIDORAS DE BEBIDAS. CONTRIBUINTES DE FATO. ILEGITIMIDADE ATIVA AD CAUSAM. SUJEIÇÃO PASSIVA APENAS DOS FABRICANTES (CONTRIBUINTES DE DIREITO). RELEVÂNCIA DA REPERCUSSÃO ECONÔMICA DO TRIBUTO APENAS PARA FINS DE CONDICIONAMENTO DO EXERCÍCIO DO DIREITO SUBJETIVO DO CONTRIBUINTE DE JURE À RESTITUIÇÃO (ARTIGO 166, DO CTN). LITISPENDÊNCIA. PREQUESTIONAMENTO. AUSÊNCIA. SÚMULAS 282 E 356/STF. REEXAME DE MATÉRIA FÁTICO-PROBATÓRIA. SÚMULA 7/STJ. APLICAÇÃO.
>
> *1. O "contribuinte de fato"* (in casu, *distribuidora de bebida) não detém legitimidade ativa ad causam para pleitear a restituição do indébito relativo ao IPI incidente sobre os descontos incondicionais, recolhido pelo "contribuinte de direito" (fabricante de bebida), por não integrar a relação jurídica tributária pertinente.*
>
> 2. O Código Tributário Nacional, na seção atinente ao pagamento indevido, preceitua que: "Art. 165. O sujeito passivo tem direito, independentemente de prévio protesto, à restituição total ou parcial do tributo, seja qual for a modalidade do seu pagamento, ressalvado o disposto no § 4º do artigo 162, nos seguintes casos: I – cobrança ou pagamento espontâneo de tributo indevido ou maior que o devido em face da legislação tributária aplicável, ou da natureza ou circunstâncias materiais do fato gerador efetivamente ocorrido; II – erro na edificação do sujeito passivo, na determinação da alíquota aplicável, no cálculo do montante do débito ou na elaboração ou conferência de qualquer documento relativo ao pagamento; III – reforma, anulação, revogação ou rescisão de decisão condenatória. Art. 166. A restituição de tributos

que comportem, por sua natureza, transferência do respectivo encargo financeiro somente será feita a quem prove haver assumido o referido encargo, ou, no caso de tê-lo transferido a terceiro, estar por este expressamente autorizado a recebê-la."

3. *Consequentemente, é certo que o recolhimento indevido de tributo implica na obrigação do Fisco de devolução do indébito ao contribuinte detentor do direito subjetivo de exigi-lo.*

4. *Em se tratando dos denominados "tributos indiretos" (aqueles que comportam, por sua natureza, transferência do respectivo encargo financeiro), a norma tributária (artigo 166, do CTN) impõe que a restituição do indébito somente se faça ao contribuinte que comprovar haver arcado com o referido encargo ou, caso contrário, que tenha sido autorizado expressamente pelo terceiro a quem o ônus foi transferido.*

5. A exegese do referido dispositivo indica que: "... o art. 166, do CTN, embora contido no corpo de um típico veículo introdutório de norma tributária, veicula, nesta parte, norma específica de direito privado, que atribui ao terceiro o direito de retomar do contribuinte tributário, apenas nas hipóteses em que a transferência for autorizada normativamente, as parcelas correspondentes ao tributo indevidamente recolhido: Trata-se de norma privada autônoma, que não se confunde com a norma construída da interpretação literal do art. 166, do CTN. É desnecessária qualquer autorização do contribuinte de fato ao de direito, ou deste àquele. Por sua própria conta, poderá o contribuinte de fato postular o indébito, desde que já recuperado pelo contribuinte de direito junto ao Fisco. No entanto, note-se que o contribuinte de fato não poderá acionar diretamente o Estado, por não ter com este nenhuma relação jurídica.

Em suma: o direito subjetivo à repetição do indébito pertence exclusivamente ao denominado contribuinte de direito. Porém, uma vez recuperado o indébito por este junto ao Fisco, pode o contribuinte de fato, com base em norma de direito privado, pleitear junto ao contribuinte tributário a restituição daqueles valores.

A norma veiculada pelo art. 166 não pode ser aplicada de maneira isolada, há de ser confrontada com todas as regras do sistema, sobretudo com as veiculadas pelos arts. 165, 121 e 123, do CTN. Em nenhuma delas está consignado que o terceiro que arque com o encargo financeiro do tributo possa ser contribuinte. Portanto, só o contribuinte tributário tem direito à repetição do indébito.

Ademais, restou consignado alhures que o fundamento último da norma que estabelece o direito à repetição do indébito está na própria Constituição, mormente no primado da estrita legalidade. Com efeito a norma veiculada pelo art. 166 choca-se com a própria Constituição Federal, colidindo frontalmente com o princípio da estrita legalidade, razão pela qual há de ser considerada como regra não recepcionada pela ordem tributária atual. E, mesmo perante a ordem jurídica anterior, era manifestamente incompatível frente ao Sistema Constitucional Tributário então vigente." (Marcelo Fortes de Cerqueira, *in* "Curso de Especialização em Direito Tributário – Estudos Analíticos em Homenagem a Paulo de Barros Carvalho", Coordenação de Eurico Marcos Diniz de Santi, Ed. Forense, Rio de Janeiro, 2007, págs. 390/393)

6. Deveras, o condicionamento do exercício do direito subjetivo do contribuinte que pagou tributo indevido (contribuinte de direito) à comprovação de que não procedera à repercussão econômica do tributo ou à apresentação de autorização do "contribuinte de fato" (pessoa que sofreu a incidência econômica do tributo), à luz do disposto no artigo 166, do CTN, não possui o condão de transformar sujeito alheio à relação jurídica tributária em parte legítima na ação de restituição de indébito.

7. *À luz da própria interpretação histórica do artigo 166, do CTN, dessume-se que somente o contribuinte de direito tem legitimidade para integrar o pólo ativo da ação judicial que objetiva a restituição do "tributo indireto" indevidamente recolhido* (Gilberto Ulhôa Canto, "Repetição de Indébito", *in* Caderno de Pesquisas Tributárias, n° 8, p. 2-5, São Paulo, Resenha Tributária, 1983; e Marcelo Fortes de Cerqueira, *in* "Curso de Especialização em Direito Tributário – Estudos Analíticos em Homenagem a Paulo de Barros Carvalho", Coordenação de Eurico Marcos Diniz de Santi, Ed. Forense, Rio de Janeiro, 2007, págs. 390/393).

8. É que, na hipótese em que a repercussão econômica decorre da natureza da exação, "o terceiro que suporta com o ônus econômico do tributo não participa da relação jurídica tributária, razão suficiente para que se verifique a impossibilidade desse terceiro vir a integrar a relação consubstanciada na prerrogativa da repetição do indébito, não tendo, portanto, legitimidade processual" (Paulo de Barros Carvalho, in "Direito Tributário – Linguagem e Método", 2. ed., São Paulo, 2008, Ed. Noeses, pág. 583).

(...)

(REsp n. 903.394/AL, relator Ministro Luiz Fux, Primeira Seção, julgado em 24/3/2010, DJe de 26.4.2010.)

Da análise dos contratos, observa-se que as partes pactuaram que o repasse de ISS ao município Requerido seria efetuado pela SANEPAR, conforme previsão na cláusula nona do contrato nº 082/2013 e décima dos demais contratos nº 30.458/2018 e nº 39.721/2020 (evento 1.9/1.11):

CLÁUSULA DÉCIMA: RETENÇÃO/RECOLHIMENTO

PARÁGRAFO PRIMEIRO: A Guia para Recolhimento do ISS (Imposto Sobre Serviços), referente ao mês de execução do serviço, será devidamente preenchida pela **CONTRATADA** e a retenção na fonte ficará a cargo da SANEPAR, que efetuará o recolhimento e, posteriormente, devolverá a guia devidamente quitada à **CONTRATADA**. A retenção incidirá sobre o valor bruto dos serviços contidos na nota fiscal, fatura ou recibo de prestação de serviços, obedecendo ao percentual de imposto praticado pelos municípios.

Na nota fiscal, fatura ou recibo, o valor do imposto será destacado, a título de Retenção para o município onde o serviço for executado.

O destaque do valor retido será demonstrado, após a descrição dos serviços prestados, como parcela dedutível apenas para produzir efeito no ato da quitação da nota fiscal, fatura ou recibo, ou seja não será deduzida do valor do respectivo documento, trata-se apenas um simples destaque a fim de que não se altere a base de cálculo de qualquer tributo que incida sobre o valor bruto.

Assim sendo, tem-se a ilegitimidade da parte autora, por ter sido o ônus tributário exercido pela SANEPAR, ora tomadora do serviço, entendimento este em consonância com os seguintes julgados:

> PROCESSUAL CIVIL E TRIBUTÁRIO. AGRAVO INTERNO NO RECURSO ESPECIAL. EXCLUSÃO DO ICMS DA BASE DE CÁLCULO DO PIS E DA COFINS. CONTAS DE ENERGIA ELÉTRICA. ILEGITIMIDADE ATIVA DO CONSUMIDOR ENQUANTO CONTRIBUINTE DE FATO. PRECEDENTE REPRESENTATIVO DA CONTROVÉRSIA. AUSÊNCIA DE IDENTIDADE FÁTICA ENTRE OS CASOS CONFRONTADOS. DISSÍDIO JURISPRUDENCIAL NÃO CONHECIDO. *1. A Primeira Seção, no julgamento do REsp n. 903.394/AL, sob a sistemática do art. 543-C do CPC/1973, reajustou seu entendimento para concluir que os contribuintes de fato, a despeito de suportarem a exação sob a forma de substituição tributária, não detêm legitimidade para ajuizar ações que visem a discutir a exigência fiscal de recolhimento de tributos incidentes sobre o faturamento (Finsocial, Pis e Cofins).* 2. O recurso especial não enseja conhecimento no que diz respeito ao dissídio jurisprudencial proposto, pois o REsp n. 1.299.303/SC, apresentado como paradigma, trata da legitimação excepcional do contribuinte de fato para os casos em que “se busca afastar, no tocante ao fornecimento de energia elétrica, a incidência do ICMS sobre a demanda contratada e não utilizada”, o que não se enquadra ao objeto da presente lide. 3. Agravo interno a que se nega provimento. (AgInt nos EDcl no REsp n. 1.932.893/RN, relator Ministro Og Fernandes, Segunda Turma, julgado em 22/3/2022, DJe de 5/4/2022.)

> APELAÇÃO CÍVEL. DIREITO TRIBUTÁRIO. AÇÃO DECLARATÓRIA C/C REPETIÇÃO DE INDÉBITO. SENTENÇA EXTRA PETITA. NÃO OCORRÊNCIA. *LEGITIMIDADE QUE PODE SER CONHECIDA DE OFÍCIO PELO JULGADOR. ISSQN. TRIBUTO QUE PODE ASSUMIR CARÁTER DIRETO OU INDIRETO. CASO CONCRETO: NATUREZA INDIRETA. AUSÊNCIA DE DEMONSTRAÇÃO, PELA PRESTADORA DE SERVIÇOS (CONTRIBUINTE DE DIREITO), QUE NÃO REPASSOU O ÔNUS FINANCEIRO À TOMADORA (CONTRIBUINTE DE FATO). ART. 166 DO CÓDIGO TRIBUTÁRIO NACIONAL. PROVA DOS AUTOS QUE DEMONSTRA O REPASSE DO ENCARGO*

FINANCEIRO. AUSÊNCIA DE IMPUGNAÇÃO À SENTENÇA NESSE PONTO. PRECEDENTES DO SUPERIOR TRIBUNAL DE JUSTIÇA. RECURSO CONHECIDO E DESPROVIDO. a. "A ilegitimidade do executado é matéria que pode ser conhecida de ofício pelo julgador, portanto, irrelevante se houve oposição de embargos, ou se houve pedido de conversão em exceção de pré-executividade. Consequentemente, não há julgamento extra petita" (STJ. AgRg no AREsp 712.750/SP, Rel. Ministro MARCO AURÉLIO BELLIZZE, TERCEIRA TURMA, julgado em 13/09/2016, DJe 19/09/2016). b. "Consoante jurisprudência firmada pela 1ª Seção do STJ, por ocasião do julgamento do REsp. 1.131.476/RS, da relatoria do eminente Ministro LUIZ FUX, o ISS é espécie tributária que, a depender do caso concreto, pode se caracterizar como tributo direto ou indireto, e, somente quando assume feição indireta, exige do contribuinte comprovar que não transferiu o ônus financeiro ao contribuinte de fato, a teor do disposto no art. 166 do CTN" (STJ. AgInt no AREsp 1535625/PR, Rel. Ministro NAPOLEÃO NUNES MAIA FILHO, PRIMEIRA TURMA, julgado em 08/09/2020, DJe 14/09/2020). (TJPR – 2ª C. Cível – 0000944-24.2020.8.16.0149 – Salto do Lontra – Rel.: DESEMBARGADOR ROGÉRIO LUIS NIELSEN KANAYAMA – J. 04.05.2021).

Assim, o reconhecimento da ilegitimidade ativa da parte Autora, é medida que se impõe, devendo ser extinta a ação sem julgamento de mérito, conforme disposto no art. 485, inciso IV, do CPC.

2.2 Inépcia da petição inicial ante a falta de documentos essenciais

Da análise dos documentos juntados nos eventos 1.2 a 1.25, observa-se que restou configurado o disposto no art. 320 e 337, inciso IV, do CPC, senão vejamos.

A ausência de documentos indispensáveis à propositura da ação se deu quando a Requerente não apresentou guias de recolhimento do ISS devidamente quitadas, conforme *cláusula nona do contrato nº 082/2013 e décima dos demais contratos nº 30.458/2018 e nº 39.721/2020*, em que pauta seu pedido de restituição do débito.

Incontestavelmente por força do princípio do ônus processual, cabia inexoravelmente à Requerente juntar aos autos referidos documentos como prova de sua titularidade na tutela do bem da vida pretendido, bem como do fato constitutivo de seu direito, nos termos do art. 373, I, do CPC.

Diante do exposto, requer digne-se Vossa Excelência o acolhimento da presente preliminar arguida, por conseguinte, determinar a extinção do processo nos termos do artigo 485, inciso I, c/c 320 do Código de Processo Civil.

2.3 Carência de ação – ausência de interesse processual

A prestação jurisdicional se pauta na necessidade de interesse e legitimidade, conforme preceitua o art. 17 do CPC.

No que diz respeito ao interesse de agir ou interesse processual, tem-se que é necessário preencher dois requisitos, quais sejam, a necessidade e a adequação.

A primeira trata da necessidade de obter por meio do processo a proteção jurisdicional do Estado, o que no caso em comento não restou demonstrado.

Isso porque não houve bem da vida afetado por suposta cobrança de ISSQN, pois esta não se deu.

Conforme certidão negativa de débitos, não há valores inscritos em dívida ativa no sistema interno da municipalidade.

É sabido que o ISSQN depende de declaração do contribuinte ao fisco municipal, pois o lançamento é por homologação. Ou seja, a apuração de referido imposto decorre das informações prestadas pelo próprio contribuinte, sendo este responsável por declarar os serviços prestados, o que no caso em comento, conforme já alegado, não cabia à parte Autora, mas sim à Sanepar.

Outrossim, não houve contato da Autora com o município Requerido para solucionar tal conflito de forma consensual, no âmbito administrativo.

Ou seja, o Requerido não tinha conhecimento do ocorrido com a Requerente, não restando caracterizada nenhuma resistência à pretensão da Autora.

Compulsando os processos administrativos do município Requerido, nota-se que não há procedimento aberto pela Requerente informando ao fisco equívoco no lançamento de referido imposto e/ou na emissão das notas fiscais.

Assim sendo, é inconteste a carência de interesse processual da Requerente ante a perda do objeto e ausência de resistência do Requerido, requisitos processuais necessários para a instauração da lide. Inexistindo objeto e/ou resistência ao pedido de declaração de inexistência de relação jurídica, a Requerente carece de interesse processual.

No presente caso, portanto, imperiosa se faz a extinção do presente feito, sem resolução do mérito, com fulcro no art. 485, inciso VI, do CPC.

3 Do mérito

3.1 Da ausência de recolhimento do ISSQN

Caso, porém, este douto juízo não acolha nenhuma das preliminares acima elencadas, o que não se espera, apresenta-se a respectiva fundamentação.

Vale destacar mais uma vez que o Imposto Sobre Serviço de Qualquer Natureza tem seu lançamento por homologação, pois o próprio sujeito passivo que fica responsável por calcular o montante do tributo devido a cada fato gerador, antecipando sem prévio exame da autoridade administrativa, a qual analisa posteriormente o procedimento, podendo efetuar lançamentos de ofício e as diferenças que entender existentes e o homologa.

Verifica-se que cabe à própria Requerente declarar ao fisco municipal, para fins de lançamento por homologação, a incidência do ISSQN sobre os serviços prestados de execução de obras, o que, porém, não restou acostadas à exordial.

Conforme já fundamentado, compulsando os processos administrativos do município Requerido, nota-se que não há procedimento aberto pela Requerente, informando ao fisco seu equívoco na emissão das notas fiscais.

Ademais, tem-se que não houve demonstração de fato constitutivo do direito da parte Autora, nos termos do art. 373, I, do CPC, pois *não houve o lançamento de referido imposto, o que torna o pedido de declaração de inexistência de relação jurídico-tributária e o pedido de restituição juridicamente impossível.*

Ademais, conforme consta das cláusulas nona do contrato nº 082/2013 e décima dos demais contratos nº 30.458/2018 e nº 39.721/2020 entre a parte Autora e a Sanepar (evento 1.9/1.11), o repasse de ISS ao município Requerido seria efetuado pela Sanepar:

CLÁUSULA DÉCIMA: RETENÇÃO/RECOLHIMENTO
PARÁGRAFO PRIMEIRO: A Guia para Recolhimento do ISS (Imposto Sobre Serviços), referente ao mês de execução do serviço, será devidamente preenchida pela **CONTRATADA** e a retenção na fonte ficará a cargo da SANEPAR, que efetuará o recolhimento e, posteriormente, devolverá a guia devidamente quitada à **CONTRATADA**. A retenção incidirá sobre o valor bruto dos serviços contidos na nota fiscal, fatura ou recibo de prestação de serviços, obedecendo ao percentual de imposto praticado pelos municípios.
Na nota fiscal, fatura ou recibo, o valor do imposto será destacado, a título de Retenção para o município onde o serviço for executado.
O destaque do valor retido será demonstrado, após a descrição dos serviços prestados, como parcela dedutível apenas para produzir efeito no ato da quitação da nota fiscal, fatura ou recibo, ou seja não será deduzida do valor do respectivo documento, trata-se apenas um simples destaque a fim de que não se altere a base de cálculo de qualquer tributo que incida sobre o valor bruto.

Desse modo, imprescindível seria a juntada das guias para recolhimento do ISS pela parte Autora nos períodos de julho/2017 a julho/2022, visto que o município Requerido desconhece a retenção de referidos valores, o que não se deu na presente demanda.

Fato é que não houve demonstração da existência do recolhimento de referido imposto, ausente a comprovação de fato constitutivo do direito da parte autora, nos termos do art. 373, inciso I, do CPC.

Mesmo se tivesse havido, este fora efetuado pela Sanepar, estando a municipalidade impossibilitada de efetuar eventual devolução à parte Autora.

Isso porque, conforme já esclarecido em sede de alegação de ilegitimidade ativa da Autora, há jurisprudência sedimentada no sentido de que caracterizado o tributo indireto, cabe ao contribuinte de fato (Sanepar) o ônus financeiro da relação jurídica tributária (art. 116 do CTN).

3.2 Do enquadramento como atividade tributável

Caso, porém, não seja este o entendimento deste douto juízo, passa-se a fundamentar acerca do enquadramento de referida atividade como serviço passível de tributação.

A apuração do imposto ISS decorre das informações prestadas pelo próprio contribuinte, sendo este responsável por declarar os serviços prestados. Tal conduta da Requerente constitui *venire contra factum proprium*, estando em dissonância com os princípios da boa-fé objetiva e segurança jurídica, sendo a improcedência da ação medida que se impõe.

Outrossim, é de se ver que o art. 156, inciso III, da CF, autorizou a instituição pelos Municípios dos impostos sobre: "*III – serviços de qualquer natureza, não compreendidos no art. 155, II, definidos em lei complementar*".

O §3º do mesmo artigo preceitua a necessidade de lei complementar, a qual teve sua matéria regulamentada pela Lei Complementar nº 116, de 31 de julho de 2003.

A cobrança de referido tributo, no âmbito do município de XXXXX, encontra fundamento legal no Código Tributário Municipal (art. 186 e seguintes) e posteriormente na Lei nº 2.328/2017, o qual prevê fato gerador, sujeito passivo, lançamento, pagamento, dentre outros, em consonância com o princípio da legalidade, além da Lei nº 2.319/2017, que institui a base de cálculos do ISSQN.

Dessa forma, é de se reconhecer a competência municipal para a cobrança de Imposto Sobre Serviços de Qualquer Natureza (ISSQN) como crédito tributário municipal, sendo que este deverá se dar dentro do lapso temporal previsto em lei.

Além disso, de acordo com as legislações citadas, só há incidência de ISSQN se o serviço prestado estiver expressamente na lista taxativa prevista nas legislações.

Analisando referida listagem, verifica-se que a hipótese de incidência do imposto em tela se enquadra no item 7:

> 7 – Serviços relativos a engenharia, arquitetura, geologia, urbanismo, construção civil, manutenção, limpeza, meio ambiente, saneamento e congêneres. (...) 7.02 – Execução, por administração, empreitada ou subempreitada, de obras de construção civil, hidráulica ou elétrica e de outras obras semelhantes, inclusive sondagem, perfuração de poços, escavação, drenagem e irrigação, terraplanagem, pavimentação, concretagem e a instalação e montagem de produtos, peças e equipamentos (exceto o fornecimento de mercadorias produzidas pelo prestador de serviços fora do local da prestação dos serviços, que fica sujeito ao ICMS).

Isto é, os serviços realizados pela parte Autora se encontram discriminados no item 7.02 da lista anexa à Lei Complementar nº 116/03, o que demonstra, por si só, a incidência do ISSQN, afastando-se, assim, a suposta isenção.

Tal fato é corroborado pela análise do código de serviço descrito nas notas fiscais juntadas nos eventos 1.12/1.22 e do código e descrição das atividades econômicas secundárias contidos no comprovante de inscrição e situação cadastral da Receita Federal (em anexo):

CÓDIGO E DESCRIÇÃO DAS ATIVIDADES ECONÔMICAS SECUNDÁRIAS
41.10-7-00 - Incorporação de empreendimentos imobiliários
42.22-7-01 - Construção de redes de abastecimento de água, coleta de esgoto e construções correlatas, exceto obras de irrigação
42.99-5-01 - Construção de instalações esportivas e recreativas
43.99-1-01 - Administração de obras
64.63-8-00 - Outras sociedades de participação, exceto holdings
68.10-2-01 - Compra e venda de imóveis próprios
68.10-2-02 - Aluguel de imóveis próprios
71.12-0-00 - Serviços de engenharia

Tais atividades, inclusive, enquadram-se no objeto descrito nos contratos realizados entre a parte Autora e a Sanepar:

CLÁUSULA PRIMEIRA: OBJETO - A empresa **CONSTRUTORA CIM LTDA**, doravante denominada de **CONTRATADA**, se obriga a executar para a **SANEPAR**, doravante denominada **CONTRATANTE**, os serviços de manutenção de redes e ramais de água e de esgoto sanitário, execução de ampliação de redes de água e esgoto (SAR) , recomposição de pavimentos passeio e rua e desenvolvimento operacional de acordo com a tecnologia, filosofia e metodologia do Sistema Gerencial de Manutenção - SGM, nas quantidades e parâmetros qualitativos definidos pela SANEPAR, nas localidades integrantes da Unidade Regional de Campo Mourão, conforme detalhado nos anexos do Edital, com fornecimento parcial de materiais.

Ou seja, é crível a incidência do ISS na prestação de serviços realizada pela parte Autora.

Ademais, da análise da lista anexa à LC 116/03, tem-se que os itens 7.14 e 7.15 foram vetados, pois a incidência do imposto sobre serviços de saneamento ambiental, incluindo a purificação, o tratamento, esgotamento sanitário e congêneres, além dos serviços de tratamento e purificação de água, não atenderia ao interesse público.

Muito pelo contrário, eventual tributação poderia comprometer o acesso aos serviços básicos de saneamento, sendo uma questão de saúde pública.

A única empresa, em tese, alcançada pela não incidência do ISSQN oriunda dos vetos aos itens 7.14 e 7.15, seria a Sanepar, responsável pelos serviços de saneamento básico nas cidades do Estado do Paraná.

O fato de a Sanepar ter terceirizado o serviço, contratando a parte Autora para executar serviços de obra e manutenção de redes e ramais de água e esgotamento sanitário, não a exclui da incidência do ISSQN, pois referido veto apenas se aplicaria aos serviços executados pela própria Sanepar, caso ainda vigente.

Outro entendimento levaria ao enriquecimento ilícito da parte Autora e consequente prejuízo ao erário público, cabendo à coletividade arcar com tal ônus.

Assim sendo, é crível que o sujeito passivo presta serviços presentes no rol taxativo previsto na lei complementar federal.

Desse modo, razão não assiste à parte Autora, sendo a incidência do ISS medida que se impõe.

3.3 Do pedido indevido de repetição de indébito

Com relação ao pedido de repetição do indébito, há previsão legal no art. 165 e seguintes do CTN, os quais, porém, não se aplicam ao caso em tela.

A restituição de qualquer valor se dá caso este tenha sido cobrado de forma indevida, o que não ocorreu na presente demanda.

Isso porque não houve cobrança do tributo em questão, não havendo que se falar em restituição, conforme já exposto na fundamentação acima transcrita.

Desse modo, os pedidos exordiais devem ser julgados totalmente improcedentes.

Eventualmente, porém, caso não seja este o entendimento deste douto juízo, deve ser afastada a incidência de juros de mora desde a data do pagamento do tributo, incidindo apenas a correção monetária.

Vale ressaltar que a demanda deve ter seu ônus arcado por quem deu causa à demanda ao suposto recolhimento indevido, no caso, a Autora.

4 Dos requerimentos

Diante de todo o exposto, REQUER digne-se Vossa Excelência:

a) Seja recebida a presente contestação, com os documentos colacionados e as fundamentações feitas pela Ré;

b) Preliminarmente, seja reconhecida a carência de ação por:
   i. ilegitimidade ativa da parte Autora, devendo ser extinto o feito sem julgamento do mérito, nos termos do art. 485, inciso VI, do CPC;
   ii. inépcia da petição inicial ante a ausência de pedido certo e de documentos indispensáveis à propositura da ação, com a devida extinção do processo nos termos dos artigos 485, inciso I, c/c 320 do Código de Processo Civil;
   iii. ausência de interesse de agir, com a extinção do feito sem julgamento do mérito, nos termos do art. 485, inciso VI, do CPC.

c) Caso fiquem superadas as arguições preliminares, depois de analisado o mérito da contestação, os documentos colacionados e as fundamentações feitas pela Ré, sejam os pedidos da Requerente julgados *totalmente improcedentes*, ao teor dos argumentos e fundamentos apresentados, com fulcro no artigo 487, I do Código de Processo Civil;

d) Alternativamente, caso haja condenação da restituição de valores pagos pela Requerente, deve incidir apenas atualização monetária, com a condenação da Requerente nas custas e despesas processuais, além dos honorários sucumbenciais, com base no princípio da causalidade, conforme fundamentação supra.

e) Seja aplicada a regra processual do ônus da prova no sentido de que remanesça com a parte Autora o ônus de comprovar os fatos constitutivos de seu direito;
f) Protesta provar o alegado por todos os meios de prova admitidos em direito.

Termos em que pede deferimento.
XXXXXXXXX/PR, datado e assinado eletronicamente.
XXXXXXXXX
OAB/PR XXXXX

Informação bibliográfica deste texto, conforme a NBR 6023:2018 da Associação Brasileira de Normas Técnicas (ABNT):

TOSAWA, Suelyn. Ação declaratória de inexistência de relação jurídico-tributária. ISSQN e obras de construção civil hidráulicas. *In*: DOSSO, Taisa Cintra; TAVARES, Gustavo Machado; SILVA, Thiago Viola Pereira da (Coord.). *Direito Municipal em debate*. Belo Horizonte: Fórum, 2023. v. 7. p. 249-263. ISBN 978-65-5518-604-8. Peça.

PARTE IV

ARTIGOS DE CONVIDADOS

A CONSENSUALIDADE, O DIREITO ADMINISTRATIVO SANCIONADOR E O PAPEL DA ADVOCACIA PÚBLICA: REGRA DE CALIBRAÇÃO E INTERDEPENDÊNCIA NA LINDB

RAPHAEL DIÓGENES SERAFIM VIEIRA

1 Considerações introdutórias

O texto examina a identidade da relação de interdependência entre a atuação do órgão de Advocacia Pública e as práticas consensuais admitidas no âmbito do direito administrativo sancionador.

A exata compreensão dessa interdependência é fundamental para se estabelecer as vigas mestras de uma teoria geral dos meios adequados para a solução de conflitos envolvendo os entes públicos.

Para atingir o objetivo delimitado, o estudo terá como ponto de partida a interpretação do enunciado do *caput* do art. 26 da Lei de Introdução às Normas do Direito Brasileiro, incluído pela Lei nº 13.655, de 25 de abril 2018. A natureza de metanorma de interpretação de todo o sistema jurídico reconhecida na doutrina para os dispositivos da Lei de Introdução às Normas do Direito Brasileiro justifica a centralidade jurídica conferida ao art. 26 para a análise do tema.

De acordo com a referida norma-regra, a autoridade administrativa poderá celebrar termo de compromisso, a partir dos meios adequados para a solução de conflitos, para eliminar irregularidade, incerteza jurídica ou situação contenciosa na aplicação do direito público após oitiva do órgão jurídico.

O exame analítico do *caput* do art. 26 da Lei nº 13.655/2018 permite extrair dois modais deônticos amiúde examinados: *i*) *permite* (P) que a Administração Pública celebre termo de compromisso com o particular na aplicação do direito público, ramo onde se inclui científica e didaticamente o direito administrativo sancionador; e *ii*) *obriga* (O) que a autoridade administrativa se subsidie da atuação do órgão jurídico para celebrar o respectivo termo de compromisso.

O artigo também pretende dedicar-se à delimitação do sentido e alcance da locução *órgão jurídico* empregada na LINDB para, com isso, identificar as propriedades que identificam o agente público competente para exprimir o agir administrativo desse órgão. Em seguida, examina-se a natureza jurídica do ato por meio do qual se corporifica a manifestação de vontade desse órgão: parecer jurídico conclusivo. Bem compreendidas essas premissas, será possível estabelecer a relação de interdependência entre a atuação da Advocacia e o emprego da consensualidade na aplicação do direito público, que abrange o direito administrativo sancionador, no exercício da função administrativa.

Nesse contexto, o artigo demonstrará que o Ordenamento Jurídico erigiu a *atuação* do órgão de Advocacia Pública, diante das suas capacidades institucionais, a requisito procedimental para a celebração do termo de compromisso, que resulta dos meios adequados à solução dos conflitos.

Ante o exposto, o presente artigo se desenvolverá a partir de uma pesquisa jurídico-dogmática que visa verificar, com fulcro no arcabouço normativo e axiológico fixado pela Constituição e na legislação extravagante, a interdependência entre os instrumentos de consensualidade (meios adequados de solução de conflitos) no âmbito do direito administrativo sancionador e a mandatória atuação do órgão de Advocacia Pública.

2 A consensualidade aplicada no direito administrativo sancionador

A partir da implementação do projeto de Reforma do Estado, iniciado na década de 1990, assistiu-se à expansão dos instrumentos de consensualidade na maior parte dos ramos do direito público.[1]

[1] Juliana Bonacorsi Palma indica este mesmo marco temporal para sinalizar o início mais acentuado do fenômeno da consensualidade na doutrina e no direito positivo brasileiro: "Muito embora a atuação administrativa consensual não seja de todo desconhecida pelo direito administrativo brasileiro – bastando apontar o instituto da desapropriação

Com o passar dos anos, a consensualidade tornou-se fenômeno presente em todos os ramos do Direito Público, inclusive no âmbito do direito administrativo sancionador, cujo regime jurídico era tradicionalmente apontado por parte da doutrina como incompatível com o influxo do fenômeno dialógico.[2]

Apesar de se reconhecer com certa tranquilidade a aplicação da consensualidade no direito público como premissa dogmática, por outro lado, as teorias que embasam o fenômeno dialógico foram objeto de maior celeuma. Constata-se que a divergência repousa, principalmente, sobre a matriz teórica da consensualidade e sua relação com o Estado Democrático de Direito.

De um lado, parcela considerável da doutrina identifica a consensualidade como uma virada paradigmática do Direito Administrativo, antes sustentada sobre o ato administrativo e, portanto, responsável por dar origem a um novo modelo de Administração, de feição contratual e democrática, que tem no princípio da eficiência o suporte axiológico que lhe confere centralidade jurídica.[3]

De outro lado, parcela da doutrina contesta essa narrativa sob o argumento de que não é a natureza de ato (unilateral) ou de acordo (dialógico) na solução do litígio que justifica *per se* o caráter democrático da resolução da controvérsia, mas, antes, a conformidade do ato ou do acordo com o Direito.[4]

---

amigável –, o fato é que após a Reforma do Estado o tema da consensualidade passo a ser debatido na teoria do direito administrativo brasileiro. De fato, cresce o número de artigos acadêmicos voltados ao estudo da consensualidade, normas (especialmente setoriais) passam a prever instrumentos consensuais e a prática já possui relevantes precedentes consensuais, apesar de os acordos administrativos serem ainda incipientes no cotidiano administrativo". (PALMA, Juliana Bonacorsi de. *Sanção e acordo na Administração Pública*. São Paulo: Malheiros, 2015, p. 26)

[2] Para uma visão mais detalhada sobre a evolução, identidade, abrangência e funcionalidades de direito administrativo sancionador, recomenda-se a leitura do artigo de coautoria dos professores José Roberto Pimenta Oliveira e Dinorá Adelaide Musetti Grotti (OLIVEIRA, José Roberto Pimenta; GROTTI, Dinorá Adelaide Musetti. Direito administrativo sancionador brasileiro: breve evolução, identidade, abrangência e funcionalidades. *Interesse Público – IP*, Belo Horizonte, ano 22, n. 120, p. 83-126, mar./abr. 2020)

[3] As autoras Maria Teresa Fonseca Dias e Taiz Rogério reproduzem o pensamento que se revela predominante na doutrina sobre essa virada paradigmática: "A reconstrução do Estado a partir da década de 90 trouxe nova concepção de Administração Pública baseada nas ideias de consensualismo e cidadania ativa. Diante da maior abertura à participação dos indivíduos na gestão estatal, a renovação da natureza do vínculo servidor-Estado e o regime jurídico dos agentes é processo imprescindível e inexorável". (DIAS, Maria Tereza Fonseca; ROGÉRIO, Taiz. A mediação como instrumento de eficiência e consensualidade do processo administrativo disciplinar. *Fórum Administrativo – FA*, Belo Horizonte, ano 12, n. 134, p. 52, abr. 2012)

[4] Nesse ínterim, ao defender a impossibilidade de se admitir a consensualidade indiscriminada nas relações jurídicas de que faça parte a Administração Pública, Marcus

De fato, a nosso ver, não parece razoável associar a solução por "ato" ou "concertada" como *causa suficiente e necessária*, respectivamente, para predeterminar a natureza arbitrária ou democrática da atuação administrativa, pois o importante é que a solução não viole o Direito e atenda ao interesse público.

Nesse exato sentido, Marcus Vinícius Filgueiras Júnior defende que a arbitrariedade não reside na natureza jurídica do ato, mas no seu descumprimento do Direito:

> No entanto, respeitosamente, acredita-se que as críticas não estão bem endereçadas e justificadas. Não se duvida do fato de que exista uma enorme quantidade de atos administrativos emitidos desconsiderando a voz dos cidadãos e que possam ser reputados ineficientes, ineficazes e até autoritários. *Mas essa patologia se deve muito mais à inobservância das normas jurídicas pela administração do que pelo paradigma da teoria jurídica do ato administrativo adotada. Portanto, a crise da administração pública se deve muito mais à crise da democracia que normaliza a ilegalidade – como bem anota Ferrajoli – do que às concepções consideradas positivistas* (destaques pessoais).[5]

A digressão inicial teve por escopo apenas contextualizar o período de maior impulsão das práticas consensuais no direito positivo (década de 1990) e identificar, na doutrina, as bases teóricas que procuraram justificar esse movimento.

O presente estudo não tem por objeto reexaminar os fundamentos axiológicos da consensualidade no Direito Público. Parte-se da premissa dogmática de que o fenômeno dialógico foi positivado no Ordenamento Jurídico e de que há diversos meios adequados de solução de conflitos envolvendo entes públicos que carecem de exame científico mais apropriado para se evitar a sua má aplicação.

Vinícius Filgueiras Júnior identifica como baliza a autorização legal e, em seguida, o respectivo controle de legalidade do acordo celebrado: "Como se pode cotejar, a consensualidade só tem lugar na administração pública quando autorizada pelo direito, e o art. 26 da LINDB não tem essa aptidão permissiva sem considerar a lei especial da matéria envolvida. Assim, configura ato ilícito firmar um acordo em matéria ou aspecto que o direito não autorize. Além disso, mesmo quando se faz um acordo, a administração não fica livre do controle da legalidade, como adverte Schmidt-Assmann". (FILGUEIRAS JÚNIOR, Marcus Vinícius. Em defesa do ato administrativo como instrumento de democracia. *Fórum Administrativo – FA*, Belo Horizonte, ano 20, n. 228, p. 44, fev. 2020).

5 FILGUEIRAS JÚNIOR, Marcus Vinícius. Em defesa do ato administrativo como instrumento de democracia. *Fórum Administrativo – FA*, Belo Horizonte, ano 20, n. 228, p. 46, fev. 2020.

Feita essa breve incursão teórica, passa-se ao exame do art. 26 da Lei de Introdução às normas do Direito Brasileiro, incluído pela Lei nº 13.655, de 2018, escolhido em razão da sua importância altaneira para a interpretação de todo o sistema jurídico, por ser-lhe reconhecida a natureza de *metanorma jurídica*.

Para o propósito específico delimitado, convém proceder-se a uma análise semântica, sintática e pragmática do enunciado da norma para, com isso, identificar se o conteúdo jurídico do quadro emoldurado contempla a consensualidade no âmbito do direito administrativo sancionador.

De acordo com a dicção legal, confere-se à Administração Pública a permissão para celebrar compromisso com o particular diante das seguintes hipóteses: eliminar irregularidade, incerteza jurídica ou situação contenciosa na aplicação do *direito público*, inclusive no caso de expedição de licença.

O enunciado constitui *cláusula permissiva genérica* para a Administração Pública aplicar os meios adequados de solução de conflitos necessários para celebrar compromisso que coloque termo ao conflito de interesses com o particular, notadamente na interpretação e aplicação de normas de direito público.

Como o enunciado normativo abriga expressamente as normas de direito público, pode-se deduzir que acomoda, por extensão e profundidade, os demais sub-ramos clássicos da taxonomia que se situam abaixo do Direito Público. Provavelmente, o operador cético quanto à existência de um direito público terá dificuldade de superar esse primeiro raciocínio dedutivo. Todavia, admitida essa divisão binária, ainda que somente para fins didáticos, é inconteste que os afluentes e as estradas vicinais do Direito Administrativo constituem sub-ramos do Direito Público.

Assim, como o *direito administrativo sancionador* constitui sub-ramo científico e didático do Direito Público, justifica-se a sua sujeição às regras gerais deste microssistema, pois o elemento "DAS" pertence ao conjunto "DP" (∈).

O *direito administrativo sancionador*, sub-ramo do Direito Público, como o microssistema de regras e princípios (seja o princípio empregado na sua acepção de mandamento nuclear do sistema ou de mandamento de otimização), que disciplina as sanções (normas primárias) diante de uma ilicitude (descumprimento da norma secundária).[6]

---

6 Convém fazer um breve parêntesis para ressaltar que, apesar da alcunha "sancionador", este sub-ramo do direito deixou de gravitar exclusivamente em torno da "sanção punitiva"

Floriano de Azevedo Marques Neto – a quem se atribui coautoria do projeto convertido na Lei nº 13.655/2018 – e Rafael Véras observam que o *direito administrativo sancionador* está compreendido na moldura jurídica disciplinada pelo art. 26 da LINDB, *in verbis*: "*o dispositivo em comento servirá como um permissivo genérico à celebração de acordos prévios à própria instauração do processo administrativo sancionador*"[7].

Gabriel Machado, em obra que se originou da dissertação de mestrado que pesquisa os acordos administrativos a partir da LINDB, também sustenta que a via consensual introduzida com o art. 26 aplica-se ao direito administrativo sancionador.[8]

Ante o exposto, admitida a consensualidade no direito público como premissa dogmática, conclui-se que o art. 26 da Lei de Introdução às Normas do Direito Brasileiro, dada a sua força jurídica de metanorma de interpretação de todo o sistema jurídico, institui os requisitos gerais para a Administração Pública celebrar termo de compromisso com o particular na aplicação do direito administrativo sancionador.

3 Regra de calibração:[9] a consensualidade no exercício da função administrativa e a obrigatoriedade de atuação do órgão jurídico

O sistema jurídico instituiu uma *competência genérica* para o emprego da consensualidade no exercício da função administrativa por meio do art. 26 da LINDB, mas, ao mesmo tempo, com o intuito de calibrar a alteração inicial do sistema, passou a exigir que o exercício dessa competência seja altamente procedimentalizado.[10]

---

como eixo de sustentação. Com a expansão do fenômeno da consensualidade, passou-se a admitir a substituição da sanção punitiva por sanções premiais, compensatórias e, inclusive, por acordos "substitutivos" (*v.g.* termos de ajustamento de conduta, acordo de delação premiada, acordo de não persecução cível etc.).

7 MARQUES NETO, Floriano de Azevedo; FREITAS, Rafael Véras. O artigo 26 da LINDB e o consenso na função de polícia administrativa. *Consultor Jurídico*, 16 jul. 2018. Disponível em: https://www.conjur.com.br/2018-jul-16/opiniao-lindb-consenso-funcao-policia-administrativa. Acesso em: 20 set. 2021.

8 MACHADO, Gabriel. *Acordos administrativos:* uma leitura a partir do art. 26 da LINDB. São Paulo: Almedina, 2021, p. 67.

9 A expressão "regra de calibração" é de Tércio Sampaio Ferraz Júnior (FERRAZ JR., Tercio Sampaio. *Teoria da norma jurídica*. 5. ed. Rio de Janeiro: Forense, 2017, p. 131 e ss.

10 A expressão *regra de calibração* provém da Cibernética e, com as devidas adequações de sentido, tem o seu emprego utilizado para a compreensão do sistema jurídico por Tércio Sampaio Ferraz Júnior. Trata-se de regras de regulagem ou ajustamento de um sistema (FERRAZ JR., Tercio Sampaio. *Introdução ao estudo do direito:* técnica, decisão, dominação. 10. ed. rev., atual. e ampl. São Paulo: Atlas, 2018, p. 200).

Na cibernética, o funcionamento adequado de uma geladeira opera-se a partir do termostato, que é o instrumento responsável por reconhecer a *temperatura ideal e interna* do sistema e, quando não houver coincidência entre ambas, permite que outras partes da estrutura de funcionamento da geladeira entrem em funcionamento para restaurar a temperatura ideal.[11] As outras partes da estrutura do refrigerador que entram em atividade para restaurar a temperatura ideal equivalem às regras de calibração (regras estruturais).

No caso examinado, o exercício da função administrativa e a consensualidade são engrenagens de um sistema jurídico cujo termostato é medido pelo interesse público. Se as mudanças do sistema fragilizam a sua proteção e tutela, devem ser introduzidas regras compensatórias para restaurar a sua proteção adequada. Neste caso, entende-se que o art. 26 da LINDB procurou atingir exatamente este objetivo: calibrar o aumento da competência material consensual com a sua procedimentalização para manter-se a proteção do interesse público.

Isto é, ao mesmo tempo que a LINDB altera o sistema jurídico para introjetar cláusula genérica de admissão de consensualidade na aplicação do direito público, que, *a priori,* poderia vulnerabilizar a tutela do interesse público, procedimentaliza essa mesma competência ao exigir requisitos para o seu adequado funcionamento.

Se o sistema jurídico tivesse sido alterado tão somente para receber a nova competência material outorgada para a autoridade administrativa dirimir com particulares a solução de conflitos que envolvem bens cuja titularidade transcende o das próprias partes envolvidas, sem qualquer outra regulação para o exercício dessa competência no sistema, ter-se-ia uma disfunção no sistema que passaria a operar de forma descalibrada para a adequada tutela e proteção do interesse público.

Por tais razões, a procedimentalização situa-se e justifica-se como regra de calibração para o sistema compensar a *cláusula permissiva genérica* que outorga à autoridade administrativa competência para empregar a consensualidade de modo geral no exercício da função administrativa.

E como se dá essa procedimentalização de competência? A validade da aplicação da via consensual, de acordo com o art. 26 da LINDB, passa a depender dos seguintes requisitos formais: (*i*) oitiva do órgão jurídico; (*ii*) consulta pública (quando for o caso); (*iii*) razões de relevante interesse geral; (*iv*) observar a legislação aplicável; (*v*) publicação

---

[11] *Ibidem.*

na imprensa oficial do termo de acordo; (*vi*) prever como cláusulas obrigatórias do termo de acordo, dentre as quais: [(*a*) as obrigações das partes; (*b*) o prazo para seu cumprimento; (*c*) as sanções aplicáveis em caso de descumprimento]; (*vii*) não pode ser prevista desoneração permanente de dever ou condicionamento de direito reconhecidos por orientação geral; e (*viii*) a solução jurídica deve ser: [(a) proporcional, isto é, atribui-se às partes o ônus argumentativo de motivar que a solução jurídica atende as três fases do postulado da proporcionalidade, quais sejam, adequação, necessidade e proporcionalidade em sentido estrito; (b) equânime; (c) eficiente; e (d) compatível com os interesses gerais].

Para os fins desse artigo, propôs-se um recorte epistemológico para abordar apenas o primeiro requisito formal enlistado, qual seja, a oitiva do órgão jurídico, diante da sua importância para com o ajuste de compensação.

O órgão jurídico assume papel fundamental nessa calibração. Isso, porque a competência para a autoridade administrativa celebrar compromisso com o interessado pressupõe o auxílio das capacidades institucionais próprias do órgão jurídico, pois requer, invariavelmente, a interpretação da legislação aplicável e a ausência de violação do interesse público, cujos limites objetivos são definidos no Ordenamento Jurídico.

Frise-se que a autoridade administrativa, ao celebrar compromisso com o interessado, encontra-se no exercício de função pública. Isso significa que não se encontra na defesa de interesse próprio, mas de direito e interesse alheio (interesse público).[12] O conceito de *função* relaciona-se ao exercício de proteção de interesse alheio. Em se tratando de *função pública*, o interesse alheio busca coincidir com o da coletividade, ou seja, o interesse público.[13]

---

[12] A liberdade e a autonomia são propriedades das condutas dos particulares nas relações privadas onde se permite a busca de interesses egoísticos. Essa última finalidade é inconciliável com a gestão da coisa pública (MARTINS, Ricardo Marcondes. *Teoria jurídica da liberdade*. São Paulo: Contracorrente, 2015, p. 112-113). Ao tratar da distinção entre discricionariedade e liberdade, Ricardo Marcondes Martins é preciso na advertência de que "o primeiro passo para compreender essa diferença é assinalar que o direito fundamental à liberdade é garantido apenas aos particulares" (MARTINS, Ricardo Marcondes. *Abuso de direito e a constitucionalização do direito privado*. São Paulo: Malheiros, 2010, p. 65), o que se traduz na assertiva de que "entes públicos não têm liberdade" (MARTINS, Ricardo Marcondes. *Abuso de direito e a constitucionalização do direito privado*. São Paulo: Malheiros, 2010, p. 65) (Ambos os destaques pessoais).

[13] Santi Romano explica que as "funções (*officia, munera*) são os poderes que se exercem não por interesse próprio, ou exclusivamente próprio, mas por interesse de outrem ou por um

Nessa altura, as ideias reveladas permitem o seu encadeamento para se fixar a relação de interdependência entre os institutos abordados.

Independentemente da natureza jurídica do termo de compromisso, a competência para a autoridade administrativa celebrar compromisso com os interessados para eliminar irregularidade, incerteza jurídica ou situação contenciosa na aplicação do direito público constitui exercício de função pública e, portanto, sujeita-se aos limites do seu regime jurídico, como a busca do interesse público.

Para a autoridade administrativa compreender se o termo de compromisso a ser celebrado com o particular não ofende o interesse público, do qual é mera curadora, bem como a legislação aplicável, deve buscar o assessoramento técnico do órgão jurídico do respectivo ente.

Nessa senda de ideias, o *caput* do art. 26 da LINDB endereça à autoridade administrativa o dever de ouvir o órgão jurídico antes de celebrar o respectivo termo de compromisso.

Cláudio Penedo Madureira conecta essa ordem de pensamentos ao estabelecer a interdependência entre a formação da vontade administrativa e a atuação dos órgãos jurídicos. Veja-se:

> Isso significa que *a formação da vontade administrativa pressupõe, sempre, a observância dos limites impostos pelo ordenamento jurídico-positivo para a intervenção do Estado na esfera das disponibilidades jurídicas do cidadão*. Assim, considerando que a observância desses limites pressupõe o pleno conhecimento e a *boa aplicação do Direito*, e que essa atividade é subsidiada, na esfera administrativa, *pelos posicionamentos técnicos construídos pela Advocacia Pública, é natural que se conclua que, em rigor, esses seus posicionamentos integram a formação da vontade administrativa*.[14] (Grifo nosso)

Na medida em que o exercício da função pública pressupõe a proteção e defesa de interesses que não são próprios da autoridade administrativa (interesse público) e, ainda, que o emprego da consensualidade no exercício da função administrativa significa que a autoridade administrativa celebrará ajuste com o particular sobre bens e direitos

---

interesse objetivo" (ROMANO, Santi. *Princípios de direito constitucional geral*. Tradução: Maria Helena Diniz. São Paulo: RTRevista dos Tribunais, 1977, p. 144).

14 MADUREIRA, Cláudio Penedo. *Administração Pública, litigiosidade e juridicidade:* a importância da Advocacia Pública para o exercício da função administrativa. Orientador: Clovis Beznos. 2013. 361 fl. Tese (Doutorado em Direito) – Pontifícia Universidade Católica de São Paulo. São Paulo, 2013, p. 104. Disponível em: https://tede2.pucsp.br/bitstream/handle/6437/1/Claudio%20Penedo%20Madureira.pdf. Acesso em: 5 dez. 2020.

de interesse público, a Lei calibrou a criação dessa competência dialógica com a obrigatoriedade de ouvir o órgão jurídico a respeito da viabilidade jurídica do ajuste.

Trata-se, a nosso ver, de uma *regra de calibração* no sistema para o ajuste fino dos bens jurídicos envolvidos: de um lado, atribui-se à autoridade administrativa o exercício da função administrativa de adotar os meios consensuais adequados para a resolução de controvérsia de um modo geral, e, de outro, para vulnerabilizar a tutela do interesse público, procedimentaliza essa competência ao obrigar a autoridade administrativa a subsidiar-se do prévio parecer do órgão jurídico.

Voltaremos ao estudo da natureza jurídica desse *parecer* mais à frente.

4 Conceito de órgão jurídico

O órgão jurídico constitui a unidade de atuação da Administração Pública responsável por representar os entes políticos, judicial e extrajudicialmente, bem como por desempenhar as suas respectivas atividades de consultoria e de assessoramento jurídico.[15] Portanto, o órgão jurídico é a respectiva Procuradoria ou Advocacia Pública do ente.

A interpretação literal da Constituição Federal permite inferir a previsão expressa da Advocacia Pública da União (art. 131, CR) e dos Procuradores dos Estados e do Distrito Federal (artigo 132, CR), para, respectivamente, os Estados-membros e o Distrito Federal.

Apesar de a Constituição não ter previsto expressamente a Procuradoria Municipal, a obrigatoriedade da Advocacia Pública para esses entes irradia do próprio regime jurídico constitucional,[16] pois com o

---

[15] Sobre a importância altaneira do exercício da função de assessoramento jurídico, os autores Daniel Mitidieri Fernandes de Oliveira e Carlos Alberto Pereira das Neves de Bolonha possuem artigo em que demonstram a íntima conexão entre a boa execução de políticas públicas, a conformação da vontade do gestor com a ordem jurídica democrática e a atuação da Advocacia Pública (OLIVEIRA, Daniel Mitidieri Fernandes de; BOLONHA, Carlos Alberto Pereira das Neves. A contribuição da advocacia pública local para a superação da baixa dimensão institucional dos municípios brasileiros. *Revista Opinião Jurídica*, Fortaleza, v. 16, n. 23, p. 290-309, 2018).

[16] Para um aprofundamento dessa posição, conferir o artigo do professor Ricardo Marcondes (MARTINS, Ricardo Marcondes. Contratação de advogados por pessoas jurídicas de direito público. *Revista de Direito Administrativo e Infraestrutura – (RDAI)*, v. 1, n. 1, p. 113-130, 2017), bem como o artigo de Raphael Diógenes Serafim Vieira (VIEIRA, Raphael Diógenes Serafim. O exercício das funções da Advocacia Pública como atividade exclusiva dos advogados públicos efetivos: uma releitura da Proposta de Súmula Vinculante nº 18 do STF à luz dos dados publicados no 1º Diagnóstico de Advocacia Pública Municipal no

advento da Constituição de 1988 os Municípios foram erigidos a entes da federação e, ainda, foi assegurada autonomia e igualdade a todas as unidades federadas (art. 1º e 18, CR).[17]

Desse modo, a Advocacia Pública é *órgão jurídico* que deve se fazer presente em todas as três esferas da federação.

Em reforço dessa posição, o plenário do Supremo Tribunal Federal reconheceu que os procuradores municipais estão implicitamente compreendidos na Constituição ao julgar o Recurso Extraordinário 663.696-MG, processado sob o regime de repercussão geral.[18] Para o plenário, a "hermenêutica que exclua da categoria 'Procuradores' – prevista no art. 37, XI, parte final, da CRFB/88 – os defensores dos Municípios é inconstitucional, haja vista *que ubi lex non distinguit, nec interpres distinguere debet*".[19]

A obrigatoriedade do órgão de Advocacia Pública em todos os entes pressupõe, paralelamente, a deste órgão jurídico ser dotado de servidor público efetivo incumbido das atribuições institucionais e permanentes, por força do princípio do concurso público (art. 37, II, CR).

A imputação das atribuições do órgão jurídico do ente a servidor público efetivo é explicitada na Constituição. Os arts. 131, §2º, e 132 prescrevem que a Advocacia-Geral da União e a Procuradoria dos Estados e do Distrito Federal são organizadas em carreira, nas quais o ingresso na classe inicial dependerá de concurso público de provas e títulos. Pelos mesmos fundamentos, a regra do concurso público se faz obrigatória para o ingresso na carreira de Procurador Municipal (*ubi eadem ratio ibi idem jus*).

Brasil (2018). *Interesse Público – (IP)*, Belo Horizonte, ano 21, n. 114, p. 167-204, mar./abr. 2019).

[17] Comunga do mesmo entendimento os autores Alexsandro Rabhani Aragão Feijó e Ana Beatriz Getelina Sousa, que dedicaram estudo específico ao tema da obrigatoriedade das Procuradorias nos Municípios (FEIJÓ, Alexsandro Rabhani Aragão; SOUSA, Ana Beatriz Getelina. *A implementação da advocacia pública como função essencial à justiça nos municípios brasileiros.* Curitiba: Editora CRV, 2021).

[18] Neste Recurso Extraordinário, foi aprovada a seguinte tese de repercussão geral: "A expressão '*procuradores*' contida na parte final do inciso XI do artigo 37 da Constituição da República compreende os procuradores municipais, uma vez que estes se inserem nas funções essenciais à Justiça, estando, portanto, submetidos ao teto de 90,75% do subsídio mensal em espécie dos ministros do Supremo Tribunal Federal". (BRASIL. Supremo Tribunal Federal. Recurso Extraordinário (RE) nº 663.696/MG (Minas Gerais). Relator: Ministro Luiz Fux. Tribunal Pleno, 28 de fevereiro de 2019. Disponível em: https://jurisprudencia.stf.jus.br/pages/search. Acesso em: 20 set. 2021).

[19] BRASIL. Supremo Tribunal Federal. Recurso Extraordinário (RE) nº 663.696/MG (Minas Gerais). Relator: Ministro Luiz Fux. Decisão Plenária, 28 de fevereiro de 2019. Disponível em: https://jurisprudencia.stf.jus.br/pages/search. Acesso em: 20 set. 2021.

Em suma, a Advocacia Pública, prevista na Constituição Federal de 1988, no capítulo das Funções Essenciais à Justiça, é obrigatória para todos os entes e, diante da natureza permanente das atribuições e dos dispositivos constitucionais citados, corporifica-se por meio de advogados públicos efetivos.

Assim, a locução Advocacia Pública utilizada neste breve estudo é empregada para identificar o órgão jurídico, obrigatório em todas as unidades federativas, dotado de advogado público efetivo, titular de cargo, cuja investidura imprescinde da aprovação prévia em concurso público de provas ou de provas e títulos (art. 37, II, CR).

5 A natureza jurídica da oitiva do órgão jurídico prevista no art. 26 da LINDB: (i) parecer jurídico obrigatório e (ii) requisito procedimental para a celebração do termo de compromisso

Compreendido o sentido e alcance da expressão *órgão jurídico*, passa-se a expor a forma e a natureza da sua oitiva quando instado a se manifestar sobre a celebração do *termo de compromisso* que coloque termo sobre o conflito de interesses.

A forma por meio da qual se realiza a oitiva do órgão jurídico imprescinde de maior esforço hermenêutico, pois foi disciplinada no Decreto nº 9.830, de 10 de junho de 2019.

Segundo o Decreto nº 9.830/2019, que regulamenta o disposto nos art. 20 ao art. 30 da LINDB, a manifestação do "órgão jurídico" que versa sobre a viabilidade jurídica do termo de compromisso se corporifica por meio de "parecer" (art. 10, §4º, II).

O advogado público que integra o órgão jurídico profere a sua opinião técnico-jurídico por intermédio de parecer jurídico, cuja natureza é a de ato administrativo enunciativo.[20] Os pareceres jurídicos podem ser conceituados, na lição do professor Celso Antônio Bandeira de Mello, como "*a manifestação opinativa de um órgão consultivo em que este expende sua apreciação sobre o que lhe é submetido*".[21]

---

[20] Os pareceres exarados pela Advocacia Pública possuem natureza de *ato administrativo*, segundo o ensinamento do professor Celso Antônio Bandeira de Mello. Na esteira do entendimento do autor, os pareceres ainda podem ser classificados: (i) *quanto à natureza da atividade*, de *atos da administração consultiva* e (ii) *quanto à situação de terceiros*, como *atos internos* (Cf. BANDEIRA DE MELLO, Celso Antônio. *Curso de direito administrativo*. 32. ed. rev. atual. até a emenda constitucional 84 de 02.12.2014. São Paulo: Malheiros, 2015, p. 43-435).

[21] *Ibidem*, p. 445.

Para o propósito deste texto, é importante recordar a natureza jurídica do parecer sob a classificação canônica do professor Oswaldo Aranha Bandeira de Mello: (i) facultativo, (ii) obrigatório ou (iii) vinculante. Maria Sylvia Di Pietro, na esteira da lição eternizada, descreve os traços que caracterizam cada uma dessas espécies de pareceres.[22]

Tendo em mente o recorte para o fim que interessa ao presente estudo, o "parecer é obrigatório quando a lei o exige como pressuposto para a prática do ato final".[23] As propriedades do parecer de que trata o *caput* do art. 26 da LINDB permitem concluir que se trata de *parecer obrigatório*. Explica-se.

Primeiramente, consigna-se que as normas regras enunciadas no *caput* do art. 26 da LINDB e no inciso II, §4º do art. 10 do Decreto nº 9.830/2019 exigem a oitiva do respectivo órgão jurídico, sem ressalvas, o que afasta a hipótese de *parecer facultativo*. Ademais, como tais normas não obrigam a autoridade administrativa a acatar a conclusão do órgão jurídico, conclui-se que não se trata de *parecer vinculante*.

Assim, como a legislação exige o respectivo parecer como pressuposto para a prática do ato final sem, contudo, vincular a autoridade administrativa a acatar a sua conclusão, logo, trata-se de *parecer obrigatório*.

Importante consignar que o signo "*poderá*" contido no enunciado do *caput* do art. 26 da LINDB refere-se à competência da autoridade administrativa para firmar o respectivo termo de compromisso, e não para decidir se ouvirá ou deixará de ouvir o respectivo órgão jurídico.

Em reforço dessa interpretação, o enunciado do art. 10, §4º, II, do Decreto nº 9.830/2019 exige a juntada do referido parecer no processo

---

[22] Maria Sylvia Di Pietro, segundo a lição eternizada pelo professor Oswaldo Aranha Bandeira de Mello, explica que pareceres se classificam em facultativos, obrigatórios e vinculantes. Segundo a professora: "Parecer é o ato pelo qual os órgãos consultivos da Administração emitem opinião sobre assuntos técnicos ou jurídicos de sua competência. O parecer pode ser facultativo, obrigatório e vinculante. O *parecer é facultativo* quando fica a critério da Administração solicitá-lo ou não, além de não ser vinculante para quem o solicitou. Se foi indicado como fundamento da decisão, passará a integrá-la, por corresponder à própria motivação do ato. O *parecer é obrigatório* quando a lei o exige como pressuposto para a prática do ato final. A obrigatoriedade diz respeito à solicitação do parecer (o que não lhe imprime caráter vinculante). Por exemplo, uma lei que exija parecer jurídico sobre todos os recursos encaminhados ao chefe do executivo; embora haja obrigatoriedade de ser emitido o parecer sob pena de ilegalidade do ato final, ele não perde o seu caráter opinativo. Mas a autoridade que não o acolher deverá motivar sua decisão. O *parecer é vinculante* quando a Administração é obrigada a solicitá-lo e a acatar a sua conclusão". (DI PIETRO, Maria Sylvia Zanella. *Direito administrativo*. 33. ed. rev. ampl. São Paulo: Atlas, 2020, p. 520).

[23] *Ibidem*.

que subsidiar a celebração do termo de compromisso: "o processo que subsidiar a decisão de celebrar o compromisso *será instruído com* (...) *o parecer conclusivo* do órgão jurídico sobre a viabilidade jurídica do compromisso, que conterá a análise da minuta proposta".

Apesar da natureza de parecer obrigatório do órgão jurídico, isto é, de sua conclusão não vincular a autoridade administrativa, é importante recordar a advertência da professora Di Pietro para o caso em que a autoridade última resolva divergir daquele: "se desacolher, a autoridade deve dar à sua própria motivação, o que é temerário para quem não tem formação jurídica".[24] O lembrete possui importância ainda maior quando examinado em conjunto com o texto da LINDB, pois a Lei explicita a possibilidade de responsabilidade pessoal do agente público por suas decisões em caso de erro grosseiro. A oitiva do órgão jurídico, além de cogente para perscrutar o interesse público, torna-se conduta aconselhável para a autoridade administrativa precaver-se de responsabilização pessoal por decisões incautas.

Fixada a identidade de parecer jurídico obrigatório, passa-se a uma última consideração sobre a sua natureza, qual seja, a de *requisito procedimental para a celebração do termo de compromisso.*

Para fixar a sua natureza de *requisito procedimental para a celebração do termo de compromisso* é importante, preliminarmente, afastar o seu enquadramento como de ato complexo. O parecer *não* constitui etapa de ato complexo em relação ao compromisso celebrado pelas partes, pois ele: (i) possui determinada individualidade e autonomia jurídica em relação ao resultado do procedimento, consubstanciado no respectivo termo de compromisso; (ii) apesar de autônomo, conecta-se com o ato final, porquanto a lei o exige para atestar a viabilidade jurídica do compromisso; e (iii) possui relação de causalidade com o ato final, visto que a lei erigiu o parecer jurídico à categoria de ato obrigatório.[25]

Em obra aprofundada sobre o tema, o professor Ricardo Martins Marcondes[26] esclarece que o ato jurídico, quando exigido como prévio à prática de outro ato administrativo sucessivo, pode ser enquadrado como *requisito procedimental,* e, mais à frente, defende que a

---

[24] DI PIETRO, Maria Sylvia Zanella. As carreiras jurídicas e o controle da Administração Pública. *Revista de Direito Administrativo Aplicado,* Curitiba, ano 4, n. 12, p. 56-69, jan./mar. 1997.

[25] BANDEIRA DE MELLO, Celso Antônio. *Curso de direito administrativo.* 32. ed. rev. atual. até a emenda constitucional 84, de 02.12.2014. São Paulo: Malheiros, 2015, p. 515.

[26] MARTINS, Ricardo Marcondes. *Efeitos dos vícios do ato administrativo.* São Paulo: Malheiros, 2008.

inobservância do requisito procedimental gera um vício formal com aptidão para provocar, *a priori*, a invalidação do ato final.

Ressalva-se apenas que a invalidade para o referido autor é *"a priori"*, pois imprescinde de avaliação das circunstâncias do caso concreto.[27] Isto é, a invalidade do termo de ajuste firmado ocasionada pela inexistência de parecer jurídico poderia ser afastada a partir da ponderação dos direitos, princípios e bens jurídicos tensionados que apenas a análise da riqueza do caso concreto permite.

Assim, a elevação do parecer jurídico pela lei a ato jurídico obrigatório tem o efeito de torná-lo requisito procedimental para a celebração do termo de compromisso e, a par dessa qualificação, sua presença passa a ser determinante para aferir a validade do procedimento que culmina na celebração do termo de compromisso celebrado entre a autoridade administrativa e o particular.

Para o professor Hely Lopes Meirelles, o *ato administrativo enunciativo* (parecer) é erigido ao *status* de *pressuposto formalístico da própria constituição válida do ato administrativo final* (termo de compromisso):

> O parecer, embora contenha um enunciado opinativo, *pode ser de existência obrigatória no procedimento administrativo e dar ensejo à nulidade do ato final se não constar do processo respectivo, como ocorre, p. ex., nos casos em que a lei exige a prévia audiência de um órgão consultivo, antes da decisão terminativa da Administração.* Nesta hipótese, a presença do parecer é necessária, embora seu conteúdo não seja vinculante para a Administração, salvo se a lei exigir o pronunciamento favorável do órgão consultado para a legitimidade do ato final, caso em que o caso em que o parecer se torna impositivo para a Administração.[28] (Grifo nosso)

O professor José dos Santos Carvalho Filho, em raciocínio que não dista do autor clássico, qualifica o parecer de natureza obrigatória de *pressuposto formal do ato final*. A par das suas premissas, denomina o vício causado pela ausência deste parecer no procedimento de *vício de legalidade quanto à forma, eis que faltante solenidade essencial à sua validade, in verbis*:

> (...) são os atos de opinamento exigidos como preliminar da prática de outro ato, nos termos do respectivo preceito normativo. Neste caso, a solicitação do parecer é atividade vinculada do administrador e a

---

27 *Ibidem*, p. 150-151.

28 MEIRELES, Hely Lopes. *Direito administrativo brasileiro*. 24. ed. São Paulo: Malheiros, 1999, p. 176.

> ausência do ato opinativo compromete o próprio ato decisório. Se inobservada a obrigação, considerar-se-á que o ato decisório tem vício de legalidade quanto à forma, eis que faltante solenidade essencial a sua validade.[29] (Destaques pessoais)

Finalmente, a professora Maria Sylvia Zanella Di Pietro, em lição que se amolda com perfeição à hipótese examinada, explicita que:

> (...) além da representação judicial e extrajudicial, o advogado público exerce funções de consultoria e de assessoramento jurídico aos órgãos da Administração Pública.
>
> (...)
>
> É na função de consultor que o advogado público participa, de forma intensa, ativa e eficiente, do controle da Administração Pública.
>
> (...)
>
> No exercício desse controle, as autoridades socorrem-se da advocacia pública. Em todos os Ministérios e Secretarias de Estado existem as consultorias jurídicas, integradas por advogados públicos; eles não agem por iniciativa própria, eles não têm força de auditores, de fiscais da autoridade administrativa, eles se limitam a responder a consultas que lhes são formuladas por autoridades, quer sobre atos que ainda vão praticar (e, nesse caso, o controle é preventivo), quer sobre atos já praticados, sobre os quais surjam dúvidas quanto à legalidade (e, nesse caso, o controle é repressivo).
>
> (...)
>
> O consultor opina por meio de pareceres. Ele não decide. A autoridade pode acolher ou não o parecer. Se acolher o parecer constituirá o próprio fundamento da decisão, e constituirá a motivação do ato, hoje considerada essencial à validade dos atos da Administração Pública; se desacolher, a autoridade deve dar a sua própria motivação, o que é temerário para quem não tem formação jurídica. (...)
>
> O consultor, da mesma forma que o juiz, tem de interpretar a lei para apontar a solução correta; ele tem de ser imparcial, porque protege a legalidade do ato administrativo.[30] (Destaques pessoais)

Conforme se depreende da sua análise, a professora Maria Sylvia Zanela Di Pietro também identifica o parecer jurídico como essencial à

---

[29] CARVALHO FILHO, José dos Santos. *Processo administrativo federal*. Rio de Janeiro: Editora Lúmen Júris 2007, p. 211.

[30] DI PIETRO, Maria Sylvia Zanella. As carreiras jurídicas e o controle da Administração Pública. *Revista de Direito Administrativo Aplicado*, Curitiba, ano 4, n. 12, p. 64, jan./mar. 1997.

validade dos atos da Administração Pública, porém, sob o prisma da motivação do ato administrativo decisório que o acolhe. Amoldando o ensinamento da professora à espécie examinada neste artigo, pode-se dizer que a ausência do parecer obrigatório vicia a motivação do termo de compromisso celebrado entre as partes.

A partir das perspectivas doutrinárias sumarizadas do tema, não obstante algumas divergências pontuais entre os autores, é forçoso reconhecer como ponto de confluência entre as opiniões doutrinárias que o parecer jurídico, quando ostenta *status* jurídico obrigatório, possui importância indispensável para aferir a própria validade do ato administrativo final.

Ante o exposto, diante do que preceitua o art. 26 da LINDB, o seu Regulamento e a doutrina, conclui-se que a "oitiva do órgão jurídico" manifesta-se mediante (i) parecer jurídico dotado de natureza obrigatória e (ii) constitui requisito procedimental à celebração do termo de acordo firmado pela autoridade administrativa com o particular, cuja ausência poderá constituir causa de invalidação do próprio instrumento celebrado.

6 Agente público competente para emitir o "parecer" imputado ao órgão jurídico sobre a viabilidade técnica do termo de acordo

A atividade de exarar *parecer jurídico* é privativa de advogado, público ou privado, *ex vi* do art. 1º, inciso II, da Lei nº 8.906/94. Para ser denominado "advogado" é preciso, entre outros requisitos, obter diploma ou certidão de graduação em Direito, obtido em instituição de ensino oficialmente autorizada e credenciada e, ainda, ser aprovado no Exame da Ordem dos Advogados (art. 8º, Lei nº 8.906/94). Ainda consoante o art. 3º dessa Lei, o exercício da atividade de advocacia no território brasileiro e a denominação de advogado são privativos dos inscritos na Ordem dos Advogados do Brasil (OAB).

Portanto, pode-se fixar como premissa inicial para a interpretação do sentido e alcance do *caput* do art. 26 da Lei nº 13.655/2018 c/c o inciso II, §4º do art. 10 do Decreto nº 9.830/2019 que o "parecer jurídico conclusivo" do "órgão jurídico" constitui ato privativo de *advogado*.

A exigência de qualificação específica para o exercício da profissão está em consonância com a Constituição, que estabelece, no seu art. 5º, XIII, que "é livre o exercício de qualquer trabalho, ofício ou profissão, *atendidas as qualificações profissionais que a lei estabelecer*".

A análise mais atenta do *caput* do art. 26 da Lei nº 13.655/2018 possibilita inferir que o Ordenamento Jurídico não se contenta com o requisito profissional endereçado ao agente público. Exige, ainda, que o parecer jurídico seja imputado ao "*órgão jurídico*".

A expressão "órgão jurídico" deve ser compreendida no seu sentido técnico-jurídico e, bem delimitada, permite identificar o espectro subjetivo de agentes habilitados para a prática desse ato.

O sentido e alcance da locução "órgão jurídico" serão realizados a partir de conceitos doutrinários e estipulativos.

Celso Antônio Bandeira de Mello prescreve que "os órgãos nada mais significam que círculos de atribuições, os feixes individuais de poderes funcionais repartidos no *interior da personalidade estatal* e expressados através dos agentes neles providos".[31]

Órgãos são, portanto, círculos internos de atribuições do Estado, os quais, por sua vez, se expressam no mundo fenomênico por meio de agentes devidamente habilitados.[32]

Fixado o sentido do conceito jurídico-positivo de órgão, conclui-se que os agentes públicos responsáveis por revelar ao mundo a manifestação de vontade a que se imputa ao órgão e/ou Estado deve integrar a sua própria estrutura orgânica.

Excluem-se, a par dessa premissa técnica, os a*dvogados de escritórios de advocacia contratados* pelo Poder Público, por não integrarem o conceito de órgão. Os advogados de escritórios de advocacia prestam serviços jurídicos ao Estado na qualidade de terceiro-contratado, nos termos da Lei nº 14.133/2021. Podem os advogados particulares, quando contratados pelo Poder Público para prestar determinado serviço jurídico, ser qualificados como agentes públicos sem, com isso, passarem a integrar órgão da Administração?

Sim, é possível reconhecer que o advogado de escritório de advocacia privada contratado pelo Poder Público preste função pública sem, com isso, integrar a estrutura interna da Administração.

O estudo da noção de agentes públicos e sua sistematização pelo professor Celso Antônio Bandeira de Mello permite compreender

---

[31] BANDEIRA DE MELLO, Celso Antônio. Apontamentos sobre a teoria dos órgãos públicos. São Paulo: *Revista dos Tribunais*, 1987, p. 69.

[32] Trata-se de conceito baseado na lição do professor Celso Antônio Bandeira de Mello, que conceitua os órgãos como "unidades abstratas que sintetizam os vários círculos de atribuições do Estado. Estes devem ser expressados pelos agentes investidos dos correspondentes poderes funcionais, a fim de exprimir na qualidade de titulares deles, a vontade estatal". (BANDEIRA DE MELLO, Celso Antônio. *Apontamentos sobre a teoria dos órgãos públicos*. São Paulo: *Revista dos Tribunais*, 1987, p. 69).

melhor essa ideia, pois as propriedades que individualizam essa categoria compreensiva são a investidura (requisito subjetivo) e o exercício da função pública (requisito objetivo), e não a de ter que enquadrar internamente o aparelho administrativo estatal.

Assimilada essa premissa, pode-se examinar a categorização do advogado privado contratado pelo Estado como agente público sem ter de emoldurá-lo como agente que pertença à estrutura do órgão. Nesse exato sentido, o professor Celso Antônio os classifica como *particulares em colaboração com o poder público.*[33]

Trata-se de categoria de agentes formada por "sujeitos que, sem perderem a sua *qualidade de particulares* – portanto, de pessoas alheias à intimidade do aparelho estatal (...) –, exercem função pública, ainda que às vezes apenas em caráter episódico".[34] Portanto, o advogado privado contratado para prestar função administrativa de advogado público enquadra-se, ainda que transitoriamente, na noção de agente público, mas não passa a ser compreendido na estrutura interna burocrática de órgão.

Assim, o conceito de órgão jurídico enunciado no *caput* do art. 26 da LINDB não abriga os advogados privados contratados para o exercício de função pública delegada, pois, *ainda que possam ser classificados transitoriamente como agentes públicos, são pessoas alheias à intimidade do aparelho estatal* (particulares em colaboração com o poder público).

A interpretação dos conceitos estipulativos também conflui para esse entendimento. A Lei nº 14.133/2021 delimita os signos "órgão" e "contratado" como distintos e dotados de propriedades próprias. No seu art. 6º, define, de um lado, o *contratante* como "pessoa jurídica integrante da Administração Pública responsável pela contratação" (art. 6º, VII) e, de outro lado, o *contratad*, como a "*pessoa física ou jurídica*, ou consórcio de pessoas jurídicas, signatária de contrato com a Administração" (art. 6º, VIII). Reservou-se para o "órgão" a *significante* que revela a sua natureza intestina à Administração: "*unidade de atuação integrante da estrutura da Administração Pública*" (art. 6º, I).

Assim, o conceito jurídico-positivo de órgão pressupõe a de agentes intestinos na unidade de atuação da Administração por meio dos quais se imputa a sua vontade, motivo pelo qual, diante da natureza externa do próprio contrato, não abrange o advogado de escritório de advocacia contratado pela Administração.

---

[33] BANDEIRA DE MELLO, Celso Antônio. *Curso de direito administrativo.* 32. ed. rev. atual. até a emenda constitucional 84 de 02.12.2014. São Paulo: Malheiros, 2015, p. 258.

[34] *Ibidem*, p. 257.

Pelo exposto, pode-se sumarizar que os órgãos jurídicos se manifestam no mundo fenomênico por meio de seus agentes públicos, os quais devem ser: i) inscritos no quadro da Ordem dos Advogados; ii) servidores públicos titulares de cargo efetivo, e iii) pertencentes à estrutura do órgão jurídico da Administração.

Por fim, convém trazer uma última baliza para o agente competente responsável por proferir o "parecer jurídico conclusivo": ser dotado de estabilidade funcional, prerrogativa própria dos servidores titulares de cargo de provimento efetivo.

O parecer jurídico conclusivo sobre a viabilidade jurídica do termo de acordo a ser celebrado entre a autoridade administrativa e o particular acerca de bens jurídicos tutelados pelo direito público constitui exercício de assessoramento e, implicitamente, controle de juridicidade interno da Administração Pública.

O exercício dessas funções públicas (atividades de consultoria e assessoramento jurídico e controle de juridicidade) requer do agente competente por sua incumbência a estabilidade funcional, propriedade que o Ordenamento Jurídico assegura apenas aos servidores titulares de cargo efetivo, após aprovação no estágio probatório.

A explicação para que se outorgue o exercício dessa função a servidor amparado com a garantia da estabilidade funcional repousa na necessidade de se impedir a interferência política sobre o seu exercício.[35]

Sobre a relação entre a independência funcional e a estabilidade no cargo, Ricardo Marcondes Martins identifica nessa prerrogativa uma decorrência do "*princípio da manutenção das prerrogativas à imunização da função administrativa à influência política*".[36]

O traço jurídico explicitado não tem o condão de estabelecer qualquer hierarquia intelectual entre advogados, privados e públicos e, tampouco, entre servidores, efetivos e comissionados. Todos os advogados submetem-se aos mesmos deveres éticos e jurídicos: defender o primado da Constituição e a ordem jurídica do Estado Democrático de Direito.

---

[35] Compartilha da mesma preocupação o jurista de escol Ricardo Marcondes Martins, para quem um "Estado com funcionalismo enfraquecido é um Estado fraco, não preparado para a influência do poder econômico e do poder político" (MARTINS, Ricardo Marcondes. *Estudos de direito administrativo neoconstitucional*. São Paulo: Malheiros, 2015, p. 181). Nesse cenário, a estabilidade funcional exsurge como decorrente do "princípio da manutenção das prerrogativas à imunização da função administrativa à influência política" (*Ibidem*, p. 165).

[36] MARTINS, Ricardo Marcondes. *Estudos de direito administrativo neoconstitucional*. São Paulo: Malheiros, 2015.

Todavia, não se pode ignorar que o ordenamento jurídico-positivo diferencia o exercício da advocacia privada, onde predomina o princípio da liberdade, da advocacia pública, que constitui exercício de *função pública*.

Como o exercício da função de advocacia pública demanda impessoalidade na admissão e no exercício, isso significa que deve haver ausência de vínculo pessoal entre a autoridade administrativa nomeante e o advogado na forma de ingresso e no poder que a autoridade jurídica detém sobre o vínculo do servidor. Assim, o advogado deve ingressar no serviço público escudado por meio de concurso público de provas e títulos (art. 37, II), e, após o seu ingresso, não pode perder o cargo por mera liberalidade da autoridade nomeante, mas apenas por falta funcional grave (estabilidade no serviço público). O princípio do amplo acesso ao cargo público e o princípio da estabilidade no cargo são instrumentos jurídicos imunizantes às interferências políticas, a bem do serviço público e da boa administração.

Sobre o ponto, o professor Celso Antônio Bandeira de Mello sublinha que *"é absolutamente inadmissível que titulares de cargo em comissão possam emitir 'pareceres técnicos'"*,[37] mas, se ainda assim, o gestor público insistir em deles se utilizar, *"conforme correta advertência de Carolina Zancaner Zockun, serão inaptos a oferecer suporte jurídico prestante para quem os siga"*.[38] A advertência endereçada aos titulares de cargo em comissão aplica-se, pelas mesmas razões (*ubi eadem ratio ibi idem jus*), aos advogados que prestam serviços jurídicos à Administração por contrato, pois ambos são despidos de estabilidade.

Apesar de a conexão entre a estabilidade funcional e o exercício da função administrativa com independência e neutralidade política ser da mesma natureza que explica a vitaliciedade e o exercício da função jurisdicional, reconhece-se uma certa incompreensão e resistência de parte da doutrina e da comunidade política na visualização da primeira conexão.

Não se cogita da criação da figura de juízes investidos em cargos comissionados exoneráveis *ad nutum* justamente por reconhecer-se na natureza de suas atribuições a necessidade de lhes conferir as prerrogativas imunizantes às influências externas, para que o exercício da função jurisdicional se dê, na medida do possível, sem desvios e corrupção.

---

[37] BANDEIRA DE MELLO, Celso Antônio. *Curso de direito administrativo*. 32. ed. rev. atual. até a emenda constitucional 84 de 02.12.2014. São Paulo: Malheiros, 2015, p. 313.

[38] *Ibidem*.

Ressalva-se que o presente estudo apenas trata a competência para o exercício da função pública de emitir "parecer jurídico" como regra geral, sem adentrar situações excepcionais de provimento de servidor extraquadro na direção geral de órgão jurídico ou de contratação de escritório de advocacia para a realização de serviço jurídico específico, matérias que exigem o exame de leis e princípios específicos.

Ante o exposto, conclui-se que o "parecer jurídico conclusivo", previsto no inciso II, §4º do art. 10 do Decreto nº 9.830/2019, constitui ato privativo de advogado. Ademais, tendo em vista o conceito jurídico-positivo de órgão jurídico, as suas atribuições de assessoramento jurídico e de controle de juridicidade devem ser imputadas, *a priori*, aos agentes i) titulares de cargo de provimento efetivo e ii) pertencentes à estrutura interna do órgão jurídico do respectivo ente.

7 Considerações finais

O presente artigo, a partir de uma pesquisa jurídico-dogmática, demonstra o inconteste vínculo de interdependência entre as funções de consultoria e assessoramento jurídico e controle interno da Advocacia Pública, a consensualidade e o exercício da função administrativa que visa aplicar o direito público, ramo onde se inclui o direito administrativo sancionador.

Ao longo da pesquisa, obteve-se uma série de conclusões parciais que, reunidas, confluem para atingir e reforçar o seu resultado final, sumariadas do seguinte modo:

1. O exame analítico da norma que se extrai do *caput* do art. 26 da Lei nº 13.655/2018 permite extrair dois modais deônticos: *i*) *permite* (P) que a Administração Pública celebre termo de compromisso com o particular na aplicação do direito público, e *ii*) *obriga* (O) que a autoridade administrativa se subsidie da atuação do órgão jurídico para celebrar o respectivo termo de compromisso.

2. O art. 26 da Lei de Introdução às Normas do Direito Brasileiro, dada a sua força jurídica de metanorma de interpretação de todo o sistema jurídico, institui os requisitos gerais para a Administração Pública celebrar termo de compromisso com o particular na aplicação do direito público, que abrange o administrativo sancionador.

3. A interpretação proposta para determinar o alcance e sentido da locução "órgão jurídico" de que trata o art. 26 da LINDB é a que reconduz tal expressão à de órgão de Advocacia Pública do ente, pois o conceito de órgão remete ao de círculo interno de atribuição do Estado.

3.1 A locução Advocacia Pública utilizada neste artigo foi empregada exclusivamente para expressar o órgão jurídico da respectiva unidade federativa dotada de advogado público efetivo, que é o servidor titular de cargo, cuja investidura imprescinde da aprovação prévia em concurso público de provas ou de provas e títulos (art. 37, II, CR).

4. A "oitiva do órgão jurídico", prevista no *caput* do art. 26 da LINDB, manifesta-se por meio de *parecer jurídico conclusivo* que possui a natureza de (i) parecer jurídico obrigatório e, ainda, de (ii) requisito procedimental à celebração do acordo firmado pela autoridade administrativa com o particular, cuja ausência poderá constituir causa de invalidação do próprio termo de compromisso celebrado.

5. A atividade de emitir "*parecer jurídico*", previsto no inciso II, §4º do art. 10 do Decreto nº 9.830/2019, constitui ato privativo de advogado, *ex vi* do art. 1º, inciso II, 3º e 8º da Lei nº 8.906/94.

6. O "*parecer jurídico*" exigido pelo art. 26 da LINDB deve ser emitido por advogado público, titular de cargo efetivo, integrante do respectivo órgão jurídico do ente (Advocacia Pública).

6.1 A partir do exame das propriedades jurídicas que individualizam o agente público competente para proferir o parecer jurídico, extremando o dos demais, e do conceito jurídico-positivo de órgão jurídico, conclui-se que não são agentes públicos dotados dos atributos legais para emitir o parecer jurídico exigido pelo art. 26 da LINDB:

(i) o advogado de escritório de advocacia privado contratado pelo Poder Público que, embora possa episodicamente se qualificar como agente público quando atua sob tal designação e habilitação jurídica, pertence à categoria de *particulares em colaboração com o poder público* e, como *terceiro-contratado, não integra, intestinamente, o órgão jurídico.*

(ii) o servidor público titular de cargo puramente comissionado, pois (a) a natureza permanente das atribuições de assessoramento jurídico e de controle de juridicidade (atividades típicas de Estado), (b) o dever de impessoalidade na admissão, compatível com o recrutamento de pessoal mediante concurso público de provas e títulos (37, II, CR), e (c) a necessária prerrogativa de não ser exonerado por mera liberalidade da autoridade nomeante (estabilidade funcional) são propriedades próprias apenas do cargo público efetivo.

7. O art. 26 da LINDB constitui regra de calibração, a partir do ajuste fino de competências e procedimentos, que visa manter

a integridade de sistema jurídico regulado pela proteção e tutela do interesse público que se erige como verdadeiro *termostato* do ordenamento jurídico-positivo.

7.1 De um lado, a norma outorga à Administração Pública a competência material para empregar a consensualidade nos conflitos de interesses sujeitos à aplicação do direito público de um modo geral, mas, de outro lado, ajusta essa competência para exigir-lhe adequada procedimentalização.

7.2 Nesta procedimentalização, desponta o papel protagonista do órgão de Advocacia Pública, cuja participação foi erigida pela LINDB a obrigatória. Embora seja sempre recomendável a oitiva do órgão jurídico para a formação de vontade do agente público, a Lei tornou essa manifestação obrigatória quando a autoridade administrativa pretenda celebrar acordo com o particular, pois, nesse caso, as partes acordam sobre bens tutelados pelo interesse público.

Referências

BANDEIRA DE MELLO, Celso Antônio. *Apontamentos sobre a teoria dos agentes e órgãos públicos.* São Paulo: RT*Revista dos Tribunais,* 1987.

BANDEIRA DE MELLO, Celso Antônio. *Curso de direito administrativo.* 32. ed. rev. atual. São Paulo: Malheiros, 2015.

BRASIL. [*Constituição (1988)*]. Constituição da República Federativa do Brasil. Brasília, DF: Presidência da República, 1988. Disponível em: https://www.planalto.gov.br/ccivil_03/constituicao/constituicao.htm. Acesso em: 20 set. 2021.

BRASIL. Supremo Tribunal Federal. *Recurso Extraordinário (RE) 663.696/MG.* Relator: Ministro Luiz Fux. Tribunal Pleno, 28 de fevereiro de 2019. Disponível em: https://jurisprudencia.stf.jus.br/pages/search. Acesso em: 20 set. 2021.

CARVALHO FILHO, José dos Santos. *Processo administrativo federal.* Rio de Janeiro: Editora Lúmen Júris, 2007.

DI PIETRO, Maria Sylvia Zanella. As carreiras jurídicas e o controle da Administração Pública. *Revista de Direito Administrativo Aplicado,* Curitiba, ano 4, n. 12, p. 56-69, jan./mar. 1997.

DI PIETRO, Maria Sylvia Zanella. *Direito administrativo.* 33. ed. rev. ampl. São Paulo: Atlas, 2020.

DIAS, Maria Tereza Fonseca; ROGÉRIO, Taiz. A mediação como instrumento de eficiência e consensualidade do processo administrativo disciplinar. *Fórum Administrativo – FA,* Belo Horizonte, ano 12, n. 134, p. 52-63, abr. 2012.

FEIJÓ, Alexsandro Rabhani Aragão; SOUSA, Ana Beatriz Getelina. *A implementação da advocacia pública como função essencial à justiça nos municípios brasileiros*. Curitiba: Editora CRV, 2021.

FERRAZ JR., Tercio Sampaio. *Introdução ao estudo do direito:* técnica, decisão, dominação. 10. ed. rev., atual. e ampl. São Paulo: Atlas, 2018.

FERRAZ JR., Tercio Sampaio. *Teoria da norma jurídica*. 5. ed. Rio de Janeiro: Forense, 2017.

FILGUEIRAS JÚNIOR, Marcus Vinícius. Em defesa do ato administrativo como instrumento de democracia. *Fórum Administrativo – FA,* Belo Horizonte, ano 20, nº 228, p. 37-48. fev. 2020.

MACHADO, Gabriel. *Acordos administrativos:* uma leitura a partir do art. 26 da LINDB. São Paulo: Almedina, 2021.

MADUREIRA, Cláudio Penedo. *Administração Pública, litigiosidade e juridicidade:* a importância da Advocacia Pública para o exercício da função administrativa. Orientador: Clovis Beznos. 2013. 361 fl. Tese (Doutorado em Direito) – Pontifícia Universidade Católica de São Paulo. São Paulo, 2013. Disponível em: https://tede2.pucsp.br/bitstream/handle/6437/1/Claudio%20Penedo%20Madureira.pdf. Acesso em: 5 dez. 2020.

MARQUES NETO, Floriano de Azevedo; FREITAS, Rafael Véras. O artigo 26 da LINDB e o consenso na função de polícia administrativa. *Consultor Jurídico,* São Paulo, 16 jul. 2018. Disponível em: https://www.conjur.com.br/2018-jul-16/opiniao-lindb-consenso-funcao-policia-administrativa. Acesso em: 20 set. 2021.

MARTINS, Ricardo Marcondes. *Abuso de direito e a constitucionalização do direito privado*. São Paulo: Malheiros, 2010.

MARTINS, Ricardo Marcondes. Contratação de advogados por pessoas jurídicas de direito público. *Revista de Direito Administrativo e Infraestrutura – (RDAI),* v. 1, nº 1, p. 113-130, 2017.

MARTINS, Ricardo Marcondes. *Efeitos dos vícios do ato administrativo*. São Paulo: Malheiros, 2008.

MARTINS, Ricardo Marcondes. *Estudos de direito administrativo neoconstitucional*. São Paulo: Malheiros, 2015.

MARTINS, Ricardo Marcondes. *Teoria jurídica da liberdade*. São Paulo: Contracorrente, 2015.

MEIRELES, Hely Lopes. *Direito administrativo brasileiro*. 24 ed. São Paulo: Malheiros, 1999.

OLIVEIRA, Daniel Mitidieri Fernandes de; BOLONHA, Carlos Alberto Pereira das Neves. A Contribuição da Advocacia Pública Local para a Superação da Baixa Dimensão Institucional dos Municípios Brasileiros. *Revista Opinião Jurídica,* Fortaleza, v. 16, nº 23, p. 290-309, 2018.

OLIVEIRA, José Roberto Pimenta; GROTTI, Dinorá Adelaide Musettii. Direito administrativo sancionador brasileiro: breve evolução, identidade, abrangência e funcionalidades. *Interesse Público – (IP),* Belo Horizonte, ano 22, n. 120, p. 83-126, mar./abr. 2020.

PALMA, Juliana Bonacorsi de. *Sanção e acordo na Administração Pública*. São Paulo: Malheiros, 2015.

ROMANO, Santi. *Princípios de direito constitucional geral*. Tradução: Maria Helena Diniz. São Paulo: Revista dos Tribunais, 1977.

VIEIRA, Raphael Diógenes Serafim. O exercício das funções da Advocacia Pública como atividade exclusiva dos advogados públicos efetivos: uma releitura da Proposta de Súmula Vinculante nº 18 do STF à luz dos dados publicados no 1º Diagnóstico de Advocacia Pública Municipal no Brasil (2018). *Interesse Público – IP*, Belo Horizonte, ano 21, nº 114, p. 167-204, mar./abr. 2019.

Informação bibliográfica deste texto, conforme a NBR 6023:2018 da Associação Brasileira de Normas Técnicas (ABNT):

VIEIRA, Raphael Diógenes Serafim. A consensualidade, o direito administrativo sancionador e o papel da advocacia pública: regra de calibração e interdependência na LINDB. *In*: DOSSO, Taisa Cintra; TAVARES, Gustavo Machado; SILVA, Thiago Viola Pereira da (Coord.). *Direito Municipal em debate*. Belo Horizonte: Fórum, 2023. v. 7. p. 267-292. ISBN 978-65-5518-604-8.

SEGURANÇA JURÍDICA: BREVES RELATOS SOBRE O IMPACTO DO ART. 23 DA LINDB NO CPC/2015 E VICE-VERSA

EDUARDO AMIN MENEZES HASSAN

1 Introdução

A segurança jurídica sofreu alteração conceitual e interpretativa, ratificada pelo art. 23 da LINDB (Lei de Introdução às Normas do Direito Brasileiro), Decreto-Lei nº 4.657/1942 alterado pela Lei nº 12.376/2010. A ideia deste singelo artigo é tratar sobre aspectos da Teoria Geral do Processo, a influência do CPC na LINDB e vice-versa. Saliente-se a importância do tema para as carreiras de advocacia pública, tendo em vista as funções do consultivo – que influencia na tomada de decisão pelo gestor – e do contencioso – que influencia na tomada de decisão pelo julgador.

O processo é um fato da vida (fenomênico), que se pode analisar em três perspectivas: na primeira perspectiva é tratado como exercício de poder, poder normativo e produção de fontes normativas; na segunda perspectiva, é tratado como conjunto de atos e fatos concatenados para a produção de um ato final (realidade complexa racional); na terceira perspectiva, implica um complexo das situações jurídicas que nascem ao longo do processo.[1]

---

[1] DIDIER JR., Fredie. *Curso de direito processual civil*: introdução ao direito processual civil, parte geral e processo de conhecimento. 20. ed. Salvador: Juspodivm, 2018, p. 36-39.

Essa terceira perspectiva tem grande importância na solução de problemas dogmáticos, porque a construção ocorre a partir do fato e, **não aprioristicamente, isso permite a evolução do conhecimento e dos conceitos processuais. O foco des**te artigo é a nova perspectiva que se dá à segurança jurídica, que teve seu conceito remoldado pelo art. 23 da nova LINDB.

O presente artigo é formado por seis pequenos capítulos: introdução, quatro de desenvolvimento e uma conclusão. No próximo capítulo, serão tecidas considerações sobre a Teoria Geral do Processo e seus conteúdos, explicando-se resumidamente a ideia do sistema jurídico. No capítulo terceiro, explica-se o conceito de segurança jurídica e a sua relação com as fontes do direito. No quarto capítulo é abordada a flexibilização procedimental e a importância de se observar a segurança jurídica na sua aplicação prática. No capítulo cinco trata-se do impacto da nova LINDB no direito processual, e vice-versa, tendo como foco o seu art. 23. Concluindo-se o artigo no capítulo seis.

2 Considerações sobre a Teoria Geral do Processo

A Teoria Geral do Processo tem como conteúdo conceitos lógico-jurídicos processuais, com pretensão universal, e é um "excerto da Teoria Geral do Direito".[2] Utiliza-se a expressão geral para diferenciar das teorias individuais do processo, que se restringem à compreensão de determinadas realidades normativas.

A ideia do conceito geral de sistema possui as qualidades da ordem e da unidade como características. Segundo Canaris, ordenação implica um "estado de coisas intrínseco racionalmente apreensível, isto é, fundado na realidade".[3] Já a unidade trata-se de fator que não permite uma "dispersão", por evitar a agregação de "singularidades desconexas".[4] A partir dessas qualidades, Canaris trata da adequação valorativa e unidade interior da ordem jurídica como fundamentos do sistema jurídico.

Cf. DIDIER JR., Fredie. *Sobre a Teoria Geral do Processo, essa desconhecida*. 5. ed. Salvador: Editora Juspodivm, 2018.

2 DIDIER JR., Fredie. *Sobre a teoria geral do processo, essa desconhecida*. 5. ed. Salvador: Editora Juspodivm, 2018, p. 80-81.

3 CANARIS, Claus-Wilhelm. *Pensamento sistemático e conceito de sistema na ciência do direito*. 3. ed. Tradução: A. Menezes Cordeiro. Lisboa: Fundação Calouste Gulbenkian, 2002, p. 12.

4 *Ibidem*, p. 12-13.

O desenvolvimento do conceito de sistema, a partir das ideias de adequação valorativa e da unidade interior da ordem jurídica, implica: o sistema como ordem axiológica ou teleológica (como escopo e valores) e o sistema como ordem de "princípios gerais do Direito".

Os textos normativos terão peculiaridades de acordo com o ramo processual a que diz respeito à lei. Já a Teoria Geral do Processo é única. Apesar de inconfundíveis, a Teoria Geral do Processo influencia na elaboração de textos normativos e a ela cabe definir o que são os requisitos de validade do processo, enquanto o texto normativo define quais são os requisitos e validade.

"A Teoria Geral do Processo fornece à dogmática do direito processual a coletânea de conceitos sem os quais não será possível construir os conceitos jurídico-positivos".[5] Por exemplo: o conceito de sentença está no texto normativo, mas sem saber o conceito de ato decisório (conceito jurídico fundamental processual), a legislação não a definiria corretamente.

Alterações legislativas podem implicar a necessidade de revisão de conceitos da Teoria Geral do Processo. Exemplo: a necessidade de revisão do conceito de presunção legal em razão da possibilidade de negociação processual (art. 190, CPC), por haver insuficiência da divisão das presunções legais e judiciais.[6]

Essa circularidade entre Teoria Geral do Direito e Direito Positivo fica clara no exemplo supracitado. "A mudança no Direito positivo pode revelar a inadequação de uma categoria jurídica fundamental – é permanente o diálogo entre conceitos jurídicos fundamentais e o Direito positivo (...)".[7] Quando se tem conceitos abertos, fica-se mais propenso ao novo. Não se pode engessar a evolução conceitual. Conceitos jurídicos fundamentais podem se tornar obsoletos em razão da evolução social e legislativa.

A LINDB influenciou tanto o direito material quanto o direito processual. "Norma jurídica processual é aquela de cuja incidência resulta um fato jurídico processual",[8] enquanto a "norma material

5 DIDIER JR., Fredie. *Sobre a Teoria Geral do Processo, essa desconhecida.* 5. ed. Salvador: Editora Juspodivm, 2018, p. 149.

6 DIDIER JR., Fredie. *Curso de direito processual civil*: introdução ao direito processual civil, parte geral e processo de conhecimento. 20. ed. Salvador: Juspodivm, 2018, p. 36-39.

7 DIDIER JR., Fredie. *Sobre a Teoria Geral do Processo, essa desconhecida.* 5. ed. Salvador: Juspodivm, 2018, p. 64.

8 DIDIER Jr., Fredie. *Curso de direito processual civil*: introdução ao direito processual civil, parte geral e processo de conhecimento. 20. ed. Salvador: Juspodivm, 2018, p. 75.

é aquela que determina o conteúdo da norma jurídica produzida, a substância da decisão".[9]

Observe-se que esses conceitos são de ordem estática, e a melhor forma de se distinguir norma jurídica material de norma processual é "a partir da função desempenhada em dado processo".[10]

Utiliza-se o exemplo trazido por Paula Sarno Braga, ao observar norma dita *a priori* material, mas que traz critério de decisão no processo legislativo de elaboração do CPC/2015:

> A segurança jurídica atua como critério de decidir na definição do legislador (no processo legislativo) da regra básica de Direito intertemporal processual no CPC-2015 (arts. 14 e 1043) de aplicação imediata da norma processual nova aos processos em curso (atos a praticar e seus efeitos). Mas pode ser tomada como critério de proceder por partes ou juiz que figurem em um processo jurisdicional, para que ajam de acordo com a lei antiga negando a aplicação imediata da lei nova, se isso for necessário para fazer valer essa mesma segurança jurídica.[11]

Nesse sentido, percebe-se a importância de distinção estática e dinâmica entre norma processual e norma material, o que implica a possibilidade de relação circular[12] entre elas.

> Além disso, a norma material, de fato, é aquela que determina o conteúdo de decisão, mas não precisa ser decisão sobre objeto de processo autônomo. Pode ser decisão de um incidente processual, de um recurso. Norma material é a que serve para resolver o objeto da decisão; quando uma questão processual se torna objeto da decisão, a norma processual que a define servirá como norma material.[13]

---

9 BRAGA, Paula Sarno. Norma de processo e norma de procedimento: o problema da repartição de competência legislativa no direito constitucional brasileiro. Orientador: Fredie Souza Didier Junior. 2015. 467 f. Tese (Doutorado em Direito) – Universidade Federal da Bahia, Faculdade de Direito. Salvador, 2015. Disponível em: http://repositorio.ufba.br/ri/handle/ri/17749. Acesso em: 23 mar. 2020.

10 *Ibidem*, p. 160.

11 BRAGA, Paula Sarno. Norma de processo e norma de procedimento: o problema da repartição de competência legislativa no direito constitucional brasileiro. Orientador: Fredie Souza Didier Junior. 2015. 467 f. Tese (Doutorado em Direito) – Universidade Federal da Bahia, Faculdade de Direito. Salvador, 2015. Disponível em: http://repositorio.ufba.br/ri/handle/ri/17749. Acesso em: 23 mar. 2020, p. 160.

12 DIDIER JR., Fredie. *Curso de direito processual civil:* introdução ao direito processual civil, parte geral e processo de conhecimento. 20. ed. – Salvador: Juspodivm, 2018, p. 45.

13 BRAGA, Paula Sarno. Norma de processo e norma de procedimento: o problema da repartição de competência legislativa no direito constitucional brasileiro. Orientador: Fredie Souza Didier Junior. 2015. 467 f. Tese (Doutorado em Direito) – Universidade Federal da

É um equívoco, por exemplo, afirmar que o Código Civil é composto apenas de normas materiais. Da mesma forma que também seria errôneo aduzir que todas as normas do CPC seriam processuais. Ambos os códigos possuem normas jurídicas processuais e materiais, que, inclusive, podem se alternar de acordo com a sua utilização no processo.

Como há um sistema jurídico integrado, as leis se influenciam reciprocamente. Dessa forma, tanto a nova LINDB influenciou o direito processual, como também foi influenciada pelo CPC/2015.

3 Segurança jurídica e fontes do direito

O século XIX marca a positivação do direito, que preza por uma suposta segurança, caracterizada pelo fato de o direito se tornar escrito. Todavia, ocorre a mutabilidade do direito sempre que há mudança da lei, sendo isso característica da positivação do direito. O único direito que existe é o direito positivo.[14]

A ordem legal passa a ser fundamentação do direito positivo, quando parece que as normas se confundem com o próprio direito,[15] todavia, não seria suficiente para explicar o direito.[16] Afasta-se a visão de Kelsen do "dever-ser" de forma isolada.

A segurança jurídica deve ser prestigiada na aplicação das normas provenientes das fontes do Direito, não se negando a posição privilegiada da lei "como fonte capaz de ordenar, normativamente,

Bahia, Faculdade de Direito. Salvador, 2015, p. 162. Disponível em: http://repositorio.ufba.br/ri/handle/ri/17749. Acesso em: 23 mar. 2020.

[14] "Enquanto os filósofos racionalistas do século XVIII procuravam extrair noções jurídicas concretas de uma verdade ética, como expressão máxima e superior do direito, a Teoria Pura do Direito esvazia a norma fundamental, para ela o princípio regulador da juridicidade de qualquer sentido moral ou a legitimação material, conferindo-lhe função de simples postulado do conhecimento, que atende à exigência de plenitude do sistema." (MURICY, Marília. Racionalidade do direito, justiça e interpretação. Diálogo entre a teoria pura e a concepção luhmanniana do direito como sistema autopoiético. *In*: BOUCAULT, Carlos Rodrigues de Abreu; RODRIGUEZ, José Roberto. *Hermenêutica plural*. São Paulo: Martins Fontes, 2002, p. 106.)

[15] A ideia de Montesquieu de que a lei e a norma são uma coisa só passa por alteração com Kelsen, que começa a diferenciar a lei da norma. Cf. KELSEN, Hans. *Teoria pura do direito*. Tradução: João Baptista Machado. 7. ed. São Paulo: Martins Fontes, 2006, p. 35-36.

[16] A teoria geológica do direito, fundada por Carlos Cossio na Argentina e seguida por Machado Neto no Brasil, na qual o direito é conduta, e não só norma, trata-se de objeto cultural. Cossio faz a seguinte conclusão: se as determinações criadas pelo legislador fossem o direito positivo, bastaria se proibir o homicídio para acabar com ele. (COSSIO, Carlos. *La valoración jurídica y la ciência del derecho*. Buenos Aires: Arayú, 1954, p. 77-78)

as eventuais antinomias de normas provenientes das diversas fontes do Direito".[17]

O CPC/2015 inova sobre as fontes do direito processual no seu art. 8º[18] ao trocar a palavra lei por ordenamento jurídico. Segundo Souza, "a norma decorrente do art. 8º eliminou a concepção *quase*-totalizante da lei como fonte do Direito e a posição de subordinação das demais fontes".[19]

Da mesma forma, o citado Autor chama atenção para o art. 140 do CPC/2015, no sentido de não mais existir a expressão "fonte subsidiária" ou a referente da lei como principal fonte e as demais como fontes subsidiárias a serem utilizadas em caso de lacuna ou obscuridade no momento do julgamento obrigatório pelo juiz.[20]

Didier Jr. Afirma que a menção da legalidade foi um eco do tempo em que a lei era vista como única fonte do Direito, não se podendo ignorar as outras fontes do direito processual, como é o caso dos precedentes.[21]

Percebe-se que a lei está em pé de igualdade com as demais fontes do direito processual, devendo se ater **à** hierarquia constitucional. Dessa forma, o juiz, ao observar a legalidade, não o faz por simples interpretação literal do texto normativo, devendo fazer interpretação teleológica, atentando-se à proporcionalidade e razoabilidade, bem como fazer o controle de constitucionalidade da lei, decidindo em conformidade com o Direito.[22]

Souza afirma que o maior problema "é como lidar com as diferentes fontes do Direito e alcançar um equilíbrio em face do pluralismo dos variados poderes normativos que disputam a criação e a transformação do Direito".[23]

---

17 SOUZA, Marcus Seixas. *Normas processuais consuetudinárias.* Salvador: Juspodivm, 2019, p. 92.

18 Art. 8º CPC/2015: "Ao aplicar o ordenamento jurídico, o juiz atenderá aos fins sociais e às exigências do bem comum, resguardando e promovendo a dignidade da pessoa humana e observando a proporcionalidade, a razoabilidade, a legalidade, a publicidade e a eficiência".

19 SOUZA, Marcus Seixas, *Normas processuais consuetudinárias.* Salvador: Juspodivm, 2019, p. 131.

20 *Ibidem*, p. 134.

21 DIDIER JR., Fredie. *Curso de direito processual civil*: introdução ao direito processual civil, parte geral e processo de conhecimento. 20. ed. Salvador: Juspodivm, 2018, p. 104.

22 *Ibidem*, p. 105.

23 SOUZA, Marcus Seixas. *Normas processuais consuetudinárias.* Salvador: Juspodivm, 2019, p. 135.

Para solucionar esse problema e manter a segurança jurídica nos ordenamentos modernos que adotam várias fontes, o citado autor sugere a adoção de: critério hierárquico, com a CF no topo; critério de reserva normativa para determinadas fontes do Direito; critério material, que indique a norma mais adequada ao caso.[24]

4 A flexibilização procedimental e a necessidade de observância da segurança jurídica

Segundo Gajardoni e Zufelato, o CPC/2015 adotou três modelos de flexibilização procedimental: sendo a regra geral a flexibilização legal alternativa, o juiz tem certa liberdade para determinar o andamento da causa dentro dos limites impostos pelo legislador; flexibilização legal genérica, que permite ao juiz ampliar prazo e alterar ordem de produção de provas; e a flexibilização voluntária, que se baseia no autorregramento das partes.[25]

Ao tratar do princípio da adequação, Didier Jr. traz três dimensões da flexibilidade do processo: legislativa, as regras partem do legislador; jurisdicional, adaptações procedimentais realizadas pelo julgador e negocial, procedimento adequado pelas partes; sendo feita *in concreto* nesses dois últimos modelos.[26]

Didier Jr. tratou do tema antes mesmo do CPC/2015, explicando a necessidade de observância do princípio da adaptabilidade, sintetizando:

> Adequa-se o processo ao seu objeto tanto no plano pré-jurídico, legislativo, abstrato, com a construção de procedimentos compatíveis, com o direito material, como no plano do caso concreto, processual, permitindo-se ao magistrado, dês que previamente, alterar o procedimento conforme às exigências da causa.[27]

---

[24] *Ibidem*, p. 136.

[25] GAJARDONI, Fernando da Fonseca; ZUFELATO, Camilo. Flexibilização e combinação de procedimentos no sistema processual civil brasileiro. *Revista Eletrônica de Direito Processual – REDP*. Rio de Janeiro, v. 21, n. 3, p 143-144, 2020.

[26] DIDIER JR., Fredie. *Curso de direito processual civil*: introdução ao direito processual civil, parte geral e processo de conhecimento. 20. ed. Salvador: Juspodivm, 2018, p. 144-145.

[27] DIDIER JR., Fredie. *Sobre dois importantes, e esquecidos, princípios do processo*: adequação e adaptabilidade do procedimento. [Porto Alegre], [2001?]. Disponível em: http://www.abdpc.org.br/abdpc/artigos/Fredie%20Didier_3_-%20formatado.pdf. Acesso em: 20 abr. 2021.

Partindo-se do pressuposto de que o §2º do art. 327 do CPC é clausula geral,[28] que exige "concretização em vez de subsunção",[29] possibilitando a flexibilização das técnicas processuais, pode-se inferir que "é possível importar para o procedimento comum técnicas especiais de tutela jurisdicional, mas também é possível a via inversa: importar para o procedimento especial regra do procedimento comum, a fim de se concretizarem normas fundamentais".[30]

Fredie Didier Jr., Antônio do Passo Cabral e Leonardo Cunha concluem ser possível a utilização de uma técnica especial para outro procedimento especial, desde que compatíveis, ou seja, há "livre trânsito das técnicas diferenciadas entre os procedimentos", havendo harmonia entre o parágrafo único do art. 1.049 e o §2º do art. 327 do CPC.[31]

Apesar de todas essas infinitas possibilidades de variação procedimental, os operadores do direito devem se atentar a dois princípios básicos do direito que se confrontam nesse cenário moderno: a segurança jurídica e a efetividade.[32]

Para Gajardone e Zufelato:

> Tolera-se, doravante de modo expresso, a combinação do procedimento padrão (comum) com os procedimentos especiais, em verdadeira admissão, neste quadrante, do *modelo da flexibilização legal genérica* a que já nos referimos, em que caberá ao juiz, observadas as condicionantes do item precedente (finalidade, contraditório e motivação), eleger atos do procedimento especial que, em sendo compatíveis com o procedimento comum, podem ser aplicados para processamento e julgamento de um ou mais dos pedidos cumulados (que, se processados autonomamente, gozariam do procedimento especial e das suas técnicas diferenciadas). Por outro lado, mantém-se um padrão procedimental – o do procedimento comum – a orientar a condução do processo pelo juiz e pelas partes, preservando-se, assim, a previsibilidade do processo,

---

[28] "Cláusula geral é uma espécie de texto normativo, cujo antecedente (hipótese fática) é composto por termos vagos e o consequente (efeito jurídico) é indeterminado." (DIDIER JR., Fredie. *Curso de direito processual civil:* introdução ao direito processual civil, parte geral e processo de conhecimento. 20. ed. Salvador: Juspodivm, 2018, p. 60)

[29] *Ibidem*, p. 61.

[30] DIDIER JR., Fredie; CABRAL, Antonio do Passo; CUNHA, Leonardo Carneiro da. *Por uma nova teoria dos procedimentos especiais*: dos procedimentos às técnicas. Salvador: Juspodivm, 2018, p. 73.

[31] *Ibidem*, p. 74-75.

[32] Cf. CABRAL, Trícia Navarro Xavier. Flexibilização procedimental. *Revista Eletrônica de Direito Processual – REDP*, Rio de Janeiro, v. 6, n. 6, p. 136, 2011.

sem embargo de ser admitido, ora ou outra (e novamente, frise-se, observando-se as condicionantes do item e supra), a variação ritual.[33]

Inclusive, "haveria a possibilidade de criar procedimentos 'mistos' ou 'híbridos', em que a base seria o procedimento comum, mas preservadas algumas técnicas de procedimentos especiais fungíveis",[34] e essas técnicas podem ser importadas de leis especiais.

A variação prática é quase incalculável quanto às hipóteses possíveis de "combinação de técnicas processuais diferenciadas dos ritos especiais no rito comum, nos casos em que houver cumulação de pedidos".[35] Mas o que importa é, segundo Gajardone e Zufelato, que há "dever do juiz adaptar os procedimentos às particularidades da causa, deles extraindo melhor resultado".[36]

5 Nova LINDB: seus impactos no direito processual e os impactos do CPC nela

A institucionalização tem o papel de permitir maior segurança, um consenso esperado pela sociedade, sendo a lei até hoje a principal forma de institucionalização do direito. Segundo Luhmann, a institucionalização possui uma característica especial, "sua função reside em uma distribuição tangível de encargos e riscos comportamentais, que tornam provável a manutenção de uma redução social vivenciada e que dão chances previsivelmente melhores a certas projeções normativas".[37]

A segurança jurídica deve ser prestigiada na aplicação das normas provenientes das fontes do Direito, não se negando a posição privilegiada da lei "como fonte capaz de ordenar, normativamente,

[33] GAJARDONI, Fernando da Fonseca; ZUFELATO, Camilo. Flexibilização e Combinação de Procedimentos no Sistema Processual Civil Brasileiro. *Revista Eletrônica de Direito. Processual – REDP*, Rio de Janeiro, v. 21, n. 3, p. 153, 2020.

[34] SICA, Heitor Vitor Mendonça. Novas reflexões em torno da teoria geral dos procedimentos especiais. *GenJurídico*, 26 abr. 2017. Disponível em: http://genjuridico.com.br/2017/04/26/novas-reflexoes-em-torno-da-teoria-geral-dos-procedimentos-especiais/#_ftn36. Acesso em: 20 abr. 2021.

[35] GAJARDONI, Fernando da Fonseca. ZUFELATO, Camilo. Flexibilização e combinação de procedimentos no sistema processual civil brasileiro. *Revista Eletrônica de Direito. Processual – REDP*, Rio de Janeiro, v. 21, n. 3, p. 157, 2020.

[36] *Ibidem.*

[37] LUHMANN, Niklas. *Sociologia do direito I.* Tradução: Gustavo Bayer. Rio de Janeiro: Edições Tempo Brasileiro, 1983, p. 81.

as eventuais antinomias de normas provenientes das diversas fontes do Direito".[38]

Fredie Didier Jr., Antônio do Passo Cabral e Leonardo Cunha chamam a atenção para a impossibilidade de o legislador exaurir as especificidades infinitas que podem ocorrer nos conflitos por meio de padrões genéricos com uma série de procedimentos que, muitas vezes, não se enquadram[39] para um caso concreto.[40]

Cabral chama atenção para o art. 23 da LINDB,[41] que institui o paradigma da segurança-continuidade, permitindo-se a inserção de regras de transição em decisões de processos judiciais ou administrativos, o que permite maior segurança jurídica nas relações das pessoas com o Estado.[42]

A segurança jurídica não é aquela estática, mas a que permite maleabilidade, observando as regras do jogo, como o princípio da ampla defesa e do contraditório, sem ignorar o ordenamento jurídico, mas observando a possibilidade de autorregramento e as mudanças sociais. Afinal de contas, tanto a morte como a mudança são certezas fáticas da vida.

Nesse sentido, há uma quebra de paradigma com o art. 23 da LINDB, que revoluciona o processo[43] no que se refere **à** segurança jurídica e **à** possibilidade de alteração das decisões estatais.[44] Ou seja,

---

38 SOUZA, Marcus Seixas. *Normas processuais consuetudinárias.* Salvador: Juspodivm, 2019, p. 92.

39 A situação lembra muito o caso em que uma pessoa, com certa ignorância, pede para o marceneiro fazer uma estante para seus livros, mas a coleção comprada não consegue se encaixar na estante, fazendo com que essa pessoa peça para cerrar os livros para, dessa forma, poder encaixá-los nas prateleiras.

40 DIDIER JR., Fredie. CABRAL, Antonio do Passo. CUNHA, Leonardo Carneiro da. *Por uma nova teoria dos procedimentos especiais:* dos procedimentos às técnicas. Salvador: Juspodivm, 2018, p. 78.

41 "Art. 23. A decisão administrativa, controladora ou judicial que estabelecer interpretação ou orientação nova sobre norma de conteúdo indeterminado, impondo novo dever ou novo condicionamento de direito, deverá prever regime de transição quando indispensável para que o novo dever ou condicionamento de direito seja cumprido de modo proporcional, equânime e eficiente e sem prejuízo aos interesses gerais."

42 CABRAL, Antonio do Passo. *Segurança jurídica e regras de transição nos processos judicial e administrativo:* introdução ao art. 23 da LINDB. 2. ed. Salvador: Juspodivm, 2021, p. 17-19.

43 Parte-se da ideia defendida por Paula Sarno que processo e procedimento são sinônimos. (BRAGA, Paula Sarno. *Norma de processo e norma de procedimento: o problema da repartição de competência legislativa no direito constitucional brasileiro.* Orientador: Fredie Souza Didier Junior. 2015. 467 f. Tese (Doutorado em Direito) – Universidade Federal da Bahia, Faculdade de Direito. Salvador, 2015. Disponível em: http://repositorio.ufba.br/ri/handle/ri/17749. Acesso em: 23 mar. 2020.)

44 Cumpre salientar que, após o CPC/2015, utiliza-se o código de processo civil supletivamente e subsidiariamente em relação aos processos administrativos; anteriormente utilizava-se

essas decisões estatais podem impactar processos judiciais ou administrativos.[45]

Segundo Cabral, "o sistema não deixa de preocupar-se com a segurança jurídica e a proteção de situações jurídicas consolidadas, mas autoriza a superação da estabilidade, com alteração de conteúdo de atos jurídicos e decisões estatais".[46]

Caso ocorra a modificação de decisão, deve haver uma transição: com regras, fixação de condições e prazo de duração.[47]

Há, todavia, um dilema, já que as alterações ora interessarão ao Estado, ora ao indivíduo. Segundo Cabral, esse dilema se resolve via mecanismos compensatórios para alteração de estabilidade com edição de regras de transição e por um balanceamento dos interesses entre permanência e mudança.[48]

Apesar das possibilidades de mudança de decisões pela LINDB, é preciso se atentar para a necessidade de previsibilidade para se manter a confiança no sistema jurídico. Segundo Cabral, trata-se de uma das características da segurança-continuidade, decorrente de um sistema coeso e coerente, que permita um viés prospectivo para avaliação dos riscos dos atos praticados.[49]

Quanto mais coerência existir entre posições estáveis de um sistema, maior a segurança, o que implica a necessidade de um modelo que se reduza ao mínimo as incoerências, ampliando-se a coesão.[50]

Cabral conclui que o art. 23 da LINDB é a positivação do formato de segurança jurídica com a continuidade jurídica, que abrange interesses tanto da coletividade quanto dos indivíduos, equilibrando as dimensões.

A LINDB traz outras alterações referentes a sistema de regras para decisões de poder em seus artigos 20,[51] 21[52] e 22,[53] que influenciam

---

o código de processo penal. Art. 15. Na ausência de normas que regulem processos eleitorais, trabalhistas ou administrativos, as disposições deste Código lhes serão aplicadas supletiva e subsidiariamente.

45 Cf. CABRAL, Antonio do Passo. *Segurança jurídica e regras de transição nos processos judicial e administrativo:* introdução ao art. 23 da LINDB. 2 ed. Salvador: Juspodivm, 2021, p. 22.

46 *Ibidem*, p. 20.

47 *Ibidem.*

48 CABRAL, Antonio do Passo. *Segurança jurídica e regras de transição nos processos judicial e administrativo:* introdução ao art. 23 da LINDB. 2 ed. Salvador: Juspodivm, 2021, p. 47

49 *Ibidem*, p. 49

50 *Ibidem*, p. 50-51.

51 "Art. 20. Nas esferas administrativa, controladora e judicial, não se decidirá com base em valores jurídicos abstratos sem que sejam consideradas as consequências práticas da decisão.

em processo de todas as esferas, seja administrativa, controladora ou judicial. Esses dispositivos exigem do julgador maior cuidado ao se decidir, bem como análise das consequências das suas decisões e seus impactos no mundo.

Os tribunais administrativos, como CADE, CARF, CVM e STJD, são ferramentas de resolução de conflitos pelo Estado de forma não jurisdicional.[54] Esses tribunais administrativos exercem atividade de índole técnica, que podem, em tese, ter suas decisões analisadas pelo Judiciário, já que suas decisões não fazem coisa julgada e são sujeitas a controle externo pelo Judiciário.[55]

O CPC/2015 também influencia e se complementa com a LINDB, trazendo diversas tecnologias do processo civil moderno para a seara administrava, a exemplo da teoria dos precedentes obrigatórios.[56]

Segundo Didier Jr., em razão da necessidade "de a Administração Pública, na condição de litigante habitual, estruturar a sua litigância de acordo com os precedentes advindos do Poder Judiciário, e, com

---

Parágrafo único. A motivação demonstrará a necessidade e a adequação da medida imposta ou da invalidação de ato, contrato, ajuste, processo ou norma administrativa, inclusive em face das possíveis alternativas."

52 "Art. 21. A decisão que, nas esferas administrativa, controladora ou judicial, decretar a invalidação de ato, contrato, ajuste, processo ou norma administrativa deverá indicar de modo expresso suas consequências jurídicas e administrativas.

Parágrafo único. A decisão a que se refere o caput deste artigo deverá, quando for o caso, indicar as condições para que a regularização ocorra de modo proporcional e equânime e sem prejuízo aos interesses gerais, não se podendo impor aos sujeitos atingidos ônus ou perdas que, em função das peculiaridades do caso, sejam anormais ou excessivos."

53 "Art. 22. Na interpretação de normas sobre gestão pública, serão considerados os obstáculos e as dificuldades reais do gestor e as exigências das políticas públicas a seu cargo, sem prejuízo dos direitos dos administrados.

§1º Em decisão sobre regularidade de conduta ou validade de ato, contrato, ajuste, processo ou norma administrativa, serão consideradas as circunstâncias práticas que houverem imposto, limitado ou condicionado a ação do agente.

§2º Na aplicação de sanções, serão consideradas a natureza e a gravidade da infração cometida, os danos que dela provierem para a administração pública, as circunstâncias agravantes ou atenuantes e os antecedentes do agente.

§3º As sanções aplicadas ao agente serão levadas em conta na dosimetria das demais sanções de mesma natureza e relativas ao mesmo fato."

54 DIDIER JR., Fredie. *Curso de direito processual civil:* introdução ao direito processual civil, parte geral e processo de conhecimento. 20. ed. Salvador: Juspodivm, 2018, p. 199.

55 *Ibidem*, p. 204.

56 O art. 30 da LINDB traz expressamente a obrigatoriedade da aplicação das súmulas administrativas, com fundamento na segurança jurídica e isonomia, senão observe-se: "Art. 30. As autoridades públicas devem atuar para aumentar a segurança jurídica na aplicação das normas, inclusive por meio de regulamentos, súmulas administrativas e respostas a consultas. Parágrafo único. Os instrumentos previstos no caput deste artigo terão caráter vinculante em relação ao órgão ou entidade a que se destinam, até ulterior revisão".

isso, concretizar o equilíbrio entre os poderes republicanos e diminuir os custos da Administração Judiciária",[57] é essencial a construção do sistema obrigatório de precedentes administrativos.

Dessa forma, todas as tecnologias previstas no CPC/2015 referentes à teoria dos precedentes devem se aplicar, dentro do possível, aos processos administrativos, como por exemplo: os mecanismos de distinção (*distinguish*), superação (*overruling*) e *amicus curiae.*[58]

6 Conclusão

Observe-se que a segurança jurídica está ligada ao papel do advogado público: que é servidor público, inscrito na OAB, com ingresso mediante aprovação em concurso público, responsável pela assessoria jurídica e defesa judicial dos interesses da pessoa jurídica a que está vinculado, seja da administração direta ou indireta.

As grandes evoluções do Processo Civil não podem ignorar a segurança jurídica, da mesma forma que ela precisa ter seu conceito atualizado de acordo com a evolução do direito e da sociedade.

Dessa forma, percebe-se que o art. 23 da LINDB andou bem quanto à questão da segurança jurídica, ratificando a importância de se levar em consideração as mudanças e a evolução social, permitindo regras de transição para processos judiciais e administrativos.

A ideia deste artigo foi sintetizar as discussões realizadas em grupo temático da ANPM, que discutiu sobre a importância da Nova LINDB e sua influência no âmbito da advocacia pública nacional. Não se busca aqui esgotar a matéria, mas sim estimular a pesquisa e os estudos sobre o tema.

---

[57] DIDIER JR., Fredie. Intervenção de *amicus curiae* em processo apto à formação de precedente administrativo obrigatório. *Civil Procedure Review*, v. 11, n. 2, p. 212, 2020.

[58] Sobre *amicus curiae*, afirma Didier Jr.: "a partir da aplicação do art. 15 do CPC, é admissível, e muitas vezes obrigatória, a intervenção do *amicus curiae* em processo administrativo, não sendo algo estranho ao sistema jurídico brasileiro, sobretudo nos processos administrativos aptos à produção de precedente obrigatório de tribunal administrativo, como o Conselho Administrativo de Recursos Fiscais-CARF, CADE, Tribunais de Contas etc.". (*Ibidem*, p. 217)

Referências

BRAGA, Paula Sarno. *Norma de processo e norma de procedimento:* o problema da repartição de competência legislativa no direito constitucional brasileiro. Orientador: Fredie Souza Didier Junior. 2015. 467 f. Tese (Doutorado em Direito) – Universidade Federal da Bahia, Faculdade de Direito. Salvador, 2015. Disponível em: http://repositorio.ufba.br/ri/handle/ri/17749. Acesso em: 23 mar. 2020.

CABRAL, Antonio do Passo. *Segurança jurídica e regras de transição nos processos judicial e administrativo:* introdução ao art. 23 da LINDB. 2. ed. Salvador: Juspodivm, 2021.

CABRAL, Trícia Navarro Xavier. Flexibilização procedimental. *Revista Eletrônica de Direito Processual – REDP*, Rio de Janeiro, v. 6, n. 6, 2011.

CANARIS, Claus-Wilhelm. *Pensamento sistemático e conceito de sistema na ciência do direito.* 3. ed. Tradução: A. Menezes Cordeiro. Lisboa: Fundação Calouste Gulbenkian, 2002.

COSSIO, Carlos. *La valoración jurídica y la ciencia del derecho.* Buenos Aires: Arayú, 1954.

DIDIER JR., Fredie. *Curso de direito processual civil:* introdução ao direito processual civil, parte geral e processo de conhecimento. 20. ed. Salvador: Juspodivm, 2018.

DIDIER JR., Fredie. Intervenção de *amicus curiae* em processo apto à formação de precedente administrativo obrigatório. *Civil Procedure Review*, v. 11, n. 2, p. 209-218, 2020.

DIDIER JR., Fredie. *Sobre a Teoria Geral do Processo, essa desconhecida.* 5. ed. Salvador: Juspodivm, 2018.

DIDIER JR., Fredie. *Sobre dois importantes, e esquecidos, princípios do processo:* adequação e adaptabilidade do procedimento. [Porto Alegre], [2001?]. Disponível em: http://www.abdpc.org.br/abdpc/artigos/Fredie%20Didier_3_-%20formatado.pdf. Acesso em: 20 abr. 2021.

DIDIER JR., Fredie; CABRAL, Antonio do Passo; CUNHA, Leonardo Carneiro da. *Por uma nova teoria dos procedimentos especiais:* dos procedimentos às técnicas. Salvador: Juspodivm, 2018.

GAJARDONI, Fernando da Fonseca; ZUFELATO, Camilo. Flexibilização e combinação de procedimentos no sistema processual civil brasileiro. *Revista Eletrônica de Direito Processual – REDP*, Rio de Janeiro, v. 21, n. 3, 2020.

KELSEN, Hans. *Teoria pura do direito.* Tradução: João Baptista Machado. 7. ed. São Paulo: Martins Fontes, 2006.

LUHMANN, Niklas. *Sociologia do direito I.* Tradução: Gustavo Bayer. Rio de Janeiro: Edições Tempo Brasileiro, 1983.

MURICY, Marília. Racionalidade do direito, justiça e interpretação. Diálogo entre a teoria pura e a concepção luhmanniana do direito como sistema autopoiético. *In*: BOUCAULT, Carlos Rodrigues de Abreu; RODRIGUEZ, José Roberto. *Hermenêutica plural.* São Paulo: Martins Fontes, 2002.

SICA, Heitor Vitor Mendonça. Novas reflexões em torno da teoria geral dos procedimentos especiais. *GenJurídico*, 26 abr. 2017. Disponível em: http://genjuridico.com.br/2017/04/26/novas-reflexoes-em-torno-da-teoria-geral-dos-procedimentos-especiais/#_ftn36. Acesso em: 20 abr. 2021.

SOUZA, Marcus Seixas. *Normas processuais consuetudinárias.* Salvador: Juspodivm, 2019.

Informação bibliográfica deste texto, conforme a NBR 6023:2018 da Associação Brasileira de Normas Técnicas (ABNT):

HASSAN, Eduardo Amin Menezes. Segurança jurídica: breves relatos sobre o impacto do art. 23 da LINDB no CPC/2015 e vice-versa. *In*: DOSSO, Taisa Cintra; TAVARES, Gustavo Machado; SILVA, Thiago Viola Pereira da (Coord.). *Direito Municipal em debate.* Belo Horizonte: Fórum, 2023. v. 7. p. 293-307. ISBN 978-65-5518-604-8.

JUDICIALIZAÇÃO DA SAÚDE E O SUS: DA SIMBIOSE ENTRE SOLIDARIEDADE E SUSTENTABILIDADE

VITOR PENNO REIS

1 Introdução

Poucos direitos fundamentais geram tamanha repercussão quanto o direito à saúde, qualificado como direito social no artigo 6º da Constituição Federal e como direito de todos e um dever do Estado em seção própria, a partir do artigo 196 da Magna Carta.

Aos olhos do cidadão comum e interpretadas isoladamente, as assertivas estabelecidas pelo Texto Magno parecem tão somente exigíveis no seu aspecto imediato, voltado para a sobrevivência do indivíduo que, envolto na maioria das vezes em um estado de hipossuficiência econômica, necessita do aparato estatal para solucionar um estado de emergência médica.

Contudo, o grande reflexo não está no varejo das relações individuais entre cidadão e poder público, mas sim nas consequências sistêmicas que cada uma das decisões tomadas no campo da saúde pública, sejam elas administrativas, legislativas ou mesmo jurisdicionais em demandas individuais, causam coletivamente sob o prisma da sustentabilidade do sistema.

Nesse aspecto se insere a situação particular das Administrações municipais brasileiras no trato cotidiano com o direito fundamental à saúde, seja pela relação estreita dos autores de demandas judiciais com a prática cotidiana das municipalidades, seja por ser notoriamente no âmbito local onde reside a maior monta de dilemas (ou os maiores reflexos) sobre o tema.

Pretende-se enfrentar a concepção jurisprudencial da solidariedade como um conceito absoluto, autorizativo da prevalência de uma concepção liberal que deixa de se preocupar com os aspectos republicanos de construção do SUS, e consequentemente os reflexos decorrentes do incentivo ao demandismo judicial e da falta de uma discussão mais aprofundada sobre motivos e potenciais soluções para solucionar o gargalo da saúde pública.

Nesse aspecto, a LINDB e o seu incentivo à construção de decisões judiciais focadas em suas consequências e nas dificuldades autênticas da gestão, servem como norte de antagonismo à noção canonizada de solidariedade entre os entes federados e como um mecanismo de central importância para inaugurar uma linha de pensamento decorrente de um debate potencialmente mais republicano e virtuoso, que rediscuta o modelo intervencionista jurisdicional ora consolidado, para que se incentive o aperfeiçoamento dos serviços públicos de saúde em busca de um sistema mais eficiente e sustentável, em especial no âmbito dos municípios.

2 A solidariedade como argumento "de tungstênio"

"A saúde é um direito de todos e um dever do Estado". "Os entes da federação, em decorrência da competência comum, são solidariamente responsáveis nas demandas prestacionais na área da saúde". Essas duas assertivas, uma advinda do Texto Magno e a outra do Tribunal Supremo, fornecem as bases do entendimento jurisprudencial amplamente majoritário sobre o direito à saúde no Brasil, em especial nas instâncias de base.

O acesso universal e igualitário às ações e aos serviços públicos que assegurem saúde ao cidadão constitui exemplo central na teoria dos direitos fundamentais, capitaneado pelo artigo 196 da CRFB e de sua clássica redação acima frisada, tão comumente utilizada em decisões judiciais de todos os Tribunais pátrios, em suas mais variadas instâncias e competências.

Da mesma forma, a solidariedade entre os entes federados na efetivação desse direito fundamental de segunda geração talvez seja um dos brocardos mais repetidos pelos titulares da jurisdição, presente em dez entre cada dez julgados. E assim nem poderia deixar de ser, já que o princípio da solidariedade na prestação unificada de tratamentos de saúde é matéria consolidada pelos Tribunais Superiores há certo tempo.

Não há como negar que entre os direitos fundamentais assegurados na Carta Magna, o direito fundamental à saúde, universal e igualitário, é o que gera maior repercussão, seja no aspecto social, influenciando a necessidade do cidadão de sanar um imperativo urgente, na maioria dos casos para proteção da própria vida, seja no campo público, repercutindo na organização das políticas públicas nos aspectos administrativo e orçamentário.

Mas os reflexos decorrentes do direito à saúde no campo público não se limitam a aspectos de gestão imediata, sendo, outrossim, uma das maiores causas, senão a maior, de judicialização de direitos fundamentais. É inegável que em toda Comarca do país tramitam centenas de processos judiciais pleiteando tratamentos de saúde de variadas complexidades.

Também não há sombra de dúvida de que o volume de demandas e de decisões judiciais nessas causas, em sua esmagadora maioria com deferimento de tutelas de urgência com prazos curtos e altas multas, geram consequências na gestão dos recursos públicos destinados não apenas à saúde, mas que tendem a ser remanejados de outras áreas de relevância pública.

Nesse contexto, também é notório que em muitos casos a simples determinação judicial não se mostra suficiente para o atendimento urgente de determinada necessidade, supostamente em razão de negativas ilegítimas dos entes públicos demandados em disponibilizar o acesso do cidadão ao tratamento específico do qual necessita, muito embora, talvez na maior parcela dos casos, a dificuldade tenha sua gênese em falhas sistêmicas que causam dilemas práticos, além de orçamentários e financeiros, realidade comum na maioria dos municípios.

Sob esse prisma, a descentralização de competências prevista na Lei Federal nº 8.080/90, que, como se verá, tem seu fundamento de validade na CF/88, instituiu um escalonamento operacional e financeiro para tratamentos complexos e de alto custo pela União, de média complexidade e custo pelos Estados e de baixa complexidade e custo pelos Municípios, que passou a ser insuficiente para atender a urgência do assistido, manifestada em juízo.

A resposta jurisdicional foi a construção do princípio da solidariedade entre os entes federados, como exemplifica o seguinte precedente do Superior Tribunal de Justiça:

> ADMINISTRATIVO. SISTEMA ÚNICO DE SAÚDE (SUS). FORNECIMENTO DE MEDICAMENTOS. RESPONSABILIDADE SOLIDÁRIA DOS ENTES FEDERATIVOS. RECURSO QUE NÃO LOGRAINFIRMAR OS FUNDAMENTOS DA DECISÃO AGRAVADA.
>
> 1. Sendo o Sistema Único de Saúde (SUS) composto pela União, Estados-Membros, Distrito Federal e Municípios, impõe-se o reconhecimento da responsabilidade solidária dos aludidos entes federativos, de modo que qualquer um deles tem legitimidade para figurar no pólo passivo das demandas que objetivam assegurar o acesso à medicação para pessoas desprovidas de recursos financeiros.
>
> 2. Mantém-se na íntegra a decisão agravada quando não infirmados seus fundamentos.
>
> 3. Agravo regimental improvido.
>
> (AgRg no Ag 886.974/SC, Segunda Turma, Rel. Min. João Otávio De Noronha, julgado em 20.09.2007, DJ 29.10.2007)

Analisando o precedente clássico supratranscrito, é possível perceber que o conceito de solidariedade é fundamentado em dois aspectos centrais, um técnico e um prático.

O aspecto técnico advém da interpretação (que se verá não ser sistêmica) dos artigos 6º e 196 da CF/88, firmando um entendimento de que a saúde, conquanto um direito social fundamental de todo cidadão e um dever do Estado em sua concepção ampla, é de responsabilidade universal, igualitária e integral de todos os entes da Federação.

Já o aspecto prático reside na dificuldade de acesso do cidadão aos tratamentos de que necessita. O Brasil possui 5.570 (cinco mil quinhentos e setenta) municípios em um território com dimensões continentais. Por consequência, não é dificultoso concluir que na maioria das cidades será extremamente difícil para o cidadão obter da União ou do Estado o tratamento complexo almejado, ainda que mediante decisão judicial, simplesmente porque não há na localidade uma unidade orgânica descentralizada daqueles entes, capaz de solucionar o problema em tempo hábil ou mesmo de receber uma intimação judicial via Oficial de Justiça.

Em decorrência dessa situação de fato, desenvolveu-se a noção de que a responsabilidade pela saúde dos pacientes necessitados é um dever uniforme de todos os entes federados, que pode ser solidariamente exigido em juízo, sendo oferecida ao autor a escolha de contra quem deseja demandar para obter a solução urgente para o seu problema.

Ora, mas que cargas d'água a solidariedade tem a ver com o tungstênio, citado no título deste capítulo? Aliás, o que é o tungstênio?

Alguns podem estar a se perguntar.

Identificado na tabela periódica como o elemento químico W e número atômico 74, sob condição padrão o tungstênio toma a forma de um metal branco acinzentado, normalmente utilizado na indústria da eletrônica. A despeito de não se incluir entre os elementos de menor relatividade a influências externas de corrosão, o que lhes concede maior resistência à oxidação e, portanto, maior nobreza (ex. ouro), o tungstênio tem uma característica que, no sentir deste subscritor, funciona ainda melhor como metáfora química para a solidariedade jurídica: possui o maior ponto de fusão entre todos os metais: 3.414ºC.

É nesse contexto que considero o princípio da solidariedade como um argumento "de tungstênio" no campo das decisões judiciais de saúde: aparentemente, nada é capaz de abalar sua estrutura. Nem mesmo a própria Constituição da República.

Mas como assim?

De fato, a Constituição Federal[1] prevê, em seu artigo 196, que a saúde é direito de todos e um dever do Estado, *verbis*:

> Art. 196. A saúde é direito de todos e dever do Estado, garantido mediante políticas sociais e econômicas que visem à redução do risco de doença e de outros agravos e ao acesso universal e igualitário às ações e serviços para sua promoção, proteção e recuperação.

Porém, também descreve, na mesma seção da saúde (seção II), do capítulo II (da seguridade social), do título VIII (da ordem social), que esse direito social fundamental será assegurado na forma da lei, através de um sistema único que se baseie nos princípios organizacionais da regionalização, hierarquização e descentralização, *verbis*:

> Art. 197. São de relevância pública as ações e serviços de saúde, cabendo ao Poder Público dispor, nos termos da lei, sobre sua regulamentação, fiscalização e controle, devendo sua execução ser feita diretamente ou através de terceiros e, também, por pessoa física ou jurídica de direito privado.
>
> Art. 198. As ações e serviços públicos de saúde integram uma rede regionalizada e hierarquizada e constituem um sistema único, organizado de acordo com as seguintes diretrizes:

---

1 BRASIL. [*Constituição (1988)*]. Constituição da República Federativa do Brasil. Brasília, DF: Presidência da República, 1988. Disponível em: https://www.planalto.gov.br/ccivil_03/constituicao/constituicao.htm. Acesso em: 02 maio 2023.

> I – descentralização, com direção única em cada esfera de governo;
>
> II – atendimento integral, com prioridade para as atividades preventivas, sem prejuízo dos serviços assistenciais;
>
> III – participação da comunidade.

Como visto, a Lei Federal nº 8.080/90 seguiu esse padrão de organização:

> Art. 8º As ações e serviços de saúde, executados pelo Sistema Único de Saúde (SUS), seja diretamente ou mediante participação complementar da iniciativa privada, serão organizados de forma regionalizada e hierarquizada em níveis de complexidade crescente.

Percebe-se que a legislação específica se coaduna com a Constituição, criando um sistema que prestigia a universalidade de acesso (art. 196, CF c/c art. 7º, I, Lei nº 8.080/90)[2] e a integralidade de assistência (art. 198, II, CF c/c art. 7º, II, Lei nº 8.080/90), baseada nos conceitos de regionalização, hierarquização e descentralização (art. 198, I, CF c/c art. 8º, Lei nº 8.080/90). Assim, ainda que tenhamos um sistema unitário e integral, previu-se um escalonamento de complexidades, priorizando inclusive as ações de cunho preventivo (art. 198, II, CF).

Pois bem. Avaliando as justificativas jurisdicionais para as decisões concessivas de tratamentos urgentes em matéria de saúde, verificamos a existência de argumentos impecáveis sob o ponto de visto abstrato, coadunados com uma interpretação à luz dos postulados constitucionais. Neste ponto, não se pretende negar a solidariedade como reflexo do sistema elaborado pelo SUS, no intuito de conceder maior eficiência aos serviços de saúde.

Porém, não se legitima a utilização da solidariedade como argumento "de tungstênio", inabalável, inegociável, indiscutível, como se o artigo 196 não estivesse inserido em um complexo de normas constitucionais e infraconstitucionais que estabelecem uma metodologia sistemática hierarquizada em complexidade e custo, que existe justamente para assegurar a sobrevivência do próprio sistema, ignorando que mais do que assegurar um direito individual em uma discussão

---

2 BRASIL. *Lei nº 8.080, de 19 de setembro de 1990.* Dispõe sobre as condições para a promoção, proteção e recuperação da saúde, a organização e o funcionamento dos serviços correspondentes e dá outras providências. Disponível em: http://www.planalto.gov.br/ccivil_03/Leis/L8080.htm. Acesso em: 02 maio 2023.

que é eminentemente coletiva, a decisão judicial possui a obrigação de atentar para os seus reflexos no campo macro, inclusive para assegurar mecanismos de compensação quando o custeio desses serviços assoberba as finanças de um determinado ente.

Nesse aspecto, ninguém é mais afetado do que os Municípios. O Poder Judiciário, com a aplicação dos princípios da solidariedade e da dignidade da pessoa humana como abstrações absolutas, além de renegar os demais princípios constitucionais que fundamentam o SUS, cuja base de repartição de competências e de custos é republicana, contribui para desestabilizar a atenção básica, redirecionando para os entes locais tratamentos de maior complexidade sem apresentar soluções de recomposição financeira.

Na verdade, essa linha de raciocínio decorre de uma corriqueira confusão entre solidariedade e competência comum, como destaca Felipe Asensi:[3]

> *À primeira vista, o reconhecimento da responsabilidade solidária dos entes da Federação pode parecer fortemente positivo sob o prisma do usuário, que terá mais atores possíveis no polo passivo da ação. Porém, sob o prisma da gestão, pode trazer desafios de* sobreoneração de um dos entes da Federação em detrimento dos demais. Nesse sentido, uma decisão judicial que reconhece direitos sempre abre novos horizontes de efetivação e, ao mesmo tempo, inaugura novos desafios administrativos e operacionais.
>
> Outro desafio importante dessa aproximação entre o direito e a saúde é uma tendência dos órgãos judiciários de confundir a competência comum com a responsabilidade solidária. Desse modo, tem sido incomum a observância de regras administrativas de repartição de responsabilidades em saúde. Exemplo disso são as poucas referências às chamadas "listas dos SUS", que são relações de medicamentos previstas para cada ente da Federação e que buscam evitar que um ente tenha que custear medicamentos de responsabilidade de outro.

Regras de competência, longe de obstar direitos fundamentais, foram aprovadas no exercício da soberania popular, com respaldo constitucional, para incentivar o acesso à saúde da forma mais eficiente possível, mediante um projeto de descentralização administrativa e financeira, e não podem ser enxergadas, paradoxalmente, como

---

[3] ASENSI, Felipe Dutra. Responsabilidade solidária dos entes da federação e "efeitos colaterais" no direito à saúde. *Revista de Direito Sanitário*, São Paulo, v. 16, n. 3, p. 149, nov. 2015/fev. 2016.

contrárias à Constituição sob um prisma estritamente liberal de defesa de direitos fundamentais.

E isso por um motivo simples: não há incompatibilidade entre tais normas e a Constituição, já que servem para efetivar direitos com base em escolhas democráticas derivadas da soberania popular. É absolutamente impróprio identificar a necessária submissão a leis democráticas e não arbitrárias, cunhadas para assegurar o direito à saúde, com uma suposta limitação a direitos individuais. Essa visão simplesmente não é verdadeira.

Temos, assim, que a utilização da solidariedade como solução indiscutível para os problemas da saúde pública brasileira, desacompanhada de uma discussão mais aprofundada sobre soluções concretas, o que inegavelmente passa pelo reconhecimento do Poder Judiciário sobre as consequências de suas decisões, não vem sendo suficiente para diminuir os problemas de saúde da população. Muito pelo contrário, vem gerando a ampliação de demandas judiciais, substituindo a vontade popular pela jurisdição e fomentando o colapso do sistema.

3 A existência de parâmetros jurisprudenciais: a ignorância é uma benção?

Mas a existência de um sistema integralizado de saúde baseado na complexidade dos tratamentos, por sua vez baseada no montante de recursos à disposição de cada ente, não está declarada somente no texto constitucional e na legislação nacional. Também a jurisprudência superior é historicamente firme no sentido de que a solidariedade não deve ser interpretada de forma desvinculada das agruras administrativas ínsitas ao sistema único de saúde.

Por exemplo, os riscos do demandismo varejista por medicamentos e insumos não incorporados ao SUS já era apontado pelo STF no ano de 2007:

> Ocorrência de grave lesão à ordem e à economia públicas, porquanto a liminar impugnada viola o princípio da legalidade orçamentária (Constituição da República, art. 167), certo que "o Estado não tem previsão orçamentária para suprir a população com todos os medicamentos que esta demande, não podendo arcar com o provisionamento integral de fármacos de que necessite cada cidadão residente no território estadual" (fl. 10). Nesse contexto, ressalta a necessidade de observância da cláusula da reserva do financeiramente possível e o fato de que os medicamentos requeridos não estão inseridos no âmbito do Programa de

> Dispensação de Medicamentos em Caráter Excepcional, estabelecido, por intermédio do Poder Executivo, conjuntamente pela União, Estados e Municípios." (SS 3.073/RN, julg. em 09.02.2007)
>
> (...)
>
> Verifico estar devidamente configurada a lesão à ordem pública, considerada em termos de ordem administrativa, porquanto a execução de decisões como a ora impugnada afeta o já abalado sistema público de saúde. Com efeito, a gestão da política nacional de saúde, que é feita de forma regionalizada, busca uma maior racionalização entre o custo e o benefício dos tratamentos que devem ser fornecidos gratuitamente, a fim de atingir o maior número possível de beneficiários. Entendo que a norma do art. 196 da Constituição da República, que assegura o direito à saúde, refere-se, em princípio, à efetivação de políticas públicas que alcancem a população como um todo, assegurando-lhe acesso universal e igualitário, e não a situações individualizadas. A responsabilidade do Estado em fornecer os recursos necessários à reabilitação da saúde de seus cidadãos não pode vir a inviabilizar o sistema público de saúde. No presente caso, ao se conceder os efeitos da antecipação da tutela para determinar que o Estado forneça os medicamentos relacionados '(...) e outros medicamentos necessários para o tratamento (...)' (fl. 26) dos associados, está-se diminuindo a possibilidade de serem oferecidos serviços de saúde básicos ao restante da coletividade." (SS 91, julg. em 26.02.2007).

Os referidos julgados, ambos de relatoria da Ministra Ellen Gracie, são claros ao afirmar que a individualização de demandas pleiteando tratamentos de alto custo ou não inseridos no sistema não se justifica quando inviabiliza o mesmo direito à coletividade. Na concepção da eminente Ministra, o Estado garante universalidade de tratamento com recursos limitados, o que é prejudicado quando se defere provimentos individualizados não previstos nas portarias oficiais, o que contraria a própria essência do direito à saúde, que deve ser efetivado por meio de políticas públicas, e não de maneira substitutiva pelo Poder Judiciário.

Mas não foi somente no aspecto da individualização das demandas que se situaram as críticas do Tribunal. Os reflexos danosos da padronização de demandas foram reiteradamente destacados nos julgados subsequentes à Audiência Pública da Saúde nº 4, realizada pelo próprio Supremo Tribunal Federal nos dias 27 a 29 de abril e 04 a 07 de maio de 2009. O grande exemplo é a Suspensão de Tutela Antecipada 175, julgada em 17 de março de 2010, de Relatoria do Ministro Gilmar Mendes, cuja ementa expressamente declara a fixação de parâmetros para a solução judicial de casos concretos que envolvam o direito à saúde.

Naquele precedente, ao mesmo tempo em que critica a Administração Pública pelo cumprimento inadequado das políticas já existentes (e não daquelas não incorporadas ao SUS, diga-se), o que transforma a determinação judicial em mero ato declaratório do que já é um dever, o Ministro recrimina abertamente a padronização de processos judiciais, *in verbis*:

> Portanto, independentemente da hipótese levada à consideração do Poder Judiciário, as premissas analisadas deixam clara a necessidade de instrução das demandas de saúde para que não ocorra a produção padronizada de iniciais, contestações e sentenças, peças processuais que, muitas vezes, não contemplam as especificidades do caso concreto examinado, impedindo que o julgador concilie a dimensão subjetiva (individual e coletiva) com a dimensão objetiva do direito à saúde. Esse é mais um dado incontestável, colhido na Audiência Pública – Saúde.

A crítica do Ministro se aprofunda em sua consagrada obra de direito constitucional, onde alerta para o equívoco de, em tema inegavelmente de repercussão coletiva, como o direito à saúde pública, apostar-se em ações individuais como solução, já que tendem a gerar ainda mais celeumas no longo prazo, *verbis*:

> Por outro lado, ao prover pretensões relacionadas com direito à saúde, normalmente relacionadas com entrega gratuita de medicamentos, de aparelhos ou obtenção de vagas em hospitais – enfim, ações que geram custos -, o Poder Judiciário passa a influenciar o orçamento público. Nas ações individuais, essa interferência é feita sem que se tenha noção dos reais impactos que podem ser causados pela decisão. Nas ações coletivas, porém, as questões orçamentárias podem ser sopesadas de forma devida, inclusive porque o pedido é analisado com maiores subsídios. Além disso, a longo prazo, as decisões proferidas em demandas coletivas tendem a gerar diminuição de gastos para a Administração Pública, que poderá melhor organizar-se adequadamente para atender às demandas da coletividade dentro de prazos razoáveis.[4]

Na mesma linha de raciocínio, parece-nos claro que a absolutização da solidariedade, que hoje é contumaz, constitui um princípio

---

[4] MENDES, Gilmar Ferreira; BRANCO, Paulo Gustavo Gonet. *Curso de direito constitucional*. 8. ed. rev. e atual. São Paulo: Saraiva, 2013, p. 631.

autorreferente negativo,[5] na medida em que, se universalizável (utilizado por todas as pessoas), acarretaria a impossibilidade de fruição do direito à saúde pela totalidade dos cidadãos, inviabilizando a vida em sociedade.

Mas o precedente mais emblemático sobre solidariedade e preservação do Sistema Único de Saúde foi proferido pelo Supremo Tribunal Federal em 23 de maio de 2019, quando firmou o Tema de Repercussão Geral 793, assim ementado:

> STF. TEMA 793. RESPONSABILIDADE SOLIDÁRIA DOS ENTES FEDERADOS PELO DEVER DE PRESTAR ASSISTÊNCIA À SAÚDE. Relator Ministro LUIZ FUX. Leading Case: RE 855178/SE
>
> Os entes da federação, em decorrência da competência comum, são solidariamente responsáveis nas demandas prestacionais na área da saúde, e diante dos critérios constitucionais de descentralização e hierarquização, compete à autoridade judicial direcionar o cumprimento conforme as regras de repartição de competências e determinar o ressarcimento a quem suportou o ônus financeiro.

Corroborando a mesma tese, nos autos da STA 127, o então Presidente do STF, Ministro Dias Toffoli, proferiu julgado analítico sobre o tema do fornecimento de medicamento de alto custo por município, em decorrência de decisão judicial.

De plano, ressalta o então Presidente que a Corte Suprema sempre se preocupou com a racionalidade das decisões que tratam da saúde pública e individual, destacando que solidariedade não se confunde com competência comum:

> Dos dispositivos citados e da compreensão técnica inserida em cada um dos conceitos eleitos pelo constituinte – os quais, entendo, se harmonizam perfeitamente com o que decidido nos autos da STA nº 175 – se depreende, em síntese: que a obrigação de garantir a saúde é comum e o sistema correspondente é único (nesse sentido, responsabilidade solidária), formado por uma rede de atendimento (o que pressupõe colaboração e organização – não superposição), que deve estar, tanto quanto possível, próxima do cidadão, municipalizada (e assim, a ele mais acessível), sem que se desconsidere ser ela regionalizada (e, portanto, devem as regiões de saúde serem aptas a suprir as carências locais para garantir a integralidade das ações e serviços de saúde), por

---

5 HABERMAS, Jürgen. *Consciência moral e agir comunicativo.* Rio de Janeiro: Tempo Brasileiro, 1989. Série Estudos alemães nº 84.

> meio de uma hierarquização que considerará o grau de complexidade do atendimento necessário ao paciente (quanto mais complexo o atendimento, mais passível de ser ele afastado do ente local e direcionado a ente mais afeto à especialização técnica: estados e, sequencialmente, a União). O que me parece evidenciado, portanto, é que a Constituição em seu arcabouço normativo de definição de responsabilidades em matéria de saúde pública, externou duas ordens de atribuições com preponderância de atuação: (i) responsabilidade por executar ações e serviços de saúde, preponderantemente atribuída ao Município (art. 198, I, c/c art. 30, VII), para que o atendimento se dê, preferencialmente, na própria região de residência do cidadão, com assunção de obrigações de atendimentos mais complexos pelos Estados e em sequência pela União; (ii) responsabilidade pelo comando técnico e pelo financiamento do Sistema acentuadamente atribuída à União e, em menor grau, aos Estados e Municípios, em ordem descendente
>
> (...)
>
> Sob essa ótica, tenho que é forçoso reconhecer que, ao estabelecer o art. 23 da Constituição Federal a competência comum aos entes federativos de "cuidar da saúde" (art. 23, II), não estipulou a carta constitucional uma obrigação indivisa, mas, ao contrário, definiu uma responsabilidade estruturada em níveis de atuação consentâneos com as atribuições próprias da repartição federativa, elemento essencial à construção do modelo de atenção à saúde reformador propugnado pela Constituição. Nesse passo, tenho que se pode vislumbrar a Federação como um círculo, cujo feixe de raios, partindo do ente central, a União, direciona-se ao Distrito Federal e aos estados; deste, a seu turno, partem os raios que atingem os municípios, ocupantes da extremidade da figura. Nesse círculo, em matéria de saúde, quanto mais se caminha em direção ao ente central do Sistema (direção centrípeta), maior a responsabilização técnico-financeira identificada, ao passo em que, quanto mais se dirige aos entes da linha de superfície do raio federativo, maior a obrigação de execução das políticas de saúde. Embora, portanto, a responsabilidade seja una, no sentido de que todos tem o dever inafastável de garantir saúde a seus cidadãos, a divisão de responsabilidades no SUS segue uma gradação ascendente: centrípeta na ampliação das responsabilidades técnicas e de financiamento; e centrífuga na atribuição de execução das ações e serviços de saúde.
>
> Importa ressaltar que foi exatamente dando concretização a esses comandos constitucionais, que o legislador editou a Lei nº 8080/90, densificando, especialmente em seus arts. 16 a 19, a divisão de atribuições entre os entes políticos em matéria de saúde.

A precisão dos argumentos prossegue, ao evidenciarem ser obrigação das decisões judiciais zelar pela saúde do paciente, porém sem prejudicar a sustentabilidade do sistema e os demais usuários, *verbis*:

> E se a lógica constitucional foi observada pelo legislador, também não pode ser afastada no bojo de demandas judiciais, sob pena de fatal desordem administrativa, com prejuízo não apenas ao paciente da demanda, mas ainda a todos os usuários do SUS. O que se tem hoje? Municípios sendo demandados a arcar com o financiamento de fármacos importados, de altíssimo custo (o que impõe uma atuação técnica para a qual normalmente não estão preparados).

E finaliza com a conclusão acertada de que o direito à saúde e a abstração do princípio da solidariedade devem se coadunar com a descentralização proposta pela própria CRFB e com o entendimento clássico do STF, sendo plenamente cabível a observância da repartição legal de competências por ocasião da condenação dos entes federados:

> Ao definir a responsabilidade como solidária, esta Corte – baseando-se na previsão da saúde como obrigação comum (art. 23, II) – traçou a todos os entes responsabilidade na garantia do direito à saúde, mas preservou, conforme ficou claro nos autos da STA nº 175, a possibilidade de se observar, na condenação dos entes, a repartição de atribuições traçada em âmbito legal ou mesmo infralegal (especialmente se tal repartição está consentânea à orientação constitucional centrípeta – quanto à cooperação técnica e financeira – e centrífuga – quanto à própria prestação do direito à saúde).
>
> (...)
>
> Lado outro, em relação ao financiamento: será ele do Município ou compartido entre os três entes (nas medicações que cumpre ao Município dispensar); do Estado (para parte dos medicamentos do componente especializado); e da União (no componente estratégico e, ainda, no maior nível de complexidade do componente especializado). Como se observa, o financiamento de medicamentos no SUS segue a lógica da complexidade do tratamento da doença, da garantia da integralidade do tratamento da doença por meio de linhas de cuidado e da manutenção do equilíbrio financeiro entre as esferas de gestão do SUS. Desconsiderar essa forma de atribuição de responsabilidade põe em risco a própria manutenção do sistema e o equilíbrio das contas públicas.
>
> (...)
>
> Tenho, assim, que a responsabilização indivisa entre os entes políticos na ordem judicial se faz em prejuízo da repartição de atribuições que norteia o Sistema Único de Saúde – estabelecida em prol da integralidade de assistência ao cidadão e da otimização dos recursos já escassos – a qual, ademais, a meu sentir, se compatibiliza com a "espécie" de solidariedade firmada por esta Corte no julgamento do RE nº 855.178/SE.

Da leitura dos precedentes supracitados, que corroboram uma linha decisória histórica do STF, fica claro que o entendimento superior se consolidou no sentido de ser uma obrigação do julgador delimitar a responsabilidade dos entes federativos envolvidos na causa, com base nos critérios legais de repartição de competências e, consequentemente, determinar o ressarcimento a quem eventualmente suportou o ônus financeiro em razão da aplicação do princípio da solidariedade, não sendo cabível ignorar essa constatação, que é objetiva e viável, para obstar o direito de regresso de quem não detém originariamente a competência legal e financeira.

Nessa linha de raciocínio, deixar de seguir o entendimento do STF sem apresentar o *distinguishing* que justificaria ignorar os precedentes superiores vinculantes viola o dever de fundamentação das decisões judiciais, previsto no Código de Processo Civil,[6] *verbis*:

> Art. 489. São elementos essenciais da sentença:
>
> (...)
>
> §1º Não se considera fundamentada qualquer decisão judicial, seja ela interlocutória, sentença ou acórdão, que:
>
> (...)
>
> III – invocar motivos que se prestariam a justificar qualquer outra decisão;
>
> (...)
>
> VI – deixar de seguir enunciado de súmula, jurisprudência ou precedente invocado pela parte, sem demonstrar a existência de distinção no caso em julgamento ou a superação do entendimento.

Entretanto, a despeito disso, ainda são comuns, em especial no âmbito das Comarcas de interior, a completa ignorância dos parâmetros firmados pelo Pretório Excelso, deixando as decisões judiciais de delimitar a competência legal, como visto, plenamente compatível com a ordem constitucional, prejudicando não apenas a organização do SUS, como também a possibilidade de ressarcimento de gastos, recorrendo os juízos a decisões genéricas simplesmente determinando aos réus o fornecimento do fármaco ou do tratamento, ainda que em nível de complexidade incompatível com as regras legais republicanas

---

[6] BRASIL. *Lei nº 13.105, de 16 de março de 2015*. Código de Processo Civil. Disponível em: https://www.planalto.gov.br/ccivil_03/_ato2015-2018/2015/lei/l13105.htm. Acesso em: 02 maio 2023.

delimitadoras das competências administrativas, operacionais, orçamentárias e financeiras do sistema de saúde.

4 O consequencialismo da LINDB: macroeficiência e sustentabilidade *versus* celeridade e padronização

Como visto, tanto uma interpretação sistemática da Constituição da República como o entendimento pacificado pelo Supremo Tribunal Federal afastam a utilização da solidariedade como um argumento infalível para que as decisões judiciais simplesmente ignorem a sua obrigação legal de fundamentação, que por sua vez impõe que o zelo pela saúde individual seja acompanhado pela preocupação de preservação do sistema público de saúde.

Porém, a despeito da clareza dos argumentos normativos e jurisprudenciais, a falha no cumprimento dessa obrigação ainda é corriqueira no âmbito dos Tribunais, em especial nos juízos monocráticos das municipalidades interioranas.

Essa vertente de atuação ignora não apenas os importantes parâmetros já citados, mas também deixam de atentar para um importante guia de atuação jurisdicional: a LINDB.

Ab initio, deve ficar claro que não se pretende eximir a Administração Pública de suas responsabilidades na efetivação dos direitos fundamentais, nem de suas falhas em assegurar suficientemente a saúde populacional. É notória a situação caótica da saúde pública brasileira, tanto em seus aspectos materiais, com a falta de medicamentos e insumos, defasagem de equipamentos e carência de profissionais médicos, como também no grave *deficit* de gestão, que é incapaz de assegurar a universalidade e integralidade determinadas na Constituição.

Se por um lado essa recalcitrância justifica a judicialização como método de efetividade do direito à saúde, não há como abstrair que essa intervenção externa é atípica e desconhece as complexas variáveis que afetam a administração de uma cidade, estado ou país. A partir do momento em que o Poder Judiciário, ainda que para assegurar direitos fundamentais, limita-se a expedir determinações cogentes sem se preocupar com os efeitos delas decorrentes, ele se torna mais um elemento agravador da crise institucional da saúde pública.

Quando a decisão se limita a afirmar a solidariedade como fundamento, sem enfrentar as complexas relações financeiras, logísticas, administrativas e políticas que envolvem o cumprimento de uma ordem judicial dessa natureza, ou seja, sem se preocupar, ainda que em sede de cognição exauriente, com a existência de um contexto legislativo de subsidiariedade de atendimento por complexidade e custo, tende a incentivar deturpações cada vez maiores no sistema, círculo vicioso que fabricará mais e mais demandas judiciais.

Evidentemente, um interesse individual que almeje sanar um imperativo de saúde pressupõe, na maioria das vezes, uma urgência. Muito embora nem sempre se produzam provas contundentes de que esta urgência exige uma resposta imediata, notoriamente se percebe que as demandas judiciais sobre saúde tendem a conceder os tratamentos indicados nos laudos médicos anexados pela parte autora, em muitos casos produzidos por médicos particulares.

Contudo, essa visão da solidariedade, como uma via de mão única, cria graves reflexos e consequências no âmbito administrativo e coletivo, em especial para os Municípios.

É evidente que para o cidadão que necessita de um atendimento médico complexo e custoso, quanto mais isolada é a cidade onde reside, mais difícil se tornará obter o tratamento de saúde secundária ou terciária necessário, que demanda internações e/ou transferências para hospitais aparelhados de grandes centros urbanos, muitas vezes a centenas de quilômetros distantes da residência do paciente.

Isso redunda em um paradoxo: quanto mais interiorano é o Município, mais difícil se torna para os cidadãos demandar judicialmente suas necessidades, em especial as complexas, em face do Estado e da União, que sequer possuem repartições capazes de receber citações e intimações naquela respectiva localidade. A solução é utilizar a solidariedade como fundamento para exigir o tratamento do ente local mais acessível: o Município de residência do autor.

Contudo, ao se basear na solidariedade para assegurar o tratamento sem qualquer outra medida compensatória, ainda que em cognição exauriente, o Poder Judiciário faz com que todo o peso da decisão judicial que determina o fornecimento de terapêuticas de alto custo recaia sobre quem menos possui condições administrativas e financeiras de atendê-las.

O Judiciário, assim, torna-se um instrumento para a conveniência de Estados e União. Se por um lado estes entes concentram a maior carga financeira, orçamentária e de arrecadação tributária, por outro se acomodam nos provimentos jurisdicionais que responsabilizam os Municípios por tratamentos que, conforme o sistema elaborado pela legislação, deveria ser sustentado de maneira descentralizada, conforme a complexidade e o custo.

Por sua vez, na falta de instrumentos que assegurem tais imperativos, não raro a jurisdição se volta para penalidades financeiras como o bloqueio de contas para aquisição direta de medicamentos e insumos, utilizando, em causas essencialmente coletivas, instrumentos atípicos de coerção e de princípios do direito privado,[7] o que contribui para o colapso do sistema e deságua na multiplicação de demandas.

Dito isso, é importante destacar que não se trata de desprestigiar a atividade jurisdicional e o princípio da solidariedade como instrumentos de efetivação de direitos. Na defesa dos direitos fundamentais, certamente há robustez suficiente para utilizar a solidariedade como alicerce de decisões urgentes na defesa da saúde e da vida.

Entretanto, não se pode olvidar que o Poder Judiciário, ao pretender sanar omissões administrativas, não deveria funcionar como mero repetidor de decisões, já que é inegável a sua influência na esfera administrativa e financeira dos entes envolvidos na lide.

Se por um lado a decisão judicial assegura direitos em iminente risco, por outro deve ser integralizada para delimitar corretamente as responsabilidades, em especial, financeiras, distribuídas em um sistema descentralizado previsto em lei, de modo a evitar efeitos sistêmicos e o assoberbamento de determinados entes públicos.

Ao se limitar a conceitos absolutos, como hoje se utiliza a solidariedade, a tendência é, repita-se, de multiplicação de demandas com o mesmo teor, na medida em que o cidadão passa a enxergar o Poder Judiciário como tábua de salvação para o atendimento de sua necessidade urgente. Altera-se inclusive a forma como o cidadão enxerga a prestação dos serviços públicos e a fruição de seus direitos fundamentais, que passam a ser iniciativa do Judiciário.

Entretanto, essa concepção é ilusória. O juiz não é conhecedor do funcionamento da máquina pública e das emaranhadas relações econômicas e administrativas que redundam no funcionamento regular de uma cidade, em todas as suas esferas. Desconhece todos os elementos que envolvem a prática dos atos administrativos decisórios, sendo um ator externo não familiarizado com os instrumentos internos de gestão.

Sem falar em um inegável *deficit* de legitimidade democrática nessa atuação substitutiva entre Judiciário e Executivo, quando aquele, a pretexto de assegurar direitos fundamentais decorrentes da inércia

---

7 PERLINGEIRO, Ricardo. Desjudicializando as políticas de saúde? *Revista Acadêmica da Faculdade de Direito do Recife*, v. 86, n. 2, jul./dez. 2014. Disponível em: https://papers.ssrn.com/sol3/papers.cfm?abstract_id=2601822. Acesso em: 08 fev. 2018.

do Poder Público, utiliza conceitos abstratos e interpretações reducionistas de determinados construtos jurídicos para, a pretexto de esvaziar as prateleiras das serventias, praticar atos concretos de gestão sem ter recebido um voto sequer, com prejuízos aos próprios direitos fundamentais e à eficácia da prestação jurisdicional.

Afinal, é inegável que o crescimento exponencial de demandas de saúde transforma a intervenção judicial em um substitutivo permanente da atividade executiva, inclusive prejudicando sua competência e sacrificando sua vocação típica jurisdicional, sem que a decisão contribua para o aperfeiçoamento das políticas de gestão.

Sobre o tema, manifesta-se com precisão Ricardo Perlingeiro:[8]

> Contudo, em matéria de direito administrativo, na realidade, os juízes vêm sendo induzidos a decidir questões análogas, repetidas, o que os têm aproximado da figura de um gestor de acervos processuais e de uma autoridade meramente executiva, e com o sacrifício da sua vocação jurisdicional para decidir conflitos e proteger direitos.

Por seu turno, temos na noção de contraditório participativo um importante princípio processual, consistente na possibilidade das partes de influenciarem na construção da decisão, e não apenas de ter uma atuação formal em um modelo preestabelecido. Trata-se de requisito de participação democrática no processo, impondo ao juiz uma postura receptiva.

Nesse sentido, destaque-se abalizada lição de Leonardo Greco:[9]

> Se a imparcialidade é um atributo de caráter subjetivo, tanto seria suspeito o juiz que manifestasse prévia e publicamente a sua opinião, quanto aquele que a manifestasse privadamente ou que simplesmente a tivesse, antes do julgamento, ainda que não a tivesse revelado a qualquer pessoa. A proibição é hipócrita, pois se preocupa com a aparência de uma justiça cega e impenetrável, e não com a essência de uma justiça acessível e justa. Hoje, o contraditório participativo e o diálogo humano que dele deve resultar exigem, ao contrário, que o juiz antecipe as suas opiniões, e que o faça de público, e não às escondidas, para que as partes possam acompanhar o desenvolvimento do seu raciocínio e assim influir eficazmente na formação da decisão final.

---

[8] PERLINGEIRO, Ricardo. Desafios contemporâneos da justiça administrativa na América Latina. *Revista de Investigações Constitucionais*, Curitiba, v. 4, n.1, p. 167-205, jan./abr. 2017.

[9] GRECO, Leonardo. Garantias fundamentais do processo: o processo justo. *Novos Estudos Jurídicos*, [Itajaí, SC], v. 7, n. 14, p. 9-68, 2002. Disponível em: https://periodicos.univali.br/index.php/nej/article/view/1/2. Acesso em: 02 maio 2023.

Sob esse prisma, é inegável que ao assegurar uma democracia participativa nas decisões judiciais, influencia-se também na sua dimensão extraprocessual,[10] ou seja, causando reflexos de conduta exógenos, observáveis acima da superfície do processo, visto que os destinatários da sentença não são apenas as partes, os advogados e os órgãos judiciários, mas também a opinião pública, que inegavelmente molda o seu comportamento com base nessas decisões, incentivando ou desincentivando o ajuizamento de novas ações.

Assim, a utilização de conceitos jurídicos abstratos, por sua vez embasados de forma exclusiva em elementos unilaterais de prova (ex: laudos e receituários médicos particulares não contraditados) redunda na produção de decisões padronizadas, sem atentar para aspectos intersubjetivos, fato que não contribui para se alcançar uma decisão justa. Ao revés, traz riscos de transformar o processo em um mecanismo de produção de injustiças que, no mínimo, violará a isonomia entre as partes, a ampla defesa e o devido processo legal.

Mas tudo isso não fica em segundo plano quando se está tratando de uma urgência de saúde? Afinal, uma discussão teórica não pode suplantar ou postergar uma solução urgente para um dilema que pode custar a vida de um cidadão.

Certamente. Mas isso não impede que a prestação jurisdicional, que liminarmente visa assegurar a sobrevivência de um cidadão individualmente considerado, com base no princípio da solidariedade, em sede de cognição exauriente se mantenha condizente não apenas com a realidade fática, mas que prestigie suas consequências com foco na preservação do sistema, o que, em última análise, dedicar-se-á a preservar o direito de toda a coletividade.

Dessa forma, defende-se que para a produção de uma decisão judicial que assegure de forma justa o direito material de quem necessita, é imprescindível reconhecer que os julgados "*podem ser afetados e alterados em função do nível de concretude ou abstração em que um mesmo problema é equacionado e apresentado*",[11] mesmo nos casos em que a juris-

10 V. AMORIM, Letícia Balsamão. "Motivação das decisões judiciais (Princípio da -)". *In*: TORRES, Ricardo Lobo; KATAOKA, Eduardo Takemi; GALDINO, Flavio (orgs.). *Dicionário de princípios jurídicos*. Rio de Janeiro: Elsevier, 2011. p.841-860

11 STRUCHINER, Noel; HANNIKAINEN, Ivar. A insustentável leveza do ser: sobre arremesso de anões e o significado do conceito de dignidade da pessoa humana a partir de uma perspectiva experimental. *Civilistica.com*, Rio de Janeiro, ano 5, n. 1, p. 2, 2016. Disponível em: http://civilistica.com/wp-content/uploads/2016/07/Struchiner-e-Hannikainen-civilistica.com-a.5.n.1.2016.pdf. Acesso em: 02 maio 2023.

prudência esteja de tal modo consolidada, que não seja mais incentivada uma produção racional de julgados. Ou seja, é imprescindível que sejam aferidos os elementos concretos da causa.

É justamente aqui que reside o apelo ao consequencialismo determinado pela LINDB,[12] em especial nos seus artigos 20, parágrafo único, e 22, *verbis*:

> Art. 20. Nas esferas administrativa, controladora e judicial, não se decidirá com base em valores jurídicos abstratos sem que sejam consideradas as consequências práticas da decisão.
>
> Parágrafo único. A motivação demonstrará a necessidade e a adequação da medida imposta ou da invalidação de ato, contrato, ajuste, processo ou norma administrativa, inclusive em face das possíveis alternativas.
>
> (...)
>
> Art. 22. Na interpretação de normas sobre gestão pública, serão considerados os obstáculos e as dificuldades reais do gestor e as exigências das políticas públicas a seu cargo, sem prejuízo dos direitos dos administrados.

Para objetivar a utilização dos parâmetros da LINDB, propõe-se uma dicotomia entre celeridade e padronização, incentivada pela visão absolutista e individual da solidariedade como argumento ileso às mais simples ponderações, e sustentabilidade e eficiência no alcance da saúde ao maior número de pessoas possível, prestigiando uma construção discursiva que permita identificar que tais preceitos na verdade não são opostos, mas interdependentes.

Embora tais conceitos não sejam antagônicos, é certo que a falta de espaço de manobra em um exercício de ponderação acaba por prejudicar a sustentabilidade, sob o ponto de vista macro, em favor de uma suposta eficiência solidária.

Vejamos.

Não se discute que a saúde é um direito de todos e dever do Estado *lato sensu*, não havendo hipótese de sua não implementação universalizada e gratuita pelos entes federativos, tratando-se de norma constitucional de eficácia plena que assegura um direito fundamental com eficácia vertical, ligado à preservação da própria vida, para o qual

---

[12] BRASIL. *Decreto-Lei nº 4.657 de 04 de setembro de 1942.* Lei de Introdução ao Código Civil Brasileiro. Disponível em: https://www.planalto.gov.br/ccivil_03/decreto-lei/del4657.htm. Acesso em: 02 maio 2023.

a lei assegura um sistema integral de financiamento solidário em nome da celeridade e eficiência.

Discute-se qual é o mecanismo adequado para assegurar essa meta de universalização, concluindo-se claramente que não é uma judicialização cada vez mais padronizada.

A transmutação dos órgãos do Poder Judiciário, de centros intelectuais sensíveis às variações sociais em um insípido repetidor de fórmulas em busca da eficiência a qualquer custo, afasta-o da função de personagem da transformação social tão necessária ao país.

Afinal, em que pese a busca pela eficiência ser um dos pilares principiológicos da Constituição Federal, partir do pressuposto de que a entrega da jurisdição o mais rápido possível é sinônimo de uma sociedade bem atendida configura um grave desvio de perspectiva, concedendo à padronização, por si só, o rótulo de solução "de tungstênio".

Isso porque não se pode confundir a unidade e a coerência que se espera da jurisdição quando analisa demandas idênticas, o que deve ser sempre almejado para evitar decisões contraditórias e, consequentemente, insegurança jurídica e injustiças sob o prisma da igualdade formal e material, com a padronização de decisões com o mesmo fundamento constitucional, mas que atraem fatos e condições que são, ainda que de forma potencial, inegavelmente diversos.

A partir do momento em que se presta uma jurisdição material exauriente com base em fundamentos unilaterais e elementos sumários de prova, sob a fundamentação de que se trata de demanda repetitiva, com o interesse em encerrar o caso com máxima velocidade em nome da celeridade e da eficiência, parece ocorrer evidente objetivismo ético, através da concessão de soluções idênticas a milhares de casos sem admitir a produção de provas técnicas específicas, a contestação suficiente de argumentos e a apresentação de soluções alternativas.

Isso é ainda pior quando se percebe que o padrão jurisdicional consolidado, de conceder direitos de saúde baseados na solidariedade entre os entes federados sem conceber, na própria decisão, mecanismos de prestigiar um modelo constitucionalmente fundado na hierarquização dos tratamentos, contribui para a prevalência de um modelo autofágico, autorreferente negativo, que não contribui para solucionar as vicissitudes do sistema. Ao contrário, amplia-as.

O desenvolvimento do conceito de solidariedade como ferramenta dos cidadãos para alcançar o tratamento de sua saúde funciona para efetivar o acesso nesses casos, cuja urgência é o elemento central, onde estiver o paciente. No fundo, é disso o que trata a solidariedade: acesso. O direito fundamental à saúde pode ser demandado de qualquer um dos entes federados, conjunta ou separadamente, por uma questão logística.

Sendo assim, se o princípio da solidariedade é um vetor de acesso célere e eficiente a um tratamento de saúde, não sendo imputáveis ao cidadão argumentos restritivos de índole financeira, não é difícil concluir que, diante da necessidade e urgência, seja ela de baixa, média ou alta complexidade, o paciente buscará os meios mais simples e céleres para seu atendimento. E o meio mais simples, especialmente em localidades interioranas, é o Município.

Não é preciso muito mais para concluir pela insustentabilidade dessa sistemática quando a solidariedade é enxergada como argumento único e isolado, sob o prisma exclusivo do acesso emergencial. É chegada a hora de uma discussão franca sobre como assegurar o acesso integral à saúde, saindo da abstração e da padronização processual, de modo a se construir um modelo discursivo de decisão judicial que respeite as prerrogativas processuais do contraditório, da ampla defesa e do devido processo legal e que assegure, de fato, o direito à saúde em caráter universal a partir da valoração da sustentabilidade e da eficiência.

Eficiência sim, mas com foco na macrojustiça, e não exclusivamente na microjustiça. Fulcrada no aperfeiçoamento do atual modelo liberal intervencionista judicial em outro que agregue aspectos republicanos, prestigiando uma concepção deliberativa e discursiva que preserve o núcleo essencial do direito à saúde da paciente, mas que assegure a sustentabilidade do sistema com a delimitação de responsabilidades, atentando para o dever processual de fundamentação, as garantias processuais e as normas jurídicas infraconstitucionais, para que, em última análise, fomente-se a produção racional de julgados minimizando a prolação de decisões padronizadas que, em última análise, culminam por fomentar um círculo vicioso.

Em síntese, é imprescindível que se compreenda que a solidariedade, embora seja um princípio consolidado para conceder eficiência ao cidadão na sua necessidade urgente de saúde, não existe isoladamente sob o prisma liberal individualista, devendo ser visto como umbilical e simbioticamente unido às regras constitucionais e infraconstitucionais que asseguram a sustentabilidade do sistema com base em critérios de descentralização e hierarquia, de modo a agregar aos dispositivos dos julgados mecanismos de recomposição financeira, com deferência, inclusive, aos parâmetros clássicos e hodiernos firmados pelo Supremo Tribunal Federal, infelizmente ainda pouco aplicados nos juízos monocráticos, especialmente no interior do país.

5 Conclusão

Não há como deixar de reconhecer que o Sistema Único de Saúde, que busca fornecer atendimento integral e universal baseado em um modelo descentralizado por complexidade e custo entre os entes federados, esbarra na limitação material de um imenso número de Municípios que são simplesmente incapazes de gerir seus próprios microssistemas de saúde primária, comunitária e preventiva, que dirá de assumir tratamentos complexos.

Também não há como desconsiderar a completa ineficiência dos mecanismos existentes de coordenação e cooperação entre os entes federados, em especial no cumprimento de decisões judiciais, que se mostram incapazes de compensar administrativamente os gastos fora da competência legal, mantendo com isso constantes desigualdades territoriais.

Nesse contexto, constatou-se que a utilização irrestrita do princípio da solidariedade como fundamento único para a solução de dilemas individuais que tangenciam a saúde dos cidadãos, em sua relação com o poder público, se por um lado fornece uma solução imediata para a necessidade urgente, por outro deixa de contribuir para uma solução permanente e sustentável, ignorando as consequências da decisão judicial e gerando uma concepção equivocada de que determinados direitos somente podem ser assegurados na esfera judicial.

Essa postura tende a multiplicar demandas e, consequentemente, tornar o sistema cada vez mais insustentável, modificando prioridades orçamentárias definidas pelos representantes eleitos pelo povo para o atendimento de ordens judiciais cogentes.

Há premente necessidade de que o princípio da solidariedade deixe de ser considerado como um argumento intocável de provimento jurisdicional, amparado por uma visão liberal e absoluta do direito fundamental à saúde sob o prisma exclusivamente individual e varejista, para compreender que a solidariedade incide em uma indelével relação simbiótica com as normas que fornecem sustentação ao sistema único de saúde, que existem como a expressão da vontade coletiva consubstanciada em uma sistemática hierarquizada republicana.

O entendimento desse inegável mutualismo entre solidariedade e sustentabilidade, entre celeridade e suportabilidade, entre efetividade e eficiência sistemática é a saída para que a judicialização não se torne, como vem se tornado, não apenas um substitutivo ilegítimo da atividade administrativa no exercício da gestão pública da saúde, mas especialmente um vetor de desenfreado e imprevisível consumo de recursos, assumindo a responsabilidade de prestigiar a descentralização constitucional de competências administrativa e financeira.

Torna-se necessário que o princípio da solidariedade não seja mais visto como um fim em si mesmo, mas como um importante instrumento de acesso a direitos fundamentais, porém funcionando dentro de um contexto sistemático de descentralização administrativa e financeira estabelecido pela Constituição Federal e pelas leis regentes do SUS, que os reconheça como valores interdependentes e insustentáveis isoladamente.

Objetivamente, é imperioso que, sem prejudicar a efetividade da ordem judicial na preservação da saúde e da vida do cidadão, sejam assegurados ao ente afetado mecanismos céleres e eficazes de recomposição financeira, devidamente declarados e assegurados na própria decisão condenatória, na hipótese de ter sua competência desconsiderada pela urgência.

Referências

AMORIM, Letícia Balsamão. "Motivação das decisões judiciais (Princípio da -)". *In*: TORRES, Ricardo Lobo; KATAOKA, Eduardo Takemi; GALDINO, Flavio (orgs.). *Dicionário de princípios jurídicos*. Rio de Janeiro: Elsevier, 2011, p. 841-860.

ASENSI, Felipe Dutra. Responsabilidade solidária dos entes da federação e "efeitos colaterais" no direito à saúde. *Revista de Direito Sanitário*, São Paulo, v. 16 n. 3, p. 145-156, nov. 2015/fev. 2016.

BRASIL. [*Constituição (1988)*]. Constituição da República Federativa do Brasil. Brasília, DF: Presidência da República, 1988. Disponível em: https://www.planalto.gov.br/ccivil_03/constituicao/constituicao.htm. Acesso em: 02 maio 2023.

BRASIL. *Decreto-Lei nº 4.657, de 04 de setembro de 1942*. Lei de Introdução ao Código Civil Brasileiro. Disponível em: https://www.planalto.gov.br/ccivil_03/decreto-lei/del4657.htm. Acesso em: 02 maio 2023.

BRASIL. *Lei nº 8.080, de 19 de setembro de 1990*. Dispõe sobre as condições para a promoção, proteção e recuperação da saúde, a organização e o funcionamento dos serviços correspondentes e dá outras providências. Disponível em http://www.planalto.gov.br/ccivil_03/Leis/L8080.htm. Acesso em: 02 maio 2023.

BRASIL. *Lei nº 13.105, de 16 de março de 2015*. Código de Processo Civil. Disponível em: https://www.planalto.gov.br/ccivil_03/_ato2015-2018/2015/lei/l13105.htm. Acesso em: 02 maio 2023.

GRECO, Leonardo. Garantias fundamentais do processo: o processo justo. *Novos Estudos Jurídicos*, [Itajaí, SC], v. 7, n. 14, p. 9-68, 2002. Disponível em: https://periodicos.univali.br/index.php/nej/article/view/1/2. Acesso em: 02 maio 2023.

HABERMAS, Jürgen. *Consciência moral e agir comunicativo*. Rio de Janeiro: Tempo Brasileiro, 1989. Série Estudos alemães nº 84.

MENDES, Gilmar Ferreira; BRANCO, Paulo Gustavo Gonet. *Curso de direito constitucional*. 8. ed. rev. e atual. São Paulo: Saraiva, 2013.

PERLINGEIRO, Ricardo. Desafios contemporâneos da justiça administrativa na América Latina. *Revista de Investigações Constitucionais*, Curitiba, v. 4, n.1, p. 167-205, jan./abr.2017.

PERLINGEIRO, Ricardo. Desjudicializando as políticas de saúde? *Revista Acadêmica da Faculdade de Direito do Recife*, v. 86, n. 2, jul./dez. 2014. Disponível em: https://papers.ssrn.com/sol3/papers.cfm?abstract_id=2601822. Acesso em: 08 fev. 2018.

STRUCHINER, Noel; HANNIKAINEN, Ivar. A insustentável leveza do ser: sobre arremesso de anões e o significado do conceito de dignidade da pessoa humana a partir de uma perspectiva experimental. *Civilistica.com*, Rio de Janeiro, ano 5, n. 1, p. 2, 2016. Disponível em: http://civilistica.com/wp-content/uploads/2016/07/Struchiner-e-Hannikainen-civilistica.com-a.5.n.1.2016.pdf. Acesso em: 02 maio 2023.

Informação bibliográfica deste texto, conforme a NBR 6023:2018 da Associação Brasileira de Normas Técnicas (ABNT):

REIS, Vitor Penno. Judicialização da saúde e o SUS: da simbiose entre solidariedade e sustentabilidade. *In*: DOSSO, Taisa Cintra; TAVARES, Gustavo Machado; SILVA, Thiago Viola Pereira da (Coord.). *Direito Municipal em debate*. Belo Horizonte: Fórum, 2023. v. 7. p. 309-333. ISBN 978-65-5518-604-8.

O PAPEL DO PROCURADOR DO MUNICÍPIO NA ARQUITETURA INSTITUCIONAL DO ESTADO BRASILEIRO: EVIDÊNCIAS DA SUA ESTATURA CONSTITUCIONAL A PARTIR DA HERMENÊUTICA E DA JURISPRUDÊNCIA DO SUPREMO TRIBUNAL FEDERAL

TIAGO NEU JARDIM

1 Introdução

O papel da Advocacia Pública ainda é pouco conhecido por boa parte da população brasileira. Frequentemente é confundida, até mesmo por órgãos da imprensa, com a Defensoria, com o Ministério Público ou com o Poder Judiciário. Mesmo aqueles que estão mais familiarizados com a carreira acreditam que o Procurador ou o advogado público esteja, de alguma forma, subordinado ao poder que integra ou vinculado à defesa dos atos do governo ou dos interesses da Administração.

Ao contrário do que se pensa, a função do advogado público é proteger os interesses do seu único cliente: o ente público que (re) presenta. Para o exercício desse nobre mister, os Procuradores devem contar com autonomia, independência funcional e completa desvinculação a qualquer dos poderes, agindo, inclusive, contra os interesses dos agentes políticos, em defesa da Lei, quando necessário. O propósito da Advocacia Pública consiste, pois, na garantia de que a Lei seja cumprida, na maior medida possível, livre de interesses, favorecimentos ou práticas clientelistas que possam pôr em risco os princípios democráticos e a ordem republicana.

No exercício das suas atribuições, os advogados públicos atuam na elaboração e na emissão de pareceres, recomendações e orientações técnicas, bem como na consultoria jurídica, na fiscalização e no controle de todos os atos da Administração, agindo preventivamente no combate à corrupção, à improbidade administrativa, à malversação de recursos públicos e aos demais crimes contra o patrimônio, (re)presentando os interesses do Ente público, judicial e extrajudicialmente.

A Constituição Federal de 1988[1] consagrou, dentre as chamadas funções essenciais à justiça, as carreiras do Ministério Público, da Advocacia Pública, da Advocacia Privada e da Defensoria Pública, estando, tais funções, delineadas nos artigos 127 a 135. Fato, contudo, que sempre causou estranheza reside no artigo 132, que descreve como integrantes da Advocacia Pública, além da Advocacia-Geral da União, prevista no artigo 131, os Procuradores dos estados e do Distrito Federal, sem mencionar os Procuradores dos municípios.

Por alguma razão (não se sabe se intencionalmente ou não) o constituinte de 1988, em que pese tenha elevado os municípios à categoria de ente federativo, reconhecendo sua autonomia política, administrativa e financeira, "esqueceu" de inserir o seu Procurador, tal como fez em relação aos demais entes federativos. No ponto, parece evidente que não haveria nenhuma razão para incluir toda a advocacia (inclusive a privada) como função essencial à justiça e excluir apenas os Procuradores municipais que, por sinal, também são advogados.

O tema do presente artigo é, portanto, o espaço destinado aos Procuradores municipais na Constituição Federal de 1988, procurando uma resposta plausível para a seguinte questão: considerando que o constituinte positivou de maneira expressa a advocacia (pública e privada) entre as funções essenciais à justiça, existe alguma razão que justifique a exclusão apenas e tão somente dos Procuradores municipais dessa categoria?

Este artigo tem como propósito sustentar as seguintes teses que se consubstanciam, em verdade, em evidências da estatura constitucional já conferida aos Procuradores municipais:

1ª) A completa autonomia dos entes federativos, consagrada na Constituição Federal de 1988, pressupõe a necessária equiparação entre as carreiras típicas de Estado. Logo, afirmar que somente devam existir

---

1 BRASIL. [*Constituição (1988)*]. Constituição da República Federativa do Brasil. Brasília, DF: Presidência da República, 1988. Disponível em: https://www.planalto.gov.br/ccivil_03/constituicao/constituicao.htm. Acesso em: 03 maio 2023.

Procuradores (re)presentativos dos interesses da União, dos estados e do Distrito Federal, mas não dos municípios, ou estabelecer distinções segundo critérios populacionais, significa suprimir essa autonomia ou estabelecer hierarquia entre os Entes federativos, o que, por óbvio, não se coaduna com a Constituição;

2ª) A inserção da advocacia privada no rol das funções essenciais à justiça desprestigia os Procuradores municipais (integrantes da advocacia pública) e igualmente vinculados à Ordem dos Advogados do Brasil. Não há nenhuma razão para a existência dessa distinção, sobretudo quando todos os outros advogados públicos (re)presentantes dos demais entes federativos também integram expressamente aquele rol;

3ª) O Supremo Tribunal Federal, no julgamento do RE 663.696/MG, de Relatoria do Min. Luiz Fux, reconheceu que a expressão "Procuradores", contida na parte final do inciso XI do art. 37 da Constituição da República, compreende os Procuradores municipais, uma vez que estes se inserem nas funções essenciais à justiça, estando, portanto, submetidos ao teto de noventa inteiros e vinte e cinco centésimos por cento do subsídio mensal, em espécie, dos ministros do Supremo Tribunal Federal;

4ª) Com o propósito de não criar distinções ou infirmar a autonomia dos entes federativos, o Supremo Tribunal Federal estabeleceu precedentes que garantem os mesmos direitos a todos os municípios independentemente do contingente populacional. Logo, o argumento de que Procuradores municipais de carreira são obrigatórios apenas nas capitais ou em municípios com populações mais expressivas não encontra respaldo na jurisprudência da Suprema Corte;

5ª) Em relação às Defensorias Públicas, o argumento acerca da inexistência de infraestrutura ou de recursos públicos suficientes não foi óbice ao esvaziamento da competência constitucional daquele órgão. Nesse caso, o Plenário do Supremo Tribunal Federal, no julgamento do RE 135.328/SP, de relatoria do então Ministro Marco Aurélio, fixou a tese da "inconstitucionalidade progressiva" ao art. 68 do Código de Processo Penal. Vale dizer que, enquanto não criada por lei, organizada e, portanto, preenchidos os cargos próprios, na unidade da Federação, a Defensoria Pública, permanece em vigor o art. 68 do Código de Processo Penal. Nada impede, portanto, que a mesma lógica seja aplicada aos procuradores municipais. Em outras palavras, a (re)presentatividade dos municípios (independentemente do contingente populacional) por profissionais não integrantes da carreira suporta os mesmos efeitos da inconstitucionalidade progressiva;

6ª) A Advocacia Pública tem um papel fundamental e decisivo no cumprimento desse mister. Vale dizer que sem a existência de uma carreira típica de Estado, a efetividade desse dispositivo e, logo, a força normativa da Constituição, ficaria comprometida. A teoria dos poderes implícitos, ao atribuir a um determinado ente uma atividade-fim, deve implicitamente conferir-lhe todos os meios e poderes necessários para a sua consecução. Não restam dúvidas, portanto, de que justamente os municípios brasileiros, sobretudo os "menores" em contingente populacional, não teriam nenhuma condição de cumprir esse dever sem a existência de um Procurador.

Com efeito, a Constituição Federal de 1988 reconhece a necessidade dessas atividades exclusivas e essenciais ao funcionamento do Estado e prevê que elas serão desempenhadas por servidores de carreiras específicas.[2]

Logo, a função desempenhada pelas Procuradorias municipais é indispensável para a efetivação do Estado Democrático de Direito, uma vez que os atos de governo e da Administração, como um todo, devem acontecer de acordo com a lei e com os princípios gerais do Direito, sendo os advogados públicos os primeiros agentes responsáveis por garantir essa conformação. Além disso, no atual contexto, a Advocacia Pública assume papel ainda mais primordial: o combate preventivo à corrupção. Nos bastidores, o Procurador (de carreira) é comumente visto pelos agentes políticos como aquele que emperra ou dificulta o andamento da máquina pública. Em outras palavras, é o profissional que tem, na visão dos gestores, a missão de dificultar o processo (de atuar à margem da lei). Talvez esse possa ser o real (e provavelmente o único) motivo de tamanha resistência em finalmente inserir os Procuradores municipais no texto constitucional.

No próximo tópico buscar-se-á descobrir qual o verdadeiro papel exercido pela Advocacia Pública na arquitetura do Estado brasileiro, procurando demonstrar que o reconhecimento constitucional dos Procuradores municipais é não apenas necessário, mas indispensável para a manutenção da tecitura democrática e republicana.

---

2 http://aofi.org.br/2016/12/26/as-carreiras-tipicas-de-estado/

2 Aspectos constitucionais da Administração Pública e o papel assumido pelos Procuradores na estrutura organizacional do Estado

A Constituição Federal de 1988 atribuiu à Advocacia Pública o arranjo institucional que se tem hoje. Com o objetivo de consolidar a democracia e a estabilidade no país, a Carta Magna buscou especializar o assessoramento e a (re)presentação judicial do Poder Público em uma instituição própria: a Advocacia de Estado. Os artigos 131 e 132 da Constituição atribuem à Advocacia-Geral da União, às Procuradorias dos Estados e do Distrito Federal, e implicitamente às Procuradorias dos Municípios, a representação jurídica, a consultoria e o assessoramento do Poder Executivo. Essas funções são caracterizadas como preventivas (consultoria e assessoramento jurídico) e postulatórias (representação judicial). As primeiras têm a finalidade de orientar a atuação da Administração Pública, evitando ilegalidades; e a segunda visa ao cumprimento, junto ao Poder Judiciário, da defesa dos interesses do Estado.

Por intermédio desse poder-dever de tutela dos interesses do Estado, adentra-se na esfera do controle de legalidade na Administração Pública feito pela advocacia de Estado. Em consagrado Manual de Direito Administrativo, o Professor José dos Santos Carvalho Filho explica que o controle da Administração Pública pode ser definido como "o conjunto de mecanismos jurídicos e administrativos por meio dos quais se exerce o poder de fiscalização e de revisão da atividade administrativa em qualquer das esferas de Poder" (CARVALHO FILHO, 2012, p. 929).

Nesse sentido, está caracterizada uma das funções primordiais da Advocacia Pública: sua atuação preventiva, que se realiza, ou deveria se realizar (já que nem todos os entes federados contam com procuradores de carreira), no controle de legalidade dos atos praticados pela Administração. Isso porque é nessa análise e consultoria realizada pelos advogados públicos que se busca a garantia, tanto ao governante quanto à população, de que os atos do Poder Público são legítimos, corretos, probos e, acima de tudo, realizados dentro da lei.

Acerca disso, Diogo de Figueiredo Moreira Neto discorre sobre a necessidade do aprimoramento constante dos métodos de controle da Administração. Assinala o jurista que a "missão própria do Direito Administrativo é sempre avançar na proscrição do arbítrio do poder, pelo aperfeiçoamento constante dos instrumentos que conduzam à efetiva sujeição do agir da Administração Pública a valores jurídicos claramente definidos" (MOREIRA NETO, 2011, p. 100).

Marçal Justen Filho (2013), por sua vez, explica que o controle administrativo interno é uma competência estatal, o que significa que todos os princípios e regras pertinentes ao instituto da competência se aplicam relativamente ao controle. Logo, segundo ele, o fundamento do controle administrativo interno é uma norma jurídica, sendo tal competência, em si mesma, indisponível e imprescritível (na acepção de que esse poder não se extingue em virtude de seu não exercício), devendo ser exercitada de ofício, independentemente de provocação das partes. Ainda, de acordo com o autor, o controle de legalidade objetiva consiste em verificar se a conduta controlada é compatível com a disciplina prevista numa norma jurídica.

Já Maria Sylvia Zanella Di Pietro, *apud* Fernandes (2010, p. 29), leciona que o alargamento do princípio da legalidade é uma tendência atual do Direito Administrativo brasileiro, impondo a submissão do Estado "não apenas à lei em sentido puramente formal, mas ao Direito". Ainda nessa linha, Leila Cuéllar e Clóvis Alberto Bertolini de Pinho (2016), citados por Diogenes Ivo Fernandes de Sousa Silva (2017), em artigo sobre o tema, afirmam que

> (...) os Advogados Públicos têm papel de destaque no controle da legalidade dos atos administrativos, como nos procedimentos licitatórios, e as opiniões versadas nos pareceres emitidos tem suma relevância para a atuação da Administração Pública. (CUÉLLAR; PINHO, 2016 *apud* SILVA, 2017, p. 9-29)

O mencionado autor enfatiza, ainda, que nas modalidades de assessoria e consultoria o procurador emprega toda a sua erudição jurídica para analisar o fato posto ao seu exame em confronto rígido e analítico com o ordenamento jurídico, denominando tal atuação de controle preventivo interno dos atos administrativos. Nesse norte, pontua que "um Advogado Público no pleno exercício das suas funções poderá impedir o desperdício de milhões de reais do contribuinte. Agindo conforme o direito, ele garante que o dinheiro advindo do tributo será investido dentro do constitucionalmente esperado" (SILVA, 2017, p. 9-29).

Sobre a amplitude de atuação dos procuradores no âmbito dos seus deveres, Roberto Luis Luchi Demo (2002) esclarece:

> Há um compromisso *funcional do advogado público com a nação em defesa da probidade administrativa.* E, na atual tendência de crescimento de

> controle interno dos atos administrativos, o fortalecimento ético das instituições públicas e a materialização dos objetivos fundantes da República pressupõe *uma atuação incisiva da Advocacia Pública* em cumprir seu cometimento institucional de guardião da lei no seu sentido material. (DEMO, 2002, p. 733)

Essa compreensão é reforçada pelas palavras de Leila Cuéllar e Clóvis Alberto Bertolini de Pinho (2016) *apud* Diogenes Ivo Fernandes de Sousa Silva (2017):

> Observa-se que a Advocacia de Estado toma para si o dever constitucional de resguardo do ente público, efetuando não somente a consultoria ou a defesa em juízo da Administração Pública. Por exemplo, os advogados públicos têm desenvolvido relevante papel de controle dos procedimentos administrativos, controle de legalidade, garantindo também aos cidadãos segurança de que a Administração Pública cumprirá com os princípios que lhe informam como aqueles que estariam elencados na Constituição Federal (art. 37, *caput*). (CUÉLLAR; PINHO, 2016 *apud* SILVA, 2017, p. 9-29)

Silva (2017) elucida também que, seja na esfera consultiva ou judicial, o advogado público, como o primeiro grande filtro da Administração, deverá analisar criteriosamente o que lhe é submetido e, se for o caso, suscitar o que se mostre irregular. "A lógica de se ter uma presunção de legalidade parte do pressuposto de que todos os requisitos legais foram atendidos e passados pelo crivo de um Procurador Público, notadamente nas hipóteses que criem, modifiquem ou extingam direitos/obrigações" (SILVA, 2017, p. 9-29).

Essa competência preventiva, conferida à Advocacia Pública através do trabalho de assessoria e consultoria, busca impedir que ocorram ilegalidades e, no caso de ocorrerem, orientar sua correção. A consultoria se dá, sobretudo, pela emissão de pareceres jurídicos, e é no desempenho dessa função que os procuradores realizam o controle preventivo de legalidade e legitimidade dos atos, que deve se dar com autonomia no cumprimento dos princípios constitucionais e legais, além das prerrogativas inerentes à carreira. Nesse controle, não se examina unicamente a compatibilidade entre o ato e o disposto na lei, mas também os aspectos relativos à observância indispensável dos princípios que regem o Direito Administrativo.

Maria Sylvia Zanella Di Pietro afirma que é indiscutível o papel de controle da Administração, desempenhado pela Advocacia Pública, na atribuição constitucional de consultoria jurídica ao Poder Executivo.

> A regra é que as autoridades administrativas, mesmo quando revelem inconformismo com a submissão à lei e ao Direito – que muitas vezes constituem entraves aos seus objetivos – consultem a advocacia pública, ainda que a lei não exija sempre essa consulta. (DI PIETRO, 2016)

O diferencial e a real eficiência desta modalidade prévia de controle residem no fato de as Procuradorias estarem situadas no contexto de quem produz os atos administrativos e, ao mesmo tempo, sem subordinação hierárquica, devendo atuar de acordo com a lei, não com os interesses governamentais. Nesse sentido, a autora reforça:

> Ainda que os órgãos consultivos funcionem junto a ministérios e secretarias estaduais e municipais, eles estão fora da hierarquia, não recebem ordens, instruções, para emitir o parecer neste ou naquele sentido. Não se submetem a decisões políticas de governo que sejam emanadas ao arrepio do direito. Quem emite um parecer, tem absoluta liberdade de apreciar a lei e de dar a sua interpretação. Isto é inerente à própria função que o órgão exerce. Ou ele é independente ou não precisa existir. (DI PIETRO, 2016)

A relevância da carreira para a concretização dos fins do Estado democrático depara-se com uma peculiaridade que não ocorre com as demais carreiras jurídicas de Estado, como a Defensoria, o Ministério Público e a Magistratura. A União e os Estados têm consolidada a carreira da Advocacia Pública, ao contrário do que ocorre nos Municípios, onde 66% das 5.570 cidades brasileiras não possuem Procurador concursado. Isso representa 3.677 municípios com cargos possivelmente comissionados (sem concurso público), já que, mesmo sem uma Procuradoria constituída por membros de carreira, esses entes necessitam de assessoria e consultoria jurídica, bem como da (re)presentação judicial e extrajudicial.

3 A constitucionalização da carreira dos Procuradores municipais: da hermenêutica à pragmática

A Constituição Federal de 1988 elevou os municípios à categoria de ente federativo, com autonomia reconhecida, a par daquela outrora conferida à União e aos estados. Nesse sentido, é o art. 18 que inaugura o Título que versa sobre a Organização do Estado:

> Art. 18. A organização político-administrativa da República Federativa do Brasil compreende a União, os Estados, o Distrito Federal e os Municípios, todos autônomos, nos termos desta Constituição.

Com efeito, convém salientar que não há no texto constitucional nenhuma relação entre o grau de autonomia dos entes federativos e o seu contingente populacional. Em outras palavras, nenhum ente federativo (incluindo os municípios) pode ter a sua importância da arquitetura organizacional afetada ou diminuída pelo fato de ter sua população reduzida.

Nesse sentido, o Supremo Tribunal Federal possui inúmeras decisões nas quais deixa isso bastante evidente. Na ADC 38/DF, ADI 5538/DF e ADI 5948/DF, de Relatoria do Min. Alexandre de Moraes, foi publicado no Informativo nº 1007 o seguinte entendimento:

> O art. 6º, III e IV, da Lei nº 10.826/2003 (Estatuto do Desarmamento) somente previa porte de arma de fogo para os guardas municipais das capitais e dos Municípios com maior número de habitantes. Assim, os integrantes das guardas municipais dos pequenos Municípios (em termos populacionais) não tinham direito ao porte de arma de fogo. O STF considerou que esse critério escolhido pela lei é inconstitucional porque os índices de criminalidade não estão necessariamente relacionados com o número de habitantes. Assim, é inconstitucional a restrição do porte de arma de fogo aos integrantes de guardas municipais das capitais dos estados e dos municípios com mais de 500.000 (quinhentos mil) habitantes e de guardas municipais dos municípios com mais de 50.000 (cinquenta mil) e menos de 500.000 (quinhentos mil) habitantes, quando em serviço. Com a decisão do STF todos os integrantes das guardas municipais possuem direito a porte de arma de fogo, em serviço ou mesmo fora de serviço. *Não interessa o número de habitantes do Município*. STF. Plenário. ADC 38/DF, ADI 5538/DF e ADI 5948/DF, Rel. Min. Alexandre de Moraes, julgados em 27.2.2021. (CAVALCANTE, 2021, p. 16) (sem grifos no original)

De outro giro, o art. 23, I, do texto constitucional (BRASIL, 1988) impõe aos municípios, juntamente à União, aos estados e ao Distrito Federal, o poder-dever de zelar pela guarda da Constituição, das leis e das instituições democráticas, bem como conservar o patrimônio público.

> Art. 23. É competência comum da União, dos Estados, do Distrito Federal e dos Municípios:
>
> I – zelar pela guarda da Constituição, das leis e das instituições democráticas e conservar o patrimônio público;

Diante disso, é patente que a Advocacia Pública tem um papel fundamental e decisivo no cumprimento desse mister. Vale dizer que sem a existência de uma carreira típica de Estado, a efetividade desse dispositivo ficaria comprometida. O fundamento, nesse caso, é a teoria dos poderes implícitos, segundo o qual, ao atribuir a um determinado ente uma atividade-fim, deve-se implicitamente conferir-lhe todos os meios e poderes necessários para a sua consecução. Não restam dúvidas, portanto, que justamente os municípios brasileiros, sobretudo os "menores" não teriam nenhuma condição de cumprir esse dever sem a existência de Procurador(es) de carreira.

Em 2019, o Supremo Tribunal Federal, conferindo interpretação lógico-sistêmica ao inciso XI do art. 37 da Constituição Federal, decidiu que:

> A expressão "Procuradores", contida na parte final do inciso XI do art. 37 da Constituição da República, *compreende os procuradores municipais, uma vez que estes se inserem nas funções essenciais à Justiça*, estando, portanto, submetidos ao teto de noventa inteiros e vinte e cinco centésimos por cento do subsídio mensal, em espécie, dos ministros do Supremo Tribunal Federal. STF. Plenário. RE 663.696/MG, Rel. Min. Luiz Fux, julgado em 28.2.2019. (BRASIL, 2019a; CAVALCANTE, 2021, p. 7)

Em outras palavras, a Suprema Corte equiparou os Procuradores municipais às demais carreiras típicas de Estado, pacificando e consolidando o entendimento de que esses se inserem nas funções essenciais à justiça. Logo, a partir desse entendimento, os Procuradores municipais passaram (implicitamente) a obter um assento no art. 132 da Constituição Federal, ao lado dos Procuradores dos estados e do Distrito Federal. Com efeito, independentemente de a carreira estar ou não positivada de maneira expressa, é notório que tal equiparação encontra respaldo constitucional. Qualquer distinção que lhes imponha algum tipo de preterição violaria, portanto, a lei maior do Estado brasileiro.

Os dados referidos anteriormente integram o 1º Diagnóstico da Advocacia Pública Municipal no Brasil, elaborado em parceria pela Associação Nacional dos Procuradores Municipais (ANPM) e a consultoria Herkenhoff & Prates, com dados de abril a dezembro de 2016. O objetivo do estudo, que foi transformado em livro, é mapear a situação atual das Procuradorias municipais e subsidiar o debate sobre a institucionalização da carreira, já que tramita no Senado Federal uma PEC (17/2012) para inserir de modo expresso os Procuradores dos Municípios no artigo 132 da Constituição Federal, tornando obrigatória a realização de concurso público para o provimento do cargo em todos os municípios brasileiros.

A Proposta de Emenda à Constituição ingressou no Congresso Nacional como PEC 153/03, sendo aprovada pela Câmara dos Deputados em dois turnos, em abril de 2012, com 406 votos favoráveis, um contrário e duas abstenções. Encaminhada para aprovação do Senado Federal, segue em tramitação agora como PEC 17/2012.

Contudo, o reconhecimento de que os Procuradores dos Municípios estão inseridos no artigo 132 da Constituição Federal já ocorre em diferentes Tribunais de Justiça do país e, também, no Supremo Tribunal Federal, onde questões relativas a prerrogativas da carreira têm sido analisadas pelo princípio da simetria. No Recurso Extraordinário (RE) 663.696/MG, por exemplo, com repercussão geral reconhecida, a Associação Municipal dos Procuradores de Belo Horizonte questiona acórdão do Tribunal de Justiça de Minas Gerais (TJ/MG), que entendeu que o teto dos Procuradores do Município deve ser a remuneração do prefeito, e não o subsídio dos desembargadores, como ocorre com os Procuradores dos Estados.

Em julgamento da matéria realizado em abril de 2016, o relator, Ministro Luiz Fux (BRASIL, 2019b) pontuou que a previsão existente na Constituição Federal relativa ao teto dos Procuradores estaduais e do Distrito Federal também se aplica aos Procuradores municipais, desde que concursados e organizados em carreira. Segundo o Ministro, que votou pelo provimento do recurso, não há fundamento para se fazer uma discriminação relativamente a esses Procuradores, que possuem o mesmo tipo de atuação daqueles ligados à administração estadual e também integram, como advogados públicos, as funções essenciais à Justiça.

De acordo com Fux, nos municípios onde há Procuradorias organizadas, os advogados públicos desempenham funções idênticas às atribuídas aos seus pares dos estados, prestando consultoria e (re) presentando judicial e extrajudicialmente os municípios. Com o relator, votaram os ministros Edson Fachin, Cármen Lúcia e, adiantaram seus votos, os ministros Marco Aurélio e Celso de Mello, já que o julgamento foi interrompido pelo pedido de vistas do Ministro Gilmar Mendes. O mesmo assunto já foi reconhecido pelo TJ/ES e em sede de liminar pelo TJ/RS.

Em síntese, o controle exercido pelos advogados públicos se apresenta como uma das mais importantes formas de proteção do interesse público, contribuindo para o controle efetivo e preventivo dos atos da Administração, visando a garantia de que serão realizados com legalidade, legitimidade e licitude, evitando prejuízos concretos, ainda na esfera administrativa. É dessa perspectiva de atuação que emerge a necessidade de uma carreira uniforme, que com Procuradores concursados possuam a independência técnica imprescindível para se efetivar no âmbito da Administração Pública, em especial, os princípios da isonomia e da legalidade. Essa atuação preventiva, mesmo que tenha o escopo primário de proteger o interesse público, acaba por resguardar ainda o governante, que agindo em conformidade com a lei e os princípios norteadores do Direito Administrativo, terá segurança jurídica para realizar as políticas públicas.

4 O controle de legalidade dos atos do Governo e o combate à corrupção na Administração Pública

O entrelaçamento existente entre a Advocacia Pública e o Estado Democrático de Direito reserva a esta carreira a nobre missão institucional de tornar compatíveis as políticas públicas, definidas pelos governantes, com as possibilidades e os limites do ordenamento jurídico. É nesse mister que se estabelece a possibilidade concreta de realização dos direitos fundamentais e das demais incumbências do Estado, de acordo com a lei e os princípios que regem o Direito Administrativo, como já mencionado.

A necessidade de controle é intrínseca ao próprio ato de administrar. Acerca disso, o Procurador do Ministério Público de Contas, Lucas Rocha Furtado (2013), pontua que a necessidade de que toda e qualquer atividade desenvolvida pelo Estado esteja sujeita a diferentes níveis ou mecanismos de controle se faz presente desde que se concebeu o Estado de Direito.

Ademais, partindo-se da constatação de Justen Filho (2013, p. 1184) de que "o agente estatal é um servo do povo, e seus atos apenas se legitimam quando compatíveis com o direito", tem-se aqui a imprescindibilidade do controle de legalidade dos atos da Administração. E, por serem os advogados públicos quem (re)presentam o Ente juridicamente, e a legitimidade dos seus atos, como dito, estar diretamente ligada à compatibilidade com o direito, é dos Procuradores, em âmbito Federal, Estadual ou Municipal, a prerrogativa de realizar essa análise.

Se um dos pilares do controle da Administração é o princípio da legalidade, já "que tudo quanto se processe no âmbito da Administração

Pública há de estar adstrito ao que a lei determina" (CARVALHO FILHO, 2012, p. 928), não há como se pensar em atos administrativos legais e legítimos que sejam realizados à margem da análise jurídica dos advogados públicos. Ainda, quando se usa o termo legalidade, Lucas Rocha Furtado (2013) assinala que ele deve ser entendido em sentido amplo, compreendendo não apenas a simples observância do ato aos requisitos previstos em lei, mas também sua conformidade com todos os preceitos e princípios do ordenamento jurídico. O autor também vê limites no poder discricionário da Administração:

> É no exame da lei – ou do texto constitucional – que devem ser buscados os limites para a atuação discricionária da Administração Pública e, portanto, para o exercício do controle de legalidade do ato. A liberdade do administrador para adotar a melhor solução para situações concretas com base em juízo de conveniência e oportunidade, isto é, a discricionariedade administrativa decorre da lei e deve ser exercida nos limites desta. Além de evitar eventuais desvios de finalidade, por meio do controle de legalidade deve-se buscar definir os limites desta discricionariedade. (FURTADO, 2013, p. 865)

A função de controle tem, desse modo, relação indissociável com a segurança jurídica. Na mesma linha abordada por Lucas Rocha Furtado (2013), José dos Santos Carvalho Filho (2012) observa que, de fato, embora caiba à Administração a tarefa de gerir o interesse coletivo, não é ela livre para fazê-lo, devendo atuar sempre em conformidade com os padrões fixados na lei e buscar, a toda força, o interesse da coletividade. "Os mecanismos de controle vão assegurar a garantia dos administrados e da própria Administração no sentido de ver alcançados esses objetivos e não serem vulnerados direitos subjetivos dos indivíduos nem as diretrizes administrativas" (CARVALHO FILHO, 2012, p. 930). O aludido autor lembra também que a natureza jurídica do controle é a de princípio fundamental da Administração Pública, possuindo assim caráter indispensável, não podendo ser recusado por nenhum órgão administrativo.

Dessa forma, o controle prévio dos atos praticados pelos agentes públicos traz a vantagem de evitar que o ilícito se concretize. Mesmo que isso possa ser impossível de evitar em algumas situações concretas, de um modo geral a vantagem se traduz na possibilidade precoce de identificar o desvio de conduta, permitindo sua retificação ou anulação e reparação dos danos ainda na etapa inicial, quando o prejuízo tende a ser menor. Depois de praticado o ato irregular ou improbo, recuperar o prejuízo ao erário se torna algo bem mais complexo e novamente dispendioso ao Estado.

No tocante à questão específica do controle de legalidade e da Advocacia Pública Municipal, é preciso ter em mente que é na esfera local que ocorre efetivamente a implementação das políticas públicas, sendo indispensável a existência de Procuradorias constituídas nos termos da Constituição Federal em todos os municípios, como pretende a PEC 17/2012. É a partir da missão constitucional do controle de legalidade exercido pelos Procuradores municipais de carreira, com a autonomia e isonomia necessárias para a atividade preventiva de consultoria e controle, que a Administração Pública se vincula efetivamente aos princípios da legalidade, moralidade, impessoalidade, publicidade e eficiência.

O combate à corrupção nas estruturas da Administração Pública tem sido destaque no cenário nacional e internacional, principalmente após os desdobramentos da "Operação Lava Jato", deflagrada em março de 2014. Ministério Público, Polícia Federal e Poder Judiciário têm atuado incessantemente sob esse manto. Contudo, o que se percebe é que o controle dos atos dos poderes públicos em operações dessa natureza tem caráter eminentemente repressivo, ou seja, destina-se a combater as irregularidades e os desvios depois que eles já aconteceram e o prejuízo ao erário já se configurou.

O sistema de controle brasileiro tem atuado, desse modo, predominantemente na repressão ao ato irregular, momento em que a Administração e a sociedade já sofreram a lesão e resta pouco a ser feito, já que as provas são difíceis de ser reconstituídas e os responsáveis de ser identificados, sobretudo porque, sabidamente, o *modus operandi* das ações corruptivas caracteriza-se pela fraude, pelo escamoteamento e pelo falseamento, cuja demonstração exige hábil contextualização de fatos, de ações e de condutas.

Daí a necessidade de buscar-se um aprimoramento dos instrumentos de prevenção ao ato ilegal por meio do fortalecimento dos órgãos internos de controle, entre os quais se enfatiza aqui o papel da Advocacia Pública, cujos Procuradores, justamente por (re)presentarem o Ente público e, em decorrência do seu dever funcional, são os principais interessados em evitar a ocorrência do ilícito. Trata-se, assim, de um mecanismo de controle que, para além de simplesmente reprimir, objetiva prevenir ou, ao menos, reunir o conjunto probatório necessário para facilitar a responsabilização dos infratores.

O tema é atual e extremante relevante frente às reiteradas práticas ilícitas e fraudulentas que inúmeros agentes e administradores vêm cometendo contra a coisa pública, o que redunda na inviabilização, ao menos parcial, do cumprimento dos fins do Estado, pela via prestacional, qual seja a satisfação dos direitos fundamentais dos indivíduos, por meio da prestação de serviços, bens e utilidades públicas, em especial aos socialmente mais vulneráveis. Nessa perspectiva contemporânea de atuação, os Procuradores municipais possuem função de relevo no controle de legalidade dos atos praticados pela Administração Pública, já que o controle preventivo tem o condão de evitar os desvios, os danos decorrentes da improbidade administrativa e o consequente prejuízo ao erário. É justamente nesse contexto que o Procurador do Município ostenta envergadura constitucional, devendo ocupar um espaço equivalente às demais carreiras da advocacia pública na arquitetura institucional do Estado brasileiro.

5 Considerações finais

Como visto, existem inúmeras evidências da presença implícita dos Procuradores municipais na Constituição Federal, eis que exercem funções simétricas às dos demais membros da advocacia pública, a exemplo dos Procuradores dos estados e do Distrito Federal.

Sob o ponto de vista hermenêutico, a interpretação lógico-sistêmica dos artigos 37, IV e 132 da Constituição Federal não deixam dúvidas de que as Procuradorias dos municípios desempenham papel indispensável na defesa dos interesses do Ente o qual (re)presentam. Há inúmeros precedentes do Supremo Tribunal Federal, alguns deles colacionados ao longo do texto, que corroboram esse entendimento.

Outro aspecto que restou superado é o fato de que as discrepâncias existentes entre os municípios brasileiros, a exemplo dos diferentes contingentes populacionais, poderia, de alguma forma, servir de fundamento para a sua supressão do texto constitucional. Como visto, a teoria dos poderes implícitos, ao atribuir a um determinado ente uma atividade-fim, deve implicitamente conferir-lhe todos os meios e poderes necessários para a sua consecução. Não restam dúvidas, portanto, que justamente os municípios brasileiros, sobretudo os "menores", não teriam nenhuma condição de cumprir esse dever sem a existência de um procurador.

No ponto, convém ressaltar que a inexistência de infraestrutura adequada não impediu que as Defensorias Públicas fossem instituídas e gradualmente passassem a exercer plena e integralmente suas atribuições. Acerca disso, *vide* tese da "inconstitucionalidade progressiva" ou da "Lei ainda constitucional" adotada pelo Supremo Tribunal Federal em relação ao artigo 68 do Código de Processo Penal. Em outras palavras, a aplicação dessa mesma tese para o presente caso implica dizer o seguinte:

I) A inclusão expressa e formal dos Procuradores municipais no texto da Constituição não tem aplicação imediata para os municípios que ainda não contam com Procuradores efetivos e que, tampouco, possuem assessoramento jurídico por advogado comissionado ou escritório particular pelo fato de manifestamente não possuírem recursos financeiros disponíveis para tal mister. Diante de uma impossibilidade técnica, a inexistência de Procurador(es) efetivo(s) será considerado constitucional enquanto perdurar essa condição;

II) A *contrario sensu*, os municípios que já remuneram advogado comissionado ou contratam consultoria privada não terão justificativa de índole financeira para descumprir a Constituição, de modo que tais condutas passarão a ser consideradas automaticamente inconstitucionais enquanto não for criado e provido o cargo de Procurador efetivo;

III) Os municípios que já contam com Procuradorias estruturadas, possuindo, portanto, reconhecida condição financeira para remunerar os seus integrantes, não poderão mais delas dispor, sob pena de violação do princípio da vedação ao retrocesso.

Veja, portanto, que nem o critério populacional, nem o critério financeiro-orçamentário representam óbices para a inclusão expressa dos Procuradores municipais no texto da Constituição. Com efeito, a completa autonomia dos entes federativos, consagrada na Constituição Federal, pressupõe indiscutivelmente a necessária equiparação entre as carreiras típicas de Estado.

Ademais, como afirmado inicialmente, a inserção da advocacia privada no rol das funções essenciais à justiça desprestigia os Procuradores municipais (integrantes da advocacia pública) e igualmente vinculados à Ordem dos Advogados do Brasil. A Advocacia Pública tem, portanto, um papel fundamental e decisivo no cumprimento desse mister. Vale dizer que sem a existência de uma carreira típica de Estado, a efetividade desse dispositivo e, logo, a força normativa da Constituição, ficariam comprometidas.

A perspectiva de que todos os atos realizados pelo Estado possam ser controlados, seja através de instrumentos e organismos internos ou externos, além de intrínseco ao poder de administrar, estabelece finalidade do próprio princípio democrático. Logo, como aponta Furtado (2013), é incoerente, principalmente aos administradores públicos, considerarem ameaça ou invasão ao seu âmbito de atuação a possibilidade de seus atos serem examinados na esfera administrativa sob a ótica da sua adequação ao Direito, já que é dever de todos que administram recursos públicos sujeitarem-se aos mecanismos de fiscalização previstos na Constituição Federal. "A sujeição de todos os atos praticados ou de todas as atividades desenvolvidas pela Administração Pública a controle constitui garantia básica dos cidadãos (...)." (FURTADO, 2013, p. 859)

Na busca por aprofundar esse debate, anualmente é realizado o Fórum Brasileiro de Controle da Administração Pública, que em 2018 chegou à sua 14ª edição. Isso demonstra tanto a importância do tema quanto a necessidade permanente de aperfeiçoamento dos mecanismos de controle, vez que há 14 anos é realizado um fórum temático especialmente para debater os desafios e caminhos do controle para o aprimoramento da gestão pública no Brasil.

Na 10ª edição do Fórum, realizada em 2014, o tema da Advocacia Pública como instrumento preventivo de combate a corrupção ganhou destaque. O advogado público foi apresentado como uma das fontes primárias de legalidade administrativa, porquanto entre as suas atribuições está a de consultoria, com a emissão de pareceres e elaboração e análise de normas. O juízo é de que o profissional caminha, concomitante ao Administrador Público, na correta aplicação dos recursos, assim como deve estar presente em boa parte da atuação do Executivo, sendo um protetor da legalidade e da constitucionalidade que exigem a boa governança.

Entretanto, para uma atuação plena em suas funções institucionais, as prerrogativas da Advocacia Pública devem ser analisadas de maneira finalística, voltadas à razão de sua existência, que se refletem na defesa e na promoção do interesse público. O combate à corrupção, o exercício independente da função, assim como a maior eficiência na realização do interesse público dependem fundamentalmente da existência e do resguardo de prerrogativas. Essa perspectiva é trazida na obra "Prerrogativas da Advocacia Pública: direitos não são benefícios, mas instrumentos da democracia para uma atuação eficiente e ética no trato da coisa pública", que traz uma coletânea de artigos sobre o tema e é coordenada por Luiz Henrique Sormani Barbugiani (2016), Procurador do Estado do Paraná.

Essas questões, afetas ao controle e às prerrogativas para exercê-lo em sua plenitude, têm, como visto, ampliado seu espaço de debate e publicações. Reflexos talvez da atual conjuntura política e da compreensão de que o Estado Democrático de Direito exige uma atuação em conformidade com a lei e com os princípios que emergem, principalmente, em sua vertente pós-positivista. O problema proposto inicialmente consistia em responder a seguinte questão: considerando que o constituinte positivou de maneira expressa a advocacia (pública e privada) entre as funções essenciais à justiça, existe alguma razão que justifique a exclusão apenas e tão somente dos Procuradores municipais dessa categoria?

Os elementos apresentados ao longo do texto demonstram que a resposta é claramente negativa. A fim de proporcionar força aos argumentos até agora suscitados, e para que não restem dúvidas, mister submetê-los ao teste de logicidade proposto pelo filósofo britânico Stephen Toulmin. A Teoria de Toulmin pode ser utilizada no Direito a partir dos quatro elementos da argumentação, que são: a pretensão, as razões, a garantia e o respaldo.

No presente caso, *a pretensão* está consubstanciada no fato de que os Procuradores municipais merecem um assento constitucional. *As razões* para tanto foram expressas ao longo deste artigo e parecem bastante evidentes: a democracia só se consolida com instituições fortes e atuantes, direcionadas ao exercício regular do controle jurídico dos atos administrativos. *A garantia* dessa afirmação reside no papel atribuído aos advogados públicos pela própria Constituição, incluindo-os no Capítulo que trata das funções essenciais à justiça. Finalmente, *o respaldo* encontra-se solidificado não apenas na hermenêutica, mas nos precedentes vinculantes do Supremo Tribunal Federal, os quais reconhecem a presença dos Procuradores municipais na arquitetura institucional do Estado brasileiro, conferindo-lhes estatura constitucional.

Referências

BARBUGIANI, Luiz Henrique Sormani (coord.). *Prerrogativas da advocacia pública:* direitos não são benefícios, mas instrumentos da democracia para uma atuação eficiente e ética no trato da coisa pública. Belo Horizonte: Fórum, 2016.

BRASIL. [*Constituição (1988)*]. Constituição da República Federativa do Brasil. Brasília, DF: Presidência da República, 1988. Disponível em: https://www.planalto.gov.br/ccivil_03/constituicao/constituicao.htm. Acesso em: 03 maio 2023.

BRASIL. Supremo Tribunal Federal. *Recurso Extraordinário (RE) 663.696/MG*. Relator: Ministro Luiz Fux. Tribunal Pleno, 28 de fevereiro de 2019a. Disponível em: https://jurisprudencia.stf.jus.br/pages/search. Acesso em: 28 mar. 2022.

BRASIL. Supremo Tribunal Federal. *STF decide que teto remuneratório de procuradores municipais é o subsídio de desembargador de TJ*. [2019b]. Disponível em: https://www.jusbrasil.com.br/noticias/stf-decide-que-teto-remuneratorio-de-procuradores-municipais-e-o-subsidio-de-desembargador-de-tj/681728310. Acesso em: 03 maio 2023.

CARVALHO FILHO. José dos Santos. *Manual de direito administrativo*. 25. ed. São Paulo: Atlas, 2012.

CAVALCANTE, Márcio André Lopes (org.). *Informativo comentado:* Informativo 932-STF. Dizer Direito, 08 mar. 2019. p. 7. Disponível em: https://dizerodireitodotnet.files.wordpress.com/2019/03/info-932-stf.pdf. Acesso em: 24 ago. 2021.

CAVALCANTE, Márcio André Lopes (org.). *Informativo comentado:* Informativo 1007-STF. Dizer Direito, 15 mar. 2021. p. 16. Disponível em: https://dizerodireitodotnet.files.wordpress.com/2021/03/info-1007-stf.pdf. Acesso em: 23 ago. 2021.

DEMO, Roberto Luís Luchi. Advocacia pública. *Revista dos Tribunais*, São Paulo, ano 91, n. 801, jul. 2002.

DI PIETRO, Maria Sylvia Zanella. A Advocacia Pública com função essencial à Justiça. 2016. Disponível em: https://www.conjur.com.br/2016-ago-18/interesse-publico-advocacia-publica-funcao-essencial-justica. Acesso em: 24 out. 2017.

FERNANDES, Ricardo Vieira de Carvalho. Advocacia Pública e sua função de controle no modelo brasileiro contemporâneo. *Diritto & Diritti*, v. 28. p. 304-315, 2010. Disponível em: https://www.diritto.it/advocacia-publica-e-sua-funcao-de-controle-no-modelo-brasileiro-contemporaneo/. Acesso em: 24 out. 2017.

FURTADO, Lucas Rocha. *Curso de direito administrativo*. 4. ed. Belo Horizonte: Fórum, 2013.

JUSTEN FILHO, Marçal. *Curso de direito administrativo*. 9. ed. São Paulo: Editora Revista dos Tribunais, 2013.

MOREIRA NETO, Diogo de Figueiredo. *Poder, direito e Estado:* o direito administrativo em tempos de globalização – *in memoriam* de Marcos Juruena Villela Souto. Belo Horizonte: Fórum, 2011.

https://www.conjur.com.br/2012-jul-01/advocacia-publica-municipal-fundamental-aplicacao-justica. Acesso em: 06 dez. 2017.

https://www.conjur.com.br/2015-ago-18/advocacia-publica-somente-vincula-orgao-juridico-integra. Acesso em: 06 dez. 2017.

https://enciclopediajuridica.pucsp.br/verbete/25/edicao-1/advocacia-publica. Acesso em: 06 dez. 2017.

https://enciclopediajuridica.pucsp.br/verbete/25/edicao-1/advocacia-publica. Acesso em: 06 dez. 2017.

http://www.aofi.org.br/2016/12/26/as-carreiras-tipicas-de-estado. Acesso em: 11 fev. 2018.

http://www.stf.jus.br/portal/cms/vernoticiadetalhe.asp?idconteudo=314366. Acesso em: 11 fev. 2018.

Informação bibliográfica deste texto, conforme a NBR 6023:2018 da Associação Brasileira de Normas Técnicas (ABNT):

JARDIM, Tiago Neu. O papel do procurador do município na arquitetura institucional do Estado brasileiro: evidências da sua estatura constitucional a partir da hermenêutica e da jurisprudência do Supremo Tribunal Federal. *In*: DOSSO, Taisa Cintra; TAVARES, Gustavo Machado; SILVA, Thiago Viola Pereira da (Coord.). *Direito Municipal em debate*. Belo Horizonte: Fórum, 2023. v. 7. p. 335-354. ISBN 978-65-5518-604-8.

Américo Soares Mignone
Procurador do Município de Guarapari (ES). Advogado pós-graduado em Direito Público. Mestre em História das Relações Políticas. Autor e coautor de livros jurídicos.

André Vieira Freire
Advogado e Procurador do Município do Salvador (BA), sendo o atual Coordenador das Representações da PGMS. Graduado em Direito pela Universidade Federal de Sergipe e pós-graduado em Direito Público. Foi aluno especial das disciplinas "Direito, Arte e Literatura" e "Jurisdição Constitucional Comparada e Novos Direitos", oferecidas pelo PPGD/UFBA. É Diretor Social da Associação de Procuradores do Município do Salvador (biênio 2021/2023).

Aury Maria Barros Silva Pinto Marques
Graduada em Direito pela Universidade Federal do Acre (2001). Especialista em Direito Processual Civil, Direito Público e Direito Médico. Atualmente, Procuradora Jurídica do Município de Rio Branco com atuação na Procuradoria Judicial. Tem experiência em Direito Administrativo e Direito Processual, com ênfase nas demandas típicas da Fazenda Pública em Juízo. Mestre em Ciências Jurídicas na Universidade Estadual do Norte do Paraná – Jacarezinho/PR ano 2014/2015.

Carlos Eduardo da Silveira
Ex-Procurador-Geral do Município de Porto Alegre. Procurador Municipal de Porto Alegre atualmente cedido à Secretaria de Parcerias do Estado do Rio Grande do Sul. Especialista em PPPs e Concessões pela FESP-SP. Especialista em Gestão Pública pela FMP. Graduado em Ciências Jurídicas e Sociais pela PUCRS.

Eduardo Amin Menezes Hassan
Advogado e Procurador do Município de Salvador. Professor, possui graduação em Direito pela Universidade Católica do Salvador (2004), graduação em Administração de Empresas pela Universidade Federal da Bahia (2006), pós-graduação em Direito do Estado pela Universidade Federal da Bahia (2006), pós-graduação em Direito Tributário pela Faculdade Damásio de Jesus (2018) e mestrado em Direito Público pela Universidade Federal da Bahia (2013).

Fernanda Oliveira de Souza
Especialista em Direito Público. Procuradora do Município de Novo Hamburgo 2017-2022. Vice-Presidente do Instituto de Estudos em Governança e Gestão na Administração Pública, Gestão 2020-2022. Membro julgador da Junta de Recursos Fiscais de Novo Hamburgo – Gestão 2021- 2022. Vice-Presidente da Comissão de Direito Público da OAB-NH – Gestão 2019-2021.

Jhonny Prado
Procurador para assuntos estratégicos do Município de Porto Alegre, junto ao Gabinete do Procurador-Geral. Coordenador da Força-Tarefa Covid-19 do município de Porto Alegre. *Master of Laws* (LL.M.) pelo Insper. Mestrando em Direito Público na Escola de Direito de SP (FGV-SP). Pós-graduado em Direito Público e Regulação pela Faculdade de Direito da Universidade de Coimbra. Especialista em Direito Constitucional. Conselheiro da Escola Superior de Direito Municipal.

Leonardo Sales de Aguiar
Procurador Municipal de Olinda e Advogado em Leonardo Aguiar Advocacia. Conselheiro Estadual da OAB/PE. Presidente da Comissão Estadual de Direito Administrativo da OAB/PE. Membro da Comissão Nacional de Direito Administrativo do CFOAB. MBA em Gestão Pública pela FCAP/UPE. Especialista em Direito Tributário pelo IBET e Pós-graduando em Direito Administrativo pela FDR/UFPE. Ex-Diretor de Comunicação da Associação Nacional dos Procuradores Municipais – ANPM (2016-2018). Ex-Delegado Estadual da ANPM em Pernambuco (2016-2018). Ex-Presidente da Federação Pernambucana dos Procuradores Municipais – FPPM (2014-2018). Ex-Presidente da Associação dos Procuradores Municipais de Olinda – APROMO (2013-2014).

Lorena Viana da Motta
Graduada em Direito pela Universidade Federal da Bahia (2015). Pós-graduada em Direito Tributário e Aduaneiro pela Universidade Católica de Minas Geras (2022). Procuradora do Município de Ilhéus/BA. Atuante no consultivo e contencioso fiscal desde 2017. Aprovada no concurso para o cargo de Procurador do Município de Ilhéus em 10ª colocação (2016). Aprovada no concurso para o cargo de Procurador do Município do Acre em 13ª colocação.

Marcelo Rodrigues Mazzei
Doutorando e Mestre em Direitos Coletivos e Cidadania pela Universidade de Ribeirão Preto/SP (UNAERP). Procurador do Município de Ribeirão Preto/SP. Coordenador da Procuradoria Especializada em Urbanismo, Regularização Fundiária e Meio Ambiente. Foi Coordenador da Comissão do Advogado Público da 12ª Subseção da OAB/SP – Ribeirão Preto, triênio 2010/2012.

Raphael Diógenes Serafim Vieira
Procurador do Município de Niterói. Mestrando em Direito Administrativo pela Pontifícia Universidade Católica de São Paulo (PUC-SP). LL.M pela FGV-Rio Estado e Regulação (LL.M). Bacharel em Direito pela Universidade Federal de Viçosa (2007) e Professor pela mesma Instituição no biênio 2009-2010. Membro do Instituto de Direito Administrativo Sancionador (IDASAN) e do Grupo de Pesquisas Ponderação e Contrafações Administrativas. Vice-Presidente da ANPM no biênio 2016-2018. Coordenador Científico da 1ª e 2ª edição do Concurso de Monografias Oswaldo Aranha Bandeira de Mello.

Suelyn Tosawa
Pós-graduada em Direito do Trabalho e Previdenciário pelo IDCC – Instituto de Direito Constitucional e Cidadania – ano 2013. Advogada pública cargo efetivo do município de Ubiratã/PR desde 2019. Assessora Jurídica no gabinete da 2ª Vara Cível de Campo Mourão/PR (2014-2019). Ganhadora do prêmio "Orlando Gomes – Elson Gottschalk", ano 2012, da Academia Brasileira de Letras Jurídicas, com o trabalho "Globalização e precarização do trabalho: aspectos excludentes no paradigma neoliberal".

Tiago Neu Jardim
Procurador do Município de Horizontina/RS. Mestre em Direito pela Universidade de Passo Fundo – UPF. Especialista em Finanças pela Universidade Franciscana – UFN. Graduado em Direito e em Ciências Econômicas pela Universidade Federal de Santa Maria – UFSM. Professor dos cursos de graduação e de pós-graduação em Direito e Economia.

Vitor Penno Reis
Procurador do Município de Rio das Ostras/RJ. Mestre em Justiça Administrativa pela Universidade Federal Fluminense (PPGJA/UFF). Especialista em Direito Administrativo pela Universidade Cândido Mendes e em Direito Privado pela Universidade Veiga de Almeida. Diretor de Filiação da ANPM, titular (2017-2018) e adjunto (2019-2020 e 2021- 2022). Delegado da ANPM (2019-2020). Presidente da Federação dos Procuradores Municipais do Estado do Rio de Janeiro (2019-2020). Presidente da Associação de Procuradores Municipais de Rio das Ostras (2011-2013). Professor do LLM de Direito Municipal da Católica Business School da Universidade Católica de Pernambuco (CBS/UNICAP). Autor em obras coletivas sobre Advocacia Pública Municipal. Advogado.

FSC
www.fsc.org
MISTO
Papel | Apoiando o manejo florestal responsável
FSC® C092828

2023 CARBON NEUTRAL
SAVE cerrado

Esta obra foi composta em fonte Palatino Linotype, corpo 10 e impressa em papel Pólen Bold 70g (miolo) e Supremo 250g (capa) pela Artes Gráficas Formato, em Belo Horizonte/MG.